Wanderlust Deutschland

200 Traumpfade

für Gipfelstürmer und Flachlandentdecker

GPX-Daten zum Download

www.kompass.de/gpx

Kostenloser Download der GPX-Daten der im Wanderbuch enthaltenen Wandertouren.

SMART UNTERWEGS

Touren bequem in der App

Freischalt-Code:

978-3-99121-901-9

Folge dem Link und erfahre, wie die Touren in der KOMPASS-App freigeschaltet werden.

https://link.kompass.de/lskjejnu

Sonnenaufgang am Königsstuhl auf Rügen

INHALT UND TOURENÜBERSICHT

AUFTAKT

ANHANG

km	h	hm	hm												Karte
10,6	2:15	15	20	✓	✓		✓				✓	✓		✓	727
11	3:30	20	30	✓	✓								✓		727
12	2:50	30	30				✓				✓		✓		733
16	3:45	50	50				✓				✓			✓	733
12	3:00	100	100	✓	✓				✓	✓		✓	✓		717
12	3:00	100	100	✓	✓		✓		✓	✓		✓	✓	✓	717
13	3:30	100	100	✓	✓		✓				✓	✓	✓	✓	705
6	2:00	100	100	✓	✓		✓					✓	✓	✓	705
8	2:00	100	100				✓						✓	✓	705
10	2:45	100	100	✓			✓				✓	✓	✓	✓	701
14	4:30	100	100	✓			✓						✓	✓	701
10	3:00	100	100	✓									✓	✓	701
7	1:45	77	77		✓		✓					✓			718
6,4	1:40	24	26	✓	✓		✓		✓	✓	✓	✓	✓	✓	848
6,9	1:45	15	15	✓	✓		✓		✓		✓	✓	✓	✓	718
16,4	4:00	70	70	✓	✓		✓		✓	✓	✓	✓	✓	✓	718
16,5	4:50	0	0	✓	✓		✓				✓				736
14	3:30	4	4	✓	✓		✓					✓	✓		736
9	2:30	46	46	✓	✓		✓		✓			✓	✓	✓	737

INHALT UND TOURENÜBERSICHT

km	h	hm	hm												Karte
11,5	3:15	110	110	✓	✓		✓		✓			✓	✓	✓	737
9	2:45	68	68	✓	✓		✓		✓			✓	✓		737
7,5	2:30	82	82		✓			✓	✓			✓	✓	✓	737
17	5:00	75	80		✓		✓					✓	✓		738
8,5	2:00	0	0	✓	✓				✓	✓		✓	✓	✓	865
12	3:00	0	0	✓	✓		✓		✓	✓		✓	✓		865
11	2:45	80	80	✓	✓		✓			✓		✓	✓	✓	700
9	2:30	60	60	✓	✓								✓	✓	700
12	3:00	40	40	✓	✓		✓			✓		✓		✓	700
6	1:40	20	20	✓	✓							✓	✓		700
15	3:45	50	50	✓			✓			✓		✓	✓	✓	700
12	3:30	30	30		✓		✓					✓		✓	700
16	4:30	40	40	✓	✓		✓					✓			700
9	3:00	375	33	✓	✓		✓	✓				✓	✓		451
7	3:00	181	181	✓	✓		✓						✓		452
10	3:00	280	280	✓	✓		✓	✓				✓	✓		453
8	2:15	61	61	✓	✓		✓					✓	✓		452
12	3:00	250	250	✓	✓		✓					✓	✓		451
11	2:30	20	20	✓	✓		✓			✓		✓		✓	818
7	2:00	70	70	✓	✓		✓		✓			✓	✓		809

INHALT UND TOURENÜBERSICHT

km	h	hm	hm												Karte
10,5	2:30	0	0	✓	✓		✓					✓		✓	809
7	2:30	200	200	✓	✓		✓	✓				✓	✓		810
13	4:15	190	190	✓			✓	✓				✓	✓		810
4	1:30	240	240	✓	✓		✓					✓	✓		810
8	3:00	330	340	✓	✓		✓						✓		810
11	3:15	370	430	✓	✓		✓	✓					✓		810
11,5	3:00	140	140	✓	✓		✓						✓		810
8	2:00	10	10	✓			✓		✓	✓		✓	✓	✓	821
11	3:30	91	116	✓	✓		✓	✓				✓	✓		821
8,5	2:00	90	90	✓	✓		✓		✓			✓	✓		821
12,5	3:15	92	92	✓			✓		✓	✓		✓	✓		821
12	3:00	15	15	✓					✓				✓		821
13	3:15	45	45	✓	✓		✓		✓	✓		✓	✓	✓	821
6	1:30	90	90	✓			✓			✓		✓	✓		821
10,1	3:00	305	305	✓	✓		✓		✓		✓	✓	✓	✓	750
14,3	4:15	475	475	✓	✓		✓		✓		✓	✓	✓	✓	844
6,2	1:45	160	160	✓	✓		✓		✓		✓	✓	✓	✓	844
14	3:30	232	327	✓	✓	✓	✓			✓		✓	✓		756
13,5	3:30	150	150	✓	✓						✓	✓	✓		756
11	2:45	235	235	✓	✓		✓				✓	✓	✓		758
13	3:30	190	190	✓	✓				✓	✓	✓	✓	✓		841
18,5	4:45	380	380	✓				✓	✓				✓		841
7,3	2:00	200	200	✓	✓				✓	✓		✓	✓	✓	749
17,1	5:00	500	500	✓	✓		✓		✓		✓	✓	✓		842

INHALT UND TOURENÜBERSICHT

km	h	hm	hm	P											Karte
15	4:00	310	310	✓			✓					✓			836
16,5	5:00	465	465	✓								✓	✓		820
9	3:00	180	180	✓								✓	✓		838
10	2:30	250	250	✓	✓		✓	✓		✓			✓	✓	833
9	2:15	100	100	✓	✓		✓					✓	✓	✓	833
9,9	3:00	660	630	✓	✓			✓				✓	✓		833
10	3:00	168	168	✓	✓		✓								825
8	2:30	265	265	✓	✓		✓				✓	✓			825
15	5:00	435	435	✓	✓		✓		✓						825
7	2:00	48	48	✓	✓		✓			✓	✓	✓		✓	825
9,5	3:00	320	320	✓			✓		✓		✓	✓	✓		835
12	4:00	430	430	✓			✓	✓	✓		✓	✓	✓		835
6,5	2:30	170	170	✓	✓		✓		✓		✓				835
11	3:30	160	160	✓	✓		✓		✓		✓	✓	✓	✓	826
12,7	3:30	237	237	✓	✓		✓		✓		✓	✓	✓	✓	831
16,4	5:30	486	486	✓			✓		✓		✓	✓	✓		831
9	2:45	280	280	✓	✓		✓					✓	✓		840
14,5	4:00	458	458	✓	✓		✓					✓	✓		828
10,5	3:00	187	187	✓	✓				✓			✓	✓		828
16	4:30	433	433	✓	✓		✓	✓			✓		✓	✓	828
9	2:15	100	100	✓								✓	✓		833
8,7	2:30	255	255	✓								✓			832
7,3	2:00	216	216	✓								✓	✓		832

INHALT UND TOURENÜBERSICHT

km	h	hm	hm												Karte
6,2	2:00	243	243	✓	✓		✓					✓	✓	✓	832
14	3:45	210	210	✓	✓		✓					✓	✓	✓	460
10	2:45	390	390	✓	✓			✓				✓		✓	460
11,75	3:15	425	425	✓	✓		✓				✓	✓	✓	✓	460
9	2:15	225	225	✓	✓						✓		✓		460
10,75	2:30	115	115	✓	✓		✓				✓	✓	✓		460
9	2:30	170	170	✓	✓		✓					✓	✓		827
12,5	4:00	490	490	✓	✓		✓	✓			✓	✓	✓		827
7,5	1:45	65	65	✓	✓		✓					✓	✓		827
3,75	1:00	85	85		✓				✓		✓	✓	✓		827
16	4:30	420	420	✓	✓		✓	✓	✓		✓	✓	✓	✓	827
11	3:00	81	81	✓	✓								✓		826
12	4:00	255	255	✓			✓						✓		826
11,5	4:00	292	292	✓	✓		✓					✓	✓		826
14	4:00	145	145	✓	✓		✓		✓	✓	✓	✓			773
10	3:00	140	140	✓	✓				✓	✓	✓	✓	✓	✓	773
11	2:45	240	240	✓	✓		✓		✓		✓	✓	✓		773
7,75	2:15	275	275	✓	✓								✓		886
9	2:45	328	328	✓	✓		✓					✓	✓	✓	886
15,25	4:15	650	650	✓	✓		✓					✓	✓	✓	886
5,75	1:45	161	161	✓									✓		886
10,75	3:45	409	409	✓	✓		✓					✓	✓		884
13	4:15	636	636	✓			✓	✓				✓	✓		891

INHALT UND TOURENÜBERSICHT

km	h	hm	hm	P											Karte
10,5	3:30	299	299	✓	✓		✓	✓					✓		891
11,75	4:00	287	287	✓	✓		✓	✓				✓	✓	✓	893
6,5	2:15	247	247	✓	✓		✓				✓	✓			779
8,75	2:30	282	282	✓			✓					✓	✓		779
8,25	3:00	296	296	✓	✓		✓					✓			779
11,7	3:00	502	466	✓			✓					✓	✓	✓	165
7	2:00	323	323	✓	✓			✓	✓				✓		165
11,2	3:30	502	493	✓	✓						✓		✓	✓	165
9	2:00	150	150	✓	✓		✓					✓	✓	✓	191
9	2:45	200	200	✓	✓								✓		191
4	1:30	160	160	✓	✓		✓			✓		✓	✓	✓	191
8	2:30	150	150	✓	✓		✓	✓				✓	✓	✓	191
7	2:00	95	95	✓									✓		198
13	4:00	538	538	✓	✓		✓	✓					✓	✓	198
12,5	3:45	583	583	✓	✓		✓	✓					✓		198
6	2:30	400	400	✓			✓	✓					✓		198
3,75	2:15	201	201	✓	✓		✓					✓	✓	✓	14
8,25	5:45	1167	1167	✓			✓	✓			✓		✓		14
10,5	4:15	880	880	✓	✓		✓				✓		✓		14
15	6:30	1300	1300	✓	✓		✓				✓		✓		14
15,5	7:00	1232	1232	✓	✓		✓				✓		✓	✓	14
7	2:10	31	31	✓	✓		✓		✓		✓	✓	✓		10
5	1:30	3	3	✓	✓						✓	✓	✓		10

INHALT UND TOURENÜBERSICHT

km	h	hm	hm	P											Karte
8	2:30	85	85	✓	✓		✓				✓	✓	✓	✓	16
5	2:00	0	854	✓		✓	✓	✓			✓		✓		10
9,5	5:00	1129	1129	✓	✓		✓	✓			✓		✓		10
11,75	6:30	1314	1314	✓			✓	✓			✓		✓		10
6,5	3:45	209	1049	✓	✓	✓	✓	✓			✓		✓		10
12	6:00	1027	1027	✓			✓	✓					✓		10
11,25	6:00	1249	1249	✓	✓		✓	✓				✓	✓		10
6,5	2:15	62	62	✓	✓		✓		✓	✓	✓	✓	✓	✓	14
8	2:30	200	200	✓	✓		✓	✓	✓	✓		✓	✓	✓	8
13	4:45	920	920	✓	✓		✓	✓	✓		✓		✓		8
13,25	5:15	870	870	✓	✓				✓	✓		✓		✓	8
9,75	3:00	340	340	✓	✓		✓			✓			✓		8
7	2:30	510	510	✓	✓		✓	✓	✓			✓	✓	✓	8
5	2:00	430	430	✓	✓		✓	✓				✓	✓	✓	8
9,25	3:00	270	270	✓	✓		✓		✓			✓	✓	✓	8
10	2:45	150	150	✓	✓		✓		✓					✓	8
9	3:00	560	560	✓	✓		✓	✓			✓		✓	✓	8
10,5	3:15	270	270	✓	✓	✓	✓	✓			✓		✓	✓	8
7	2:00	70	70	✓	✓				✓		✓	✓	✓	✓	182
8	3:00	493	493	✓	✓	✓	✓		✓	✓		✓	✓		182
10	4:30	865	865	✓			✓	✓			✓		✓		182
11,5	6:15	1246	1246	✓	✓		✓	✓			✓		✓		182
10	5:00	1010	1010	✓	✓			✓					✓	✓	6
7	4:00	765	765	✓	✓			✓	✓				✓	✓	7
13,5	5:00	1090	1090	✓	✓	✓	✓	✓		✓					5

INHALT UND TOURENÜBERSICHT

km	h	hm	hm	P											Karte
10,7	3:00	500	500			✓	✓	✓			✓			✓	6
17,4	7:15	1480	1480	✓	✓		✓	✓						✓	5
9,1	3:30	680	680	✓			✓	✓				✓		✓	5
9,3	2:45	240	240	✓	✓		✓		✓					✓	5
12,5	5:00	1040	1040	✓	✓	✓	✓	✓			✓	✓		✓	5
13,3	4:30	220	220	✓	✓		✓		✓	✓				✓	180
6,9	1:45	80	80	✓	✓				✓	✓				✓	180
11,6	3:00	150	150	✓	✓		✓		✓	✓		✓		✓	180
7,1	2:00	40	40		✓		✓		✓	✓		✓		✓	180
12,4	3:00	200	200	✓	✓				✓	✓					180
10,5	2:45	60	60	✓	✓		✓		✓	✓		✓		✓	180
11.9	3:30	170	170	✓	✓		✓		✓					✓	180
9	2:45	170	170	✓			✓		✓	✓				✓	180
10	3:00	20	20	✓	✓				✓	✓		✓	✓	✓	182
9,8	3:15	160	160	✓	✓				✓				✓	✓	179
10,8	5:15	1060	1060	✓	✓	✓	✓	✓			✓		✓		4
12,5	6:30	1240	1240	✓	✓		✓	✓			✓				4
12,5	5:15	910	910	✓			✓	✓					✓		5
6,6	3:00	770	770	✓				✓					✓		4
11,6	5:45	1260	1260	✓	✓			✓					✓		5
16,8	7:15	1410	1410	✓	✓			✓					✓		5
12,6	4:30	860	860	✓	✓		✓	✓				✓			5
7,3	3:15	710	710	✓	✓			✓				✓			5
8,3	4:00	560	560	✓	✓		✓	✓							5
5,7	3:00	760	760	✓	✓	✓	✓	✓				✓	✓		5
10	3:30	81	777	✓	✓	✓	✓	✓				✓			3
8,75	4:00	469	469	✓	✓		✓	✓				✓			3

INHALT UND TOURENÜBERSICHT

Die Basteibrücke in der Sächsischen Schweiz.

km	h	hm	hm												Karte
5,25	1:75	278	278	✓	✓		✓								3
11,5	4:00	401	401	✓	✓	✓		✓				✓	✓		3
15	4:15	332	332	✓	✓		✓				✓	✓	✓	✓	3
7,75	2:45	162	527	✓	✓	✓	✓				✓		✓	✓	3
7,5	2:15	350	350	✓	✓	✓	✓				✓		✓		3
9,5	4:30	819	819	✓	✓			✓					✓		3
10,75	2:45	63	63	✓	✓		✓					✓	✓		3
8,5	4:00	768	768	✓	✓		✓					✓	✓		3
9,5	3:30	702	702	✓	✓		✓	✓					✓		3
9,5	4:15	692	692	✓	✓		✓	✓					✓		3
6,5	2:10	463	463	✓	✓			✓	✓	✓	✓	✓			11/1
13	3:30	110	110	✓	✓		✓		✓		✓		✓	✓	11/1
9,5	3:00	80	80	✓	✓		✓				✓		✓	✓	11/1
10,5	2:45	55	55	✓	✓		✓		✓	✓	✓	✓		✓	11/1
10	2:30	60	60	✓	✓		✓		✓	✓	✓	✓		✓	11/1
17,8	4:45	10	10	✓	✓		✓		✓		✓	✓	✓	✓	11/2

LEGENDE UND SCHWIERIGKEITSBEWERTUNG

Verkehr

- Autobahn
- Schnellstraße
- Hauptstraße / Bundesstraße
- Nebenstraße, schmale Nebenstraße
- Fahrweg, Forstweg / Güterweg
- Karrenweg
- Fußweg, Steig
- Gletscherübergang
- Straße in Planung, Straße in Bau
- Tunnel
- Eisenbahn mit Bahnhof / Haltestelle
- Eisenbahntunnel
- S-Bahn
- Standseilbahn
- Seilbahn, Gondelbahn
- Sessellift
- Schifffahrtslinie
- Hafen
- Schiffsanlegestelle
- Personenfähre
- Autofähre
- Parkhaus
- Parkplatz
- Bushaltestelle
- Flughafen
- Flugplatz / Sportflugplatz

Relief und Vegetation

- Geröll, Sumpf / Moor
- Heide, Sand
- Wald, Kampfwald (Latschen, Krummholz)
- Naturschutzgebiet / Nationalpark / Naturpark
- Wein, Obst / Hopfen

Sport und Freizeit

- Minigolf, Kinderspielplatz
- Trimmpfad / Fitness-parcours, Grillplatz
- Klettersteig, gesicherter Wegabschnitt
- Wildpark, Findling
- Bootsverleih, Angeln
- Hallenbad, Freibad / Badesee
- Sportplatz, Sprungschanze

Touristische Hinweise

- Information, Jugendherberge
- Hotel / Gasthof / Restaurant
- Schutzhütte / Berggasthof (im Sommer und Winter)
- Schutzhütte / Berggasthof (Sommerbewirtschaftung)
- Jausenstation / Almwirtschaft / Imbissstube
- Buschenschenke / Heuriger, Unterstand
- Hütte / Biwak (unbewirtschaftet)
- Campingplatz, Sehenswürdigkeit
- Museum, Museumsbahn
- Krankenhaus / Notarztstation
- Aussichtsturm
- Schöner Ausblick, Rundblick
- Kirche, Wallfahrtskirche
- Kapelle, Denkmal
- Burg / Schloss, Ruine
- Kloster
- Ausgrabungen, ehemalige Festung
- Wegkreuz
- Bildstock, Bildbaum
- 885 Höhenpunkt, Gipfelkreuz

■ LEICHT

Hier handelt es sich um gut angelegte Wege ohne echte Gefahrenstellen, die jedermann begehen kann. Das schließt aber kräftige Steigungen nicht aus. Blaue Routen sind meist gut beschildert und markiert, damit eignen sie sich auch für „Wander-Anfänger".

■ MITTEL

Diese Wege und Steige verlaufen in anspruchsvollerem Gelände, sie können also steil und steinig sein, vielleicht auch durch felsiges Gelände führen (eventuell mit Stahlseil-Sicherungen). Ein gewisses Maß an Wandererfahrung, Trittsicherheit und festes Schuhwerk sollen nicht fehlen. Auch diese Routen, wie fast alle im Bereich des Führers, sind meist ausreichend beschildert und gut markiert.

■ **SCHWER**
Hier findet man anspruchsvolle Touren, die in felsiges Gelände mit abschüssigen und gefährlichen Passagen führen. Außerdem können „schwarze“ Touren sehr lang sein. Schwindelfreiheit, Trittsicherheit, gute Kondition und Geschicklichkeit sind daher ebenso notwendig wie Bergstiefel und die richtige Ausrüstung. Hier wirken sich Nässe und Nebel, Neuschnee und Altschneefelder usw. besonders deutlich aus. Auch diese Routen sind zwar meist ausreichend beschildert und markiert – aber für Anfänger ungeeignet!

Sonstiges

Windmühle, Wassermühle	Leuchtturm
Windkraftanlage, Turm	Brunnen
Bergwerk, stillgelegtes Bergwerk	Wasserfall
Friedhof	Sperrgebiet / Truppenübungsplatz

Touren

Leicht

Weg (Karrenweg)	Pfad	
10 Start	10 Ziel	10 Start = Ziel
10 Wegverlauf	10 Wegverlauf, Hin - Zurück	V10 Variante

Mittel

Weg (Karrenweg)	Pfad	Steig
10 Start	10 Ziel	10 Start = Ziel
10 Wegverlauf	10 Wegverlauf, Hin - Zurück	V10 Variante

Schwierig

Weg (Karrenweg)	Pfad	Steig
10 Start	10 Ziel	10 Start = Ziel
10 Wegverlauf	10 Wegverlauf, Hin - Zurück	V10 Variante

Kilometerangabe	Einkehrmöglichkeit
Höhenmeter (Auf- und Abstieg)	Bergbahn / Gondel
Gehzeit	Parkplatz
Für Kinder geeignet	Übernachtung
Rund-Tour	KOMPASS-Wanderkarte zur Tour
Strecken-Tour	öffentliche Verkehrsmittel
Gipfel	Baden
Natur	radtauglich
Sehenswürdigkeit	wintertauglich

Maßstab 1: 50 000
1 cm in der Karte ≘ 500 m in der Natur
0 1 2 km

WANDERPARADIES DEUTSCHLAND

„Das Geheimnis des Vorwärtskommens besteht darin, den ersten Schritt zu tun."

Diese Erkenntnis des Amerikaners Samuel Langhorne Clemens (1835–1910), der unter seinem Pseudonym Mark Twain als Schriftsteller zu Weltruhm kam, steht nicht ohne Grund am Beginn eines Buches, das Ihnen 200 wunderbare Wege kreuz und quer durch Deutschland präsentiert. Der sprachgewaltige Schriftsteller besuchte nämlich 1878 auf seiner zweiten Europareise Hamburg, Frankfurt und Heidelberg, stand an den Ufern des Rheins, des Mains und des Neckars und bestaunte den Schwarzwald. Sein Motiv dabei: „Eines Tages fiel mir ein, dass der Welt schon seit Jahren nicht mehr der Anblick eines Mannes geboten worden war, der Verwegenheit genug besaß, zu Fuß eine Reise durch Europa zu unternehmen. Gründliches Nachdenken überzeugte mich, dass ich geeignet war, der Welt zu diesem Anblick zu verhelfen." Und nach vielen per pedes zurückgelegten Kilometern war er sich ganz sicher: „Deutschland ist im Sommer der Gipfel der Schönheit."

Wenn Sie Bürgerin oder Bürger der Bundesrepublik sind, dann wird Sie die eine oder andere Wanderroute, die auf den folgenden Seiten vorgeschlagen wird, von Ihrer Haustür zu einem solchen „Gipfel der Schönheit" (ver-)leiten. Kommen Sie als Gast nach Deutschland, dann werden Sie sich vielleicht wundern, welche landschaftliche und kulturelle Vielfalt Ihnen schon beim Durchblättern entgegenlacht: beim Wattwandern in Niedersachsen oder auf Bergtouren in Oberbayern, bei Waldspaziergängen im Spessart oder beim Weinwandern am Bodenseeufer, bei Höhenflügen über dem Rhein oder bei einer stillen Gipfelstunde im Schwarzwald.

Nüchterne Zeitgenossen betrachten den schon lange anhaltenden und immer noch in ferne Zukunft weisenden Wanderboom in Deutschland aus der nackten Faktenperspektive: 68 Prozent aller Deutschen sehen sich als aktive Wanderer. Davon outen 75 Prozent das Naturerlebnis als Motivation, die Wanderschuhe zu schnüren, während 57 Prozent vornehmlich aktiv sein wollen und 56 Prozent ihrer Gesundheit Gutes tun möchten. Statistiker haben errechnet, dass der „durchschnittliche deutsche Wanderer" 8,9 Touren per anno unternimmt, während sich Meinungsforscher davon überzeugen konnten, dass sich 82,7 Prozent aller Gehfreudigen glücklicher und zufriedener fühlen als Couch-Potatoes und Wirtshaushocker.

Dazu passt der Boom von Wandervereinen und alpinen Verbänden. So hat sich etwa der 1868 gegründete Deutsche Alpenver-

Jasmunder Bodden, Wolkenspiel am Wasser.

Bergidylle in den Allgäuer Alpen.

ein e. V. (DAV) mit 1.184.507 Mitgliedern und 118 Sektionen zur größten nationalen Bergsteigervereinigung der Welt entwickelt, während die Naturfreunde mehr als eine halbe Million Mitglieder in 48 Ländern der Welt zählen. Der Deutsche Wanderverband bildet wiederum eine Art „Lobby" für 58 regionale Wanderorganisationen – vom Altmärkischen Wanderverein e.V. bis zum Wiehengebirgsverband Weser-Ems e.V.

Da wundert es kaum, dass auch 14 Prozent aller ausländischen Feriengäste gern in Deutschland wandern; sie verweisen damit die radelnden und schwimmenden Besucher des Landes auf die hinteren Ränge der Tourismusstatistik. Und die beleuchtet auch die Tatsache, dass sich bundesweit bereits 1520 Hotels, Pensionen und private Quartiergeber auf das Thema „Wandern" spezialisiert haben – nicht nur mit guten Tipps für ihre Gäste, sondern auch mit Leihausrüstung, die sie ihnen zur Verfügung stellen, oder mit praktischen Zubringer- bzw. Abholdiensten. All dies spült alljährlich 7,8 Milliarden Euro in die besuchten Regionen, genauer: in die örtliche Gastronomie, in den Lebensmittelhandel und in die Beherbergungsbetriebe. Um dieses Wanderwirtschaftswunder in Gang zu halten, sind zwischen Flensburg und Oberstdorf rund 20.000 ehrenamtliche Wegbetreuer am Werk, die in 350.000 Stunden pro Jahr mehr als 190.000 Kilometer Wanderwege pflegen, beschildern, markieren und nach Unwetterschäden auch mal völlig neu trassieren (und das kommt dank des Klimawandels leider immer öfter vor). Nur auf dieser Basis können Tourismusverbände, Länder und Kommunen immer neue Wegekonzepte und Qualitätsoffensiven entwickeln. So wachsen derzeit zertifizierte Qualitätswege, Themen- und Lehrpfade, Familien- und Fernwanderrouten aus dem Boden wie Pilze nach einem Sommerregen. Zusammen mit seit Jahren etablierten „Wander-Klassikern" und örtlichen Geheimtipps ergibt sich ein mehr als buntes Angebot an Möglichkeiten, Deutschland Schritt für Schritt zu durchstreifen, zu erleben und zu genießen.

Da erscheinen selbst die 200 Tourenvorschläge auf den folgenden Seiten nur als kleine Anregung, als ein winziger Ausschnitt aus einem Füllhorn, das ungetrübtes Wanderglück verheißt. Wer weiter wandern will, findet in KOMPASS-Wanderkarten zahllose schöne, markierte Wege durch ganz Deutschland. Und KOMPASS bietet inzwischen auch viele Wanderführer und Wanderbücher über die schönsten Regionen zwischen den Allgäuer Bergen und der Nordseeküste. Oder man fragt sich unterwegs ganz einfach weiter, denn die allermeisten Menschen, denen man beim Wandern begegnet, sind genau so, wie sie Mark Twain einst beschrieben hat – „warmherzig, gefühlvoll, impulsiv, begeisterungsfähig, beim zartesten Anstoß kommen ihnen die Tränen, und es ist nicht schwer, sie zum Lachen zu bringen".

GEBIETSÜBERSICHTSKARTE

Ribe
ODENSE
Nyborg
Mandø
Koresand
Vadehavet
Rømø
Haderslev
Fyn
Lille Bælt
Barsø
Svendborg
Aabenraa
Arnå
Tåsinge
Sønderborg
Ærø
Flensburger Förde
Flensburg
Flensborg
Handewitt
Nationalpark
Nordfriesland
Föhr
Kappeln
Schleswig-
Schlei
Kieler Bucht
28
Pellworm
Husum
Schleswig
Eckernförde
Nordstrand
Kieler Förde
Eider
Büdelsdorf
KIEL
Heiligen
St. Peter-Ording
Rendsburg
Preetz
Bungsberg
168
Holsteinisches
Heide
Plön
Malente
Nord-Ostsee-Kanal
Meldorf
Neumünster
Eutin
Plöner See
Wattenmeer
Holstein
Ahrensbök
Bad Segeberg
Bad Schwartau
Itzehoe
Brunsbüttel
Cuxhaven
Otterndorf
Kalten-kirchen
Glückstadt
Bad Oldesloe
Elmshorn
Quick-born
Norder-stedt
Hemmoor
Pinneberg
Langen
Stade
HAMBURG
Möllin
Geestland
BREMERHAVEN
Bremer-vörde
Buxtehude
Reinbek b.H.
Schwarzenbek
Winsen (Luhe)
Lauenburg (Elbe)
Boizenburg Elbe
Brake (Unterw.)
Buchholz i. d. Nordheide
Oste
Zeven
Osterholz-Scharmbeck
Tostedt
Lüneburg
Lüneburger
Lilienthal
Schneverdingen
Wilseder Berg
BREMEN
Rotenburg (Wümme)
Delmenhorst
Ganderkesee
Heide
Munster
Vissel-hövede
Uelzen
Weser
Achim
Soltau
Syke
Wildeshausen
Verden (A.)
Walsrode
Bad Fallingbostel
Bassum
Bergen
Sulingen
Nienburg (Weser)

ODENSE
Nyborg
Knudshoved
Slagelse
Korsør
Agersø
Omø
Næstved
Stevns Klint
Faxe
Fyn
128
Svendborg
Tåsinge
Smålandsfarvandet
Langeland
Møn
143
Møns
68
Ærø
Langelandsbælt
Nakskov
Falster
Nykøbing F
Lolland
Rødsand
Fehmer Bælt
Fehmarnbelt
Kieler Bucht
Fehmarn
Kieler Förde
18
Darß
Fehmarn-sund
Heiligenhafen
KIEL
133
Fischland
Oldenburg
Mecklenburger Bucht
Damgarten
Ribnitz-
Preetz
Bungsberg
168
Plön
Malente
Grömitz
Kühlungsborn
Admannshagen
Bad Doberan
ROSTOCK
Neumünster
Eutin
Plöner See
Neustadt
Lübecker Bucht
Ahrensbök
Timmendorfer Strand
Poel
Bad Segeberg
Bad Schwartau
Greves-mühlen
Wismar
Schwaan
LÜBECK
Bützow
Güstrow
Teterow
Bad Oldesloe
Sternberg
Schweriner See
Gadebusch
Ratzeburg
HAMBURG
Mölln
SCHWERIN
Zarrentin
Goldberg
Wittenburg
Reinbek b.H.
Schwarzenbek
104
Hagenow
Lübz
Parchim
120
Neustadt-Glewe
122
Gehlsbach
Winsen (Luhe)
Lauenburg (Elbe)
Boizenburg/ Elbe
Bleckede
Ludwigslust
27
Grabow
178
Ruhner Berge
153
Lüneburg
Elbe
Pritzwalk
Lüneburger Heide
Dannenberg
Perleberg
142
Wittenberge
Munster
Uelzen
Lüchow
Kyritz
32
Seehausen (Altmark)
Havelberg
Salzwedel
Osterburg (Altmark)
Wittingen
Altmark

Trelleborg
Christiansø
Bornholmsgattet
Bornholm
(Danmark)
Rønne
162
119
Dueodde
S T S E E
19
Kap Arkona
Nationalpark Jasmund
22
21
161
Hiddensee
Sassnitz
Rügen
Bergen auf Rügen
20
Stralsund
14 Greifswalder Oie
Greifswalder Bodden
Pommersche Bucht
Zatoka Pomorska
(Kol
Koło
35
34
Grimmen
Greifswald
60
Wolgast
Usedom
Wolin
(Swinemünde)
Świnoujście
23
Gryfice
Loitz
Demmin
Ahlbeck
76
Anklam
Usedom
Wolinski Park Narodowy
Kummerower See
Stettiner Haff
Zalew Szczeciński
Ueckermünde
Nowogard
Altentreptow
Reuterstadt Stavenhagen
Friedland
Torgelow
148
124
Ina
Goleniów
Uecker
Police
Neu-brandenburg
Pasewalk
131
Jez. Dąbie
SZCZECIN (STETTIN)
Tollensesee
179
Strasburg (Uckermark)
97
(Stargard)
Stargard Szczeciński
Müritz
Neustrelitz
25
Prenzlau
Jez. Miedwie
Gryfino
U c k e r m a r k
Odra
Nationalpark Unteres Odertal
Pyrzyce
Templin
Schwedt /Oder
116
Gransee
Zehdenick
Angermünde
Myślibórz
Schorfheide
121
Bad Freienwalde
Ebers-walde
Oder
GORZÓW WL
(LANDSBERG)
32
Oranienburg
31
Dębno
Bernau b.B.

Drachten
N.P. De Alde Feanen
Nationaal beek- en esdorpenlandschap Drentsche Aa
Assen
Heerenveen It Hearrenfean
N.P. Drents-Friese Wold
26
Emmen
N.P. Weerribben-Wieden
N.P. Dwingelderveld
Noordoostpolder
Papenburg
Friesoythe
Küstenkanal
Cloppenburg
Werlte
Sögel
Hümmling
Haren (Ems)
Meppen
Löningen
Haselünne
Quakenbrück
Emsland
Ems
Emlichheim
Zwolle
Ijssel
NEDERLAND
Lingen (Ems)
N.P. De Sallandse Heuvelrug
Nordhorn
Almelo
Bramsche
Recke
Ibbenbüren
OSNABRÜCK
Rheine
Deventer
Hengelo
Bad Bentheim
APELDOORN
ENSCHEDE
Nat. Park de Hoge Veluwe
N.P. Veluwezoom
Ede
ARNHEM
Steinfurt
Greven
Ahaus
Bad Iburg
54
Coesfeld
MÜNSTER
NIJMEGEN
Emmerich
Bocholt
Borken
Münsterland
Dülmen
Kleve
Kalkar
Rhein
Nordrhein-Westfalen
51
52
Wesel
50
53
Goch
Xanten
Ahlen
HAMM
Beck
Dorsten
N.P. De Maasduinen
Kevelaer
Maas
Geldern
RECKLINGHAUSEN
GELSENKIRCHEN
OBERHAUSEN
DORTMUND
BOCHUM
N.P. De Groote Peel
DUISBURG
ESSEN
47
Arnsberg
Venlo
49
48
HAGEN
KREFELD
DÜSSELDORF
WUPPERTAL
Lüdenscheid
61
MÖNCHENGLADBACH
57
Sauerland
Finnentrop
N.P. De Meinweg
SOLINGEN
Grevenbroich
58
Attendorn
62
BERGISCH GLADBACH
Gummersbach
Olpe
63
LEVERKUSEN
KÖLN
59
Heerlen
Kerpen
Waldbröl
Freudenberg
SIEGEN
AACHEN
Düren
Troisdorf
Stolberg (Rheinland)
BONN
Zülpich
Euskirchen
Verviers
Monschau
Nationalpark Eifel
Bad Neuenahr-Ahrweiler
Remagen
Sinzig
34
Westerwald
BELGIQUE
Andernach
Neuwied
Weilburg

BREMEN
Delmenhorst
Ganderkesee
Schneverdingen
Rotenburg (Wümme)
Wilseder Berg
15
Heide
Munster
Uelzen
Achim
Weser
Vissel-hövede
Soltau
Syke
Wildeshausen
Verden (A.)
16
Walsrode
Bad Fallingbostel
Bassum
Bergen
Sulingen
Nienburg (Weser)
Niedersachsen
Diepholz
Celle
Leine
Neustadt am Rübenberge
Steinhuder Meer
14
Rahden
Langenhagen
Gifhorn
Espelkamp
Garbsen
Burgdorf
Stadt-hagen
Lehrte
HANNOVER
Minden
Peine
Wiehengebirge
Bünde
BRAUNSCHWEIG
Bad Oeynhsn.
Rinteln
Springe
HILDESHEIM
Wolfenbüttel
Herford
Hameln
Elze
Bad Salzuflen
SALZGITTER
BIELEFELD
Teutoburger Wald
Bad Salzdetfurth
Bad Pyrmont
DEUTSCHLAND
Detmold
Vienenburg
Werla
Bad Gandersheim
Goslar
Seesen
Bad Harzburg
55
56
Holzminden
Nationalpark Harz
Brocken 1142
Weserbergland
Einbeck
Brakel
Höxter
37
33
PADERBORN
Lippstadt
Osterode a.Harz
Harz
Uslar
Northeim
Geseke
Herzberg a.Harz
Bad Lauterberg i. Harz
Bad Sachsa
GÖTTINGEN
36
Büren
Duderstadt
Warburg
Warstein
60
Hofgeismar
Nordhausen
Hann. Münden
Brilon
32
Heilbad Heiligenstadt
Sondershausen
KASSEL
Witzen-hausen
Korbach
Eichsfeld
Winterberg
Eschwege
Mühlhausen (Thüringen)
Edersee
Nationalpark Kellerwald-Edersee
Fritzlar
Hess. Lichtenau
Vogtei
Frankenberg (Eder)
Bad Langensalza
Bad Wildungen
Melsungen
Werra
Nationalpark Hainich
Berleburg
Eder
Rotenburg a.d. Fulda
Homberg (Efze)
Bebra
Eisenach
Gotha
Thüringer Wald
Bad Hersfeld
Waltershausen
Kirchhain
Bad Salzungen
Marburg
Lahn
Alsfeld
Schmalkalden
Fulda
Hallenberg
Lauterbach (Hessen)
Hünfeld
Gießen
Grünberg
Vogelsberg
Wetzlar
Meiningen
Fulda
Wasserkuppe 950
88
Hungen
Suhl

Berg
Pritzwalk
Heide
Munster
Uelzen
Dannenberg
142
Perleberg
Wittenberge
28
Kyritz
Lüchow
Seehausen (Altmark)
Arendsee
Havelberg
Salzwedel
Osterburg (Altmark)
Wittingen
Altmark
Celle
Klötze
Stendal
Rathenow
Havel
Gifhorn
Gardelegen
132
Tangermünde
Jericho
WOLFSBURG
Tangerhütte
Brandenburg a. d. Havel
Oebisfelde-
Genthin
Plauer See
Peine
Weferlingen
Haldensleben
Burg
BRAUNSCHWEIG
Königslutter a. Elm
Sachsen-Anhalt
Helmstedt
Wolfenbüttel
Hagelberg
SALZGITTER
Schöningen
MAGDEBURG
Wanzleben Börde
Oschersleben (Bode)
Schönebeck (Elbe)
Werla
Vienenburg
DEUTSCHLAND
Biere
Zerbst/ Anhalt
Dessau-Roßlau
Goslar
Seesen
Bad Harzburg
Halberstadt
Staßfurt
Saale
Elbe
Aken (E.)
Nationalpark Harz
Brocken 1142
Wernigerode
stein
Bernburg (S.)
37
33
Thale (H.)
Quedlinburg
Gräfenhainichen
Osterode a.Harz
Harz
Bode
34
Aschersleben
Köthen
Herzberg a.Harz
Bitterfeld-Wolfen
Bad Lauterberg i. Harz
Harzgerode
Könnern
Bad Sachsa
36
35
Mansfeld
Petersberg
Lutherstadt Eisleben
Delitzsch
Duderstadt
Nordhausen
HALLE (Saale)
Sangerhausen
31
473
Kyffhäuser
Schkeuditz
Heilbad Heiligenstadt
Sondershausen
Merseburg
Eichsfeld
Unstrut
Schrecke
Bad Dürrenberg
Markkleeberg
38
Mühlhausen (Thüringen)
Sömmerda
Naumburg
Weißenfels
Vogtei
Bad Langensalza
Werra
Borna
494
Nationalpark Hainich
Zeitz
ERFURT
Weimar
Apolda
Eisenach
Gotha
Altenburg
JENA
Waltershausen
Bad Berka
GERA
Bad Salzungen
Arnstadt
Crimmitschau
Immelborn
Thüringen
Thüringer Wald
Weida
Neustadt a.d.O.
Schmalkalden
(670) Hallenberg
Ilmenau
36
Rudolstadt
531
Zeulenroda-Triebes
ZWICKAU
Pößneck
Mohlsdorf
Greiz
Saalfeld
SUHL
Saale
Meiningen
88
Plauen
Auerbach

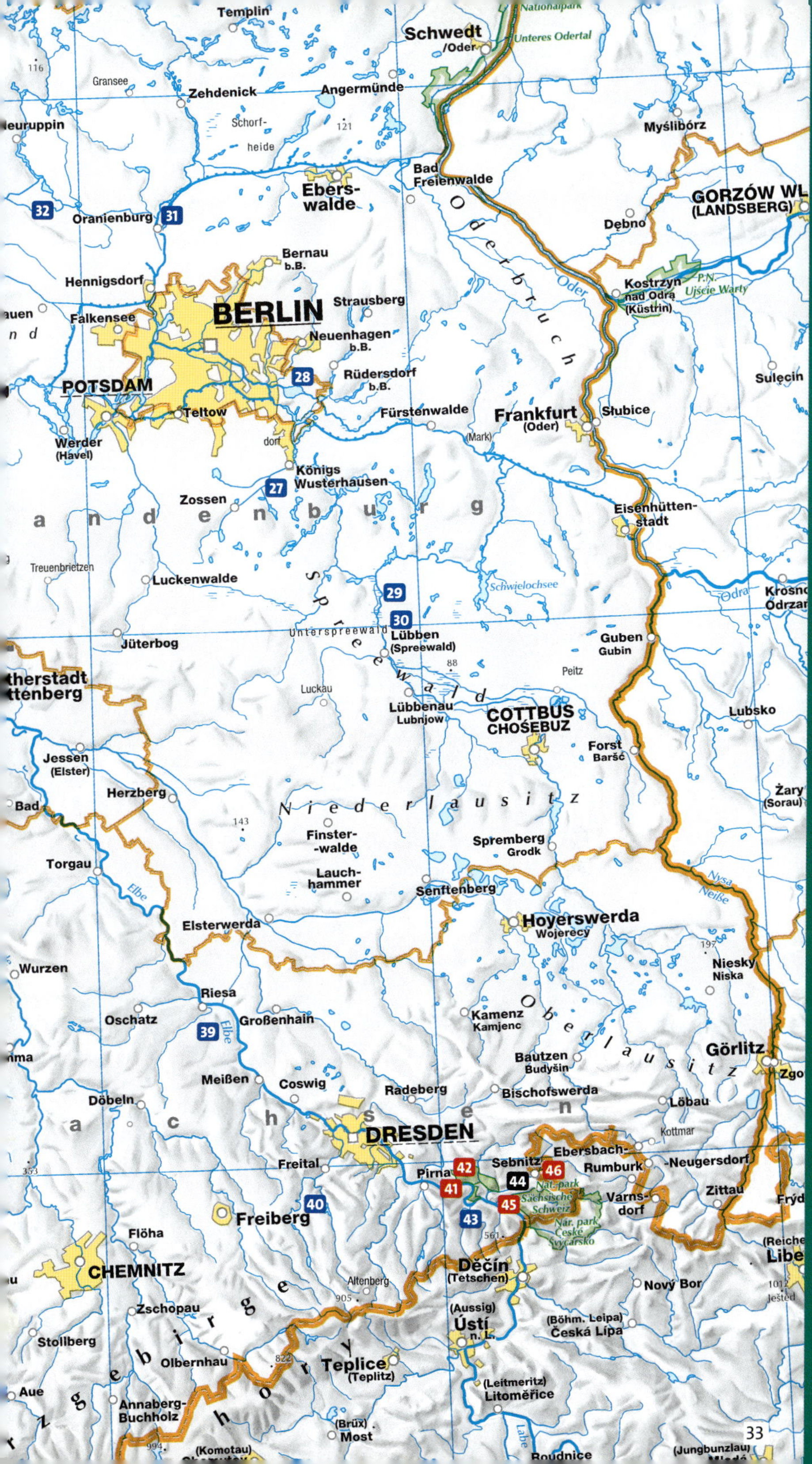

Templin
Schwedt /Oder
Nationalpark Unteres Odertal
Gransee
Zehdenick
Angermünde
Neuruppin
Schorfheide
Myślibórz
Bad Freienwalde
Eberswalde
Oranienburg
GORZÓW WL (LANDSBERG)
Dębno
Oderbruch
Bernau b.B.
Hennigsdorf
Oder
Kostrzyn nad Odrą (Küstrin)
P.N. Ujście Warty
Strausberg
BERLIN
Falkensee
Neuenhagen b.B.
Rüdersdorf b.B.
POTSDAM
Sulęcin
Fürstenwalde
Frankfurt (Oder)
Słubice
Teltow
Werder (Havel)
Königs Wusterhausen
Zossen
Brandenburg
Eisenhüttenstadt
Treuenbrietzen
Luckenwalde
Schwielochsee
Spreewald
Odra
Krosno Odrzańskie
Unterspreewald
Lübben (Spreewald)
Jüterbog
Guben Gubin
Peitz
Lutherstadt Wittenberg
Luckau
Lübbenau Lubnjow
COTTBUS CHOŚEBUZ
Lubsko
Forst Baršć
Jessen (Elster)
Herzberg
Żary (Sorau)
Niederlausitz
Bad
Finsterwalde
Spremberg Grodk
Torgau
Lauchhammer
Nysa Neiße
Senftenberg
Elbe
Elsterwerda
Hoyerswerda Wojerecy
Niesky Niska
Wurzen
Riesa
Kamenz Kamjenc
Oschatz
Großenhain
Oberlausitz
Görlitz
Zgorzelec
Bautzen Budyšin
Meißen
Coswig
Radeberg
Bischofswerda
Löbau
Döbeln
Sachsen
DRESDEN
Kottmar
Ebersbach-
Freital
Sebnitz
Rumburk
Neugersdorf
Pirna
Nat. park Sächsische Schweiz
Varnsdorf
Zittau
Frýdlant
Freiberg
Nár. park České Švýcarsko
Flöha
Děčín (Tetschen)
Liberec (Reichenberg)
CHEMNITZ
Altenberg
Nový Bor
Ještěd
Zschopau
(Aussig) Ústí n. L.
(Böhm. Leipa) Česká Lípa
Stollberg
Erzgebirge
Krušné hory
Olbernhau
Teplice (Teplitz)
Aue
(Leitmeritz) Litoměřice
Annaberg-Buchholz
(Brüx) Most
Labe
(Komotau)
Roudnice
(Jungbunzlau)

LEVERKUSEN
GLADBACH
bach
63
KÖLN
59
Heerlen
Kerpen
AACHEN
30
Waldbröl
Freuden-
berg
SIEGEN
Troisdorf
Stolberg
(Rheinland)
BONN
388
Zülpich
Euskirchen
645
W e s t e r w a l d
568
erviers
Monschau
Bad Neuenahr-
-Ahrweiler
Remagen
Sinzig
Nationalpark
Eifel
ELGIQUE
475
Weilburg
64
Andernach
Neuwied
65
68
Montabaur
KOBLENZ
66
Mayen
Bad Ems
Limburg
a.d.Lahn
577
697
Schneifel
675
Lahnstein
Prüm
Daun
Boppard
Idstein
E I F E L
Cochem
518
69
WIESBADEN
556
478
76
Eltville
a.Rh.
R h e i n l a n d - P f a l z
Bitburg
Wittlich
Rüdesheim
a.Rh.
508
79
81
Bingen
a.Rh.
MAIN
Bernkastel-
-Kues
448
H U N S R Ü C K
621
74
Bad
Kreuznach
270
UXEMBOURG
675
67
Erbeskopf
816
Nationalpark
TRIER
Hunsrück-
Hochwald
Idar-
Oberstein
Nahe
78
Alzey
431
75
Kirchheim-
bolanden
Birkenfeld
uxembourg
Saarburg
695
Worms
73
Kusel
Grünstadt
70
71
77
S a a r l a n d
568
St. Wendel
delange
72
Bad Dürkheim
Merzig
Thionville
Ottweiler
KAISERS-
LAUTERN
LUDW
HAFE
Neunkirchen
Landstuhl
Sch
Saar-
louis
Homburg
Neustad
a.d.W.
Rombas
Völklingen
SAAR-
BRÜCKEN
350
Zweibrücken
98
P f ä l z e r w a l d
Forbach
Blieskastel
607
Annweiler
Landau
i.d.Pf.
412
METZ
Pirmasens
99
St-Avold
Sarreguemines
Bad
Bergzabern
561
Kandel
100
nt-à-
usson
Seille
416
F R A N C E
Rastatt
Haguenau
NANCY
Sarrebourg
Bisch-
willer
340
St-Nicolas-
Dombasle-
s.-Meurthe
Saverne
Bühl
Baden-
Baden
Lunéville
STRASBOURG
Kehl
105
405
38
1009
Oberkirch
583
936
Offenburg
104
Lahr/
Schw.
Zell a.H.
A L S A C E

Nationalpark Hainich
Homberg (Efze)
Rotenburg a.d. Fulda
Bebra
Eisenach
Gotha
Bad Hersfeld
Kirchhain
Marburg
Alsfeld
Waltershausen
Bad Salzungen
Thüringe
Immelborn
Schmalkalden
(670) Hallenberg
Lauterbach (Hessen)
Hünfeld
Fulda
Gießen
Grünberg
Wetzlar
Vogelsberg
773
Meiningen
SUHL
Fulda
Wasserkuppe 950
Rhön
88
Hungen
Hessen
Grabfeld
Mellrichstadt
Friedberg (Hessen)
89
928
Hildburghausen
Bad Neustadt a. d. Saale
Bad Königshofen
Schlüchtern
Büdingen
90
Bad Homburg v.d.H.
LAND
92
91
Münnerstadt
Gelnhausen
84
80
FRANKFURT a.M.
Hanau
Bad Kissingen
Hammelburg
85
OFFENBACH a.M.
Seligenstadt
502
Spessart
Schweinfurt
496
Haßfurt
Zeil
Aschaffenburg
Lohr am Main
Karlstadt
Main
489
Dieburg
93
586
86
387
Veitshöchhm.
Bamb
87
WÜRZBURG
Dettelbach
Kitzingen
Wertheim
Michelstadt
Bensheim
Miltenberg
Ochsenfurt
Höchstadt a.d.A.
Heppenheim (B.)
Tauberbischofsheim
Aisch
498
Franken
Weinheim
Walldürn
Lauda-Königshofen
Neustadt a. d. Aisch
Ladenburg
Eberbach
Bad Mergentheim
Assamstadt
Weikersheim
Bad Windsheim
96
94
97
95
HEIDELBERG
Neckargemünd
392
Rothenburg ob der Tauber
Mosbach
Jagst
Sinsheim
Künzelsau
Altmühl
36
Bad Friedrichshall
554
Eppingen
Bruchsal
HEILBRONN
103
Schwäbisch Hall
Crailsheim
Feuchtwangen
Bretten
689
Dinkelsbühl
Kocher
Jagst
477
Bietigheim-Bissingen
102
Gaildorf
Mühlacker
Murrhardt
Ellwangen (Jagst)
Vaihingen a.d.E.
Backnang
101
668
Nördlingen
Ludwigsburg
STUTTGART
Schwäbisch Gmünd
Aalen
717
513
Sindelfingen
Esslingen a.N.
Göppingen
651
Calw
Donauwörth
107
Böblingen
Kirchheim u.Teck
Heidenheim a.d.Brenz
Dillingen a.d.Donau
Baden-
Nürtingen
Herrenberg
Geislingen a.d.Steige
Nagold
Tübingen
Donau
Donauried
Alb
Horb a.N.
114
Bad Urach
Günzburg
Rottenbg. a.N.
REUTLINGEN
112
Blaubeuren
ULM
Hechingen
113
519

Langensalza
Werra
494
Nationalpark Hainich
ERFURT
Weimar
Apolda
Borna
Zeitz
Altenburg
senach
Gotha
32
JENA
Bad Berka
Thüringer Wald
Waltershausen
Arnstadt
GERA
Bad Salzungen
hausen
Crimmitschau
Immelborn
Thüringen
Neustadt a.d.O.
Weida
ZWICKAU
Schmalkalden
Rudolstadt
531
Zeulenroda-Triebes
(670)
Hallenberg
Ilmenau
Pößneck
Mohlsdorf-
Greiz
Saalfeld
Saale
SUHL
Meiningen
88
Plauen
Auerbach
Grabfeld
Bad Lobenstein
Mellrichstadt
865
Eisfeld
Oelsnitz
Hildburg-hausen
Sonneberg
Frankenwald
805
Bad Neustadt a. d. Saale
Naila
Hof
Bad Königshofen
D
92
Coburg
Rehau
Münnerstadt
758
Aš
708
Kronach
Münchberg
Lichtenfels
Selb
Main
119
120
Schweinfurt
496
Kulmbach
Fichtel-
121
Cheb (Eger)
Haßfurt
Zeil
118
Marktredwitz
115
Bayreuth
gebirge
Main
489
Hollfeld
Bamberg
Oberpfalz
Pegnitz
116
Höchstadt a.d.A.
Weiden i.d.O.
Forchheim
Aisch
498
Franken
117
ERLANGEN
Sulzbach-Rosenberg
Neustadt a. d. Aisch
Lauf a.d.P.
Hersbruck
Fürth
Bad Windsheim
Nabburg
NÜRNBERG
Amberg
Altdorf b. Nürnberg
Vils
35
Schwabach
Schwan-dorf
Ansbach
Altmühl
Main-
Allers-berg
Neumarkt i. d. Opf.
Burglengenfeld
Regen
Hilpoltstein
Donau-Kanal
Fränkische Alb
Parsberg
Feuchtwangen
Gunzen-hausen
Regenstauf
689
Berching
Dinkelsbühl
Greding
Beilngries
Weißenburg i.Bay.
REGENSBURG
Treuchtlingen
Riedenburg
Altmühltal
Eichstätt
Kelheim
668
Nördlingen
Bayern
Neustadt a.d.D.
Mallersdorf-Pfaffenberg
651
INGOLSTADT
Neuburg a.d.D.
Donauwörth
Mainburg
40
Dillingen a.d.Donau
Schroben-hausen
Donau
Donauried
Landshut
505
Moosburg a.d.I.
Günzburg
Aichach
Freising

DRESDEN
Freital
Pirna
Sebnitz
Ebersbach-
Neugersdorf
Rumburk
Kottmar
Zittau
Varnsdorf
Nat. park Sächsische Schweiz
Nár. park České Švýcarsko
Freiberg
Flöha
CHEMNITZ
Děčín
(Tetschen)
Altenberg
Nový Bor
Liberec
Zschopau
(Aussig)
Ústí n. L.
(Böhm. Leipa)
Česká Lípa
Stollberg
Olbernhau
Teplice
(Teplitz)
Aue
Annaberg-Buchholz
(Leitmeritz)
Litoměřice
(Brüx)
Most
(Komotau)
Chomutov
Roudnice n. L.
(Jungbunzlau)
Mladá Boleslav
Labe
Kadaň
Louny
Mělník
Ohře
Žatec
Neratovice
Karlovy Vary
(Karlsbad)
Slaný
Kralupy n. Vlt.
Brandýs n.L.-St. Boleslav
Kladno
Stochov
PRAHA
(PRAG)
Rakovník
Marienbad)
Mariánské Lázně
Beroun
Č E S K Á
Benešov
Tachov
(PILSEN)
PLZEŇ
Rokycany
Příbram
vod. nádrž Slapy
Vlašim
Brdy
vod. n. Orlík
Tábor
(Klattau)
Klatovy
Písek
Furth i.W.
Strakonice
Vltava
Sušice
Bad Kötzting
Viechtach
Gr. Arber
Národní park Šumava
Nat.-park Bayerischer Wald
Zwiesel
Regen
Prachatice
ČESKÉ BUDĚJOVICE
(BUDWEIS)
Deggendorf
Český Krumlov
Plattling
vod. nádrž Lipno
Landau a.d.I.
Vilshofen
Donau
Passau
Pfarrkirchen
Schärding
Freistadt
Bayerischer Wald
Böhmerwald
Šumava
Mühlviertel
Erzgebirge
Krušné hory
Jindřichův Hradec
40
41
42
43
44
45
46
122
123
124
125

34
Neunkirchen
Landstuhl
Saar-louis
Homburg
Neustadt a.d.W.
Rombas
Völklingen
SAAR-BRÜCKEN
Zweibrücken
98
Forbach
Blieskastel
Anweiler
Landau i.d.Pf.
METZ
Pirmasens
99
St-Avold
Sarreguemines
Pfälzerwald
Bad Bergzabern
Kandel
100
Pont-à-Mousson
Seille
R A N C E
F
Rastatt
Haguenau
NANCY
Sarrebourg
Bisch-willer
St-Nicolas-
Dombasle-s.-Meurthe
Saverne
Bühl
Baden-Baden
Lunéville
STRASBOURG
Kehl
Donon 1009
Oberkirch
105
104
Offenburg
Lahr/Schw.
Zell a.H.
St-Dié
Sélestat
Épinal
Emmen-dingen
Elzach
Triberg
Colmar
Kaiserstuhl 557
Remiremont
Breisach a.Rh.
108
Furtwangen
1362 Hohneck
FREIBURG i.Breisgau
Le Val d'Ajol
Grand Ballon 1424
Guebwiller
Donaueschingen
Luxeuil-les-Bains
Ballon d'Alsace 1247
Feldberg 1493
109
111
110
Ognon
Cernay
Müllheim
Wutach
Lure
MULHOUSE
Vogesen
ALSACE
Schwarzwald
Belfort
Schopfheim
Héricourt
Lörrach
Waldshut
Bad Säckingen
Montbéliard
BASEL
Rhein-felden
Audin-court
Liestal
Brugg
Baden
Bourgogne-Franche-Comté
Delémont
Aarau
Olten
Solo-thurn
Aare
St.-Imier
Grenchen
Langen-thal
La Chaux-de-Fonds
Biel Bienne
Le Locle
Bieler See Lac de Bienne
Burgdorf
Jura
Neuchâtel
Luzern
Pontarlier
BERN
Lac de Neuchâtel
S C H W E I Z
S U I S S E
Yverdon-les-Bains
Fribourg (Freiburg)
Thun
Niederhorn 1963

HEIDEL-
BERG
Neckar-
gemünd
Mosbach
Sinsheim
Bad Fried-
richshall
Eppingen
Bruchsal
HEILBRONN
Bretten
Bietigheim-
Bissingen
Mühlacker
Vaihingen
a.d.E.
Ludwigsburg
STUTTGART
Sindel-
fingen
Esslingen
a.N.
Calw
Böblingen
Kirchheim
u.Teck
Nürtingen
Herrenberg
Tübingen
Rottenbg.
a.N.
REUTLINGEN
Bad Urach
Hechingen
Balingen
Albstadt
Sigmaringen
Tuttlingen
Pfullendorf
Stockach
Singen
(H.)
Radolfzell
a.B.
Reichenau
Mainau
Überlingen
Konstanz
Friedrichs-
hafen
Bodensee
Ravensburg
Bad
Waldsee
Frauenfeld
Rorschach
St.
Gallen
Gossau
(SG)
Herisau
Uster
Rapperswil-
Jona
Walensee
Glarus
Schwyz
Vilters-Wangs
Chur
Arosa
Prättigau
Silvrettagruppe
Glarner Alpen
Schwäbisch
Hall
Schwäbisch
Gmünd
Göppingen
Aalen
Murrhardt
Backnang
Gaildorf
Künzelsau
Crailsheim
Ellwangen
(Jagst)
Rothenburg
ob der Tauber
Ansbach
Feuchtwangen
Dinkelsbühl
Nördlingen
Heidenheim
a.d.Brenz
Geislingen
a.d.Steige
Donauwörth
Dillingen
a.d.Donau
Donauried
Günzburg
ULM
Neu-Ulm
Blaubeuren
Ehingen
(Donau)
AUGSBURG
Weißenhorn
Bellenberg
Laupheim
Krumbach
(Schwaben)
Schwab-
münchen
Riedlingen
Biberach
a.d. Riß
Mindelheim
Bad
Wörishofen
Memmingen
Kaufbeuren
Leutkirch
i. Allgäu
Kempten
(Allg.)
Wangen
im Allgäu
Isny
i.Allgäu
Lindau
(B.)
Bregenz
Immenstadt
i.A.
Sonthofen
Oberstdorf
Füssen
Forggensee
Reutte
Dornbirn
Hohen-
ems
Feldkirch
LIECHTEN-
STEIN
Vaduz
Bludenz
Landeck
Imst
Ötztaler
ALLGÄU
Schwäbische Alb
Baden-Württemberg
Tirol
Thur
Donau
Jagst
Kocher
Altmühl
Rhein
Lech
40

36
39
Schwabach
Ansbach
Altmühl
Main-
Allersberg
Neumarkt i. d. Opf.
Schwandorf
Burglengenfeld
Regen
Hilpoltstein
Donau-Kanal
Parsberg
Regenstauf
Feuchtwangen
Gunzenhausen
Berching
Greding
Beilngries
689
Dinkelsbühl
Weißenburg i.Bay.
REGENSBURG
Treuchtlingen
Fränkische Alb
Riedenburg
Eichstätt
Altmühltal
Kelheim
668
Nördlingen
Bayern
Neustadt a.d.D.
INGOLSTADT
Mallersdorf-Pfaffenberg
651
Donauwörth
Rain
Neuburg a.d.D.
Mainburg
Dillingen a.d.Donau
Schrobenhausen
Landshut
Donauried
Donau
Günzburg
505
Moosburg a.d.I.
Aichach
Freising
519
Ulm
AUGSBURG
Erding
Weißenhorn
Isar
Dorfen
Dachau
Krumbach (Schwaben)
Schwabmünchen
Ismaning
Lech
Fürstenfeldbruck
MÜNCHEN
Haag
Inn
655
Puchheim
Gräfelfing
Wasserburg a.I.
Mindelheim
Ottobrunn
Schondorf
Landsberg a.L.
Starnberg
Unterhaching
Grafing
Bad Wörishofen
Ammersee
Starnberger See
Memmingen
642
Kaufbeuren
Bad Aibling
Holzkirchen
Prien a.Chiemsee
Weilheim i.OB.
Schongau
Rosenheim
Penzberg
Kempten (Allg.)
1055
Bad Tölz
Tegernsee
Lenggries
Allgäu
Oberammergau
Forggensee
Walchensee
1997
Füssen
Kufstein
Immenstadt i.A.
Sonthofen
Garmisch-Partenkirchen
Reutte
Wörgl
Oberstdorf
Zugspitze
2962
Mittenwald
Lech
Wettersteingebirge
Karwendelgebirge
Schwaz
Hall i.T.
Österreich
Zillertal
Krimml
Imst
INNSBRUCK
Tuxer Alpen
Inn
Tirol
Landeck
Stubaier Alpen
Zillertaler Alpen
3480
3436
Ötztaler Alpen
Sterzing Vipiteno
2418
3357
Trentino-Südtirol
Brunico Bruneck
Alpi Sarentine
2412
Sarntaler Alpen
Bressanone Brixen
Meran
Tre Cime
163 164 165 166 167 168 169 170 171 152 151 141 145 147 146 148 153 142 143 144 149 150 134 135 156 172 179 180 181 182 155 154 185 183 173 174 175 178 159 161 162 194 176 177 160 158 157 192 191 189 188 186 187

Bayerischer Wald
Böhmerwald
Šumava
Furth i.W.
Bad Kötzting
Viechtach
Gr. Arber
1456
123
122
124
125
Národní park Šumava
Nat. park Bayerischer Wald
Zwiesel
Regen
1095
Písek
Strakonice
Sušice
Prachatice
ČESKÉ BUDĚJOVICE (BUDWEIS)
Český Krumlov
vod. nádrž Lipno
Vltava
Deggendorf
Donau
Plattling
Landau a.d.I.
Vilshofen
Vorwald
1049
948
930
Passau
454
437
Pfarrkirchen
Eggenfelden
Rott
535
Pleiskirchen
Schärding
Mühlviertel
Freistadt
Innviertel
Ober-
österreich
LINZ
Traun
Braunau a.I.
Altötting
Burghausen
Alz
Ried i. Innkr.
Wels
Amste
Steyr
Vöcklabruck
133
801
Laufen
Traunstein
Frei-lassing
Attersee
Mondsee
Gmunden
Markt
Traunsee
Nationalpark Kalkalpen
Enns
SALZBURG
140
Bad Reichenhall
127
1672
Hallein
Salzkammergut
Bad Ischl
Totes Gebirge
Nationalpark Berchtesgaden
126
128
129
130
2351
Steinberge
Dachsteingruppe
Steiermark
Bischofs-hofen
1849
St. Johann i.P.
REICH
Salzburg
Niedere Tauern
Knittelf
Krakau
Judenb
Fusch a.d.Gr.
Hohe Tauern
Bad Gastein
Tamsweg
Großglockner
3797
3360
Hochalmspitze
2273
Turracher Höhe
2441
1814
1870
Hüttenbg.
1818
Friesach
1693
Möll
2287
2784
Polinik
Stilleck
2440
2179
2305
1901
Wo
St. Veit a. d. Glan
Lienz
2216
Spittal a. d. Dr.
1771
Feldkirchen i. K.
Völkerma
2317
Gail
Kötschach-Mauthen
Kärnten
Hermagor
1819
KLAGENFURT

DEUTSCHLANDS FLACHER NORDEN

„Ick krackehl veel Platt
in dat Mikrofon,
büst nich unt'n Norden,
is dat schwer to verstohn."

Trotzdem kam der Song „Nordisch by Nature" der Hamburger Hip-Hop-Gruppe Fettes Brot 1995 in den Charts hoch hinauf. Und hoch hinauf kommt man in Deutschlands Norden ja nur selten: Das Land zwischen dem Wattenmeer an der Nordseeküste der Deutschen Bucht und der Ostseeinsel Rügen, zwischen Flensburg, Berlin und Hannover ist eher weit und breit und auf jeden Fall recht flach. Hügel stören kaum den Ausblick in die endlose Weite und vielleicht sogar bis zum Meer – es sei denn, es schüttet wieder einmal in Strömen. Merke: Das norddeutsche Klima ist nicht immer so trocken wie der norddeutsche Humor, und daher zählen Regenschirm und Sonnenbrille auch bei Wanderungen zur Standardausrüstung.

Wenn man dann unterwegs ist, merkt man rasch: So wechselhaft wie das Wetter ist auch die Landschaft. Man findet 1200 Küstenkilometer, Sandstrände und Salzwiesen, Ebbe und Flut am Wattenmeer, Robben und Seehunde und bei jeder Begegnung mit Einheimischen einen kräftigen Schalk im Nacken, historische Hansestädte und bewundernswerte Backsteinbauten, idyllische Seen und jede Menge Inseln. Die schillerndste davon ist wohl Sylt, ein Lieblingsziel der Schönen und Reichen an der Nordsee, das seit den 1920er-Jahren eine ungebrochene Anziehungskraft ausübt. Schon Thomas Mann fabulierte vom „tiefen Leben" auf der nördlichsten der Nordfriesischen Inseln, was später etwa der Playboy Gunter Sachs oder die französische Filmschönheit Brigitte Bardot mit wilden Partys bekräftigten. Jahr für Jahr kommen eine Dreiviertelmillion Touristen auf die 39 Kilometer lange und 13 Kilometer breite „Insel der Kontraste", die naturbelassene Wanderparadiese inmitten des Nationalparks Schleswig-Holsteinisches Wattenmeer, interessante Museen, reetgedeckte Bauernhäuser, Gründerzeit-Architektur und Szene-Lokale bietet.

Etwas ruhiger geht's im südlich davon gelegenen Küstengebiet zwischen Dagebüll, Husum und Büsum zu. Dieser Hafenort lag ursprünglich auf einer Insel und ist erst seit 1585 mit dem Festland verbunden. Aus dem über 1200 Kilometer langen Wegenetz am Weltnaturerbe Wattenmeer finden Sie auf den folgenden Seiten zwei der schönsten Möglichkeiten, in dieser abwechslungsreichen Landschaft zu wandern – auf Deichen entlang dem im Nationalpark geschützten Wattenmeer, zwischen Feldern mit Weizen und Raps, und über Sandstrände und Dünen, zu mittelalterlichen Kirchen und typischen Ortschaften.
Als landschaftliches Gegenstück im Bereich der Ostsee zeigt sich die Insel Rügen, die mit

Rügens berühmte Kreidefelsen.

Das Land um den Westerhever Leuchtturm (oben) und Schloss Oranienburg (unten).

einer Fläche von 986 Quadratkilometern Deutschlands größtes Eiland bildet. Sie ist nicht nur wegen ihrer Kreidefelsen und ihrer Rotbuchenwälder berühmt, sondern auch aufgrund des ältesten Leuchtturms und der schönsten Seebrücke der Ostseeküste, ihrer 56 Kilometer langen Sandstrände und gleich zweier Nationalparks (Vorpommersche Boddenlandschaft und Jasmund) sowie dem Biosphärenreservat Südost-Rügen. Zwischen grünen Hügeln und kleinen Bergen (auf der Halbinsel Mönchsgut findet man die „Zickerschen Alpen"), zarten Nehrungen und breiten Schilfbereichen laden zahlreiche Wanderwege zum Landschaftserlebnis ein.

Südlich des Müritz-Nationalparks mit seinen tausend Seen erstrecken sich die Wanderreviere rund um die deutsche Hauptstadt Berlin. Zwischen dem Havelland und der Oder, dem Krummensee und dem Großen Müggelsee findet man unzählige tolle Wanderziele, von denen dieses Buch einige der schönsten präsentiert.
Weiter im Westen schließt das Norddeutsche Tiefland schließlich zum niedersächsischen Wandergebiet rund um Hannover auf. Das rund 29 Quadratkilometer große Steinhuder Meer, der größte See Nordwestdeutschlands, erweist sich dort als ebenso attraktiver Startpunkt für Erkundungen per pedes wie das schaurig-schöne Piezmoor oder der Grundlose See bei Walsrode am Rand der Lüneburger Heide. Besonders schön ist es dort zur Zeit der Heideblüte zwischen Anfang August und Ende September, wenn hier ganze Landstriche mit bunter Erika geschmückt sind.

1

STRANDPROMENADEN-TOUR BORKUM

Nordsee-Romantik wie im Bilderbuch

10,6 km | 2:15 h | 15 hm | 20 hm | 727

START | Pavillon Nordbad Borkum
CHARAKTER | Befestigte Wege durch Dünen, Wiesen und Waldflächen und entlang der Nordsee (Weg-Nr. 2).

Großes Kaap.

Eine Unterscheidung zwischen leichten und mittelschweren Routen ist auf Borkum selbstverständlich in Relation zu sehen. Wer alpine Verhältnisse gewohnt ist, für den sind wohl alle Touren als leicht einzustufen.

Die Strecke, die sich auch als Laufstrecke gut eignet, hat ihren Ausgangspunkt am **Pavillon beim Nordbad** 01, dem Wahrzeichen an der Strandpromenade aus dem Jahr 1911. Von Ende März bis Oktober finden hier täglich um 11 Uhr, 16 Uhr und 20 Uhr Kurkonzerte statt. Die Musik der diversen Genres (Klassik, Jazz, Blues, Rock und Pop) unter dem Motto „Musik & Meer" zieht zahlreiche Touristen an.

Zunächst geht es auf der Bürgermeister-Kieviet-Promenade in nordöstlicher Richtung entlang. Rechter Hand passieren wir das **Große Kaap** 02. Als eine von drei historischen Baken diente das Große Kaap aus roten Klinkern und mit hölzernem Toppzeichen neben den drei Leuchttürmen als Peilrichtung zur Ansteuerung der Insel.

Wir schlagen rechts den Weg ein, um in weiterer Folge dem Dünenweg zu folgen, der uns an den Norddünen abermals nach rechts führt und zwischen Waterdelle und Upholmdünen zur Ostfriesenstraße bringt. Der Ostfriesenstraße folgen wir nun zunächst in südwestlicher, dann in südlicher Richtung. An der Kreuzung geht es kurz nach links und dann gleich rechts die **Borkumer Kleinbahnstrecke** 03 passierend und in einer Kurve über den Störtebekerweg vorbei an den Woldedünen und über den Waldweg bis zum **Sandstrand des Südbads** 04.

Nun führt der Strandweg dem Wasser entlang. Rechts erhebt sich bald der elektrische Leuchtturm aus dem Jahr 1891 aus den Dünen. Er diente der Orientierung für die Nachtschifffahrt im Bereich der Emsmündung, 2003 erlosch sein Leuchtfeuer jedoch endgültig. Heute zählt der Leuchtturm mit seinem rot-weißen Anstrich wohl zu den beliebtesten Fotomotiven der Insel für die Besucher.

Wir erreichen wieder die Bürgermeister-Kieviet-Promenade, der wir bis zum Ausgangspunkt der Rundtour beim Musikpavillon folgen. Ein großer Teil der Promenade ist beleuchtet, sodass man hier auch nachts mit gutem Gefühl gehen kann.

2 BORKUMS OSTSPITZE

Abseits der Touristen

11 km | 3:30 h | 20 hm | 30 hm | 727

START | Haltestelle Ostland in Ostland
CHARAKTER | Asphalt oder Sand, vorbei an hohen Dünen, Salzwiesen und über breiten Sandstrand.

Sand und Gräser prägen das Bild auf Borkum.

Diese Wanderung (auch sie ist wie Wandervorschlag 3 im Vergleich zu alpinen Verhältnissen für erfahrene Geher durchaus als leicht zu werten) führt zur ruhigen Ecke der Insel. Wer sich hierher verirrt, kommt dafür in den Genuss endloser Weiten, botanischer Besonderheiten und ornithologischer Vielfalt (v. a. im Frühjahr und Herbst, wenn die Zugvögel hier ihre Rast halten).

Die eigentliche Ostspitze, Hoge Hörn, gilt als Ruhezone – hier lassen sich zahlreiche Brutvögel wie Austernfischer, Säbelschnäbler oder Uferschnepfen nieder. Das Betreten der Zone I ist nur auf den gekennzeichneten Wegen gestattet, während der Brut- und Aufzuchtzeit der Vögel (April–Juli) gilt komplettes Betretungsverbot in dieser Schutzzone.

▶ Die **Bushaltestelle Ostland** 01 ist der Ausgangspunkt der Tour zu Borkums Ostspitze. Wir nehmen den Dünenweg, der uns zwischen Dünen- und Wiesenlandschaften ostwärts führt. Bei der **Aussichtsdüne** 02 geht der Weg entlang der Grenze zur Ruhezone des Nationalparks weiter.
Wer möchte, kann hier einen Abstecher zur Ostbake unternehmen. Die steinerne Bake, die auf einer 7,5 m hohen

Ostlanddüne steht und selbst 19 m hoch ist, diente wie das Große Kaap und das Kleine Kaap auf dem Westland der Orientierung.
Bald macht der Weg einen großen Bogen nach links. Die äußerste Ostspitze betrachten wir von dieser Stelle aus nur. Bald darauf nehmen wir den Weg rechts durch die Dünen, um zum breiten Sandstrand zu gelangen. Der Strandweg ist besonders für Muschelfreunde ein Erlebnis. Auf Schritt und Tritt trifft man auf Schätze in den verschiedenen Farben und Formen, die sich aus dem weißen Sand emporheben.
Vorbei an den **Kobbedünen** 03 erreichen wir einen Wander-, Rad- und Reitweg, der uns vorbei am Wasserwerk wieder zum Ausgangspunkt an der **Haltestelle Ostland** 01 bringt.

3

ZUM OSTANLEGER UND FLUGHAFEN

Zum östlichsten Punkt der Insel Wangerooge

12 km | 2:50 h | 30 hm | 30 hm | 733

START | Nationalpark-Haus Wangerooge (5 m), Friedrich-August-Straße 18.
CHARAKTER | Einfache Wanderung auf angelegten Wegen, Pfaden und am Sandstrand.

Der ehemalige Ostanleger.

Diese Wanderung führt uns vom Nationalpark-Haus vorbei am Flughafen zur einsamen Ostspitze der Insel. Hier dominieren Dünen und Sand und wer Glück hat, kann die Natur ganz ungestört genießen. Fernglas nicht vergessen!

▶ Vom **Nationalpark-Haus** 01 folgen wir der „Friedrich-August-Straße" Richtung Osten bis zum Ende, wo wir links in die „Rösingstraße" einbiegen. Kurz darauf treffen wir auf die „Charlottenstraße", der wir rechts, wiederrum Richtung Osten, bis zur „Siedlerstraße" folgen. Hier steht ein Schild vom Café Neudeich. Wir folgen diesem, kommen am Sportplatz und am Golfplatz vorbei. Nach der Villa Kunterbunt gehen wir auf einem schmaleren Pfad. Dann müssen wir uns entscheiden: Entweder gehen wir am Strand entlang oder wir bleiben auf der „Straße zum Osten". Nach ca. 30 Minuten und 2 km erreichen wir das **Café & Restaurant Neudeich** 02. Gegenüber befindet sich die Nationalparkstation Ost der Naturschutzorganisation Mellumrat – eine Vogelwarte.
Hier biegen wir links ab, überqueren die Dünen und kommen zum Strand, dem wir nach rechts folgen.
Bei der nächsten Möglichkeit, die Dünen zu überqueren, folgen wir dem Weg und kommen zur Jever-Aussichtsplattform. Von hier haben wir eine schöne Aussicht auf die typische Dünenlandschaft von Wangerooge bis hinüber zum Strand und auf die Nordsee. Richtung Watt streift der Blick über die innersten Graudünen, über Salzwiesen bis weit über das Watt hinaus. Es ist ein idealer Ort um Vögel zu beobachten oder ein Picknick zu machen (bitte den Müll wieder mitnehmen).
Wir gehen zurück zum Strand und erreichen nach insgesamt ca. 45 Minuten

das **Ostende von Wangerooge 03**: Die Sanddünen sind hier zu Ende und wir kommen zu einer riesigen, scheinbar unendlichen Sandbank.
Alte Holzpfähle, die gespenstisch aus dem Watt ragen, sind die letzten Zeugen von menschlichen Eingriffen. Dies sind die Überreste des 1903 errichteten Ostanlegers, von dem aus als zweiter, tideunabhängiger Anleger Menschen per Boot und Bahn nach Wangerooge gebracht wurden. In den 1950er brach der Schiffsverkehr ein, ab 1958 wurde er sich selbst überlassen und die Schienen abgebaut, später die hier noch vorhanden Baracken niedergebrannt.
Vom Ostende ebenfalls leicht zu erkennen ist die kleine, unbewohnte Insel Minsener Oog. Sie ist – wie auch die dahinterliegende Insel Mellum – eine Vogelschutzinsel.
Richtung Nordosten, in einiger Entfernung, thront der legendäre Leuchtturm Roter Sand.
Der gesamte Ostaußengroden und die ganze südliche Hälfte im Osten von Wangerooge ist Schutzzone I (Ruhezone) – die strengste Schutzzone im Nationalpark Wattenmeer. Bitte bleiben Sie auf den ausgewiesenen Wegen und halten Sie Abstand zu Brut- und Rastplätzen der Vögel!
Wir wandern an den Ostdünen zurück, entweder durch den angelegten Weg durch die Dünen oder dem Weg am Ende des Strandes bis zum Café & Restaurant Neudeich (45 Minuten). Hier biegen wir links ab, folgen dem Ostdeich und wandern am Flughafen entlang. Von hier aus haben wir eine tolle Fernsicht auf das Meer und können in der Ferne den Westturm und den neuen Leuchtturm ausmachen.
Nach 30 Minuten treffen wir auf eine Weggabelung, folgen aber weiterhin dem Deich. Nach 10 Minuten kreuzen wir die Schienen der Inselbahn. Bei der nächsten Wegkreuzung halten wir uns rechts und gehen, der Straße „Am Wattenmeer" folgend, in den Ort hinein. Die „Bahnhofsstraße" führt uns am Bahnhof vorbei, bevor wir links in die „Zedeliusstraße" abbiegen. Wir passieren den Alten Leuchtturm mit seinem Insel-Museum und stoßen kurz darauf auf einen kleinen Platz mit Brunnen. Hier biegen wir rechts in die „Friedrich-August-Straße" ab, gehen am Rosengarten vorbei und erreichen nach weiteren 10 Minuten unseren **Ausgangspunkt 01**.

RUND UM WANGEROOGE

Vom Dorf zum Flugplatz, zum Westanleger und zurück

16 km | 3:45 h | 50 hm | 50 hm | 733

START | Café Pudding (7 m) bzw. Windmesser an der Obere Strandpromenade.
CHARAKTER | Einfache, aber etwas längere Wanderung auf angelegten Wegen, Schotterwegen und Pfaden.

Schiffe am Westanleger.

Bei dieser Wanderung geht es einmal rund um Wangerooge. Hierbei lernt man die ganze Insel auf einmal kennen.

▶ Vom **Windmesser** 01 unterhalb vom Café Pudding gehen wir auf der Oberen Strandpromenade in Richtung Osten. Bei den vielen Fahrradständern wenden wir uns nach rechts und folgen der „Westingstraße“. Wir gehen bis zum Ende der Straße und treffen auf die „Charlottenstraße“, der wir nach links bis zur „Siedlerstaße“ folgen. Hier steht ein Schild, welches das Café Neudeich ausweist. Wir folgen diesem und kommen am Sportplatz und anschließend am Golfplatz vorbei. Nach der Villa Kunterbunt gehen wir auf einem schmaleren Pfad Richtung Café Neudeich. Kurz darauf können wir uns entscheiden: Entweder gehen wir am Strand entlang oder wir bleiben auf der „Straße zum Osten“. Nach ca. 30 Minuten und 2,5 km erreichen wir das **Café & Restaurant Neudeich** 02. Gegenüber befindet sich die Nationalparkstation Ost der Naturschutzorganisation Mellumrat – eine Vogelwarte.

Beim Café Neudeich wenden wir uns nach rechts (Süden), folgen dem Ostdeich und wandern am Flughafen entlang. Von hier aus haben wir eine tolle Fernsicht aufs Meer und können in der Ferne den Westturm und den neuen Leuchtturm ausmachen.

Nach weiteren 30 Minuten treffen wir auf eine Weggabelung, folgen aber weiterhin dem Deich. Nach 10 Minuten kreuzen wir die Schienen der Inselbahn. Bei der nächsten Wegkreuzung halten wir uns links und kreuzen noch einmal die Schienen. Nach 20 Minuten stoßen wir auf einen Weg, dem wir wieder links folgen und der ein weiteres Mal über die Schienen führt. Wir haben den Westturm und den neuen Leuchttum im Blick und gehen auf dem Westgrodendeich direkt auf den Westturm zu.

Nach insgesamt ca. 1 ¾ Stunden und 8,5 km erreichen wir den Westturm, der heute eine Jugendherberge ist, und biegen links auf den Schotterweg ab. Dieser führt uns zu einem Weg, der uns linker Hand zum **Westanleger** 03 leitet.

Vom Westanleger können wir uns entscheiden, ob wir auf demselben Weg zurück zum Westturm gehen oder lieber am Strand schlendern möchten. Wer sich für denselben Weg entscheidet, geht beim Westturm links über einen Pfad zum Strand, um dort zum befestigten Weg zu gelangen und diesem rechter Hand zu folgen. Vom Weg können wir die Sternwarte sehen. Wir gehen weiter und kommen zum westlichsten Punkt der Insel und zur 1.400 m langen Buhne „H". Sie ist die längste Buhne der Insel und wurde 1877 erbaut. Von hier haben wir eine fantastische Rundumsicht.

Wir folgen dem Weg, kommen an einigen Schullandheimen vorbei. Der asphaltierte Weg endet und wir müssen uns erneut entscheiden, ob wir am Strand oder auf der „Straße zum Westen" weitergehen möchten. Wir passieren nach 1 Stunde den Neuen Leuchtturm und gelangen auf beiden Wegen zum **Gasthaus Jan Seedorf** 04. Wir folgen weiter der „Straße zum Westen", jedoch Richtung Osten! Bei einer Gabelung halten wir uns links („Fußweg des Westens"), passieren den Ehrenfriedhof. Beim Schullandheim „Bielefelder Haus" können wir links abbiegen und einen Abstecher zur Aussichtsdüne machen und den schönen Ausblick genießen.

Wir kehren zurück zum Weg, passieren das Sockenhaus mit Kinderspielplatz und die Tennisplätze. Nun kommen wir in den Ort, biegen gleich links in die „Anton-Günther-Straße" ab und gelangen zur „Oberen Strandpromenade", auf der wir rechter Hand zum Ausgangspunkt am **Windmesser beim Café Pudding** 01 kommen.

NEULANDHALLE – FRIEDRICHSKOOG

Salzwiesenlehrpfad, Krabbenkutterhafen, Seehundstation

12 km | 3:00 h | 100 hm | 100 hm | 717, 723

START | Parkplatz am deichseitigen Ende der Neulandstraße im Ortsteil Dieksanderkoog der Gemeinde Friedrichskoog
[GPS: UTM Zone 32 x: 493.629 m y: 5.979.981 m]
CHARAKTER | Leichte Salzwiesen- und Deichwanderung

Hafen von Friedrichskoog.

Die Salzwiesen vor dem Dieksanderkoog ermöglichen Naturerleben in der natürlichen Stille des Wattenmeer-Nationalparks. Ein Naturlehrpfad führt durch die Salzwiesen ans Wasser, während der von Schafen beweidete Deich zum Hafen Friedrichskoog führt, dem größten Krabbenkutterhafen Schleswig-Holsteins.

Lehrtafeln am Parkplatz vor dem deichseitigen Ende der Neulandstraße im **Dieksanderkoog** informieren über die Geschichte des 1935 als Adolf-Hitler-Koog gegründeten nationalsozialistischen Musterkoogs, der nach dem Zweiten Weltkrieg nach der ehemaligen Insel Dieksand umbenannt wurde. Die im Stil eines Eiderstedter Haubargs errichtete Neulandhalle – in Sichtweite – war ein nationalsozialistisches Schulungszentrum für Landwirte und fungiert heute als **Neulandhalle Evangelisches Freizeitzentrum** 01.

Auf der Krone des **Elbdeichs** fällt der Blick über die breiten Salzwiesenanlandungen hinweg auf das Wattenmeer und über die Elbmündung nach Cuxhaven, rechts zeigt sich die Trischenbake der Seehundstation Friedrichskoog. Der Deich heißt bis zum Hafen von Friedrichskoog „Elbdeich“, erst dann wird er als „Seedeich“ bezeichnet. Dem subjektiven Empfinden nach befindet man sich tatsächlich eher an der Elbmündung. Der halbinselartig vorspringende Friedrichskoog verdeckt die Sicht auf die Meldorfer Bucht, während die Elbmündung mit Cuxhaven und der vorgelagerten Hamburger Insel Neuwerk gut im Blickfeld sind. Von der Deichkrone geht es durch die Wiesen zu einem Gatter im Zaun vor den Salzwiesen. Hinter dem Gatter beginnt der **Naturlehrpfad** mit Lehrtafeln zu Tieren, Pflanzen, Kultur und Geschichte. Allein schon die natürliche Stille in den von Tausenden von Vögeln belebten Salzwiesen macht die Begehung des Naturlehrpfads, für den festes Schuhwerk empfehlenswert ist, zum Genuss.

Vom Salzwiesen-Naturlehrpfad zurück zum Elbdeich: Der Graspfad auf der Deichkrone gibt die aussichtsreiche Route nach Friedrichskoog vor. Alternative ist der befestigte Weg außendeichs, während binnendeichs (mit Ausnahme der grasigen ersten 200 m) ein Radweg verläuft. Der vorgelagerte **Franzosensand** trägt seinen Namen seit 200 Jahren. Als Frankreich während der Napoleonischen Kriege eine „Kontinentalsperre" genannte Wirtschaftsblockade gegen Großbritannien verhängte und viele Bauern und Fischer in die Armut trieb, hielten die Dithmarscher den nun für illegal erklärten Handel mit England aufrecht. Ein französisches Kanonenschiff, das die Schmuggler züchtigen sollte, strandete auf dem „Franzosensand".

Nach einer guten Stunde Deichwanderung ist der **Hafen Friedrichskoog** 02 erreicht. Auf derselben aussichtsreichen Deichroute geht es zurück zum Ausgangspunkt nahe des evangelischen Freizeitzentrums **Neulandhalle** 01.

NEUER MELDORFER HAFEN – WARWERORT

Strände an der Meldorfer Bucht und Wildpferde im Wöhrdener Loch

12 km 3:00 h 100 hm 100 hm 717, 723

START | Parkplatz am Neuen Meldorfer Hafen am Ende der Zufahrtsstraße „Neuer Hafen" westlich der Stadt Meldorf; an der Verzweigung vor dem Neuen Meldorfer Hafen rechts abbiegen.
[GPS: UTM Zone 32 x: 496.774 m y: 5.993.898 m]
CHARAKTER | Leichte Deichwanderung.

Koniks im Naturschutzgebiet Wöhrdener Loch.

Der Speicherkoog ist das bedeutendste Vogelbeobachtungsgebiet, Wassersportzentrum und Seebadeparadies Dithmarschens. Am Neuen Meldorfer Hafen beginnt die aussichtsreiche Deichwanderung zu den Seebadestellen Nordermeldorf und Warwerort. Während der Süden des Speicherkoogs überwiegend aus amphibischer Landschaft besteht, weiden im Wöhrdener Loch Schafe und Wildpferde sowie im Winter schottische Galloway-Rinder. Vom Deich sowie von einer Vogelbeobachtungshütte bieten sich eindrucksvolle Ausblicke auf die Vögel und Koniks im Wöhrdener Loch.

Der **Neue Meldorfer Hafen** 01 mit Schleusen- und Sielanlage liegt seit der Eindeichung des Speicherkoogs 8 km vor den Toren der Stadt Meldorf. Er wird als Yachthafen genutzt, das Nationalparkhaus „Wattwurm" informiert über Tiere und Pflanzen und veranstaltet Exkursionen. Der alte Meldorfer Hafen liegt an der Miele nur ca. 1 km vor Meldorf; durch den neuen Seedeich hat er den Zugang zur Nordsee verloren. Die **Schleuse Speicherkoog** verbindet den Neuen Meldorfer Hafen mit der Nordsee und ist dank ihrer Aussicht ein beliebtes Ausflugsziel. Auf der Panoramaplattform erinnert das Monumentaldenkmal „Trutz dem Blanken Hans" an den Kampf mit den Gewalten der Nordsee. Sitzbänke laden dazu ein, den Blick auf die Meldorfer Bucht, den Speicherkoog und das Wattenmeer sowie auf Büsum zu genießen, abends bietet sich ein herrlicher Sonnenuntergangsblick. Mit Blick auf die Meldorfer Bucht und das Seebad Büsum führt der begrünte Deich nordwärts. Die ihn anfänglich begleitende Straße entfernt sich bald, sodass auch die Möglichkeit besteht, auf dem befestigten (Nordseeküsten-Rad-) Weg binnendeichs zu wandern. An der **Seebadestelle Nordermeldorf** 02 stehen Strandkörbe, ein Restaurant lädt zur Einkehr ein. Wattwanderer können sich an Duschen den Schlick abbrausen, als Blickfang drängt sich wie fast überall an der Meldorfer Bucht das Hochhaus von Büsum auf.
Von der Badestelle geht es an der Was-

serlinie am Deichfuß weiter nordwärts. Anfangs kann man auch auf dem befestigten, autofreien (Rad-)Weg binnendeichs wandern, doch bald erreicht die Straße Dritter Querweg den Deich. Spätestens dann wechselt man auf die Wasserseite bzw. wandert auf der Deichkrone, um das **Naturschutzgebiet Wöhrdener Loch** zu überblicken.

Bald darauf erreicht der Deich die Seebadestelle von **Warwerort** **03** mit kurtaxfreiem Strand. Warwerort war früher ein Hafenort, durch die Eindeichung des Speicherkoogs wurde der Hafen von der Meldorfer Bucht abgeschnitten. Von Warwerort führt der Deich zurück zur **Seebadestelle Nordermeldorf.** Ab hier lässt sich die Wanderung in der Nebensaison, wenn auf der schmalen Straße kaum Fahrzeuge unterwegs sind, durch einen kurzen Streifzug durch die Speicherkoogwiesen variieren. Die Zufahrt zum Parkplatz vor der Badestelle ist auch als Nordic-Walking-Route markiert, sie führt kurz landeinwärts, dann zeigen die Walking-Schilder rechts in eine namenlose Straße, die aussichtsreich durch das Grünland führt. Nach Überqueren eines Wasserlaufs fällt der Blick rechts auf eine Wasserfläche in den Wiesen. Auf ihr schwimmt ein Brutfloß für Säbelschnäbler, Küsten- und Flussseeschwalben. Hier lassen sich Enten, Limikolen und Seeschwalben sehen, auch Odinshühnchen sind regelmäßige Gäste.

Gleich darauf erreicht die schmale Straße den grünen Seedeich und es ist nicht mehr weit bis zum Ausgangspunkt am **Neuen Meldorfer Hafen** **01**.

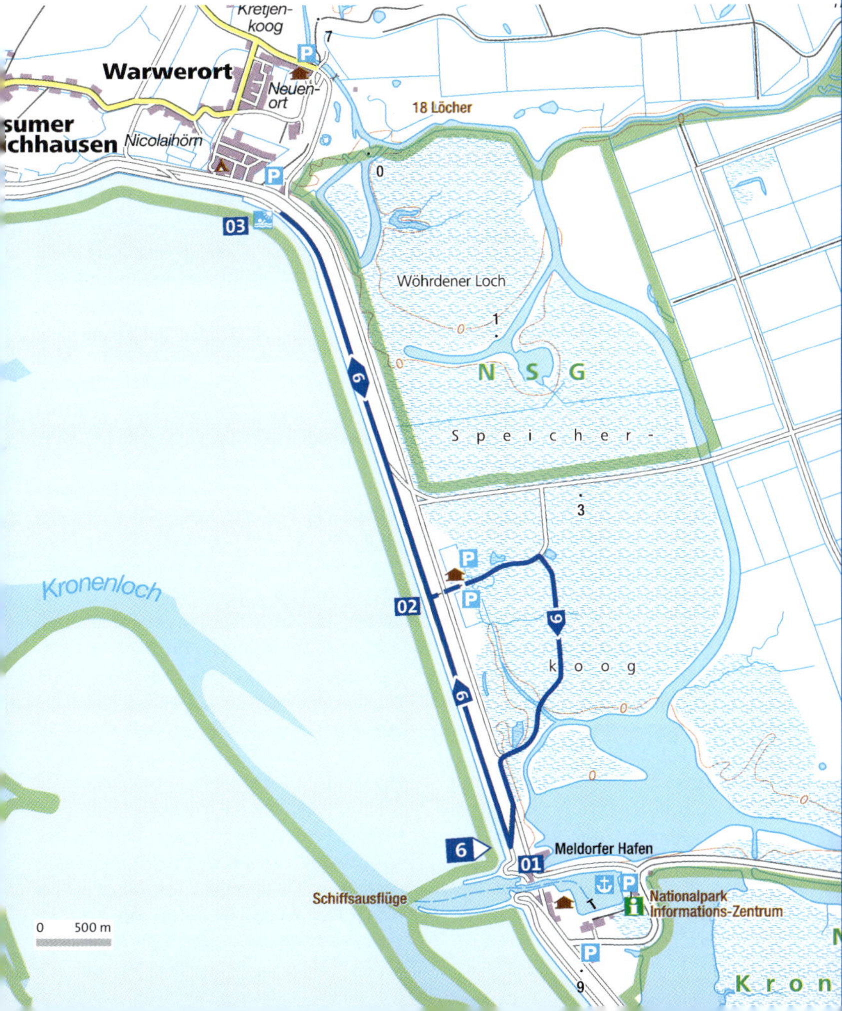

BÜSUM – BÜSUMER DEICHHAUSEN

Leuchtturm und Häfen an der Meldorfer Bucht

13 km 3:30 h 100 hm 100 hm 705

START | Parkplätze an der Perlebucht in Büsum (3 m); die Perlebucht liegt an der Nordseestraße, von der es auf 50 m Länge sechs Aufgänge zum Deich gibt (Sandstrand, Kurpark und dreimal Erlebnisbad Piraten-Meer)
[GPS: UTM Zone 32 x: 489.259 m y: 5.998.866 m]
CHARAKTER | Leichte Deichwanderung

Büsum Strand.

Die maritime Schauseite des Nordseebads Büsum erstreckt sich an der Meldorfer Bucht des Nationalparks Niedersächsisches Wattenmeer. Von der Perlebucht führt der Seedeich zum Leuchtturm und in Richtung der aussichtsreichen Mole, der Deichwanderweg folgt dem alten Deich in den Badeort Büsumer Deichhausen.

▶ Die **Perlebucht** 01 ist Büsums Familienstrand: Zwischen dem Deich und der 100.000 m² großen, 1972 aufgespülten Sandinsel ermöglichen zwei große Becken tideunabhängig das Bad im Meerwasser. Das Trampolin „Happy Jump" dürfen Kinder ab zwei Jahren und bis zu 100 kg schwere Erwachsene benutzen, auch Tret- und Paddelboote können ausgeliehen werden. An der Wattenmeerseite der künstlichen Sandbank befindet sich die Kite- und Surfzone. Der Seedeich folgt der Perlebucht am **Büsumer Hochhaus** vorbei, das mit seinen 22 Stockwerken alle anderen Bauwerke im Ort und den Büsumer Leuchtturm überragt. Hat man das Hochhaus im Rücken, erstreckt sich links der **Kurpark** mit dem Musikpavillon, während sich auf der Seeseite die Badestrände reihen. Vorbei am Meerwasserwellen-Erlebnisbad Piraten-Meer führt der Deich zum Hauptstrand mit der Wellness-Oase im **Kurmittelhaus.** Nächste Station ist der **Büsumer Leuchtturm** 02 mit dem **Tonnenhof** und Blick auf das Hafenbecken und den Museumshafen. Aussichtsreich geht es weiter mit Blick auf die Hafenbecken und den Seglerhafen; am Getreidesilo starten die Bäderschiffe nach Helgoland. Von der **Mole** 03 fällt der Blick auf die Meldorfer Bucht.
Hier ist die Welt zu Ende, also zurück zum Strand-Kassenhaus beim Kurmittelhaus, dort führt eine Freitreppe rechts hinab zum **Museumshafen**. An der Ecke zwischen dem Museumshafen und dem

Hafenbecken befindet sich der Büsumer **Dreiecksplatz,** auf dem viele Veranstaltungen stattfinden; auch hier starten Schiffe nach Helgoland und zu den Seehundsbänken. Weiter geht es zum Ankerplatz und am Hafenbecken entlang zur Slipanlage, wo die Schiffe aus dem Wasser gezogen werden; wenige Minuten entfernt steht zwischen den Hafenbecken das **Museum am Meer**.
Am Hafenbecken beginnt der **Deichwanderweg** auf dem alten Deich in den Badeort **Büsumer Deichhausen 04**. Von dort führt der aussichtsreiche Seedeich zurück Richtung Büsum, bis sich der Wanderweg an der Outdoor-Kartbahn vorbei landeinwärts wendet zur **Sturmflutenwelt Blanker Hans.** Wenig später ist wieder das bekannte Hafenbecken erreicht, und am Ankerplatz vorbei geht es zurück zum Deich und zum Ausgangspunkt an der **Perlebucht 01**.

Information

Die geführte Wattwanderung von Büsum zum Blauortsand zählt zu den herausragenden Wattwanderungen im Nationalpark. Der durch die Blauortbake markierte, vegetationslose Außensand liegt etwa 6 km vor der Dithmarscher Küste, auf die er sich jährlich mehrere dutzend Meter zubewegt. Die 1200 x 500 m große Sandbank erhebt sich knapp 2 m über der mittleren Hochwasserlinie und wird auch von Seevögeln und Seehunden gern aufgesucht.

DAGEBÜLL MOLE – DAGEBÜLL-KIRCHE

Leuchtturm und Häfen an der Meldorfer Bucht

6 km 2:00 h 100 hm 100 hm 705

START | Parkplatz in der Straße Am Badedeich 15 in Dagebüll Mole nahe des Hafens (3 m); wenige Gehminuten entfernt befindet sich am Hafen der Endbahnhof Dagebüll Mole der Kleinbahn Niebüll – Dagebüll [GPS: UTM Zone 32 x: 480.177 m y: 6.064.724 m]
CHARAKTER | Leichte Deichwanderung

Lore der Halligbahn auf dem Weg vom Dagebüller Badedeich ins Wattenmeer.

Der Dagebüller Deichwanderweg erschließt als namentlich und durch Piktogramme ausgeschilderter Rundkurs die Nordseeküsten-Landschaft im Bereich des Föhr- und Amrum-Fährhafens und des im Dagebüller Koog gelegenen alten Kirchdorfs, das den Kern der historischen Hallig Dagebüll bildet. Informationstafeln erklären Sehenswertes wie das Schöpfwerk, die Lorenbahn nach Oland oder die Bedeutung der „Stöpe".

▶ Der **Dagebüller Badedeich** 01 am Beginn des Deichwanderwegs ist ein Strandkorbstrand am grünen Seedeich mit Blick auf Sylt, Föhr und ein Stückchen Amrum sowie auf die Halligen und die Mole mit den Fähren. 45 Minuten dauert die Überfahrt nach Wyk auf Föhr, knapp 2 Stunden die Überfahrt nach Wittdün auf Amrum.

Bald schwingt der Badedeich ostwärts und erreicht den stillgelegten **Leuchtturm Dagebüll,** einen 15 m hohen Backsteinturm (1929), der mit seinem schwarzgrünen Kupferspitzdach einem Kirchturm ähnelt. Beim Alten Leuchtturm befindet sich der Wirtschaftshof des Wasser- und Schifffahrtsamtes. Dort startet die **Halligbahn**, eine Wirtschafts- und Versorgungsbahn, zu ihrer Fahrt auf einem 900 mm breiten Pfahljoch durch das Watt nach Oland und Langeneß. Wer auf der autofreien Hallig Oland seinen Urlaub verbringt, wird samt Gepäck in einer Lore auf die Hallig gefahren. Die Anreise nach Langeneß erfolgt in der Regel per Schiff ab Schlüttsiel. Von Dagebüll aus werden zu beiden Halligen Wattwanderungen angeboten.

Wo die Lorenbahn in die Salzwiesen hinaufführt, wendet sich der Deichwanderweg landeinwärts und führt autofrei durch das grüne Marschenland nach **Dagebüll-Kirche**. Die Dionysius-Kirche wurde 1731 auf der damaligen Hallig ohne Kirchturm errichtet. Als 1905/06 ein Turmbaufond vorhanden war, beschlossen die frommen Dagebüller den nachträglichen Bau des Kirchturms. Die alten Warften, auf denen die ersten Höfe errichtet wurden, sind noch erkennbar, während der Deichwanderweg der Dorfstraße westwärts folgt – vorbei am **Warftfriedhof** **02**. 1704 wurde das Land dann eingedeicht.

Wenn die Dorfstraße in die Landesstraße mündet, geht es kurz rechts und dann links zum Seedeich, der die aussichtsreiche Route zurück nach **Dagebüll Mole** vorgibt. Dort befindet sich im Seedeich die **Stöpe** **03**, ein Deichschart, durch den der Verkehr in den Hafen flutet. Stöpen sind üblicherweise nur für die zweite Deichlinie, nie für den Seedeich, vorgesehen.

Information

Naturkundliche Wattexkursionen vor Südwesthörn – nördlich von Dagebüll – finden von Mai bis August statt. Treffpunkt ist der Gasthof Südwesthörn in Emmelsbüll.

BACKENSWARFT – HANSWARFT – OCKENSWARFT

Warften und Badestellen auf Hallig Hooge

8 km | 2:00 h | 100 hm | 100 hm | 705

START | Fähranleger Hallig Hooge vor der Backenswarft. Der Anleger wird von Schlüttsiel (Fahrzeit ca. 60 Min), Strucklahnungshörn auf Nordstrand, Amrum, Föhr und Sylt aus angefahren
CHARAKTER | Leichte Inselwege

Strandhafer ist die Pionierpflanze bei der Bildung von Weißdünen.

Hooge ist die bekannteste der zehn Halligen im Nationalpark Schleswig-Holsteinisches Wattenmeer. Das von einem niedrigen Sommerdeich geschützte Marscheneiland mit seinen zehn Warften liegt zwischen den Inseln Pellworm und Amrum sowie den Halligen Langeneß, Japsand und Norderoogsand.

Vor dem **Fähranleger Hallig Hooge** 01 erhebt sich aus dem Marschengrünland die **Backenswarft**, ein Reetdach- und Stallidyll rund um den Fething (Wassersammelstelle). Hier warten die Kutschen auf Hallig-Rundfahrtgäste. Es gibt einen Fahrradverleih, ein Café mit hausgemachten Kuchen, der ursprünglich 1740 errichtete Friesenpesel ist eine mit flämischen Kacheln geschmückte Gaststätte mit Halligspezialitäten und musealer Ausstattung: historischer Friesenschmuck, Porzellan und Kristallglas. Von der Backenswarft führt der Weg zur kleinen (120 m Durchmesser), fast kreisrunden **Kirchwarft** mit ihrem stattlichen zweistöckigen Pastorat und der reetgedeckten Johanniskirche, dem ältesten Gebäude auf Hooge. Sie wurde 1641 aus den Überresten einer von der großen „Mandränke" zerstörten Kirche auf Alt-Nordstrand erbaut. Auf dem Friedhof sind Gräber mit Muscheln bekränzt. Vor der Südwand der Kirche gedeiht Deutschlands nördlichster Feigenbaum. Ein Sturmflutpfahl am Fahrradparkplatz zu Füßen der Warft ruft die Wasserstände schwerer Sturmfluten in Erinnerung.

Von der Kirchwarft führt der Weg durch Wiesen halligeinwärts zur **Hans-**

warft 02, der mit 180 x 200 m größten umd meistbesuchten Warft auf Hooge. Hier befinden sich das Heimat- und Halligmuseum, das Erlebniszentrum „Mensch und Watt“ der Schutzstation Wattenmeer, die Gaststätte „Zum Seehund“, die Tourist-Information „Uns Hallig Hus“. Der Königspesel, eine Friesenstube aus dem 18. Jh., vermittelt mit seinen Fayencen die Wohnkultur der Seefahrer und das Sturmflutkino führt in einem eindrucksvollen Kurzfilm ein Landunter vor.

Im Süden der Hanswarft führt ein Weg im Grünen hinaus zur **Seebadestelle am Sommerdeich** 03. Dieser 1,20 m niedrige Deich, der nur im Sommer nicht überflutet wird, gibt nun die Route ostwärts vor. Landeinwärts zeigt sich die **Ockenswarft**, die am weitesten östlich gelegene Warft auf Hallig Hooge. Schon bald schwingt der Sommerdeich nordwärts und führt aussichtsreich zurück Richtung Ausgangspunkt. Kurz vor dem **Fähranleger Hallig Hooge** 01 befindet sich eine weitere Seebadestelle.

Information

Geführte Wattwanderungen von der Hallig Hooge werden zum Japsand und zur Vogelschutzinsel Norderoogsand angeboten.

MUNKMARSCH – BRADERUP – KAMPEN

Weißes Kliff und Braderuper Heide auf Sylt

10 km | 2:45 h | 100 hm | 100 hm | 701

START | Parkplatz am Fährhaus Munkmarsch, Heefwai 1 in Munkmarsch (5 m), Ortsteil der Gemeinde Sylt. Alternativ Parkplatz Weißes Kliff an der Straße Üp de Hiir in Braderup, auf der Wattenmeerseite gelegener Ortsteil der Gemeinde Wenningstedt-Braderup
[GPS: UTM Zone 32 x: 459.104 m y: 6.086.278 m]
CHARAKTER | Leichte Dünen-, Heide- und Strandwanderung auf meist sandigen Wegen und Pfaden

Braderuper Heide.

Das Weiße Kliff bildet mit seinem hell leuchtenden Kaolinsand einen malerischen Einklang mit dem Wattenmeer und der Braderuper Heide, die sich im August in einen violetten Farbtraum verwandelt. Die Braderuper Heide ist die größte Heidefläche auf Sylt, 137 ha zwischen den Dörfern Braderup und Kampen stehen unter Naturschutz. Um der Verbuschung und Verwaldung der aussichtsreichen Geestheide, in der schon in der Jungsteinzeit weithin sichtbare Hünengräber aufgetürmt wurden, entgegenzuwirken, pflegen Heidschnucken die Heide und verzehren die angeflogenen Jungbäume.

Der heutige Yachthafen von **Munkmarsch** 01 war bis zur Eröffnung des Hindenburgdamms 1927 das Tor zur Insel. Vom Festland fuhren Dampfschiffe die Sommerfrischler zum Munkmarscher Hafen, wo der Name des Hotels „Fährhaus" an den einstigen Fährbetrieb erinnert. Die geschützte Wattenmeerbucht neben dem Yachthafen ist bei angehenden Surfern beliebt, die hier ihre ersten Stehversuche auf den Brettern machen.

Vom Parkplatz am Heefwai beim Hotel **Fährhaus** und dem Yachthafen von **Munkmarsch** führt in Verlängerung des Heefwai der Kurweg (auch als „Wattwanderweg" ausgeschildert) nordwärts zur Surfbucht. Hier kann man sich am Ende des breiten Sandstrands entscheiden, an der Wasserlinie weiterzuwandern oder dem Kurweg hinauf auf die Ausläufer der Braderuper Heide zum **Weißen Kliff** 02 am Ortsrand von **Braderup** zu folgen. Im Watt vor dem Weißen Kliff liegen die Wrackreste eines Anfang des 20. Jh. erbauten Dreimasters. Der Kurweg ist hier über weite Passagen ein eher schmaler Pfad, der aussichtsreich über das Kliff führt. In Geländeeinschnitten sollen Holzlatten und Stufen

die Begehung erleichtern, es bestehen mehrere Verbindungspfade zwischen dem Kurweg und der Wasserlinie.
Die Route an der Wasserlinie endet an einem Schild, das dazu auffordert, ab hier auf dem „Wattwanderweg“ weiterzuwandern. Dieser nun bequeme Spazierweg führt zwischen der Braderuper Heide und ausgedehnten Reetbeständen aussichtsreich nordwärts, an der Verzweigung mit dem landeinwärts weisenden Schild „Leuchtturm“ geradeaus. Zuletzt schwingt der Wattwanderweg (Kurweg) landeinwärts und erreicht eine Verzweigung: Während der Wattwanderweg hier rechts weiterführt, wandern wir geradeaus bzw. schräg rechts aufwärts und gelangen auf dem ersten rechts abzweigenden Weg zum Traditionsrestaurant **Kupferkanne** 03. Es liegt in einem hainartigen Wäldchen neben einem Hünengrab am Stapelhooger Wai (traditionell werden die Hünengräber auf Sylt als „Stapelhooger“ bezeichnet).
Gestärkt mit Erdbeer-, Nuss- oder Apfelkuchen mit Mandeln, geht es zurück in die Braderuper Heide und an der Wegekreuzung geradeaus. Mit weiter Aussicht führt der Weg in sachtem Auf und Ab durch die Heide. Die Hochlage der Braderuper Heide – mit bis zu mehr als 20 m über dem Meer – ermöglicht erstklassige Ausblicke auf die deutsche und dänische Wattenmeerküste sowie westwärts zum Kampener Leuchtturm. Am Ortsrand von Braderup führt die Straße Üp de Hiir links und kurvt zwischen ansehnlichen Villengrundstücken rechts zum Parkplatz am **Weißen Kliff** 02. Dort geht es zurück in die Heide und zum **Weißen Kliff**, dann wie zu Beginn der Wanderung zurück zum Ausgangspunkt am Yachthafen in **Munkmarsch** 01.

WESTERLAND – ROTES KLIFF

Strand- und Kliffweg zu Sylts höchster Düne

14 km | 4:30 h | 100 hm | 100 hm | 701

START | Kurpromenade am Brandenburger Strand am Ende der Strandstraße in Westerland; mehrere Großparkplätze, z. B. an der Brandenburger Straße und auf dem Brandenburger Platz
CHARAKTER | Leichte Strand- und Dünenwanderung mit Bademöglichkeit und für Sylt überraschend vielen Anstiegen; auf dem Kliffweg ist Schwindelfreiheit passagenweise von Vorteil, nur der Süden des Kliffwegs ist geländergesichert

Braderuper Heide.

Die Steilküste Rotes Kliff ist das Wahrzeichen von Sylt, der Kliffweg an der Abbruchkante der spektakulärste Wanderweg an der deutschen Nordseeküste. Die aussichtsreiche Uwedüne im Heide-Naturschutzgebiet „Dünenlandschaft auf dem Roten Kliff" bildet mit 52 m die höchste Erhebung aller Inseln im UNESCO-Weltnaturerbe Wattenmeer.

▶ Am **Brandenburger Strand** 01, dem Hauptstrand des Seebads und Sylt-Hauptortes **Westerland**, führt die Kurpromenade nordwärts, alternative Route ist der feuchte Sand vor der Wasserlinie. An den Zentralstrand schließen das Surfgebiet, dann wieder ein Badestrand und schließlich der (behindertengerechte) **Seenot-Strand** mit dem **Café-Restaurant Seenot** an. Die Kurpromenade verwandelt sich in einen Lattenweg, der wenig später endet, dann gibt der feuchte Sand vor der Wasserlinie die Route vor den Stränden unterhalb der Nordseeklinik, ehe das Restaurant **Gosch Kliffkieker** am Ende der Wenningstedter Strandstraße zur Einkehr einlädt. Am nächsten Übergang, dem an einer auffälligen Holztreppen- und Aussichtskanzel-Konstruktion erkennbaren **Übergang 33** am Ende der Berthin-Bleeg-Straße, geht es rechts hinauf zur **Aussichtsplattform** über dem Wenningstedter Strand. Hier beginnt am Gästekarten-Kontrollhäuschen der **Kliffweg**, der zunächst als Holzlattensteg auf der Hangschulter der Kliffküste 25 m über dem Strandkorbstrand führt. Der Lattensteg ist dem Gelände angepasst und vollzieht zahlreiche kleinere Auf- und Abstiege in Stufen. Am **Übergang 32** unterbrechen Sanitäranlagen den Holzlattensteg, vor dem **Übergang 31** steht auf 100 Douglasienstämmen am Kliffuß das Restaurant Wonnemeyer am Strand, während die Lattenkonstruktionen am Kliffweg nun weitgehend enden: Teils als Weg, teils als sandiger Pfad folgt der Kliffweg der Abbruchkante des Roten Kliffs und gewinnt nach Passieren von **Übergang 30** 02 an der hier besonders spektakulären Kliffkante den Bereich der höchsten Erhebung der Insel. Bald darauf verlässt der Kliffweg die Abbruchkante und erreicht die Stufenanlage zur Panoramaplattform auf der **Uwedüne** (52,5 m) 03. Benannt ist die höchste Erhebung von Sylt nach dem Keitumer Uwe-

Information

Der Tourismus Service Kampen bietet geologische Führungen auf dem Roten Kliff an.

Jens Lornsen (1793-1838), Vorkämpfer für ein von Dänemark unabhängiges „Schleswigholstein“. Von der Uwedüne führt ein Weg nordwärts zur Kampener Kurhausstraße und durch die Heide zum Panoramarestaurant **Sturmhaube**, wo der **Übergang 29** vor dem Kliffende zurück zum Strand führt. Mit beeindruckenden Aufblicken zu den Steilhängen des Roten Kliffs geht es südwärts, bis zuletzt wieder die Kurpromenade erreicht ist und zum Ausgangspunkt am **Brandenburger Strand** 01 im Seebad **Westerland** zurückführt.

ELLENBOGEN – ELLENBOGENSPITZE

Deutschlands „Nordkap“ auf Sylt

10 km | 3:00 h | 100 hm | 100 hm | 701

START | Parkplatz (6 m) am Ende der für Autos und Fahrräder mautpflichtigen Stichstraße „Ellenbogen“ im Norden der Gemeinde List auf Sylt; die am Kassenhäuschen am Beginn der Straße zu entrichtende Mautgebühr beinhaltet die kostenfreie Nutzung aller Parkplätze an dieser nördlichsten Straße Deutschlands
[GPS: UTM Zone 32 x: 465.177 m y: 6.100.030 m]
CHARAKTER | Leichte Strand- und Deichwanderung; die Strandwanderroute folgt dem Spülsaum, hier ist das Gehen im Sand passagenweise mühsam

Lister Weststrand vor dem Ellenbogenberg.

Die Ellenbogenstraße ist als nördlichste Straße Deutschlands eine Legende, allein schon die Anfahrt durch das bizarre Dünengebiet von Nord-Sylt ist ein Hochgenuss. Das großräumige Naturschutzgebiet Nord-Sylt umfasst auf 1790 ha Deutschlands größte Dünenerhebungen und Wanderdünen sowie die nördlichste Landspitze der Bundesrepublik. Dieses „Nordkap“ befindet sich am Spülsaum vor der beeindruckenden Dünenlandschaft des Nehrungshakens Lister Ellenbogen an kilometerlangen Stränden mit Blick auf die dänische Nachbarinsel Rømø. 1923 wurde Nord-Sylt als eines der ersten Gebiete an der Nordsee unter Naturschutz gestellt. Der Literaturnobelpreisträger Gerhart Hauptmann schwärmte: „Es ist hier wie auf den Gletschern eines Hochgebirges. Diese Einheit von Schneebergen und weitem Meer schafft einen Anblick von solch erhabenem Geiste, dass mir ist, als habe ich in der Natur nie Ähnliches gesehen.“

▶ Vom Parkplatz am Ende der Stichstraße **Ellenbogen** **01** auf dem **Ostellenbogen** nahe des rot-weiß gestreiften Leuchtturms List Ost und Deutschlands nördlichstem Haus führt ein sandiger Weg durch die Dünen zum nördlichsten Sandstrand der Bundesrepublik. Der Spülsaum gibt die Route ostwärts vor mit Blick auf die Nachbarinsel Rømø (deutsch: Röm) und die Wattenmeerküste im deutsch-dänischen Grenzgebiet. Die Luftlinienentfernung zu Rømø beträgt nur etwa sechs Kilometer, doch der Versuch, hinüberzuschwimmen, würde tödlich ausgehen: An den Küsten des Ellenbogen-Hakens wüten Sturmfluten besonders heftig, und „Trekker“ (hochdeutsch Zieher, weil sie die Schwimmer wegziehen) genannte Meeresströmungen machen das Schwimmen lebensgefährlich. Baden ist deshalb verboten.
Wie fast überall auf der Seeseite Sylts weist der Strand eine ausgeprägte Neigung zur Wasserlinie hin auf, was das Wandern im dementsprechend trockenen Sand ein wenig mühsam macht. Doch schon bald ist vor den letzten Dünen die **Ellenbogenspitze** **02** erreicht, ein Traumziel jeden Sylt-Wanderers. 2009 entstanden hier Außenaufnahmen für den Roman-Polanski-Film „Der Ghostwriter“. Auch sonst sind an der Ellenbogen-Straße immer wieder Film- und Fernsehteams zu sehen, gelegentlich mit eigenen Versorgungsfahrzeugen und „Feldküche“, denn ein Gasthaus gibt es auf dem Ellenbogen nicht. An der Ellenbogenspitze schwingt die

Spülsaumroute auf die Wattenmeerseite des Nehrungshakens ein, hier ist das Wandern auf dem vergleichsweise flachen Strand einfacher, dafür ist der Strandsaum je nach Wasserstand überschlickt. Der Blick schweift über die Wattfläche **Königshafen** mit der Vogelschutzinsel **Uthörn** zum Lister Hafen, zum Jensmettenberg und zum Ellenbogenberg (halb rechts mit der Antenne am Ansatz des Ellenbogens).

Zwischen den Häfen List und Havneby auf Rømø pendeln die komfortablen Autofähren, denen viele Nord-Sylt-Urlauber den Vorzug geben vor dem Autoreisezug, in dem man während der Überfahrt im Wagen sitzen muss. Bei Hochwasser jagen zwischen Ellenbogenspitze und Uthörn Surfer über die Wellen. Naturlehrpfad-Tafeln erläutern an der Spülsaumroute das Leben von Pflanzen und Tieren im Wattenmeer. Am weitesten wird der Sand vor Deutschlands nördlichsten Ferienwohnungen – die Klinkerhäuser des Anwesens Uthörn (benannt nach der gleichnamigen Vogelschutzinsel) wurden ursprünglich als Austernfischereianlage der Biologischen Anstalt Helgoland errichtet.

Seit dem Umbau 1976 beherbergen sie Deutschlands nördlichste Ferienwohnungen. Nach Passieren der Anlandungsstelle schwingt der Spülsaum in die kleine Bucht, an der sich die Surf-Parkplätze befinden. Am Ende der Bucht geht es hinauf zur Ellenbogen-Straße und auf einem Sandweg durch die Dünen zurück an die Nordküste, denn noch haben wir nicht Deutschlands nördlichsten Punkt erreicht. Links hinaus also Richtung **Westellenbogen**, wiederum am besten am Spülsaum, der Sandstrand ist hier sehr breit, weist kaum Schräge auf und ist gut begehbar.

Wir folgen dem Strand noch ein kurzes Stück weiter in Richtung des weißen **Leuchtturms List West** **03** (erbaut in den 1850er-Jahren innerhalb der damaligen Grenzen des Königreichs Dänemark, heute das nördlichste Bauwerk Deutschlands) und erklimmen am **Übergang 9** die Dünen. Hier bietet sich an der Steilküste ein herrlicher Blick auf den äußersten Norden Deutschlands. Ist man in der Nebensaison unterwegs oder spät abends in den hellen Nächten der Mittsommerzeit, kann man auf der Straße Ellenbogen zum Ausgangspunkt zurückwandern, wie auf der Karte eingezeichnet. Während der Saison hingegen herrscht auf der schmalen, holperigen Ellenbogen-Straße zu viel Verkehr und man wandert an der Nordküste zurück. In beiden Fällen sieht man kurz vor Erreichen des Ausgangspunktes den weißen **Leuchtturm List Ost** **04**. Das 13 m hohe Leuchtfeuer (keine Besteigung) thront auf einer 15 m hohen Düne hart an der Abbruchkante und galt wegen der Küstenerosion jahrelang als absturzgefährdet. Heute ist er wieder stabilisiert.

EYENDORFER WIESEN-TOUR

7 km | 1:45 h | 77 hm | 77 hm | 718

START | Infostand Eyendorf an der Straßenecke Am Berge – In De Mees.
CHARAKTER | Gemütliche Rundtour durch Wald und Wiesen mit historischen Sehenswürdigkeiten.

Im Jahr 1897 erbaut beheimatet die voll betriebsfähige Holländermühle in Eyendorf heute ein Museum

Diese kleine aber feine Rundtour, südwestlich des kleinen Örtchens Eyendorf gelegen, bringt Wanderer vorbei an historisch sehenswerten Gebäuden und Plätzen. Am **Ortsrand der Gemeinde** 01, welche rund 1.200 Einwohner zählt, startet die Rundtour an der Straßenecke Am Berge und In De Mees. Hier ist auch bereits das erste historische Bauwerk dieser Rundtour zu sehen: Der Eyendorfer Wasserturm, welcher 1913 erbaut und bis 1960 genutzt wurde. Richtung Süden mündet die Straße In De Mees nach nur wenigen Metern in die Straße Lütt Hörpel.

An der Feldstraße angekommen biegen wir rechts ab und wandern für etwa 1,5 Kilometer immer geradeaus, bis wir zum Waldrand gelangen. Wir biegen rechts ab und sehen sogleich das **4.000 Jahre alte Steingrab** 02, welches rechts des Weges in einer Birkengruppe gelegen ist. Dieses Ganggrab hier am Märtenberg entstand zwischen 3500 und 2800 v. Chr., ist heute aber leider nicht mehr vollständig erhalten.
Wir orientieren uns weiter am Waldrand, folgen dadurch auch dem Rechtsknick des Weges und tauchen nach kurzer Zeit in den Wald ein. Nach rund

500 Metern stoßen wir auf einen Forstweg, zweigen dort links ab, und biegen bei erster Gelegenheit wiederum nach rechts ab. Dieser Weg führt uns nun sanft bergab zum nächsten querverlaufenden Forstweg, an der Kreuzung halten wir uns rechts. Einmal mehr wandern wir am **Waldrand entlang 03**, wenig später führt der Weg durch weitläufige Felder, wie auch schon zum Beginn dieser Wanderung. Vor uns können wir bereits wieder Eyendorf sehen. An der nächsten Weggabelung halten wir uns rechts, und biegen dann am nächsten Sträßchen links ab. Geradeaus weiter erkennen wir bereits die Hauptstraße, bei der wir rechts abbiegen und an unseren **Ausgangspunkt 01** zurückkehren.

Ein lohnenswerter Abstecher ist der Besuch an der Eyendorfer Windmühle, die sich nur wenige Meter vom Start- und Zielpunkt dieser Tour entfernt befindet. Um dorthin zu gelangen folgen wir der Straße Am Berge ortseinwärts und biegen wenige Meter später links in den Mühlenweg ein. Am Ende der Straße befindet sich die Holländerwindmühle, welche im Jahr 1897 erbaut wurde. Aufgrund der Bemühungen des „Vereins zur Erhaltung der Eyendorfer Windmühle e.V." konnte der Mahlbetrieb bis Ende der 1980er Jahre aufrechterhalten werden. Seitdem wird die Windmühle als Museum geführt.

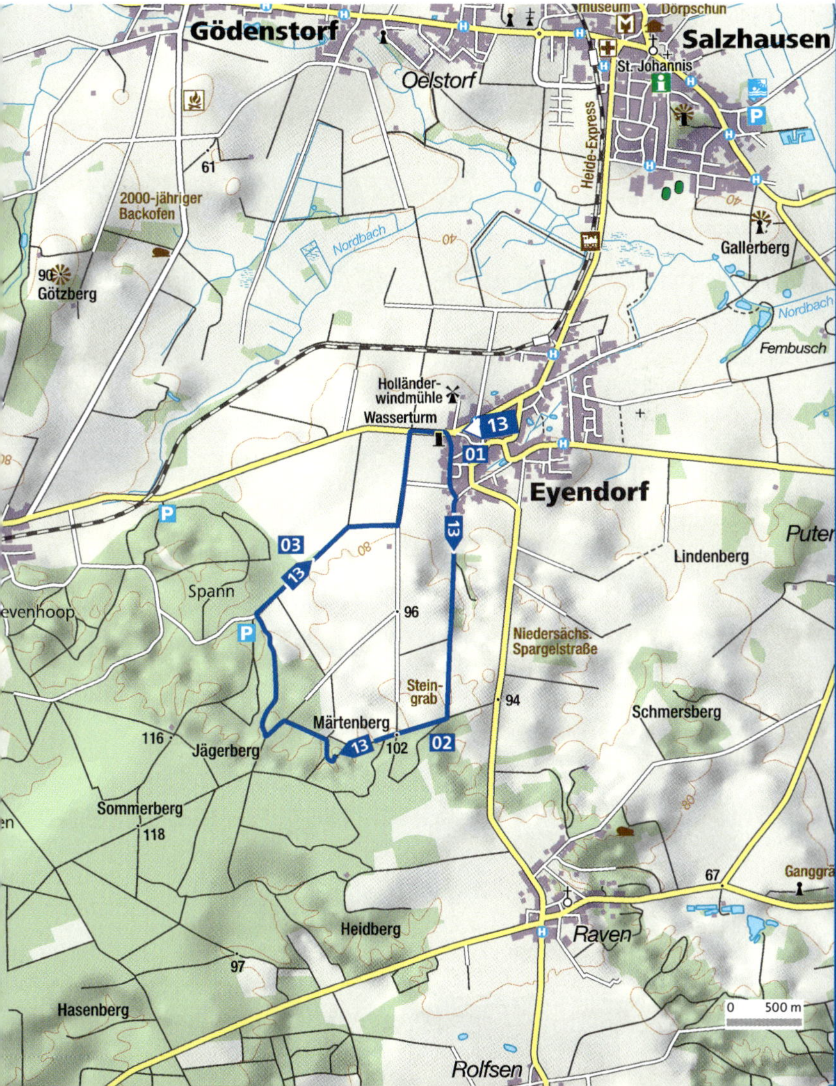

DAS STEINHUDER MEERUFER BEI MARDORF

Ein Spaziergang zu Weißer Düne und Moorhütte

6,4 km | 1:40 h | 24 hm | 26 hm | 848

START | Bus-Haltestelle „Kirche“ in Mardorf (41 m)
[GPS: UTM Zone 32 x: 519.738 m y: 5.815.544 m]
CHARAKTER | Spaziergang mit vielen Einkehrmöglichkeiten, man kann jederzeit abkürzen

Die gesamte Wanderung von Mardorf bis Steinhude findet auf dem Gebiet der Region Hannover statt und ist verkehrsmäßig gut erschlossen. Gleichgültig, ob man nur am Mardorfer Ufer zum Kaffeetrinken spazieren geht oder durch das Neustädter Moor zum Steinhuder Seeufer wandert, man wird viel erleben. Die Gesamtstrecke ist als Rot zu bezeichnen (Einzelstrecken für sich genommen Blau).
▶ Mardorf erreicht man gut mit PKW oder Bus, der in den Sommermonaten ab Neustadt/Rbg. sogar einen Fahrradanhänger mitführt. Man steigt in **Mardorf** an der **Haltestelle „Kirche“** 01 aus. 100 m weiter steht die Christuskapelle, ein hübsches Kirchlein von 1722. Ein paar Meter links gehen wir zum Haus des Gastes, danach in den Carl-Mardorf-Weg. Am nächsten T-Stück führt unser Weg links und 200 m weiter rechts. Man folgt den Wegweisern „Weißer Berg“ und „Totes Moor“. Kurz nach der Straße „Vor dem Fuhrenkamp“ gibt es links einen **Trampelpfad** 02 in den Wald. Wir erreichen einen Campingplatz und folgen einer Asphaltstraße rechts bis zum **Seehotel** 03.
Von nun an kann man 4,5 km weit immer am Wasser entlangwandern und hat viele Möglichkeiten zum Einkehren. Es gibt sogar eine Jugendherberge sowie andere Übernachtungsmöglichkeiten und einen weitläufigen Sandstrand. Wenn man nicht so weit zurücklaufen möchte, kann man den Bus nehmen, der nur ein kleines Stück parallel zu dem Uferweg auf der Hauptstraße fährt, die durch das lang gezogene Mardorf führt. Vom Aussichtsturm **Neue Moorhütte** 04 kann man noch ein Stück in das Moor gehen (Lernpfad Moor, Aussichtsplattform) und den See beobachten.

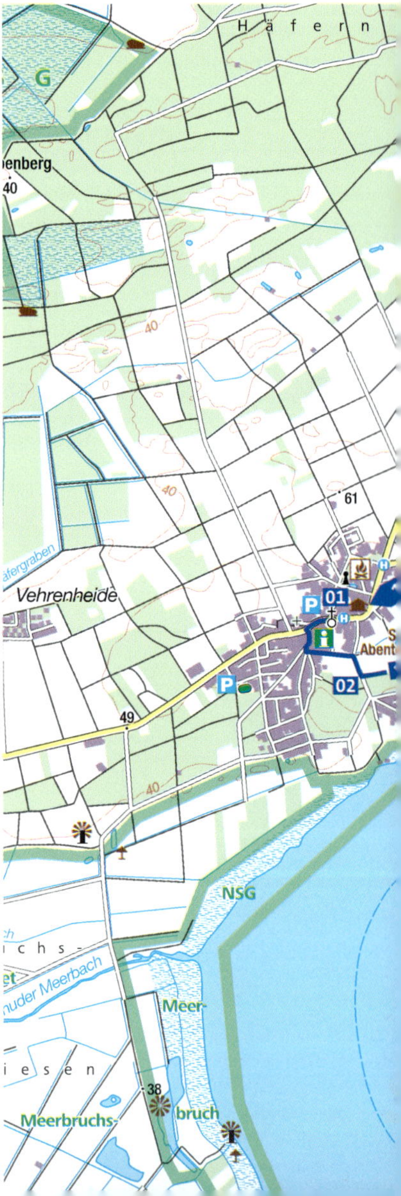

Blick auf das Steinhuder Meer.

DAS PIETZMOOR

Unsere schönste Tour im Mai

6,9 km | 1:45 h | 15 hm | 15 hm | 718

START | Bahnhof Schneverdingen (88 m)
[GPS: UTM Zone 32 x: 533.490 m y: 5.884.763 m]
CHARAKTER | Einfache, familienfreundliche Wanderung

Das Pietzmoor.

Die Lüneburger Heide gehört mit zum Schönsten, was Hannovers Norden zu bieten hat. Und wenn dann noch das Wollgras im Mai seine Fruchtbüschel entwickelt hat, weiß in der Sonne leuchtet und die Wanderer (keine Radfahrer) auf festen Stegen ganz tief in das Moor hineinlaufen können, was anderswo nicht ohne weiteres geht, dann lacht das Herz.

▶ **Schneverdingen** 01 ist mit Bahn und PKW perfekt erreichbar. Vor seiner Haustür liegt das Pietzmoor. Man geht über den Bahnübergang auf die Ostseite, wandert gleich hinter der Schranke rechts an der Bahnstrecke entlang nach Süden bis zur nächsten Schranke und dort nach links. 200 m weiter rechts abbiegen („Auf dem Horn“) und dann rechts in die Schnuckenweide.

Nun geht man geradeaus bis zum nächsten **Bahnübergang** 02 und biegt links in das Moor ab. Bald betritt man einen Steg, gerade so breit, dass sich zwei Leute begegnen können, jedoch für Radfahrer nicht geeignet. Im Moor findet man Tafeln mit interessante Informationen, z. B. dass ein Moor nur etwa 1 mm pro Jahr wächst. Die Natur braucht also ungefähr 1000 Jahre, um einen einzigen Meter Torf zu bilden.

Der Mensch schachtet diesen Meter rigoros ab, um im Baumarkt massenhaft Torf oder angebliche „Gartenerde" billig zu verkaufen.
Bitte verlassen Sie nie den Steg, auch wenn es daneben trocken oder fest aussieht. Am Ende des Steges folgt nach ungefähr 600 m ein **Abzweig** 03 nach rechts und später links, wo man weiter in das Moor vordringen oder gleich links zum **Feriendorf** 04 wandern kann. Dort kann man sich im Hotelrestaurant Schäferhof verpflegen, trifft danach auf die L 170 und ist links bald wieder am **Bahnhof von Schneverdingen** 01.

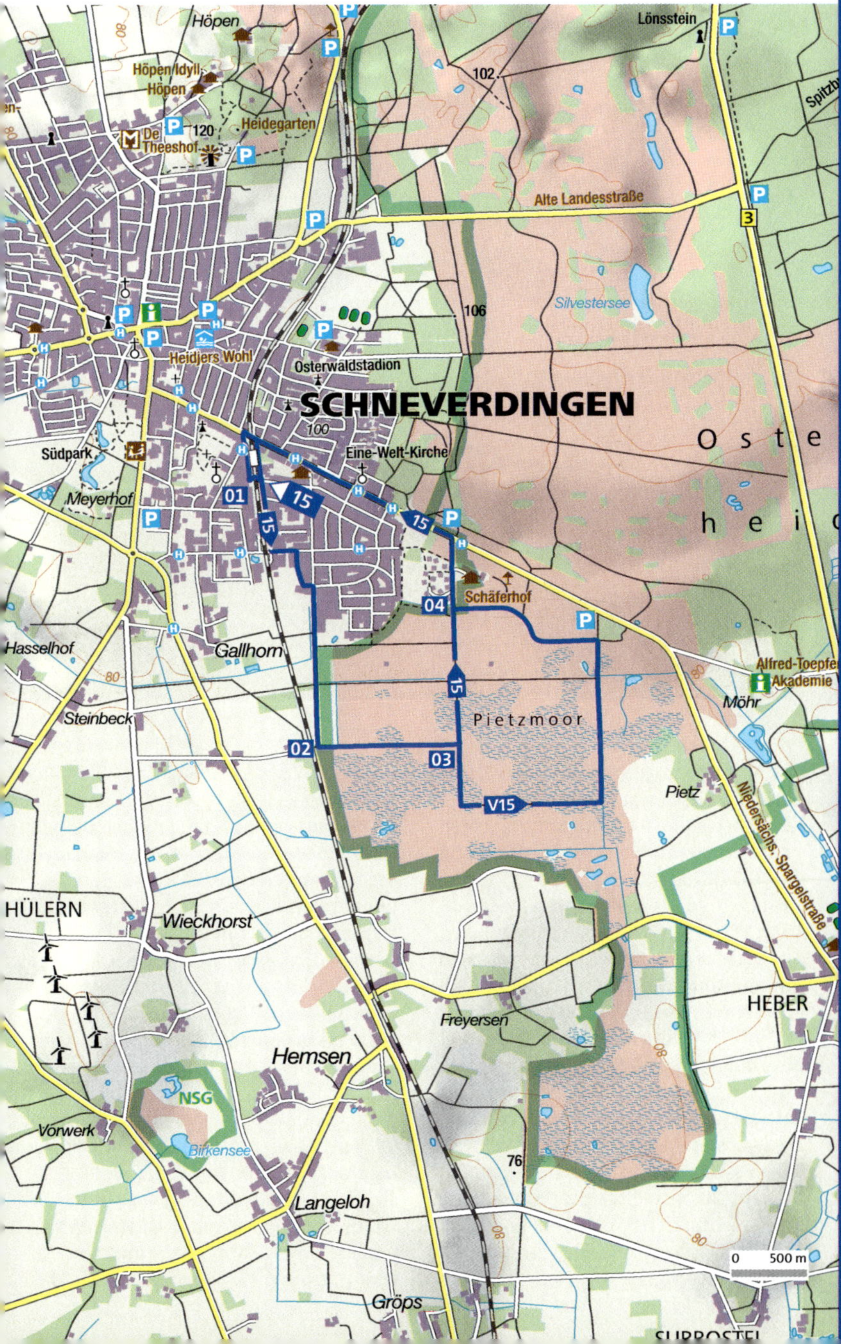

VON WALSRODE ZUM VOGELPARK UND ZUM GRUNDLOSEN SEE

Eine Wanderung in das Moor mit einem schönen See

16,4 km | 4:00 h | 70 hm | 70 hm | 718

START | Bahnhof Walsrode (40 m)
[GPS: UTM Zone 32 x: 540.411 m y: 5.857.378 m]
CHARAKTER | Einfache, jedoch etwas längere Seenwanderung vorbei am berühmten Vogelpark

Der romantische Grundloser See.

Der Vogelpark Walsrode ist berühmt, der Grundlose See im Moor weniger. Er ist jedoch eine Tageswanderung wert, und viele weitere Teiche am Wegrand gibt es außerdem noch.
Die längeren Stadtstrecken in Walsrode kann man sowohl auf dem Hinweg als auch auf dem Rückweg mit dem Bus überbrücken und so knapp 4 km sparen. Den Vogelpark sollte man separat besuchen: Die Moorwanderung und der Vogelparkbesuch passen zeitlich schlecht zueinander.
▶ Der „Heidesprinter" bringt Wanderer schnell nach Walsrode. Man verlässt den **Bahnhof** 01 nach gegenüber, kreuzt 250 m weiter die Böhme und stößt weitere 250 m bei einer Kirche auf die Sunderstraße, der man rechts bis in einen Wald folgt. Nach ca. 250 m biegt man im Wald links ab (geradeaus geht es zum Vogelpark), kreuzt die K 129 und wandert bis zu einer kleinen Schutzhütte, dort rechts. An einem idyllischen **Angelteich** 02 führt der Weg links am Wasser entlang. Weitere Seen folgen. Man kommt an die L 161 bei Drei Kronen (Einkehr), geht rechts und biegt gut 400 m weiter (der Fuß-/Radweg verschwenkt ein wenig) links in den Wald bis zu ein paar Häusern am Ende.
Dort rechts und vor einer scharfen Kurve links, bis wir endgültig in den Staatsforst Große Horst gelangen und in der Waldecke an seinem Beginn rechts abbiegen. Am Ende der Forststraße wandern wir links an der Waldkante entlang bis zur nächsten Waldecke (kleiner Parkplatz) und hier an einem großen **Findling** 03 links in das

Naturschutzgebiet „Grundloses Moor“. Bitte verlassen Sie nicht die Wege und pflücken Sie insbesondere keinerlei Pflanzen, auch nicht „nur eine“. An einer Infotafel halten wir uns rechts und umrunden den Grundlosen See entgegen dem Uhrzeigersinn. Prächtige Ausblicke auf den See, Sitzbänke, ein Beobachtungsturm – Wanderherz, was willst du mehr?
Am Ende kommen wir wieder an eine Infotafel und biegen rechts ab, bis wir nach 1,5 km auf eine Teerstraße nach Fulde treffen. 500 m weiter hat man zu entscheiden, ob man an der **Siedlung Forsthof** 04 links abbiegt oder dies erst in Fulde tut.
Beide Wege führen in die Stadtmitte von Walsrode. Auf dem Freudenthalweg über Fulde wandert man mehr im Grünen, hat dafür aber knapp 1 km mehr zu laufen.
Gut 5 km sind es zum **Bahnhof Walsrode** 01, über Fulde 6 km.

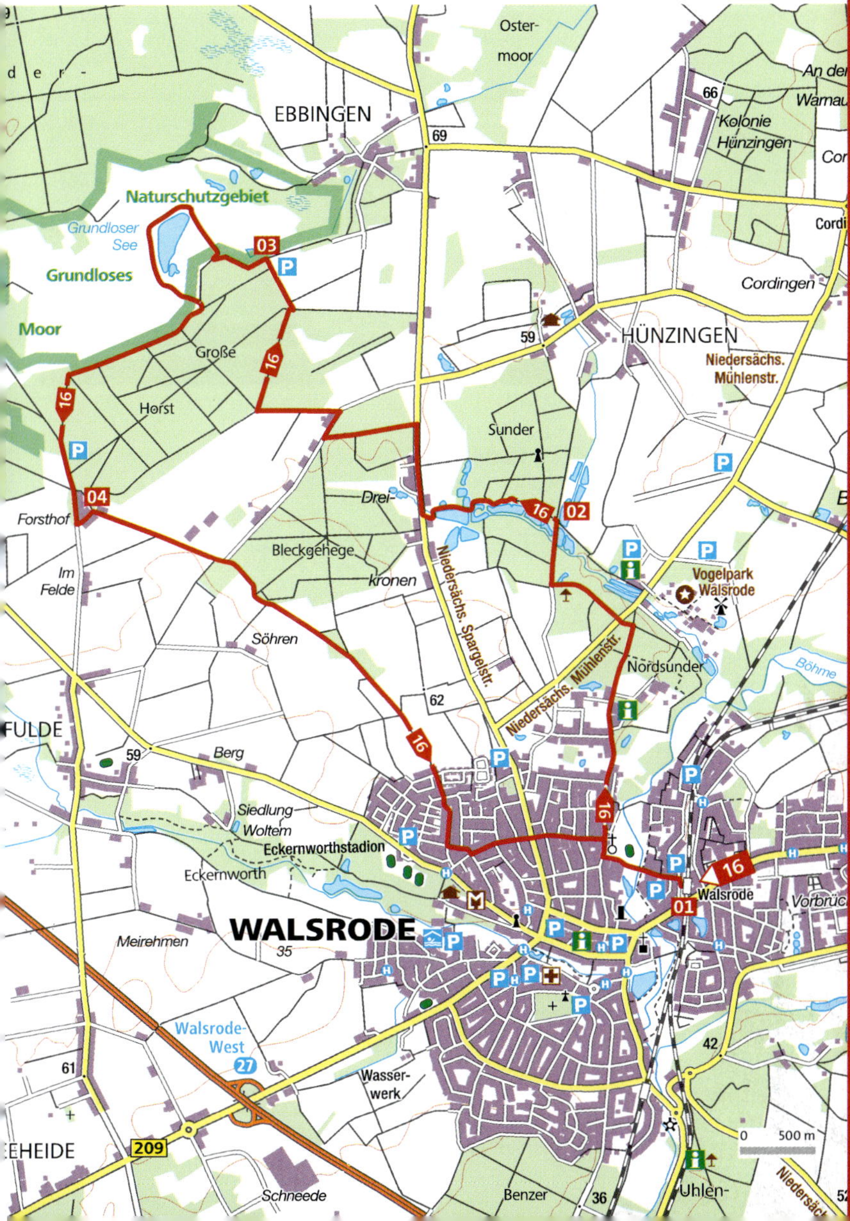

AM PREROWER STROM

Am Wasser entlang nach Zingst

16,5 km | 4:50 h | 0 hm | 0 hm | 736

START | Prerow (3 m), Parkplatz am östlichen Ortsrand an der Straße in Richtung Zingst, nach dem Hotel Alter Bahnhof (Kirchenort 1) auf der rechten Seite.
CHARAKTER | Auf Pfaden entlang des Prerower Stroms und des Boddenufers; Rückfahrt per Bus.

Ein Zeesboot am Zingster Hafen.

▶ Vom **Parkplatz neben dem Hotel** 01 wandern wir so lange in Richtung Zingst auf einem Weg zwischen L 21 und Prerower Strom, bis dieser nach rechts (Südosten) abknickt.

Hier beginnt rechts ein schmaler Pfad auf einem niedrigen Damm; es gibt keine Markierung, deshalb muss man hier die Augen etwas offen halten. Hat man aber den Beginn des Pfads gefunden, gibt es keine Probleme mehr, denn er begleitet den Prerower Strom bis zur Meiningenbrücke. Auf diesem Abschnitt ist es recht ruhig, meist sind nur Vögel und vorbeifahrende Schiffe zu sehen.

An der **Meiningenbrücke** 02 – sie verbindet die Halbinsel mit dem Festland – kreuzen wir die Straße (L 21), laufen neben ihr wenige Meter nach links und stoßen erneut auf einen Dammweg, der jetzt aber entlang des Zingster Stroms verläuft.

Wir kommen an einer Aussichtsplattform vorbei und erreichen schließlich den Segelhafen und wenig später den belebten Hafen von Zingst, wo man Boote ausleihen kann. Hier starten Aus-

flugsfahrten zu verschiedenen Zielen auf dem Bodden und nach Hidensee. Zahlreiche Gaststätten und Fischimbisse laden am Wasser zur Einkehr ein.
Noch vor dem großen Hafen-Parkplatz biegen wir nach links in die Hafenstraße ein, queren die Jordanstraße, folgen weiter der Hafenstraße und erreichen über die Friedenstraße schließlich in der **Ortsmitte von Zingst** 03 die Strandstraße.
Mit der VVR-Buslinie 210, die Barth mit Ribnitz-Damgarten verbindet, geht es nun bequem zurück nach Prerow zur Haltestelle Alter Bahnhof (Fahrplanauskunft: www.vvr-bus.de).

Pfad am Prerower Strom.

VON PREROW ZUM DARSSER ORT

Landschaft in Bewegung

14 km 3:30 h 4 hm 4 hm 736

START | Parkplatz am Bernsteinweg im Nordwesten von Prerow (3 m).
CHARAKTER | Rundweg mit Informationstafeln durch den Darßwald und eine naturbelassene Dünenlandschaft. Den Lehrpfad dürfen ausschließlich Fußgänger begehen, teilweise handelt es sich um schmale Bohlenstege.

Blick vom Leuchtturm auf die Dünenlandschaft

Wir starten am **Parkplatz** 01 und folgen der Zeltplatzstraße Richtung Nordwesten. Wir passieren das lang gezogene Areal der Ferienanlage Regenbogencamp und erreichen an hundertjährigen Kiefern und alten Erlenbrüchen vorbeikommend die **Endhaltestelle der Darßbahn**. Hier bietet sich die Möglichkeit, einen schnellen Blick auf den **Nothafen** 02 zu werfen. Der Nothafen ist eigentlich einer von drei Strandseen (der Ottosee), der mit der Ostsee verbunden ist. Sein Zugang wird allerdings immer mehr von Sandbänken verschlossen, weshalb man einen anderen Standort für den Nothafen diskutiert.

Wir erreichen den Naturlehrpfad, der durch Wald, Heide und Dünen führt. Teilweise auf Bohlenwegen queren wir die Dünenlandschaft und sehen vielleicht auch Rotwild. In der Brunftzeit im Herbst tragen die Hirsche hier ihre spektakulären Kämpfe aus. Wir kommen an den Strandseen Fukareksee und Libbertsee vorbei. Hier halten sich immer zahlreiche Vögel auf, die von mehreren Aussichtsplattformen aus beobachtet werden können. Endpunkt des Naturlehrpfads ist der Kutschenplatz neben dem Leuchtturm.

Der **Leuchtturm** 03 weist seit 1848 der Schifffahrt ihren Weg. Eine gusseiserne Wendeltreppe führt hinauf zur 34 m hohen Plattform, die einen fantastischen Blick aus der Vogelperspektive auf den Darßer Ort bietet. Gut zu sehen sind die Sandhaken im Norden, die unterschiedlichen Dünenformen und der Darßwald. Fachliche Informationen zur „bewegten Natur“ an der Ausgleichsküste erhält man im Natureum, anschließend lädt das **gemütliche Café** zur Einkehr ein.

Wir folgen nun für rund 1,5 km dem Leuchtturmweg zu einer Kreuzung, wo wir uns rechts halten und durch feuchte Erlenbrüche und urigen Buchenwald zum Mittelweg wandern. An der nächsten Kreuzung halten wir uns wiederum links und erreichen durch den Darßwald wandernd die ersten Häuser von Prerow (Buchenstraße). Dort halten wir uns links und laufen am Waldrand entlang zurück zum **Parkplatz 01**.

Anfahrt mit der Darßbahn (Tel. 038233/60 081): Die Bahn fährt am Hafen und anderen Haltestellen in Prerow ab und ist bis zur Endhaltestelle rund 25 Min. unterwegs. Fahrplan beachten! Von der Endstation sind es etwa 1,8 km zu Fuß zum Leuchtturm.

Ausgleichsküste

Durch die Einwirkung von Wind und Wasser kommt es zu einer „Strandversetzung". Sand, der an einer Stelle von der Strömung aufgenommen wird, lagert sich an einer anderen Stelle wieder ab. Dadurch entsteht eine flache, meist geradlinig verlaufende Küstenform.

PUTGARTEN – VITT – KAP ARKONA

Zu Rügens Nordkap

9 km | 2:30 h | 46 hm | 46 hm | 737

START | Bushaltestelle und Großparkplatz am Ortsrand von Putgarten (25 m). Anfahrt auf der B 96 Stralsund – Bergen – Sassnitz, bei Sagard abzweigen nach Glowe und via Juliusruh nach Putgarten Bus: Linie 403 Altenkirchen – Putgarten – Bakenberg. Wer mit dem Bus anreist, steigt am besten schon eine Station früher aus (Haltestelle Abzweig Fernlüttkewitz). Vom Großparkplatz am Rand von Putgarten fahren auch Pferdekutschen und die gasbetriebene Arkonabahn (Miniaturbahn) zum Kap Arkona und nach Vitt
[GPS: UTM Zone 33 x: 415.880 m y: 6.024.670 m]
CHARAKTER | Bequeme, aussichtsreiche Küstenwanderung ohne nennenswerte Auf- und Abstiege

Diese attraktive Küstenwanderung im Norden der Halbinsel Wittow führt in das denkmalgeschützte Fischerdorf Vitt und zum Kap Arkona, der aussichtsreichen Nordspitze Rügens.

Vom Parkplatz bzw. der Bushaltestelle in **Putgarten** 01 folgen wir der Ausschilderung Richtung Kap Arkona und zweigen im Dorf rechts auf die (autofreie) Straße Richtung Vitt ab. Das denkmalgeschützte **Fischerdorf Vitt** 02 mit seinen reetgedeckten Häusern und der ebenfalls reetgedeckten, achteckigen Strandkapelle (1806) liegt in einer Schlucht an der Kliffküste.
Ein Hohlweg führt an der Dorfkneipe vorbei zum Strand, dort schützt eine Mole die Fischerboote. Frisch geräucherter Seefisch ist die Spezialität in diesem pittoresken Dorf, dessen Name sich von „Vitte" = Fischplatz (Anlandungsplatz für Fisch) ableitet.
Von Vitt aus kann man dem steinigen Ufer- bzw. Strandweg nordwärts zum Kap Arkona folgen. Er führt am Fuß der Kreidefelsen entlang und am **Kosegartenstein** vorbei, benannt nach dem Pfarrer, der die Strandkapelle erbauen ließ. Stufenanlagen führen durch die Kliffküste zum aussichtsreichen **Kap Arkona** 03 hinauf. Wer den Strandweg nicht nehmen möchte, kehrt zurück zum Hochufer, wo der mit „Blaustrich" markierte E 10 teils aussichtsreich, teils in Wäldchen an der Abbruchkante des Hochufers entlang und über die Klüsser

Die achteckige Kapelle in Vitt.

Berge führt. Rechts schweift der Blick über das Wasser der Tromper Wiek zur Steilküste der Halbinsel Jasmund bei Lohme, geradeaus zeigen sich die bis zu 46 m hohen Klippen von Kap Arkona, und auch dort ist die Aussicht vom Feinsten: Bei klarer Sicht zeigen sich die Kreidefelsen der dänischen Insel Møn. Den Nordpunkt des Kaps bildet der **Gellort** 04; dort liegt unten am Strand einer der größten Findlinge Rügens, der 165 Tonnen schwere **Söbenschniedersteen** (Siebenschneiderstein). Vom Gellort wandern wir weiter auf dem Rad- und Wanderweg durch das Naturschutzgebiet Nordufer und Hohe Dielen an der Abbruchkante entlang, bis der fahrradfähige „Grünstrich"-Wanderweg landeinwärts abzweigt.
An der ersten Kreuzung geht es links zurück nach **Putgarten** 01.

Kapelle von Vitt

Die reetgedeckte, achteckige Strandkapelle (1806) von Vitt stammt aus der Zeit der Romantik. Initiator des Baus war der Altenkirchener Pastor und Schriftsteller Gotthard Kosegarten, die Pläne für die Kapelle lieferte angeblich Friedrich Schinkel. Im Auftrag Kosegartens malte der Romantiker Philipp Otto Runge, der zusammen mit Caspar David Friedrich Rügen durchwanderte und in begeisterten Briefen Goethe von der Schönheit der Insel berichtete, das Altarbild „Christus rettet den versinkenden Petrus“ (1809); das Original hängt in der Hamburger Kunsthalle, die Kopie (um 1960) stammt von dem Stralsunder Erich Kliefert.

ZICKERSCHE ALPEN

Panoramawanderung zum Nonnenloch auf Rügen

11,5 km | 3:15 h | 110 hm | 110 hm | 737

START | Bushaltestelle Abzweig Gager am Großen Strand (2 m); hier befindet sich auch ein Parkplatz. Wer mit dem Bus anreist, kann auch an der Station „Abzweig Groß Zicker" aussteigen. Anfahrt auf der B 196 Bergen auf Rügen – Baabe – Göhren und abzweigen Richtung Gager/Thiessow
[GPS: UTM Zone 33 x: 416.330 m y: 6.017.970 m]
CHARAKTER | Leichte, aussichtsreiche Hügel- und Küstenwanderung auf überwiegend nicht fahrradfähigen Pfaden und Wegen

Das Pfarrwitwenhaus in Groß Zicker.

Die sanft hügelige Moränenlandschaft der von vielen Schafen beweideten Zickerschen Alpen schwingt sich bis zu einer Höhe von 66 Meter himmelwärts und bietet wundervolle Ausblicke auf den gesamten Südosten Rügens, zur Greifswalder Oie, nach Stralsund und zur Insel Vilm.
Zum Baden lockt das sagenumwobene Nonnenloch, in Gager und Groß Zicker erwartet uns wiederum Reethausromantik und Räucherfisch.
▶ Vom **Großen Strand** 01 folgen wir der Gelbstrich- und Grünstrich-Markierung landeinwärts in Richtung Gager/Groß Zicker, halten uns an der Verzweigung (hier die Bushaltestelle „Abzweig Groß Zicker") links Richtung **Groß Zicker** und wechseln gleich darauf rechts hinauf in das Naturschutzgebiet.

Im Krassendal leitet der Pfad aufwärts und erreicht als ersten „Gipfel" der sogenannten Zickerschen Alpen den **Bakenberg** 02 (66 m). Sitzbänke laden mit exzellentem Panorama zur Rast. Im Osten sehen wir die Insel Usedom, im Norden das Göhrener Nordperd und die Hügel der Granitz und im Westen Putbus und Bergen.
An der wenig später erreichten Kreuzung kann man rechts nach Gager abzweigen, bald darauf ist erneut eine Abstiegsvariante angezeigt, man kann aber auch auf dem Kammweg bleiben und gelangt dann nach Überqueren des Zickerschen Bergs wieder auf die mit „Gelbstrich" markierte Route.
Auf einer der beiden Hauptwanderrouten steigen wir in das einstige Fischerdorf **Gager** 03 an der Hagenschen Wiek

ab. Am kleinen Bootshafen kann man den Fischern zusehen, wie sie vom Fischfang heimkehren. Von Gager folgen wir dem Hochuferweg („Gelbstrich") westwärts und gelangen zur Verzweigung oberhalb des **Nonnenlochs** **04**; eine Stufenanlage führt hinab.
Nach diesem Abstecher folgen wir dem Gelbstrich-Weg weiter in das Dorf **Groß Zicker** **05**, eines der am besten erhaltenen ehemaligen Mönchguter Bauerndörfer. Bekanntestes Gebäude ist das Pfarrwitwenhaus, ein Lehmfachwerkhaus von 1723. Die Backsteinkirche mit ihren bunten Glasfenstern wurde Ende des 14. Jhs errichtet.
Auch in Groß Zicker gibt es einen kleinen Fischereihafen, wo man frisch geräucherten Fisch aus der Räuchertonne erwerben kann. Wenig später sind wir zurück am Ausgangspunkt am **Großen Strand** **01**.

Nonnenloch

Das Nonnenloch am Zickerschen Höft trägt diesen Namen, weil sich hier der Legende zufolge Bergener Nonnen mit Mönchen aus Eldena heimlich zum Tête-à-Tête trafen. Es ist ein idyllischer Platz: Klares Quellwasser rinnt aus den Felsen des Steilufers, es gibt eine kleine Badestelle, auf dem winzigen Uferstreifen liegen imposante Findlinge aus rötlich schimmerndem Granit.

HAGEN – HERTHASEE – KÖNIGSSTUHL

Zum See der Nerthus und zum Wahrzeichen Rügens

9 km | 2:45 h | 68 hm | 68 hm | 737

START | Bushaltestelle „Parkplatz Hagen“ bei Lohme-Hagen (125 m); Anfahrt auf der B 96 Stralsund – Bergen – Sassnitz, bei Sagard abzweigen Richtung Glowe, dann Richtung Lohme
[GPS: UTM Zone 33 x: 411.000 m y: 6.046.950 m]
CHARAKTER | Wald- und aussichtsreiche Hochuferwanderung auf fast durchgehend bequemen Wegen

Reetgedecktes Haus in Hagen.

Mit dem Herthasee und der Herthaburg sowie der im Königsstuhl gipfelnden Stubbenkammer an der Kreidesteilküste berührt diese Rundwanderung einige der spektakulärsten Kultur- und Naturdenkmäler im Nationalpark Jasmund.

Von der Infotafel am **Parkplatz Hagen** 01 (die für den öffentlichen Verkehr gesperrte Stubbenkammerstraße führt direkt zum Königsstuhl) folgen wir einem beschilderten Waldweg am Alten Torfmoor vorbei in Richtung „Herthasee“. Etwa auf halber Strecke ist links der Abstecher zum Pfenniggrab möglich, einem jungsteinzeitlichen Dolmen, dann laden Sitzbänke am sagenumwobenen **Herthasee** 02 zur Rast. Kurz hinter dem Ringwall der Herthaburg mündet der Weg auf die Stubbenkammerstraße, der wir zum Aussichtspunkt **Königsstuhl** 03 an der Steilküste der Stubbenkammer folgen. Links unten im seichten Wasser liegt der „Waschstein“, ein tonnenschwerer Findling.

Vom Königsstuhl leitet der mit „Blaustrich“ markierte Hochuferweg südwärts zur Viktoriasicht auf der Kleinen Stubbenkammer, die eine faszinierende Profilansicht des Königsstuhls gewährt. Zwischen Königsstuhl und Viktoriasicht führt ein bei Nässe gefährlich glatter Serpentinensteig hinab zum Strand.

Wir folgen dem Hochuferweg durch prachtvolle Buchenwälder am Rand der Kliffküste weiter zum **Kollicker Ort** 04 (wo sich erneut ein hervorragender Tiefblick bietet; unten liegt das Kollicker Ufer). Kurz vor dem nächsten Bacheinschnitt verlassen wir den Hochuferweg und folgen einem Weg, der mit „Grün-Weiß-Grün“ markiert ist, landeinwärts im Wald. Zuletzt mündet der Weg auf die Straße, und wir wandern an reetgedeckten Häusern vorbei zum Ausgangspunkt zurück.

Frühling in Jasmund.

Der sagenumwobene Herthasee.

Waschstein

Der Findling, der unterhalb des Königsstuhls aus dem Wasser ragt, wird Waschstein genannt. Wie die Sage weiß, erscheint dort alle sieben Jahre zur Mittsommerzeit eine verwunschene Jungfrau und wäscht ihre Kleider. Wer sie antrifft und „Guten Morgen, Gott helfe“ zu ihr sagt, erlöst sie und wird mit Schätzen überhäuft.

KLOSTER – DORNBUSCH – BAKENBERG

Steilküste, Wälder und Panoramen im Norden von Hiddensee

7,5 km | 2:30 h | 82 hm | 82 hm | 737

START | Hafen in Kloster (1 m); Anfahrt B 96 Stralsund – Rügendamm – Samtens, hier abzweigen nach Gingst und via Trent weiter zum Fährhafen Schaprode [GPS: UTM Zone 33 x: 377.980 m y: 6.050.240 m]
CHARAKTER | Bequeme Wanderung auf zum Teil sandigen Wegen mit passagenweise steilen Auf- und Abstiegen

Hochbetrieb beim „Klausner".

Vom Ostseebad Kloster führt diese Panorama-, Bade- und Waldwanderung über den Dornbusch zum Bakenberg, der von einem Leuchtturm überhöhten höchsten Landmarke der autofreien Insel Hiddensee.

Vom Hafen schlendern wir in das **Seebad Kloster** 01 zur schlichten gotischen Kirche, auf deren Friedhof der 1946, kurz vor der Zwangsausweisung, in Agnetendorf im polnischen Teil des Riesengebirges verstorbene schlesische Literaturnobelpreisträger Gerhart Hauptmann seine letzte Ruhestätte gefunden hat. Von der Kirche geht es am Gerhart-Hauptmann-Museum in der Villa Seedorn (ab 1930 Sommerresidenz des Dichters) vorbei zum Inselmuseum am Badestrand an der Ostküste und nun rechts weiter zur aussichtsreichen, in Richtung der in die See vorspringenden Hucke, einem der schönsten Plätze der Insel. Die 400 m lange Huckemauer, ein das Kliff schützender Steinwall, wurde kurz vor dem Zweiten Weltkrieg errichtet. Besonders gut zu überblicken sind Hucke und Mauer vom Hochuferweg aus, zu dem eine von Heckenrosen flankierte Treppe mit mehr als 100 Stufen führt (es gibt noch weitere Strandabstiege, sodass man sich vor Ort für die Strand- oder die Hochuferroute entscheiden kann).

Der Hochuferweg leitet durch den **Dornbuschwald**, rechts rundet sich der **Hexenberg**, und immer wieder eröffnen sich zwischen Heckenrosen, bizarrwüchsigen Kiefern und Holundern prachtvolle Ausblicke.

Bald nach Passieren der Waldgaststätte „Zum Klausner" erreichen wir den 1888 errichteten Leuchtturm auf dem aussichtsreichen **Bakenberg** 02, der höchsten Erhebung der Insel Hiddensee. Aussichtsreich führt der Pfad weiter zum **Swantiberg** (65 m), der ebenfalls ein vorzügliches Panorama gewährt. Bald nach dem Abstieg zum **Enddorn** 03 wo regelrechte „Sanddornwälder" zu beobachten sind, mündet der naturbelassene Weg auf einen Wirtschaftsweg, dem wir auf der Boddenseite der Insel zum Dorf Grieben und zurück nach **Kloster** 01 folgen.

Von der Küste des Dornbuschs beim Bakenberg fällt der Blick 70 Meter hinab durch die Steilküste zum Strand hinaus auf die Ostsee.

LIEPER WINKEL

Unbekanntes Kleinod an der Ostsee

17 km | 5:00 h | 75 hm | 80 hm | 738

START | Rankwitz.
CHARAKTER | Abwechslungsreiche Rundwanderung in unberührter Landschaft.

Traditionelles Haus im Lieper Winkel

Der Lieper Winkel ist eine rund 20 km² große Halbinsel, die im Süden über eine Landenge mit der Insel Usedom verbunden ist. Auf der Halbinsel zwischen Peenestrom und Achterwasser finden Sie noch Ruhe und Idylle abseits des großen Tourismus. Reetgedeckte Fachwerkhäuser und Bushaltestellen verleihen dem Lieper Winkel einen besonderen Charme.

Die Wanderung beginnt am **Hafen von Rankwitz** 01. Wir wenden uns Richtung Norden und folgen dem Peenestrom, bis wir nach Quilitz gelangen. Ein Feldweg führt weiter in das verträumte **Fischerdörfchen Warthe** 02. Wir halten uns links und gelangen auf das wohl schönste Wegstück der Tour, das uns am Achterwasser entlang sowie durch Schilfrohrbestände führt. Die fantastische Natur und die unglaubliche Ruhe laden ein zum Verweilen. Auf diesem Streckenabschnitt lassen sich im Frühjahr und Herbst die verschiedensten Zugvögel beobachten.

An der nächsten Weggabelung verlassen wir den Uferweg und zweigen nach rechts ab in Richtung **Reestow** 03 und weiter in den der Halbinsel Namen gebenden Ort **Liepe**. Sehenswert ist die malerische Dorfkirche St. Johannes, die im Jahr 1216 erstmals urkundlich erwähnt wurde. Sie ist die wohl älteste Kirche auf Usedom.

Das letzte Wegstück bringt uns zurück an unseren Ausgangspunkt nach **Rankwitz**. Wer von der Tour hungrig ist, sollte sich hier einen frischen Fisch genehmigen.

Fischerboot in Warthe im Achterwasser

RUND UM DIE FEISNECK

Eine wunderschöne „Wasserrunde"

8,5 km | 2:00 h | 0 hm | 0 hm | 865

START | Waren (Müritz); Wanderparkplatz an der Specker Straße; Eingangsbereich zum Müritz-Nationalpark; hier befindet sich auch ein kleiner Spielplatz für Kinder
[GPS: UTM Zone 33 x: 346.683 m y: 5.930.114 m]
CHARAKTER | Rundtour auf Wiesenpfaden und Waldwegen; für Kinder gut begehbar; gut markiert und beschildert mit einem gelben Schmetterling
EINKEHR | keine; Picknickmöglichkeiten sind jedoch mehrere an der Feisneck vorhanden (Jause selbst mitbringen)

Kleiner Fuchs unterwegs.

Auf die Plätze, fertig, los!
Vom **Parkplatz** 01 aus geht man links in die Specker Straße und folgt dem zweigeteilten Rad- und Gehweg. Über einen schmalen Landstreifen, der Binnenmüritz und Feisneck trennt, geht es weiter und biegt wenig später rechts in die Straße „An der Feisneck" ein, wo man an der Jugendherberge vorbeimarschiert. Nach ein paar Metern auf der Straße gibt es dann die Möglichkeit näher an den See heranzugehen, von wo man einen schönen Blick auf die **Feisneck** 02 hat.

Rauhwollige Pommersche Landschafe
Diese sehr alte und ursprüngliche Schafrasse ist mittelgroß und besitzt graue, manchmal auch braune Wolle. Durch die Züchtung von Schafen mit feiner Wolle dezimierte sich die Anzahl der Pommerschen Landschafe, sodass sie sogar vom Aussterben bedroht waren. Man bemühte sich jedoch sehr intensiv um die Nachzucht, weshalb sie nun nicht mehr auf der Liste der akut gefährdeten Tierarten stehen. Die rauhwolligen Pommerschen Landschafe sind sehr robust und genügsam und eignen sich somit sehr gut für die Landschaftspflege. Sie werden hier eingesetzt, um zu verhindern, dass Bäume und Sträucher die Offenlandschaft überwuchern.

Ein Sprung ins kühle Nass?
Kurz darauf gibt es die erste Badestelle, die bewacht ist und sogar über einen Steg verfügt. Hier können Kinder gut im Sand spielen. Auf einem Pfad wandern wir weiter durchs Grüne. Nach circa einer halben Stunde erreicht man ein Gatter, das zur Weidefläche der rauhwolligen Pommerschen Landschafe führt. Hier gibt es auch eine Informationstafel, an der man Wissenswertes über die Landschaft und die Beweidung der Schafe erfährt.

Zeit für ein Picknick
Zehn Minuten später gabelt sich der Weg. Man wandert hier geradeaus, durchschreitet wiederum ein Tor und bleibt auf dem Weg am See entlang. Immer wieder gibt es auf dieser Seite der Feisneck die Möglichkeit, am Wasser ein Picknick zu machen. Es empfiehlt sich die Mitnahme einer Picknickdecke, da keine Bänke und Tische vorhanden sind. Wer sich gerne im kühlen Nass er-

frischen möchte, dem bietet sich hier mehrfach die Gelegenheit.

Munter geht es weiter

Nach gut einer Stunde kommt man zum nächsten Tor. Seitlich davon liegt der kleine **See Pumpe** 03. Man folgt dem Wegweiser „Gelber Schmetterling" nach rechts und marschiert nun wieder auf einem Waldweg. Nach ein paar Metern auf Betonplatten folgt man dem Schmetterling und biegt rechts in einen schmalen Waldpfad ein. Nun verläuft der Weg in einem schattigen Waldgebiet. Man hat hier nun nicht mehr die Möglichkeit zum Wasser zu kommen und ein Blick auf den See ist nur durch die Bäume möglich.

Tolle Aussicht genießen

Wandert man weiter, kommt man zu einem Picknickplatz mit Tischen und Bänken. Auf einem Steg, der ein Stück in die Feisneck reicht, hat man einen wunderbaren Ausblick über den See. Bänke laden hier zum Verweilen und Entspannen ein. Ein fantastischer Aussichtspunkt, besonders wenn die Sonnenstrahlen im Wasser glitzern. Nach ein paar Metern gabelt sich der Weg, man folgt dem Schmetterling und geht rechts. Schmetterling, du kleines Ding. Immer wieder, vor allem nahe den Wiesen, kann man verschiedenfarbige Schmetterlinge, die sich hier tummeln, beobachten.

Das Ziel ist bald erreicht

An einer weiteren Weggabelung liegt vor einem ein Zaun ein schmaler Durchgang mit Poller. Man hält sich jedoch an den Wegweiser, folgt diesem nach links und entfernt sich somit vom Wasser. Bald darauf trifft man auf einen breiten geteerten Weg, in den man rechts einbiegt. Hier begegnen einem immer wieder Radfahrer, denn es ist sowohl ein Wander- als auch ein Radweg. Auf den letzten Metern bis zum **Parkplatz** 01 wandert man auf der Specker Straße entlang einer Wohnsiedlung, die rechter Hand liegt.

RUND UM DEN ZIERKER SEE

Zwischen Schloss und Moor

12 km | 3:00 h | 0 hm | 0 hm | 865

START | Neustrelitz; Parkplatz am Stadthafen.
[GPS: UTM Zone 33 x: 370.633 m y: 5.914.620 m]
CHARAKTER | Rundtour auf Ufer- und Waldwegen sowie fast autofreien Straßen; viele interessante Besichtigungspunkte und Möglichkeiten für Abstecher; mehrere schöne Aussichtspunkte; markiert und beschildert.
EINKEHR | mehrere Möglichkeiten am Stadthafen in Neustrelitz und im Hotel Café Prälank, Kalkofen 4

Am Neustrelitzer Stadthafen.

Am sanierten **Stadthafen** von **Neustrelitz** **01**, an dem auch die Ausflugsschiffe an- und ablegen, beginnt die familienfreundliche Rundtour um den Zierker See. Sowohl naturkundlich als auch geschichtlich ist sie äußerst interessant. Nicht verpassen sollte man, von der Mole aus einen Blick auf den See zu werfen, bevor es vom Hafen auf einem beschilderten Weg Richtung Süden geht.

Der Kultur der Slawen auf der Spur

Am Uferweg entlang wandernd kommt man am Fischer- und Bootshaus vorbei. Besonders hübsch anzusehen ist das ehemalige herzogliche Wäschespülhaus, das ebenfalls am Weg liegt. Der Baumeister Friedrich Wilhelm Buttel errichtete dieses 1821 im Stil eines chinesischen Pavillons. Nebenan führt der Weg über die Weiße Brücke weiter zum **Slawendorf** **02**.

Slawendorf

Mecklenburg-Vorpommern war etwa vom 7. Jh. bis Mitte des 12. Jhs. von Slawen besiedelt. Auf einem 1,4 ha großen Areal am Zierker See kann man im Slawendorf viel Wissenswertes über jenen Volksstamm erfahren. In acht Gewerken wird traditionelles Handwerk wie Filzen, Schnitzen, Weben, Töpfern oder Schmieden demonstriert. Wer es selbst einmal probieren möchte, ist herzlich dazu eingeladen. Vom 18 m hohen Wachturm erhält man einen Überblick über das Dorf und kann die Aussicht über den See genießen. Das Slawenboot „Nakon" liegt für eine Fahrt auf dem Zierker See bereit. Für eine kulinarische Stärkung ist ebenfalls bestens gesorgt.
www.slawendorf-neustrelitz.de

Durch die Schlosskoppel

Hinter dem Slawendorf beginnt ein abwechslungsreicher Mischwald, Schlosskoppel genannt. Er war früher im Besitz der Herzöge und wurde wirtschaftlich kaum genutzt. Wer viel Zeit mitbringt, sollte hinter dem Kunstwerk des Künstlers Marek Borsany „Große Mutter" vom Hauptwanderweg abbiegen und ein wenig durch den Wald streifen. Mit wachsamen Augen wird man kulturell und landschaftlich viel Interessantes entdecken. Der Hauptwanderweg führt großteils am Rande der riesigen Verlandungszone des Zierker Sees entlang. Möchte man nun eine erste Rast einlegen, geht man am besten über den

„Franzosensteig" zum Seeufer, denn hier hat man eine wunderbare Aussicht.

Abstecher gefällig?
Die Schlosskoppel hinter sich lassend, wandert man weiter über den Vordersten Kalkofen Richtung Lindenberg. Man überquert den Kammerkanal, geht ein Stück der Straße entlang und biegt im Ort Lindenberg rechts ab. Nach gut 100 m beginnt nun auf der linken Seite der Forstbotanische Lehrpfad Lindenberg-Röthsee. Bringt man Interesse mit, ist dies ein netter Zeitvertreib. Weiter führt der Weg zum **Hotel Café Prälank** 03, welches sich anbietet, um eine Rast einzulegen und ein wenig zu verweilen. Gut gestärkt kann jetzt noch ein Abstecher auf den **Bütowberg** 04 mit seinem Findlingsgarten unternommen werden. Mehr als 60 verschiedenartige Findlinge wurden 1987 in Form einer Eule, dem Naturschutzsymbol, niedergelegt. Seitdem kamen noch viele weitere hinzu. Informationstafeln zur Flora, Fauna und Geografie vermitteln Wissenswertes über dieses Gebiet.

Zeit nehmen für Beobachtungen
Zurück auf dem Rundweg geht es weiter Richtung Norden. Hier bekommt man einen Eindruck von den großflächigen Niedermoorwiesen zwischen Torwitz und Zierke. Wer ein gutes Fernglas mitgebracht hat, kann mit Glück, besonders im Frühjahr, Gänse, Enten, Kraniche und sogar Fischadler beobachten. Der an der Siedlung **Torwitz** 05 rechts abzweigende Weg durch die Schindelwiesen ist den Wanderern vorbehalten. Somit ist dieser Abschnitt besonders ruhig. Hat man Zierke erreicht, biegt man rechts Richtung See ab. Hier lädt noch einmal ein Aussichtspunkt zum Verweilen ein, ehe es am Ufer wieder zurück zum **Neustrelitzer Stadthafen** 01 geht.

EMSTAL – KLOSTER LEHNIN

Naturparadies Lehniner Heide

11 km 2:45 h 80 hm 80 hm 700

START | Gasthof Zur Linde an der Emstaler Hauptstraße 8 in Emstal (50 m), Ortsteil der Gemeinde Kloster Lehnin; Bushaltestelle Emstal (Havelbus) mit Direktverbindung zum Busbahnhof Lehnin; alternativ Busbahnhof und Parkplatz an der Goethestraße in Kloster Lehnin beim ehemaligen Kloster; Anfahrt auf der Bundesautobahn A 2 Hannover – Berlin, Ausfahrt Lehnin
[GPS: UTM Zone 33 x: 757.332 m y: 5.801.364 m]
CHARAKTER | Leichte Waldwanderung auf meist fahrradfähigen, teils sandigen Wegen

Die Kirche von Kloster Lehnin.

Vom Lehmbackofendorf Emstal geht es durch stille Wälder, an Seen und an der Hexenkiefer vorbei durch das Naturschutzgebiet „Lehniner Mittelheide und Quellgebiet der Emster“ zum ehemaligen Zisterzienserkloster Lehnin, einer der bedeutendsten Klosteranlagen der Mark Brandenburg.

▶ Das Backofendorf **Emstal** 01 ist bekannt für seine Lehmbacköfen. Sie wurden für die Büdner- und Schifferhäuser, die keine eigenen Backöfen hatten, errichtet, je zwei Familien teilten sich einen Ofen. Die Backöfen waren bis in die 1950er-Jahre in Benutzung und verfielen dann, von einst 20 Backöfen sind noch vier erhalten, ein fünfter wurde neu erbaut. Am Samstag nach Pfingsten findet das Backofenfest statt. Vom Gasthof Zur Linde führt die Hauptstraße an der denkmalgeschützten Dorfkirche, dem Friedhof und der Abzweigung zum Badestrand vorbei Richtung Lehnin, am Ortsausgang geradeaus durch die Allee, bis hinter dem See **Emstaler Schlauch** die Markierung „grün“ links auf einen Waldweg Richtung Rädel abzweigt. Der Weg folgt im Wald dem Seeufer und erreicht schon bald die als Naturdenkmal ausgewiesene dreistämmige **Hexenkiefer** 02, eine der mächtigsten Kiefern in Brandenburg.

Im weiteren Verlauf lassen einige uralte Eichen aufschauen, an der ersten Wegeverzweigung laden Bänke und Tisch in einer Wiese zur Rast ein. Im Wechsel von Wald und Wiesen erreicht der Wanderweg eine Verzweigung vor den ersten Häusern des Kirchdorfs **Rädel** (grün führt weiter zum Ökohof Rädel, wo die Emster entspringt und sich die Orchideenwiese befindet), hier geht es mit der Grünstrich-Markierung rechts weiter Richtung Lehnin. Am **Gohlitzhof** taucht der Weg in den Wald ein, in dem sich wiederum mächtige Eichen finden, wenig später zweigt der Grünstrich-Weg links Richtung „Puschkinstraße" ab und führt am **Gohlitzsee** vorbei nach **Kloster Lehnin** 03. Vom Straßendreieck beim Kloster geht es auf der Straße Richtung Emstal, bis in der Linkskurve geradeaus ein Forstweg in den Wald zurückführt. Mitten im Wald vereinigt er sich mit der vom Hinweg bekannten Wanderroute. Auf ihr geht es zurück Richtung Rödel und dort links zum Emstaler Schlauch und ins **Backofendorf Emstal** 01.

Kloster Lehnin

Das 1180 von Markgraf Otto I. von Brandenburg gegründete Kloster Lehnin war das erste Kloster in der Mark Brandenburg und zugleich die erste Klostergründung der Zisterzienser in der Mark. Die der Ordenspatronin geweihte gotische Marienkirche (1183–1260) wurde im 19. Jh. wieder aufgebaut als eines der bedeutendsten Zeugnisse der altmärkischen Backsteinarchitektur und die neben Chorin bedeutendste Zisterzienserkirche in der Mark. Seit 1911 beherbergen die Gebäude des 1542 säkularisierten Klosters das Luise-Henrietten-Stift, eine diakonische Einrichtung der Evangelischen Kirche in Berlin-Brandenburg. Als Hauskloster und Begräbnisstätte der Askanier hatte das Kloster Lehnin eine bedeutende kirchliche, wirtschaftliche und territorialpolitische Funktion und entwickelte sich zu einer der wohlhabendsten Abteien im Land. Drei neue Klostergründungen schufen die Lehniner Mönche noch im 13. Jh.: 1234 wurde das Kloster Paradies (heute in Polen) mit einem Konvent besetzt, 1257 das Kloster Mariensee errichtet (1273 nach Chorin verlegt), 1299 das Kloster Himmelpfort bezogen.

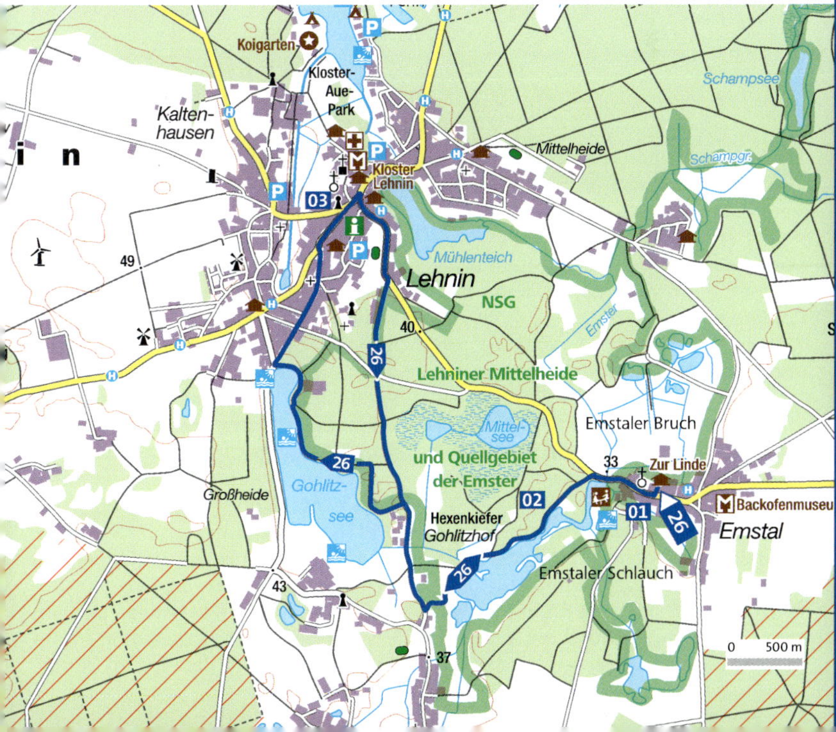

KRUMMENSEE – BESTENSEE

Durch das naturschöne Sutschketal

9 km · 2:30 h · 60 hm · 60 hm · 700

START | Parkplatz und Bushaltestelle „Krummensee" (38 m) an der Straße Am See im Ortsteil Krummensee von Schenkendorf, das wiederum ein Ortsteil der Stadt Mittenwalde ist; Bushaltestelle Krummensee; Anfahrt auf der A 13 Berliner Ring – Dresden, Ausfahrt Mittenwalde, weiter Richtung Königs Wusterhausen und in Schenkendorf rechts auf die Chaussee nach Krummensee abbiegen [GPS: UTM Zone 33 x: 814.135 m y: 5.800.868 m]
CHARAKTER | Leichte Waldwanderung auf zum Teil wurzeligen Pfaden

Am Krummer See.

Das Sutschketal ist das naturschönste Wandertal im Naturpark Dahme-Heideseen.

▶ Vom Restaurant „Strandhaus" an der Badestelle am Westufer des Krummer Sees in **Krummensee** 01 führt die Straße Am See kurz nordwärts Richtung Schenkendorf, bis vor dem Bahnübergang rechts der asphaltierte Radweg abzweigt.

Vom Radweg zweigt wenig später rechts die Markierung blau ab, überquert den Pritzelgraben und folgt ihm im Wald südwärts zum **Krummer See**. Unter alten Bäumen folgt der auch namentlich ausgeschilderte „Wanderweg Sutschketal" mit zahlreichen Aussichtsstellen dem Ufer des **Sees**, in dem gebadet und geangelt wird. An der Siedlung **Am Steinberg** 02 wird der Pfad bzw. Weg kurz vom Ufer auf die ruhige Straße Am Krummensee abgedrängt, kehrt aber bald zum See zurück. Schließlich überquert der Rundwanderweg den sumpfigen Zuflussbereich auf einem Lattensteg. Am gegenüberliegenden Ufer führt die Markierung im **Sutschketal** aufwärts auf einem Waldpfad, der zu den urtümlichsten Talpfaden im Berliner Raum zählt. Leider ist das Tal recht kurz, und sogleich nach Passieren des **Sutschkesees** stößt der Pfad im Norden der Gemeinde **Bestensee** auf die **Bundesstraße 246** **03**. Hier führt die Markierung blau kurz links (ostwärts) weiter, zweigt wiederum links ab und senkt sich zurück ins Sutschketal, nun auf dem Weg im Osthang. Wo kurz oberhalb des Krummer Sees der bekannte Brückensteg auftaucht, geht es wieder über den Zufluss und danach rechts zurück zum Ausgangspunkt an der Badestelle am Restaurant „Strandhaus" in **Krummensee** **01**.

Sutschketal

Das Sutschketal zwischen Krummensee und Bestensee ist eine lang gestreckte Gletscherabflussrinne mit Mooren, Kleingewässern und abwechslungsreichem Wald. 1995 wurde es als Naturschutzgebiet ausgewiesen „als Standort seltener, in ihrem Bestand bedrohter wild wachsender Pflanzengesellschaften, insbesondere von Schwimmblattgesellschaften, Röhrichten, Erlenbrüchen, Seggenrieden und Feuchtwiesen sowie naturnahen Stieleichenwäldern, Trockenrasen und Saumgesellschaften an den Hängen". Ein weiterer Schutzzweck galt dem Sutschketal „als Lebensraum bestandsbedrohter Tierarten, insbesondere als Brut- und Nahrungsgebiet für zahlreiche Klein- und Großvogelarten, vor allem von Tauchern, Rallen und Entenvögeln sowie als Rückzugsgebiet für bestandsbedrohte Lurche und Kriechtiere und zahlreicher Insektenarten".

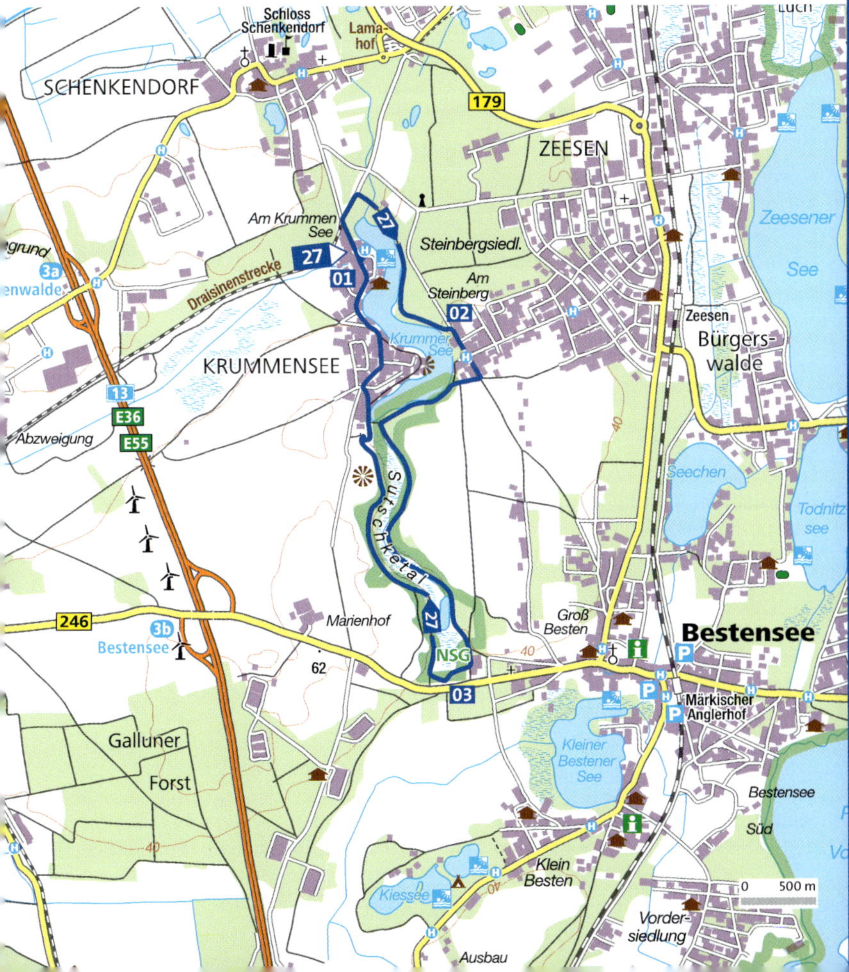

RÜBEZAHL – RAHNSDORF – FRIEDRICHSHAGEN

Rund um den größten Berliner See

12 km 3:00 h 40 hm 40 hm 700

START | Rübezahl (38 m), Bushaltestelle und Parkplatz am Müggelheimer Damm in Köpenick im Berliner Bezirk Treptow-Köpenick; nächster S-Bahnhof ist Köpenick. Buslinie Köpenick – Rübezahl – Müggelheim
[GPS: UTM Zone 33 x: 814.769 m y: 5.818.330 m]
CHARAKTER | Waldwanderung auf gepflegten, fahrradfähigen Wegen

Am Anleger Rübezahl am Großen Müggelsee gibt es auch einen Fahrradverleih.

Am schönsten ist die Umrundung des größten Berliner Sees, wenn die Fähre von Müggelhort nach Müggelwerderweg fährt. Verkehrt sie nicht, muss man einen allerdings schönen Umweg spreeaufwärts bis zur Triglawbrücke unternehmen – diese längere Variante ist eher mit dem Fahrrad zu empfehlen, am Ausgangspunkt gibt es einen Fahrradverleih.

Die täglich geöffneten Rübezahl-Strandterrassen mit Restaurant und Biergarten beim Ausflugsschiffsanleger **Rübezahl** 01 sind die meistbesuchte Großgaststätte am Müggelsee. Schon Anfang des 20. Jhs schipperten Berliner Ausflügler über den Müggelsee und stärkten sich hier im Lokal von Gustav Müller, der mit seinem wallenden Bart dem schlesischen Berggeist ähnlich sah. Vom Schiffsanleger führt die Müggelseepromenade durch schönen Eichenwald zum Schiffsanleger **Müggelseeperle** und im Wechsel von Waldpassagen und aussichtsreichen Buchten zum **Hotel Müggelhort** 02 an der Mündung der Müggelspree in den Müggelsee. Hier setzt die im Sommerhalbjahr verkehrende Fähre F 23 über die Müggelspree und die Bänke-Bucht zur Haltestelle Müggelwerderweg in **Rahnsdorf** über.

Auf dem Müggelwerderweg geht es kurz landeinwärts, die erste links, am Ende auf der Seestraße wenige Meter rechts, bis links die Brückenstraße abzweigt und nach Überqueren des Fredersdorfer Mühlenfließes den Grünstrich-Wanderweg erreicht. Er führt durch einen Erlenbruchwald zum Fürstenwalder Damm und folgt der Straße links am **Strandbad Müggelsee** 03 vorbei und wechselt dann links auf die naturschöne Hochuferpromenade. Am

Institut für Gewässerökologie wird der Grünstrich-Wanderweg auf den Müggelseedamm abgedrängt; auf der Josef-Nawrocki-Straße geht es schließlich links ab zum **Müggelpark** 04. Dort unterquert der 1926/27 als Fußgängerunterführung erbaute, 120 m lange, **Spreetunnel** die aus dem Müggelsee austretende Müggelspree. Nach Unterqueren des Flusses führt die Müggelseepromenade durch die ufernahen Wälder zurück zum Ausgangspunkt an der Schiffsanlegestelle **Rübezahl** 01 am gleichnamigen Restaurant.

Müggelsee und Müggelberge

Der Große Müggelsee ist der größte See Berlins und neben dem Wannsee der bedeutendste Wassersport- und Badesee der Bundeshauptstadt. Eichen- und Buchenwälder säumen im Westen und Süden den 7,3 km² großen, bis zu 8 m tiefen, von der Spree durchflossenen See in einem Gletscherzungenbecken des Warschau-Berliner Urstromtals. Auf seiner Südseite erheben sich die waldbedeckten Moränen der bis zu 115 m hohen Müggelberge mit dem Müggelturm, der ein Panorama des Müggellands mit seinen Wäldern und Seen gewährt.
In Rahnsdorf mündete ursprünglich die Spree in den See; zur Verbesserung der Schiffbarkeit wurde ihr Lauf verlegt, die Mündung der „Müggelspree" am Müggelhort wurde erst 1877/78 geschaffen.

SCHLEPZIG – BUCHENHAIN

Naturlehrpfad im Unterspreewald

6 km 1:40 h 20 hm 20 hm 700

START | Wanderparkplatz Naturlehrpfad Buchenhain (40 m) vor dem westlichen Ortsrand von Schlepzig an der Straße nach Krausnick; alternativ Bushaltestelle bzw. Großparkplatz am Kahnfährhafen in Schlepzig, von dort wenige Minuten zu Fuß; Anfahrt auf der A 13 Dresden – Berlin, Ausfahrt Teupitz und weiter nach Märkisch Buchholz, dort auf der B 179 (bzw. der Ausschilderung folgend) nach Schlepzig; die nächsten Bahnhöfe befinden sich in Lübben und Schönwalde [GPS: UTM Zone 33 x: 834.619 m y: 5.775.730 m]
CHARAKTER | Leichte Waldwanderung

Am Zerniasfließ.

Das Naturschutzgebiet Buchenhain bei Schlepzig befindet sich in einem ehemaligen Sumpfgebiet, an den Ufern von Zerniasfließ, Wasserburger Spree, Schiwa- und Puhlstrom wachsen schon im zeitigen Frühjahr Wasserschwertlilien und Sumpfdotterblumen, später die Schwanenblume. Abhängig von der Jahreszeit sind während der Wanderung auf dem Naturlehrpfad Kranich, Seeadler, Schwarz- und Weißstorch zu beobachten.

▶ Vom **Naturlehrpfad-Parkplatz** geht es längs der Straße kurz in Richtung des Spreewalddorfs **Schlepzig** 01, bis der Naturlehrpfad Buchenhain vor dem **Zerniasfließ** rechts auf einen von alten Pappeln gesäumten Weg abzweigt.

Das 1910 angelegte Zerniasfließ bildet eine Hauptroute für den Bootsverkehr durch den Unterspreewald. Kurz nach Passieren eines Wehrs wechselt der Naturlehrpfad vor der Quaasspree rechts auf den im 14. Jh. angelegten **Archendamm**, den von alten Laubbäumen bewachsenen ältesten Deich im Unterspreewald. Der hölzerne **Wussegk-Aussichtsturm** 02 bietet einen eindrucksvollen Blick auf die Fließe: Spree und Quaasspree kreuzen sich hier, wei-

Spreewalddorf Schlepzig

Das Spreewalddorf Schlepzig ist ein beliebter Ausgangspunkt für Kahnfahrten, Wanderungen und Radtouren im Unterspreewald. Der Kahnfährhafen, die Alte Mühle, die Fachwerkkirche und das Bauernmuseum in einem 200 Jahre alten Bauernhof sowie zahlreiche Einkehr- und Unterkunftsmöglichkeiten liegen am Spreeradweg und am Europäischen Fernwanderweg 10. Am Kahnfährhafen an der Quaasspree herrscht meist ein buntes Treiben, Wasserwanderer starten oder legen unter den alten Bäumen eine Rast ein, Urlaubergruppen steigen in die spreewaldtypischen Stakkähne. Jenseits der Quaasspree beginnt der Auenwald: eine undurchdringliche Wildnis aus Wasser, Erlen- und Bruchwäldern und uralten Eichen.

ter westlich zweigt der Wussegk-Strom von der Quaasspree ab. Der Naturlehrpfad führt westwärts weiter durch einen Erlen-Eichen-Stieleichen-Wald, überquert den Schiwastrom und folgt dem **Puhlstrom** zur Straße.

Nach Queren der Straße folgt der Naturlehrpfad einem schönen Waldweg durch Buchenwälder, schon bald laden bei **Mollenhauers Hütte** 03 Bänke am Puhlstrom zur Rast ein. Hier verlässt der Naturlehrpfad den Strom, führt ostwärts tiefer in den Wald hinein und wendet sich an einer Verzweigung mit alter Buche rechts.

Beim **Forsthaus Buchenhain** 04 geht es dann auf der Zufahrt rechts zurück bis zur Straße (Bushaltestelle Buchenhain), nach dem Überqueren der Straße südwärts zum **Schiwastrom**, wo die bekannte Route wieder erreicht ist: links zum **Wussegk-Aussichtsturm** 02 und links auf dem Archendamm zurück zum Ausgangspunkt, dem Wanderparkplatz vor dem Spreewalddorf **Schlepzig** 01.

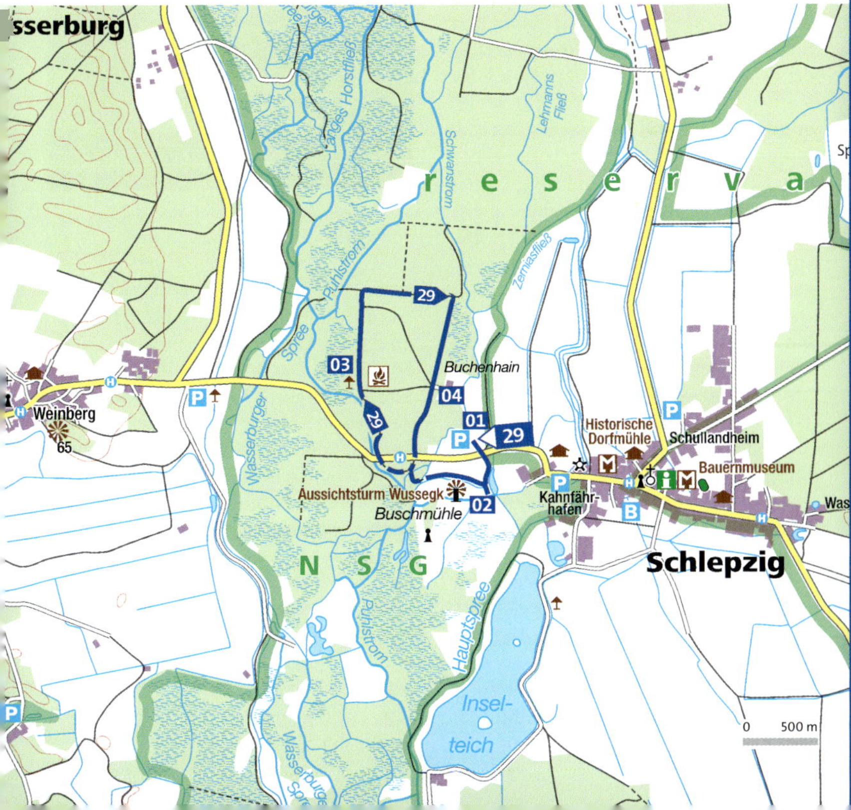

SCHLEPZIG – LÜBBEN

Auf dem E 10 durch den Unterspreewald

15 km 3:45 h 50 hm 50 hm 700

START | Parkplätze bei der „Kahnfährhafenstelle" an der Dorfstraße in Schlepzig; Anfahrt auf der A 13 vom Berliner Ring Richtung Dresden bis zur Ausfahrt Teupitz und weiter nach Märkisch Buchholz, dort auf der B 179 nach Schlepzig; der nächste Bahnhof befindet sich in Lübben
[GPS: UTM Zone 33 x: 835.223 m y: 5.775.514 m]
CHARAKTER | Aussichtsreiche Wiesen-, Deich- und Teichewanderung auf fahrradfähigen Wegen

Vom pittoresken Spreewalddorf Schlepzig folgt der Europäische Fernwanderweg 10 der Hauptspree durch Feuchtwiesen- und Auenwaldnaturschutzgebiete sowie längs zahlreicher Teiche zu den Eichengiganten des Hains und in die Schlossstadt Lübben.

Vom Parkplatz am Kahnfährhafen in **Schlepzig** 01 führt die Dorfstraße ortseinwärts, bis die Blaustrich-Markierung des E 10 an der Alten Mühle, wo die Quaasspree in die Hauptspree mündet, rechts auf die Dammstraße abzweigt. Der Fahrweg folgt dem Ufer des fischreichen Inselteichs, der parallel zur Hauptspree angelegt wurde. An der Dümme-Ecke im Südwesten des Sees trifft der Weg auf die Hauptspree und folgt ihr in Richtung des Spreewaldgasthauses **Petkampsberg** 02. Einem deichartig erhöhten Schotterweg folgt der Fernwanderweg weiter südwärts zwischen der Hauptspree und dem Sommerteich sowie weiteren Teichen, an denen Reiher, Möwen u. a. Wasservögel jagen. Nach Passieren des Hartmannsdorfer Wehrs erstrecken sich links des Wegs die **Biebersdorfer Wiesen** 03. Alte Hudewälder, Birken-Eichen-Wald, Auenwald, Heidebereiche, Sandrasen und Feuchtwiesen wechseln sich malerisch ab. Nach Überqueren eines Bahndamms führt der Weg durch das Naturschutzgebiet Wiesenau, einem Ensemble aus Altarmen, Teichen, Feuchtwiesen, Verlandungszonen und Gehölzen. Dahinter folgt der Weg der Hauptspree und dann dem Umflutkanal zur Trasse der Spreewaldbahn, die zum Fuß- und Radweg umfunktioniert wurde. Auf den Bahnbrücken geht es über den Umflutkanal und die Neue Spree zum Gasthaus **Lehnigksberg** 05. Vom Gasthaus führt der Lehnigksberger Weg am Rand der Auenlandschaft der Schützenwiesen längs der Neuen Spree südwärts Richtung Lübben und wechselt dann auf den Weg längs des Spreenebenflusses Berste. Nach Queren der Berliner Chaussee beim Kahnfährhafen am Nordrand von Lübben taucht er in das parkartige Naturschutzgebiet **Der Hain** 06 ein. Dort zeigen die Schilder links in die Altstadt von **Lübben** 07, während es rechts zum Bahnhof geht. Von dort fährt der Bus zurück nach Schlepzig.

Spreewaldboote auf der Spree bei Schlepzig

Buchenhain
Historische Dorfmühle
Schullandheim
Bauernmuseum
Wasserwerk
Aussichtsturm Wussegk
Buschmühle
Schlepzig
N S G
Wasserburger Spree
Puhlstrom
Hauptspree
Inselteich
Petkampsberg
Wasserwanderrastplatz
Gänsefließ
Sommerteich
Schnepfenteich
Spreeteich
Gänseteich
Moorteich
Kranichteich
Birkenteich
Waldteich
Sandteich
Schäferteich
Lachsluch II
Lachsluch I
Industriepark Spreewerk
Kabelgraben
HARTMANNSDORF
NSG
BÖRNICHEN
Hartmannsdorfer Heide
Pfaffenberge
63
Kletterwald
Lehnigksberg
Frauenberg
Neue Spree
Umflut-Kanal
LÜBBEN (Spreewald)
LUBIN (Błota)
53
115
87
Der Hain
Stadtmuseum
Schloss Lübben
Wasserwanderstützpunkt Spreelagune
Spreewald Camping
Berste
TREPPENDORF
0 550 m
01
02
03
04
05
06
07
30

ORANIENBURG – SCHLOSS – SACHSENHAUSEN

Barockpracht, Parks, Gedenkstätte

12 km | 3:30 h | 30 hm | 30 hm | 700

START | Bahnhof Oranienburg (42 m) am Bahnhofsplatz/ Stralsunder Straße; der Bahnhof liegt an der Berliner Nordbahn Berlin – Neustrelitz – Stralsund und ist Endpunkt der S-Bahn-Linie S 1 Potsdam-Hauptbahnhof – Oranienburg
[GPS: UTM Zone 33 x: 381.823 m y: 5.846.337 m]
CHARAKTER | Leichte Parkwege und Nebenstraßen

Schloss Oranienburg.

Diese abwechslungsreiche Runde führt zum ältesten Barockschloss der Mark Brandenburg, durch den Schlosspark und zur Konzentrationslager-Gedenkstätte, ehe die Promenade am Lehnitzsee die Tour ausklingen lässt.

Vom Bahnhofsplatz vor dem denkmalgeschützten **Bahnhof Oranienburg** 01 führt die Willy-Brandt-Straße westwärts, am Ende geht es kurz rechts längs der Lehnitzstraße, bis am alten Kornspeicher der Louise-Henriette-Steg links abzweigt und zur Oranienburger Havel führt. Nach Überqueren des Gewässers zweigt rechts die Havelpromenade ab und leitet zum **Schloss Oranienburg** 02.

Oranienburg in der seen- und waldreichen Havelniederung am Westrand der Barnimhochfläche ist die Kreisstadt des brandenburgischen Landkreises Oberhavel und seit dem ausgehenden 19. Jh. ein bedeutendes Ausflugsziel vor den Toren Berlins. Wahrzeichen ist das älteste Barockschloss der Mark Brandenburg im historischen Ortskern, es beherbergt zwei Museen. Die Stiftung Preußsche Schlösser und Gärten zeigt im Schlossmuseum berühmte Kunstwerke des 17. Jahrhunderts, eine einzigartige Silberkammer sowie die sehenswerte Porzellankammer; im Kreismuseum befindet sich eine umfangreiche Ausstellung zur Regional- und Kulturgeschichte des Oberhavellandes.

Am Louise-Henriette-Denkmal zwischen dem Schloss und dem Restaurant „Il Castello“ geht es in den Schlosspark hinein, in dem man sich stundenlang treiben lassen kann. Die Gründerin der Stadt Oranienburg, Kurfürstin Louise Henriette von Oranien-Nassau (1627–1667), ließ einen Lustgarten im holländischen Stil anlegen. Der Schlosspark wurde im Lauf der Jahrhunderte mehrmals verändert und erhielt mit der Landesgartenschau 2009 sein heutiges Aussehen.

Der 30 ha große Park bietet vor allem in den Sommermonaten gärtnerische Höhepunkte und bildet den Rahmen für ein breit gefächertes Kulturprogramm von Kleinkunst bis Klassik. Bald nach Passieren der Orangerie verlässt der Weg an einem Parkplatz den Schlosspark vor dem **Oranienburger Kanal** **03**: Nach Überqueren der **Brücke** folgt der Friedenthaler Weg dem Kanal nordwärts, wendet sich an der Kanalkreuzung links, überquert den **Ruppiner Kanal** **04** auf der Straßenbrücke und zweigt gleich darauf rechts in die Eichenallee ab. Diese führt zurück in die Gehölze am Oranienburger Kanal, setzt sich unter dem Namen Am Park fort. Auf der ersten Brücke, der **Brücke der Granseer Straße** **05** vor der Alten Schleuse Sachsenhausen, geht es rechts über den Oranienburger Kanal und längs der Straße durch Gehölze über das Kleine Wehr Sachsenhausen und die Oranienburger Havel, gleich darauf schräg links ab zum Nordbahnhof Sachsenhausen, hinter dem Gleiskörper schräg rechts zum Kreisverkehr und auf der Walther-Rathenau-Straße zur **Gedenkstätte Sachsenhausen** **06**. Vom Nordostausgang dieses Orts des Schreckens ist es nicht mehr weit auf der Carl-Gustav-Hempel-Straße zu den Gehölzen am **Lehnitzsee** **07**, wo das Restaurant „Waldhaus“ an der Bernauer Straße zur Einkehr einlädt. Die Uferpromenade folgt dem Seeufer unter Bäumen südwärts zum Strandbad und endet wenig später an der verkehrsberuhigten Wörthstraße. Diese führt landeinwärts, am Ende geht es links durch die Heidelberger Straße und am Ende gerade zurück zum **Bahnhof Oranienburg** **01**.

Gedenkstätte Sachsenhausen

Gedenkstätte und Museum Sachsenhausen erinnern an die Folterungen und Massenmorde im nationalsozialistischen Konzentrationslager Sachsenhausen (1933–45) und dem nachfolgenden kommunistischen Speziallager Nr. 7 (1945–50). Mit jährlich 300.000 Besuchern zählen Gedenkstätte und Museum zu den besucherstärksten Einrichtungen Brandenburgs.
www.gedenkstaette-sachsenhausen.de

LINUM – HAKENBERG

Vom Storchendorf zur Siegessäule

16 km | 4:30 h | 40 hm | 40 hm | 700

START | Linum, Kirche (42 m) an der Nauener Straße im Ortsteil Linum der Gemeinde Fehrbellin [GPS: UTM Zone 33 x: 357.096 m y: 5.847.428 m]
CHARAKTER | Bequeme Wald- und Forstwege sowie Nebenstraßen

Die Linumer Teiche sind einer der größten Binnenrastplätze von Zugvögeln in Europa. Von der Teichelandschaft am Storchendorf geht es zur Siegessäule auf dem Hakenberg, die Aussichtsgalerie bietet ein einzigartiges Panorama der Vogelschutzlandschaft am Alten Rhin.

Linum, Kirche

Linum ist bekannt als Storchendorf, da Dach und Giebel der neugotischen **Kirche** 01 sowie die Linumer Teiche als Storchenquartier dienen. Die Störche treffen von März bis Mai in Linum ein und ziehen in der zweiten Augusthälfte wieder gen Süden. In den Herbstmonaten ist die Umgebung des kleinen Straßendorfs auch Gastgeber Hunderttausender Kraniche und Gänse. Die berühmteste Tochter von Linum ist die Dichterin Luise Hensel (1798–1876), in die wegen ihrer unsterblichen religiösen Verse viele Romantiker verliebt waren. Ihr bekanntestes Gedicht ist, wie die Informationstafel an der Kirche berichtet, das Nachtgebet „Müde bin ich, geh' zur Ruh'…"; ihr Onkel Felix Mendelssohn-Bartholdy hat es vertont.
Vor der Kirche zweigt der Luise-Hensel-Weg von der Nauener Straße bergwärts ab und mündet am Ende der Bebauung in die Küsterstege, die zwischen Gärten und Feldern westwärts führt. An der ersten Kreuzung taucht die Blaustrich-Markierung des Europäischen Fernwanderwegs 10 auf, führt rechts zurück zur Nauener Straße, folgt ihr kurz links und zweigt dann rechts Zu den Teichen ab. Wenn die Blaustrich-Markierung links abzweigt, gehen wir geradeaus Zu den Teichen und erreichen am Hafen Linum die 400 Hektar große Wasser- und Vogellandschaft **Linumer Teiche** 02. Mitten im Vogelschutzgebiet Oberes Rhinluch befinden sich etwa 40 Teiche und Seen, an denen im Herbst bis zu 100.000 Kraniche rasten. Die durch Torfabbau entstandenen Teiche sind Ziel für Tagesausflügler, Vogelkundler, Angler, Familien und Fischliebhaber; aus ganz Deutschland kommen „Vogelkieker", um die bis zu 20 Storchenpaare, abertausende Wildgänse und Zehntausende Kraniche aus nächster Nähe zu beobachten. Die Aussichtstürme an den Teichen bieten eine fantastische Sicht auf dieses atemberaubende Naturschauspiel. Der Weg endet an einer **Schutzhütte** 03.
Nach dem Gang durch dieses Wasser- und Vogelparadies zurück zum Blaustrich-Wanderweg; er führt westwärts (Trompeterberg) hinaus in das Naturschutzgebiet am Alten Rhin und folgt einem Wassergraben durch die Wiesen. Wenn der Blaustrich an einer Schleuse rechts abwinkelt, geht es links hinauf in das Kirchdorf **Hakenberg** 04; in der Kirche wird eine Sammlung von Kugeln aus der Schlacht

bei Fehrbellin aufbewahrt. Längs der Durchgangsstraße geht es kurz Richtung Linum, bis am Ortsrand die Allee zur **Siegessäule** **05** auf dem Hakenberg abzweigt. In der Schlacht bei Fehrbellin kämpften am 18. Juni 1675 11.000 schwedische Reiter und Infanteristen mit 38 Kanonen gegen 5.600 brandenburgische Reiter mit 13 Kanonen. Die brandenburgischen Truppen unter dem Befehl von Kurfürst Friedrich Wilhelm nutzten die Moore der Umgebung und entschieden die Schlacht und den seit 1674 tobenden Schwedisch-Brandenburgischen Krieg für sich. Die Schlacht begründete Preußens Militärmacht, Friedrich Wilhelm wurde mit dem Beinamen „der Große Kurfürst" geschmückt. Das Aussichtsturm-Denkmal wurde 1879 eröffnet; die vergoldete Bronzefigur der Siegesgöttin Victoria wurde nach einem Entwurf des klassizistischen Bildhauers Christian Daniel Rauch gegossen. Die Gaststätte „Waldhaus am Denkmal" lädt zur Einkehr ein. Vom Denkmal führt ein schöner, aber durch die nahe Autobahn geräuschbelästigter Wanderweg (alte Route des E10) durch Wälder und Felder zurück nach Linum. Auf der Nauener Straße geht es am NABU-Zentrum Storchenschmiede vorbei zurück zum Ausgangspunkt an der **Kirche** **01**.

Siegessäule auf dem Hakenberg

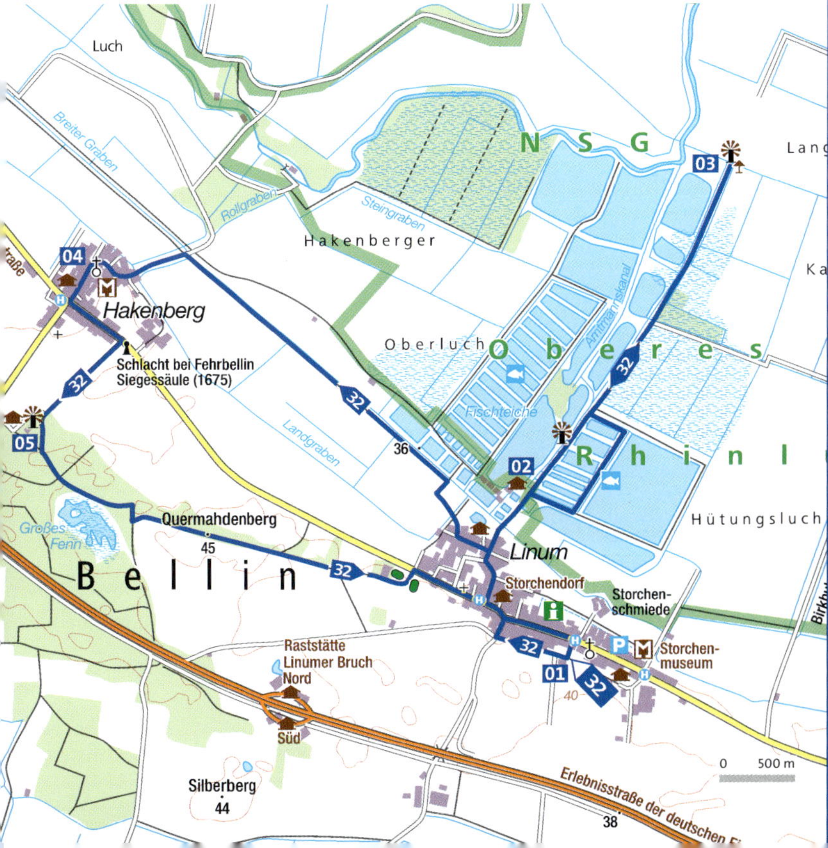

DEUTSCHLANDS SAGENHAFTE MITTELGEBIRGE

„Nun Liebste tret ich vor die Thüre hinaus
da liegt der Brocken im hohen herrlichen Mondschein über den Fichten vor mir
und ich war oben heut
und habe auf dem Teufels Altar
meinem Gott den liebsten Danck geopfert."

Dreimal durchstreifte Johann Wolfgang von Goethe den Harz, zum ersten Mal im Dezember 1777, als er obige Zeilen an die Weimarer Hofdame Charlotte von Stein richtete. Damals war das waldreiche Mittelgebirge, das man einst „Hart" (= Bergwald) nannte, noch völlig unerschlossen und die Ersteigung seines höchsten Gipfels, des 1141 Meter hohen Brocken, für einen Geheimen Legationsrat ein durchaus abenteuerliches Unternehmen.
Als legendenumwobener Hexentanzplatz erscheint der Brocken dann nicht nur in Goethes Faust I: Schon 1669 verewigte ihn Johannes Praetorius in einem Werk mit dem wahrhaft barocken Titel „Blockes-Berges Verrichtung / Oder Ausführlicher Geographischer Bericht / von den hohen trefflich alt- und berühmten / Blockes-Berge: / ingleichen von der Hexenfahrt / und Zauber-Sabbathe / so auff solchen Berge die Unholden aus gantz Teutschland / Jährlich den 1. Maij in Sanct-Walpurgis Nachte anstellen sollen". Aber auch Hans Jakob Christoffel von Grimmelshausen, Heinrich Heine oder Wilhelm Busch setzten dem heute als Nationalpark geschützten Harz literarische Denkmale. Nicht zuletzt dadurch kamen die geheimnisumwitterten Landschaften der deutschen Mittelgebirge bei den gebildeten Schichten in Mode. Spätestens im Zeitalter der Romantik fanden sie auch Eingang in Musik und Malerei – man denke nur etwa an Carl Maria von Webers Oper „Der Freischütz" (1821), an Richard Wagners „Lohengrin" (1850) oder das berühmte Gemälde „Wanderer über dem Nebelmeer" von Caspar David Friedrich (um 1818): In all diese Werke verwob man die bizarren Felsformationen des Elbsandsteingebirges, die später zur Wiege des Sportkletterns wurden. Ohne vertikale Kunststücke lassen sie sich heute auf wunderbaren Wanderungen in und um den Nationalpark Sächsische Schweiz erleben.

Das „Tintenfass" der Rhön.

Zum genussvollen und erlebnisreichen Zufußgehen laden auch die westlich benachbarten Mittelgebirge rund ums Ruhrgebiet ein – etwa der bis zu 446 Meter hoch aufragende und als Naturpark ausgewiesene Teutoburger Wald mit den berühmten Sandsteintürmen der Externsteine, das etwas höhere Bergische Land oder das fast 4500 Quadratkilometer große Sauerland mit dem bis zu 843 Meter hoch gelegenen Naturpark Rothaargebirge, dem romantischen Ringelsteiner Wald und dem Lennegebirge.

Der westliche Bereich des Rheinischen Schiefergebirges erstreckt sich zwischen dem Rhein und der Grenze zu Belgien und Luxemburg. Dort ist ein Teil der Eifel seit 2004 als Nationalpark ausgewiesen; dort lebt die größte mitteleuropäische Population des „Eifeltigers", der scheuen Wildkatze. Daneben bestehen die Naturparks Rheinland, Hohes Venn-Eifel, Südeifel und Vulkaneifel. Für Letzteren sind die Eifelmaare, uralte Lavaströme und Krater typisch. Der Vulkanismus begann dort vor etwa 600.000 Jahren; der letzte Ausbruch fand vermutlich vor etwa 11.000 Jahren statt – vulkanisch aktiv ist das Gebiet jedoch heute noch.

Das Tal der Mosel als Wander-Destination vorzustellen, hieße Eulen nach Athen tra-

Sagenumwobene Felsformationen im Harz.

gen. Daher finden Sie in diesem Buch auch eine Etappe des hochattraktiven Moselsteigs. Das südlich anschließende Saarland wird für Wanderfreunde ebenso vorgestellt wie der Hunsrück und das Nordpfälzer Bergland samt Rheinhessen im Süden von Mainz.

Dann geht's östlich des Rheins weiter – in die Naturparks Taunus und Spessart. Dort ist der Fränkische Rotweinwanderweg alles andere als eine trockene Angelegenheit. Auch die östlich angrenzende, mit der Wasserkuppe 950 Meter hoch aufragende Rhön ist ein Wanderrevier ersten Ranges. Das gebietsweise ebenfalls durch vulkanische Aktivitäten entstandene Gebiet ist heute ein Biosphärenreservat zwischen Hessen, Thüringen und Bayern. Südwestlich des Mains erstreckt sich der Odenwald bis nach Heidelberg, wo er sich auch südlich des Neckartals mit dem Kleinen Odenwald fortsetzt. Er wird teils aus kristallinen Gesteinen aufgebaut und teils aus Sandstein, der auch westlich des Rheintals die oberen Schichten des Biosphärenparks im Pfälzerwald bildet. Seine fantasievollen Formen bewundert man am besten auf dem Dahner Felsenpfad, der vom Pfaffenfelsen bis zur spektakulären Formation „Braut und Bräutigam" führt.

Das bekannteste der deutschen Mittelgebirge ist wohl der Schwarzwald. Mit einer Fläche von 6000 Quadratkilometern, tiefen Schluchten und dem fast 1500 Meter hohen Feldberg nimmt er zwischen dem Meer und den Alpen in jeder Hinsicht den ersten Rang ein. Erst 2014 kam er auch zu Nationalpark-Ehren. Unter Schutz, und zwar als Naturpark, steht auch der Schwäbisch-Fränkische Wald nordöstlich von Stuttgart. Weitaus größer ist jedoch die südlich anschließende Schwäbische Alb, die von der Gegend um Ulm bis zum Rheinfall von Schaffhausen und damit sogar ein wenig über die Schweizer Grenze reicht. Aus dem riesigen Angebot an Wanderwegen in diesem da und dort recht kantigen Karstgebiet wird hier u. a. der Geschichtspfad bei Streichen hervorgehoben.

Über die an Felsen und Brauereien so reiche Fränkische Schweiz nördlich von Nürnberg und das Fichtelgebirge in der Nähe von Bayreuth führt der Reigen deutscher Mittelgebirge schließlich zum Pfälzer und zum Bayerischen Wald. Diese bilden auf weiten Höhen die Grenze zu Tschechien, weisen aber auch sehr interessante Felsgebilde wie den Großen Pfahl, Blockhalden wie etwa am Lusen und mächtige „Granitburgen" wie den Dreisesselberg auf.

BROCKEN ÜBER GOETHEWEG

Bequemer Brockenaufstieg ab Torfhaus

9 km | 3:00 h | 375 hm | 33 hm | 451

START | Ausgangspunkt: Bushaltestelle und Großparkplatz in Torfhaus (800 m), Ortsteil der Bergstadt Altenau. Anfahrt B 4 Bad Harzburg – Braunlage
Bus: Regionaler Busverkehr (Bad Harzburg bzw. Sankt Andreasberg – Braunlage)
[GPS: UTM Zone 32 x: 605.990 m y: 5.739.960 m]
CHARAKTER | Bequeme Wanderung mit Aussichtsstellen, teils unangenehmer Kolonnenweg

Die Brockenaufstiegsroute, die der 28-jährige Goethe am 10. Dezember 1777 bei Schneelage zusammen mit dem Torfhausförster nahm, ist von Westen aus der meistbenutzte Weg zum höchsten Harzgipfel. Es handelt sich um eine fast durchgehend bequeme Wald- und Aussichtsroute, der auch der Hexenstieg folgt. Die nassen Stellen im Goethemoor sind mit Planken ausgelegt.

▶ Am **Nationalparkdenkmal** am Großparkplatz in **Torfhaus** 01 (Informationsstelle Nationalparkhaus Altenau-Torfhaus) fällt der Blick über Skiwiesen und das junge Radautal sowie über den tiefen Einschnitt des Eckertals hinweg zum Brocken, fast die gesamte Aufstiegsroute ist in Sicht. Vom Nationalparkdenkmal geht es über den Parkplatz zu den Bushaltestellen und dort links hinab mit der Beschilderung „Brocken" längs der Bundesstraße an mehreren Einkehrmöglichkeiten vorbei, bis der Goetheweg beim letzten Haus links in den Wald abzweigt und dann dem **Abbegraben**, einem 1827 angelegten Moorentwässerungsgraben, bergwärts folgt. Links zeigt sich bald die weite Fläche des **Großen Torfhausmoors**, das als Quellmoor der Radau auch als **Radaubornmoor** bezeichnet wird. Kurz vor der **Luisenklippe** mündet der Goetheweg auf den Kaiserweg, folgt ihm kurz rechts und zweigt dann links hinauf zum Quitschenberg ab (während Goethe die im Winter optimale Route über das gefrorene Brockenfeldmoor nahm). Am **Quitschenberg** 02 erläutern Tafeln in einer Informationshütte die Ursachen von Borkenkäferbefall. Nach

einer kurzen Waldpassage erreicht der Goetheweg den aussichtsreichen Rastplatz am **Eckersprung** 03, der Quelle der Ecker, und mündet wenig später auf den mit Betonwaben ausgelegten Kolonnenweg, der links zur Trasse der Brockenbahn hinaufführt und der Bahnlinie aufwärts folgt.

Dieser Neue Goetheweg (der alte führt über den Königsberg) ist hier passagenweise mit Bohlen ausgelegt, ein Aussichtsturmgerüst bietet Einblick in das **Goethemoor**. Oben mündet der Weg auf die Brockenstraße, auf der es hinauf zum **Brockengipfel** 04 geht.

Denkmal vor dem Wolkenhäuschen.

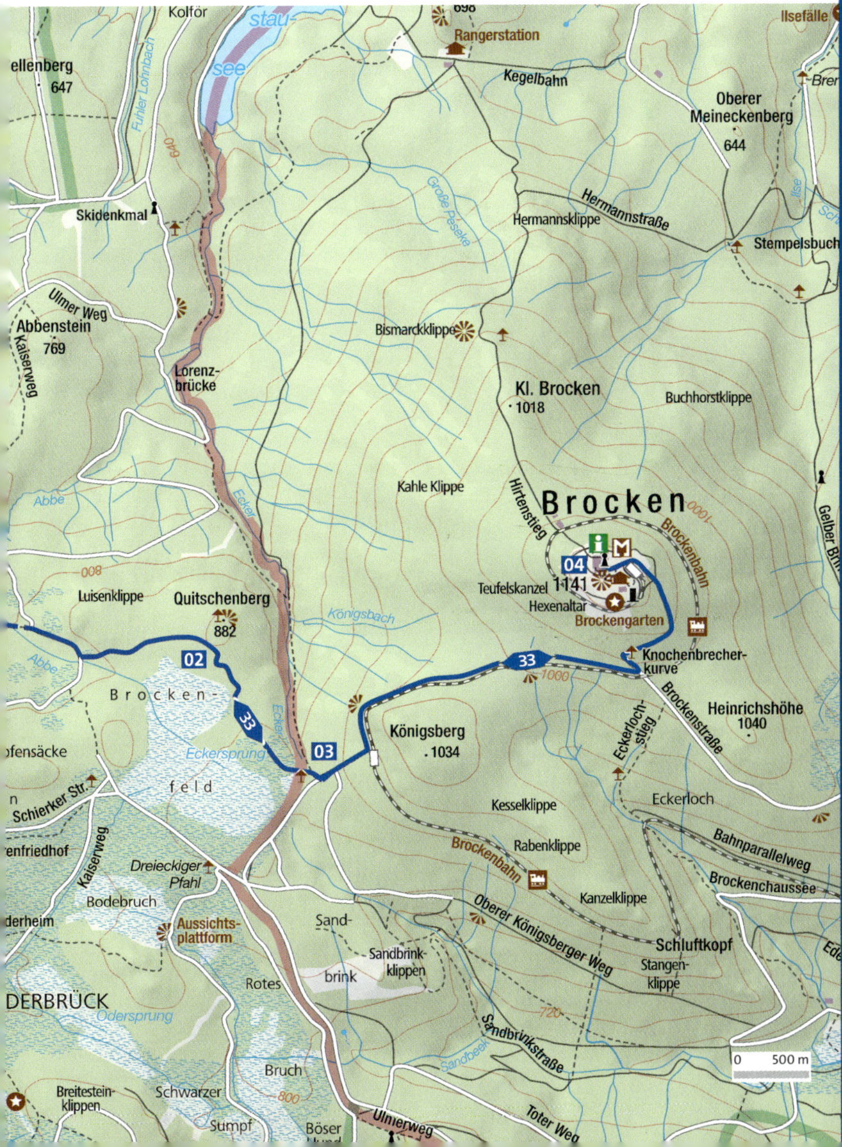

BLANKENBURGER TEUFELSMAUER

Aussichtsreiche Felsenwanderung

7 km | 3:00 h | 181 hm | 181 hm | 452

START | Hotel-Restaurant Helsunger Krug östlich der Stadt Blankenburg (150 m). Anfahrt B 6, Ausfahrt Blankenburg-Ost. Bahn/Bus: Wer mit öffentlichen Verkehrsmitteln anreist, steigt von Blankenburg aus in die Wanderung ein; Bahnhof Blankenburg (Harz) an der Strecke Halberstadt – Blankenburg
[GPS: UTM Zone 32 x: 637.990m y: 5.738.590 m]
CHARAKTER | Aussichtsreiche Wald- und Felswanderung auf teilweise gesichertem Steig, der Trittsicherheit und Schwindelfreiheit erfordert

Die drachenkammartige Teufelsmauer.

Ausgangspunkt der Wanderung ist das Hotel-Restaurant **Helsunger Krug** 01 am Nordfuß der Teufelsmauer, nahe des Dorfs Timmenrode. Vom Parkplatz führt ein Weg auf den Wald zu und überquert die ehemalige Bahntrasse; früher befand sich hier der Bahnhof Helsunger Krug.

Im Jahr 1994 wurden hier die letzten Museumsfahrten veranstaltet, heute ist das ursprünglich bis Thale führende, inzwischen bis Timmenrode zurückgebaute Gleis weitgehend zugewachsen.

Der Wanderweg führt zum Wald hinauf, an der Gabelung geht es links weiter zum Ostende der **Blankenburger Teufelsmauer**, wo mit der Felsformation **Hamburger Wappen** einer der spektakulärsten Punkte wartet.

Die **Kuxburg**, eine kleine mittelalterliche Wehranlage, beherrschte das Ostende der Blankenburger Teufelsmauer, hier soll sich bereits zur Zeit König Heinrichs im 10. Jh. ein königliches Jagdhaus befunden haben.

Vom Hamburger Wappen führt ein Pfad Richtung Blankenburg westwärts über den Kamm. Schon bald verwandelt sich der Waldpfad in einen Felssteig, der nicht an allen ausgesetzten Stellen geländergesichert ist und Trittsicherheit erfordert. An ein rasches Vorwärtskommen ist auf diesem im Jahr 1853 angelegten Felssteig nicht zu denken, so großartig ist die Umgebung und so häufig sind die Punkte zum Rasten und Schauen. Unter den zahlreichen Einzelfelsen ist der zuletzt erreichte **Großvater** 02 der höchste.

In den Fels gehauene Trittstufen und Griffhaken führen wie eine Wendeltreppe auf den schmalen Gipfel dieses Felsturms, der eine erstklassige Aussicht auf Blankenburg und die Berge des Hochharzes gewährt.

Am (West-)Fuß des Großvaters in der Einsattelung vor der **Großmutter** befindet sich eine Pfadverzweigung: Geradeaus (links an der Großmutter vorbei) gelangt man in die sehenswerte Altstadt von **Blankenburg** (Abstieg von der Teufelsmauer auf einer Stufenanlage, unten an der Straße links und die erste rechts), links befindet sich eine Gaststätte, rechts zweigt

Teufelsmauer

Die Teufelsmauer ist eine drachenkammartig herausgewitterte Sandsteinschichtrippe, die zwischen Blankenburg und Ballenstedt mit Unterbrechungen wie eine Mauer parallel zum Harznordrand aufragt. Dieser wild zerklüftete, von naturnahen Wäldern bedeckte, rückenartige Höhenzug gipfelt auf dem Heidelberg bei Blankenburg im Felsturm Großvater (331 m) und zählt zu den urtümlichsten Wandergebieten des Harzes.

unser Rückweg in den Nordhang ab. Geruhsam führt er in Eichen-Buchen-Wäldern zurück zum Hotel-Restaurant **Helsunger Krug** 01.

STOLBERG – JOSEPHSKREUZ

Hoch über der Fachwerkstadt Stolberg

10 km 3:00 h 280 hm 280 hm 453

START | Parkplatz am ehemaligen Bahnhof Stolberg (300 m), am südlichen Ortseingang. Anfahrt B 80 Nordhausen – Sangershausen, in Berga abzweigen
Bahnverbindung: Bahnlinie Berga-Kelbra – Rottleberode – Stolberg
[GPS: UTM Zone 32 x: 635.650 m y: 5.714.770 m]
CHARAKTER | Waldwanderung auf meist bequemen Wegen und Pfaden

Das größte Gipfelkreuz der Welt.

Von der Fachwerkstadt Stolberg führt diese Waldwanderung zum monumentalen Josephskreuz auf dem Auerberg, dem „Brocken des Unterharzes".

Der **Bahnhof Stolberg** 01 an der 2011 stillgelegten Strecke nach Berga-Kelbra liegt im Thyratal gegenüber vom Stadtpark: Nach Überqueren der Thyra und Durchqueren des Stadtparks leitet der Untere Bandweg im bewaldeten Hang talaufwärts. Wenn er aus dem Wald in die aussichtsreichen Wiesen tritt, ist links unten der Markt im Altstadtzentrum von Stolberg mit seiner sehenswerten geschlossenen historischen Fachwerkbebauung zu sehen, überragt vom Schloss. Von steilen Berghängen eingefasst, liegt die Altstadt am Schnittpunkt dreier Täler, des Tals der Thyra, der Wilde und der Lude.
Am Ende der Wiese erreicht der Weg das Café „Sander" in der Neustadt. Hier führt die Blaupunkt-Markierung rechts hinauf zur **Friedhofskapelle**, die Ludwig Richter als Vorlage für eines seiner schönsten Bilder diente, den „Brautzug im Frühling".
Auf einem bequemen Forstweg, der Alten Auerbergstraße, geht es im von der Kleinen Wilde durchflossenen Zechental aufwärts, beidseits des Wegs finden sich verfallene Bergbaustollen. Wo an einer **Wegspinne** 02 (Sieben Wege) mit Schutzhütte der Alte Postweg und der Strassberger Stadtweg abzweigen, verlassen wir die Alte Auerbergstraße und folgen dem Richtungsschild halb rechts hinauf zum **Josephskreuz** 03 auf dem Auerberg.
Gegenüber der Gaststätte geht es auf dem „Turmstieg" kurz und steil hinab bis zum ersten Forstweg, der mit dem Zeichen „grünes Dreieck" markierten Holzchaussee. Ihr folgen wir rechts zum **Thyrablick** und zur Kreuzung mit dem **Schwendaer Stadtweg** 04. Er führt rechts hinab, an der Kreuzung nach der Linkskurve geht es rechts hinab zur Schutzhütte am Mägdefleck und dort rechts hinaus in die aussichtsreichen Wiesen, in denen wieder der bekannte Untere Bandweg erreicht ist: Er führt links zurück zum Stadtpark beim Bahnhof **Stolberg** 01.

Josephskreuz

Das 38 m hohe Josephskreuz auf der Josephshöhe auf dem Auerberg ist auf 200 Stufen zu ersteigen. Von der oberen Aussichtsplattform schweift der Blick an klaren Tagen über den Kyffhäuser hinweg bis zum Thüringer Wald sowie bis zu den Domtürmen von Magdeburg.

Die Initiative zur Errichtung eines Monumentalkreuzes auf dem Auerberg ging von Graf Joseph zu Stolberg-Stolberg (daher „Josephshöhe" und „Josephskreuz") aus, der den klassizistischen Stararchitekten Friedrich Schinkel mit dem Entwurf betraute. An Mittsommer 1834 wurde dieser aus Eichenstämmen in Form eines Doppelkreuzes errichtete Aussichtsturm eingeweiht, 1880 brannte er nach Blitzschlag nieder. In Anlehnung an die Schinkelkonstruktion und unter dem Eindruck der Pariser Eiffelturmarchitektur wurde er in Eisen neu errichtet, 1896 wurde der 123 Tonnen schwere Koloss eröffnet.

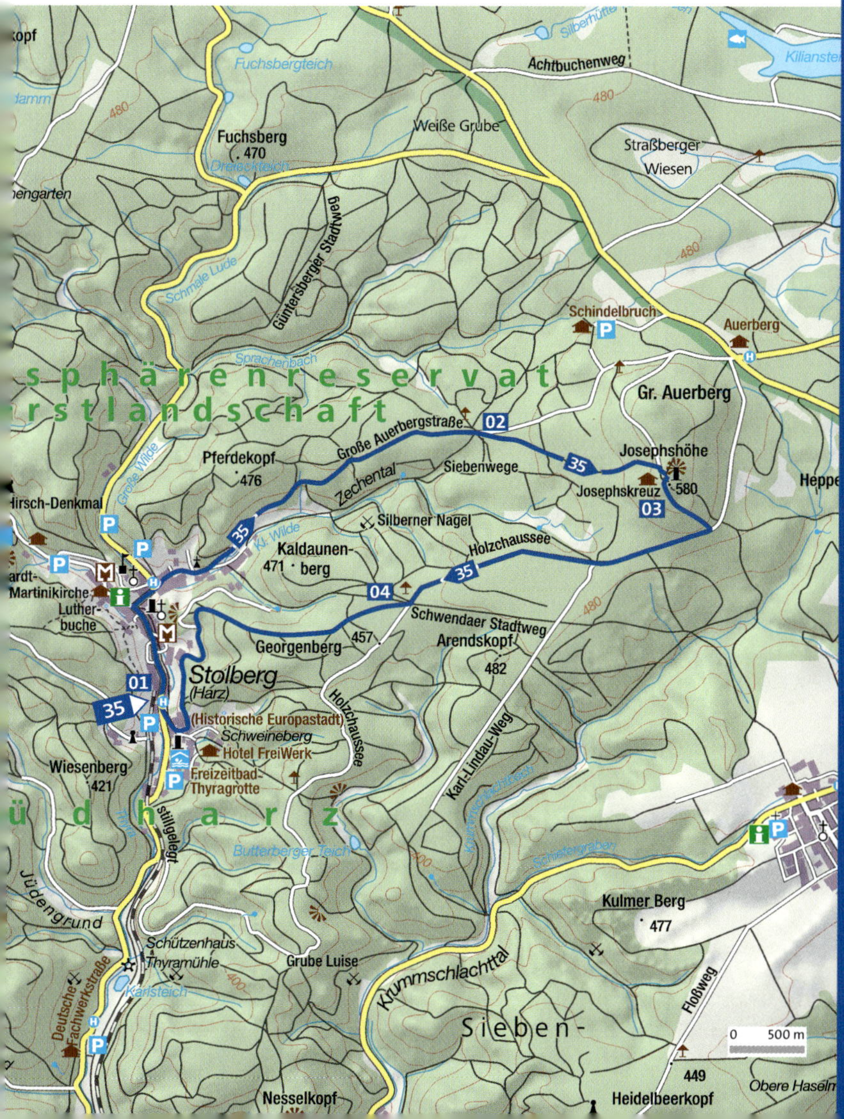

WALKENRIED – HIMMELREICH

Karstwanderung zum Himmelreich

8 km | 2:15 h | 61 hm | 61 hm | 452

START | Walkenried Kloster (250 m) im Ortszentrum von Walkenried, Parkplatzzufahrt über die Wiedighofer Straße. Anfahrt auf der B 243 Seesen – Osterode – Nordhausen und abzweigen nach Walkenried. | Bahn/Bus: Bahnhof Walkenried der Linie Northeim – Nordhausen; regionaler Busverkehr. Der Bahnhof befindet sich 10 Gehminuten entfernt von der ausgeschilderten Ruine
[GPS: UTM Zone 32 x: 612.130 m y: 5.715.960 m]
CHARAKTER | Leichte Wald- und Wiesenwanderung

Die Ruinen von Kloster Walkenried.

Von den gotischen Ruinen des Klosters Walkenried führt diese idyllische Südharzrundwanderung durch die Laubwälder des Himmelreich-Gipsmassivs. Steilwände, Erdfälle und Felsfluren, Buchen- und Eichenmischwälder, Schatthang- und Schluchtwälder und Erleneschenwälder, Birken- und Erlenbrüche mit nährstoffreichen Stillgewässern sowie Niedermoor- und Sumpfbereiche prägen diesen außergewöhnlich artenreichen und vielfältigen Berg, der einen Teil des Naturschutzgebiets „Itelklippen" bildet.

Von der Ruine des ehemaligen Zisterzienserklosters Sancta Maria in **Walkenried** 01 führt der Klosterweg längs der Ruinen-Grünanlage ostwärts zur Wieda und erreicht beim Naturdenkmal **Kupferschieferaufschluss** eine Brücke. Auf der linken Seite der Wieda führt der Karstwanderweg am Ufer weiter flussabwärts, verlässt bald aussichtsreich den Wald und kurvt vor der Bahnlinie links. Geradeaus erhebt sich das von Laubwäldern bedeckte Himmelreich-Gipsmassiv, der Weiße Weg taucht in das **Naturschutzgebiet Itelteich** ein.

Im Mittelalter führten die Walkenrieder Mönche hier ein Stauprojekt durch, das aus einem Großerdfall (Polje) mit Karstquelle und Bachschwinde ein Fischgewässer entstehen ließ; heute ist dies ein technisches Denkmal und als Teil eines Naturschutzgebiets ein Eldorado für Wasservögel und zahlreiche weitere

Tierarten. Mächtige alte Buchen säumen den Weg hinauf auf die Anhöhe über dem Bahngleis, das im 300 m langen **Walkenrieder Tunnel** verschwindet. Unter Ihnen befindet sich die **Himmelreichhöhle** (unzugänglich).

In sachtem Anstieg führt der Wanderweg im Wald aufwärts zu einer Schutzhütte und schwingt hier in die Ostrichtung, oben auf der Höhe sind zwischen alten Buchen unten der Itelteich zu sehen sowie die Eisenbahnlinie, die in einem Höhlentunnel den Berg durchquert. Gleich darauf erreicht der Weg den geländergesicherten **Hexentanzplatz**, wo sich im **Himmelreich** 02 zwischen Akeleibeständen ein ausgezeichneter Blick über Ellrich hinweg auf die bewaldeten Berge des Südharzes bietet; auch das monumentale Kreuz auf dem Stolberg ist in Sicht. Vom Hexentanzplatz senkt sich der Karstwanderweg im Laubwald durch die passagenweise wandartig steile Gipsflanke der **Itelklippen**, führt zwischen alten Bäumen über dem Südufer des Itelteichs westwärts und mündet am Ende des Naturschutzgebiets auf einen Asphaltweg. Dieser führt links am Gipssteinbruch vorbei, dort geht es rechts auf einem wegen des Gipsuntergrundes weißen Weg über die Wieda, die durch einen Laubwaldstreifen mäandert, längs der Wiedigshofer Straße kurz links und dann rechts in den Wald hinauf. Im Hang des Rösebergs schlängelt sich der Karstwanderweg nordwärts, und wenn er mit dem Hang westwärts kurvt, begleitet ihn bald ein Bach, hinter dem schilfgesäumte Fischteiche zu sehen sind. Am Kalkteich lädt eine Sitzbank zur Rast ein.

Wenig später wendet sich der Karstwanderweg rechts, überquert die Gleise und führt zurück zur Klosterruine in **Walkenried** 01 .

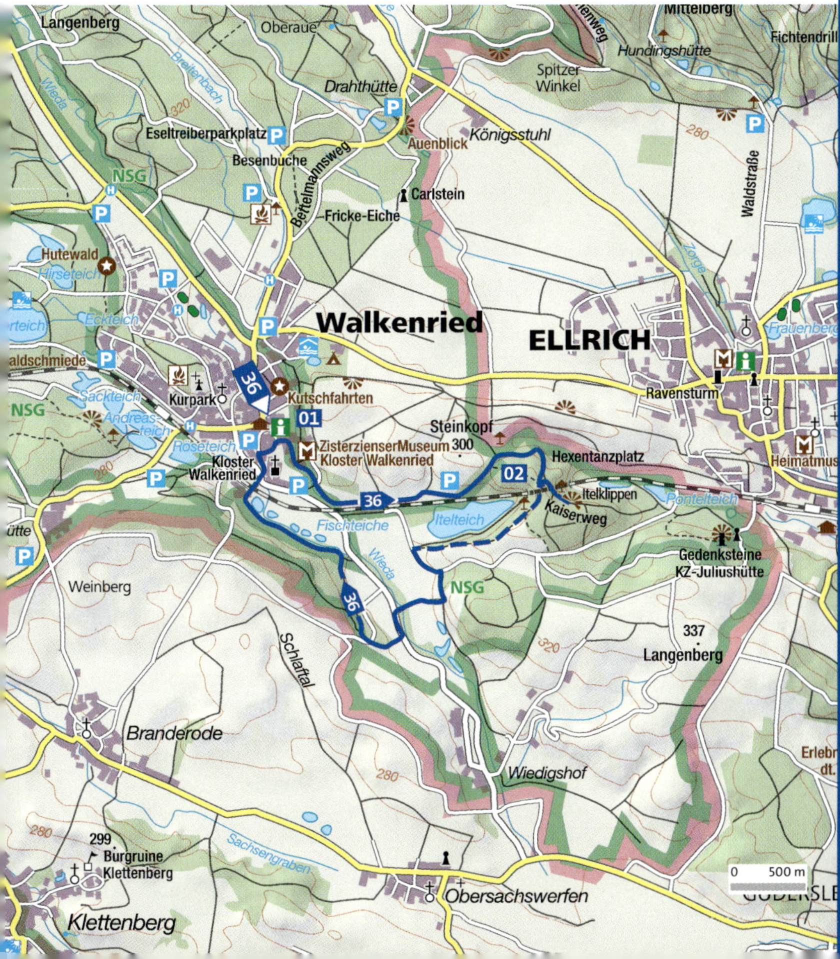

BUNTENBOCKER TEICHE – INNERSTESPRUNG

Zur Quelle der Innerste

12 km | 3:00 h | 250 hm ↗ | 250 hm ↘ | 451

START | Parkplatz an der Kurverwaltung in Buntenbock (544 m). Anfahrt B 241 Goslar – Osterode, südlich von Clausthal-Zellerfeld abzweigen. Bus: Haltestelle Buntenbock Kurverwaltung der Linie Clausthal-Zellerfeld – Osterode – Northeim
[GPS: UTM Zone 32 x: 591.700 m y: 5.737.150 m]
CHARAKTER | Leichte, ruhig-idyllische Teiche- und Waldwanderung

Farnwildnis am Innerstesprung.

Vom ruhigen Luftkurort Buntenbock führt diese wunderbaren Teich- und Waldwanderung bis zur Quelle der Innerste.

▶ Vom Parkplatz an der Kurverwaltung (darin das Klöppelmuseum) in **Buntenbock** 01 folgen wir der Fuhrherrenstraße – der Name erinnert daran, dass der Ort früher ein Fuhrherrendorf war – abwärts und biegen links in den Kurpark ab. Am Ende gehen wir auf der Straße kurz aufwärts und zweigen rechts in den Pixhaier Weg ab, wobei nun die Mark. „Grünpunkt" die Route weist. Am Sumpfteich am Ortsrand beginnt eine aussichtsreiche Uferpromenade, über Anlage und Zweck der Teiche informieren Lehrtafeln des WasserWanderWegs. Vom Teich, in dem auch geangelt wird, führt der idyllische Wanderweg, an dem mehrere Bänke zur Rast laden, weiter durch Wiesen, links begleitet vom Flambacher Mühlengraben, zur **Pixhaier Mühle** 02. Oberhalb dieses Ausflugsrestaurants geht es weiter im Wald, wobei wir links unten die Wasserfläche des 1674 als Mühlenteich angelegten **Pixhaier Teichs** zwischen den Bäumen schimmern sehen.

Vor einem Campinggelände wendet sich der Weg rechts und führt an der Forststraße durch das urtümliche Feuchtwaldgebiet **Lange Brüche**.

Schließlich mündet der Weg auf den Harzer Hexenstieg und folgt diesem, bis er zum Oberen **Nassewieser Teich** abzweigt. Eine Sitzbank lädt an diesem waldumrahmten Teich zur Rast. Wir überqueren den Damm und erreichen dahinter im Wald eine Verzweigung, an der wir links auf den Pfad, später Weg, Richtung Innerstesprung wechseln. Vom Weg zweigt bald ein Pfad rechts hinauf ab zum Entensumpf und wendet sich rechts zum **Innerstesprung** 03. Wir folgen dem Pfad zurück zum Nordende des Teichs und wechseln hier an der Infotafel rechts auf die aufwärts führende Forststraße.

Nach Überschreiten eines Rückens wendet der Weg sich rechts und führt hoch über dem Huttal teils aussichtsreich durch die lichten Hangwälder des Kehrzugs. An einem aufgelassenen Steinbruch wandern wir in sachtem Abstieg durch die Wälder. Nach Überqueren des Bachs am Ende gehen wir rechts hinauf auf einem Forstweg durch das Hangetal, passieren oben den Brautbrunnen (Sitzbank) und erreichen die Wegspinne **Braunseck** 04 mit Schutzhütte.

Neben ihr führt ein Forstweg Richtung Buntenbock weiter, zunächst in sachtem Anstieg, ehe das Gelände einflacht. Dann senkt sich der breite Weg hinab nach **Buntenbock** 01, zuletzt schön in den Wiesen am Ziegenberg.

SEERUNDWEG AM COSPUDENER SEE

Ein Hauch von Mittelmeer und Skandinavien

11 km | 2:30 h | 20 hm | 20 hm | 818

START | Markkleeberg, Parkplatz Kees'scher Park
CHARAKTER | Durchgängig asphaltierter Rundweg, welcher sich auch für Radfahrer und Inlineskater eignet

Entspannen am Cospudener See

Vor nicht allzu langer Zeit (nämlich von 1981–1992) wurde hier noch Braunkohle gewonnen. Heute ziert ein 400 ha großer See das ehemalige Tagebaugebiet, welches sich im Zuge der Rekultivierung und Renaturierung (Flutung des Sees von 1993–2000) zu einem der beliebtesten Naherholung- und Tourismusgebiete der Umgebung Leipzigs entwickelte. Der Cospudener See gilt als Modellprojekt für die Gestaltung der Bergbaufolgelandschaft und zieht mittlerweile pro Jahr an die 600.000 Besucher an.

Der am südlichen Auenwald Leipzigs gelegene Cospudener See kann bequem umrundet werden, wobei der Weg durchwegs entlang des Ufers verläuft. Vom **Startpunkt** 01 aus lohnt sich bereits ein erster Abstecher in den Kees'schen Park von Markkleeberg – eine im Stil der englischen Gartenbaukunst des 18. Jahrhunderts errichtete Anlage. Sehenswert sind auch das restaurierte Adlertor sowie der wiederhergestellte Kopfbau der Orangerie.
Der Weg führt nun zum beliebten, dünenhaften Nordstrand – mit zwei Kilometern Sachsens größter Sandstrand, von wo aus man auch einen wunderbaren Blick über den See bis ans Südufer hat.
Über das ruhigere Westufer gelangt man nahe dem AbenteuerReich BELANTIS, einem Freizeitpark mit Gauklern, Rittern, Indianern und Pharaonen zum **Aussichtsturm Bistumshöhe** 02.
Der Ausblick vom 35 m hohen Turm über den Cospudener See lohnt sich! Von seiner Optik her (der Turm wurde in der Schlotbauweise errichtet) er-

innert er an die einst landschaftsprägenden Landmarken im Süden Leipzigs. Nebenan findet sich noch ein Bisongehege.
Über das Südostufer gelangen Sie an den skandinavisch anmutenden Hafen Zöbigker, auch Pier 1 genannt. Hier findet sich das wassertouristische Zentrum des Sees. Die im nordischen Stil gestalteten Holzhäuser (welche im Rahmen der Expo hier sowie am Nordstrand errichtet wurden) sowie die im Hafen liegenden Segelyachten verleihen dem Pier 1 ein besonderes Flair.
Der Cospudener See eignet sich übrigens auch bestens zum Baden.

Hafen Cospudener See

GESCHICHTS- UND WEINLEHRPFAD DIESBAR-SEUSSLITZ

Für Wanderer und Weingenießer

7 km | 2:00 h | 70 hm | 70 hm | 809

START | Barockschloss Seußlitz in Diesbar-Seußlitz. Gegenüber des Barockschlosses Seußlitz kann man am Parkplatz an der Elbe das Auto stehen lassen. Wer von Meißen mit den öffentlichen Verkehrsmitteln anreisen möchte, kann dies über die Buslinie 415 machen oder mit der Personenfähre auf der Elbe (Fährzeiten siehe unter www.vg-meissen.de/verkehrsmittel/elbfaehren). [GPS: UTM Zone 33 x: 389.522 m y: 5.677.817 m]

CHARAKTER | Wald- und Feldwege, unebenes Gelände; Markierung RG 4/2.

Vor allem Weißweine werden rund um Diesbar-Seußlitz angebaut.

Diesbar-Seußlitz, seines Zeichens der wärmste Ort Ostdeutschlands, ist der nördlichste Anbauort des sächsischen Weinbaugebietes. Seit 1272 ist hier der Weinbau urkundlich nachweisbar. Heute werden hauptsächlich bekannte Weine wie Müller-Thurgau, Weißburgunder, Traminer, Riesling und Ruländer und als Besonderheit des Elbtals auch der Goldriesling angebaut. Die für Weinreben gut geeigneten leichten Böden und das milde Klima ermöglichen hier einen einträglichen Weinbau – dass mehrere Weingaststätten in dem kleinen Ort zum Verkosten hiesiger Weine einladen, versteht sich da von selbst. Schloss Seußlitz wurde 1205 erstmals urkundlich erwähnt, der es umgebende Schlossgarten ist in französischem und englischem Gartenbaustil angelegt und beherbergt Skulpturen, die die Jahreszeiten bzw. die Monate versinnbildlichen. Gleich hinter dem Seußlitzer Schlosspark beginnt das etwa 110 ha große Naturschutzgebiet Seußlitzer Grund, das von sanften Höhenzügen, Wiesen, Teichen und alten Bäumen geprägt ist.

▶ Am Schlosspark des Barockschlosses **Seußlitz** 01 hält man sich rechts entlang des Aufstiegs und wandert vorbei an den Steinstufen zur **Heinrichsburg** 02, einem schlichten barocken Gartenhaus, das um 1725 nach Entwürfen von George Bähr entstand. Man kommt kurz durch Wald und tritt schließlich durch ein Tor nach rechts zum Weinfeld.

Hier wandert man weiter, vorbei an der Goldkuppe (größte bronzezeitliche Wallanlage Sachsens) und dem Vorwerk **Radewitz** 03, bis der Feldweg die Fahrstraße Laubach–Löbsal erreicht. Dort wendet man sich nach rechts, geht weiter bis zum **Jägerheim Löbsal** 04 und folgt dem Wegweiser in Richtung „Schöne Aussicht". Der Abstieg führt zur „An der Weinstraße" und zum Steinbruch „Böser Bruder", einem 65 m hohen Steilabfall mit herrlicher Aussicht. Über den Bahrmann'schen Weinberg – hier wuchs im Jahr 1908 die erste Pfropfrebe Sachsens – geht es schließlich zurück zum Schloss **Seußlitz** 01.

Bei einer Gondelfahrt auf dem Teich kann man den Tag angenehm ausklingen lassen, kleine Besucher erfreuen sich gerne am Kinderspielplatz am Schlosspark.

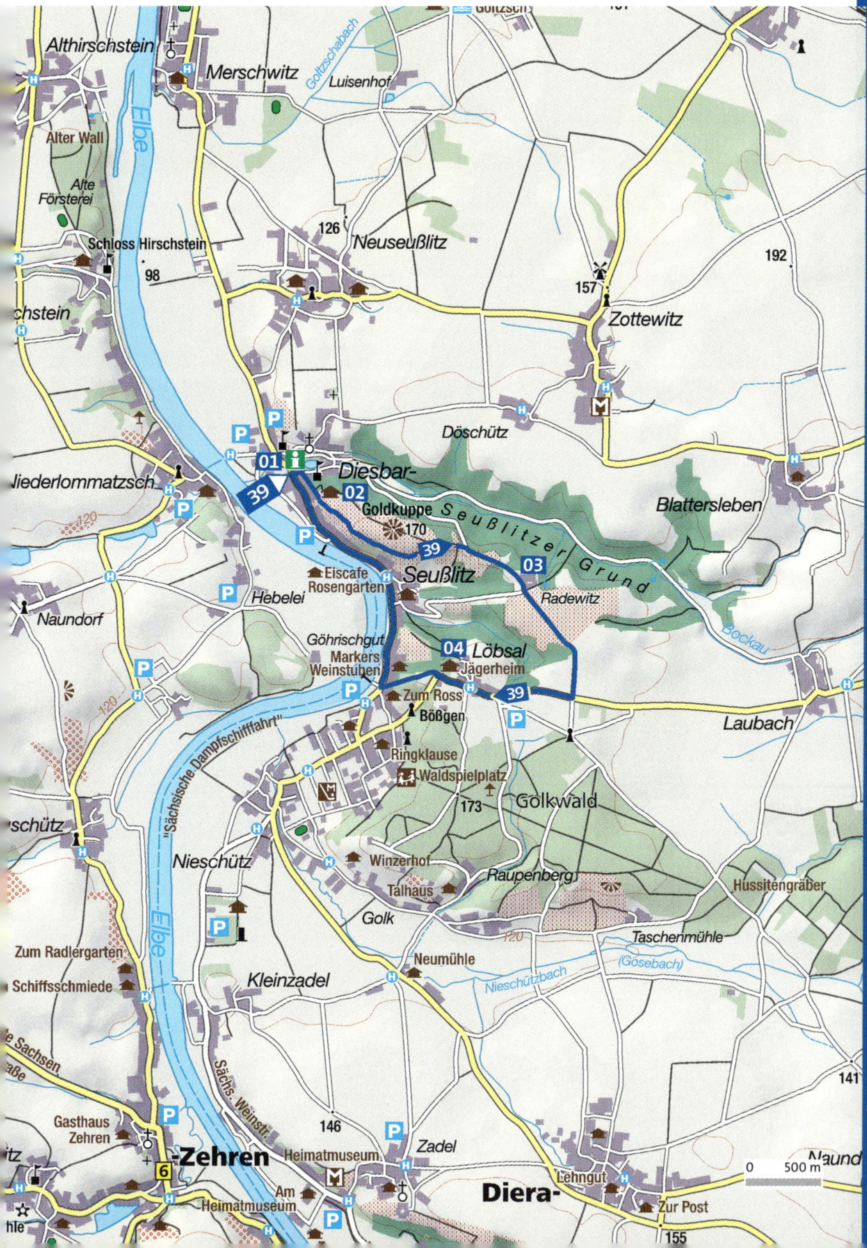

WANDERVORSCHLÄGE DIPPOLDISWALDE

Alles rund um die alte Silberstadt

10,5 km | 2:30 h | 0 hm | 0 hm | 809

START | Obertorplatz in Dippoldiswalde.
CHARAKTER | Leichte Wanderung mit vielen Einkehr- und Bademöglichkeiten.

Die Weißeritztalbahn führt auch durch Dippoldiswalde.

Stadtrundgang Dippoldiswalde

Auch einen kleinen Stadtrundgang beginnt man am besten am Obertorplatz. Hier war bis zum Abbruch des Obertors 1845 der Zugang für Gespanne. Die Herrengasse führt in den unter Denkmalschutz stehenden Altstadtkern (historischer Marktplatz) mit dem spätgotischen Rathaus, das ein schöner Renaissancegiebel ziert. Durch den Schulzeschen Torbogen zwischen Rathaus und Apotheke, vorbei am Standbild des Dippold, gelangt man zum Schloss und zur Stadtkirche St. Marien und Laurentius mit ihrer wechselvollen Geschichte: Die ursprünglich romanische Basilika fiel 1429 einem Brand zum Opfer; der Nachfolgebau, eine gotische Hallenkirche, wurde ebenfalls eingeäschert (1632, 1634), der Neubau von 1638 erhielt 1685 seinen achteckigen Turmaufsatz. Gegenüber der Stadtkirche steht seit dem Jahr 1540 das Schloss, vermutlich auf den Resten einer Befestigungsanlage aus dem 12. Jh. Erst 1840 kam der Nordflügel hinzu. Reste der 1814 abgerissenen Stadtmauer sind hier noch erhalten. Der Bahnhof- und Freiberger Straße folgend führt der Weg direkt zum Lohgerber-, Stadt- und Kreismuseum mit originalgetreu restaurierter Lohgerberei (1750–1925 in Betrieb), in ihrer Art einzigartig in Europa. Auf dem dahinterliegenden Friedhof befindet sich die Nikolaikirche, eine turmlose romanische Basilika (Mitte 13. Jh.), das älteste Gebäude der Stadt. Die Weißeritztalbahn, eine Schmalspurbahn (Strecke: Freital/Hainsberg – durch das Tal der Roten Weißeritz – Kurort Kipsdorf) führt durch Dippoldiswalde. Nach der schweren Zerstörung durch das Hochwasser 2002 verkehrte sie lange Zeit nicht vollständig, seit Juni 2017 ist sie jedoch wieder ohne Einschränkungen in Betrieb.

▶ Vom **Obertorplatz** 01 wandern wir über die Herrengasse zum Marktplatz in Dippoldiswalde und verlassen diesen über die Große Mühlstraße und Talsperrenstraße bis zur Brücke an der Vorsperre. Von dort wandern wir zur Brücke über den Tännigtgrund. Bald sind **Campingplatz** 02 und Erlebnisbad in Paulsdorf erreicht. Wir kommen an den Gasthäusern Paulsdorfer Hof, Landhotel Paulsdorf, Strandperle und Jagdhotel vorbei. Von hier leitet uns fortan ein „grüner Querbalken" als Wegmarkierung bis zur Staumauer und dem **Kleinbahnhaltepunkt Malter** 03. Nach dem Campingplatz Malter geht es ohne Markierung weiter. Hinter der Straßenbrücke biegen wir rechts in einen Fußweg, der parallel zur Kleinbahntrasse verläuft und am Ende des Stausees in die Talsperrenstraße in Dippoldiswalde mündet. Bis zum **Obertorplatz** 01 ist es dann nicht mehr weit.

RATHEN – BASTEI – AMSELGRUND

Klassiker über den schönsten Panoramafelsen der Sächsischen Schweiz

7 km | 2:30 h | 200 hm | 200 hm | 810

START | S-Bahnhof Kurort Rathen (120 m) an der Straße „Oberrathen" im linkselbischen Ortsteil Oberrathen. Großparkplatz am Elbweg nahe des Fähranlegers [GPS: UTM Zone 33 x: 435.320 m y: 5.645.360 m]
CHARAKTER | Abwechslungsreiche Panorama- und Felswanderung, teils auf Steiganlagen

Schwedenlöcher im Elbsandsteingebirge.

Die Elbe teilt den Luftkurort Rathen in das autofreie Niederrathen auf der Nationalparkseite und den linkselbischen Ortsteil **Oberrathen** 01 mit dem **S-Bahnhof** und den Parkplätzen. Die Verbindung für Gäste zu Fuß und mit dem Rad besorgt eine historische **Gierseilfähre**, die mit großartigem Bastei-Aufblick von 4:30 Uhr morgens bis ca. Mitternacht über den Strom pendelt. Das unter Denkmalschutz stehende Transportmittel wird durch ein stromaufwärts in der Mitte des Flusses verankertes Stahlseil auf konstanter Höhe gehalten, der Antrieb erfolgt durch die Strömung, die Fahrtrichtung ergibt sich aus der Stellung des Steuerruders: Wird die Ruderstellung geändert, drückt das Wasser verstärkt auf eine Seite der Fähre und setzt sie in Bewegung. Nur bei Längsverkehr können sich längere Wartezeiten ergeben: Die Fähre muss warten, bis ein vorbeifahrendes Schiff passiert hat. Für die Wartezeit entschädigt ein wundervoller Aufblick in das Basteigebiet, markanteste Punkte sind Burg Altrathen, der Tiedgestein, der Mönchfelsen mit der Wetterfahne, die Steinschleuder und die Basteikanzel sowie elbaufwärts der Lilienstein.

▶ Nach der Überfahrt mit der Gierseilfähre geht es im autofreien Kurort **Niederrathen** kurz geradeaus auf der von Einkehrmöglichkeiten gesäumten Straße Am Grünbach längs des gleichnamigen Bachs.

Am Gasthof „Sonniges Eck" (www.sonnigeseck.de) führt der Wanderweg Richtung „Bastei" links hinauf (Amselgrund) und gleich darauf wiederum links, zunächst aussichtsreich mit Blick auf den monumentalen Talwächter-Felsen, dann in schönem Laubwald. Schon bald ist der erste fantastische Aussichtspunkt erreicht, der nach dem Romantikdichter Christoph Tiedge benannte **Tiedgestein** (Rosenbettfels). Über die Elbe hinweg schweift der Blick auf die höchsten Berge und markantesten Steine (von links: Lilien-, Pfaffen-

und Königstein) des Elbsandsteingebirges, am markantesten ist ganz links der Basaltkegel des Rosenbergs. Dieses Panorama zeigt sich im weiteren Verlauf der Wanderung bis hinauf zur Bastei aus immer höherer Perspektive.
Beim Tiedgestein passiert der Wanderweg den ehemaligen Pferdestall des einstigen unteren Zugangs der Felsenburg Neurathen und strebt zwischen mächtigen Felsen aufwärts. Von der bald erreichten **Kanapee**-Aussicht sind über das Tiedgepanorama hinaus die Bastei sowie der von einer als Wetterfahne fungierenden Mönchsfigur bekrönte **Mönchfelsturm** in Sicht. Wenig oberhalb der Kanapee-Aussicht erreicht der Wanderweg den Eingang des Freilichtmuseums **Felsenburg Neurathen**.
Vom **Neurathener Felsentor**, das auf zahlreichen Gemälden und Radierungen der Romantik dargestellt ist (C. D. Friedrich, Ludwig Richter), führt die 76,5 m lange **Basteibrücke** über die Felsschlucht der **Martertelle** zur Basteihochfläche. Am basteiseitigen Ende der Basteibrücke lohnt rechts der kurze Abstecher zum auf Leitern erreichbaren **Ferdinandstein**, auf dem der österreichische Kaiser gleichen Namens den prachtvollen Blick auf die Felsenburg mit der Großen Steinschleuder, zum Großen Wehlturm, zur Kleinen Gans und hinab in den Wehlgrund genoss.
Nach dem Abstecher zum Ferdinandstein geht es hinauf zur Felskanzel der **Bastei** 02 (305 m), einem der schönsten Aussichtspunkte des Elbsandsteingebirges.
Von der Bastei geht es an den Gastronomieeinrichtungen vorbei und dann rechts auf dem **Gansweg** Richtung Amselsee. Während der Promenade auf dem Gansweg lohnen die Abstecher zum **Wehlgrundblick** (Pavillonaussicht) auf der **Kleinen Gans** und zur **Höllenhundaussicht** (Tiefblick in den Raaber Kessel zwischen Kleiner und Großer Gans) auf der **Großen Gans**, dann beginnt der Abstieg durch die **Schwedenlöcher**-Schlucht in den **Amselgrund**.
Im wildromantischen Amselgrund geht es wenige Minuten talaufwärts zum Gasthaus Amselfallbaude am **Amselfall** 03.
Vom Amselfall führt der Weg durch den Amselgrund am **Amselsee** und am Zugang zur Felsenbühne im Wehlgrund vorbei zurück nach **Niederrathen** und zum Anleger der Gierseilfähre, die zurück nach **Oberrathen** 01 fährt.

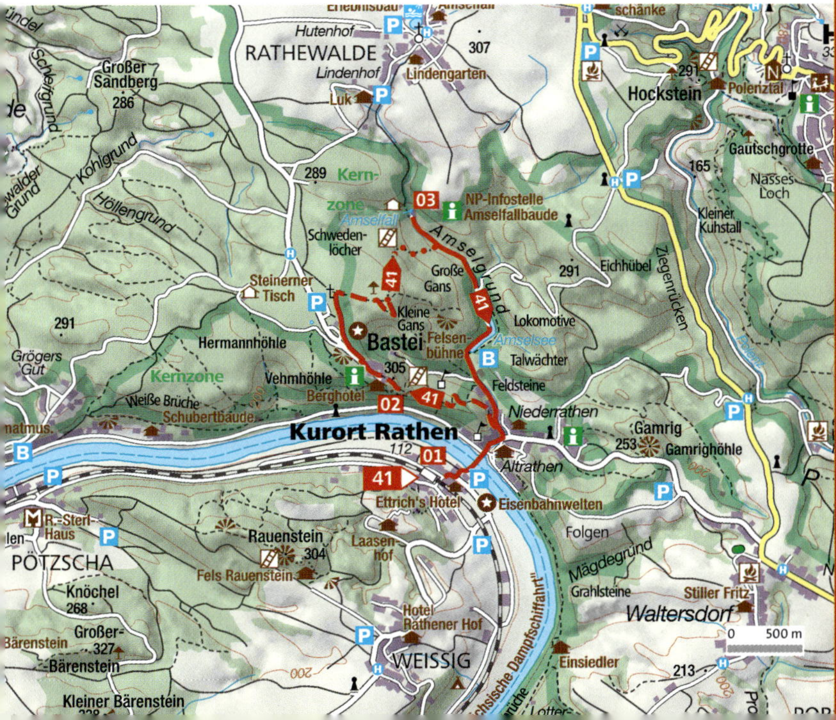

FRINZTHALMÜHLE – POLENZTAL – BRAND

Canyon-Wanderung zur Brandaussicht

13 km | 4:15 h | 190 hm | 190 hm | 810

START | „Frinzthalmühle (148 m), Wanderparkplatz im unteren Polenztal an der Straße Porschdorf–Hohnstein; der Haltepunkt Porschdorf der Sebnitztalbahn Bad Schandau–Sebnitz („Sächsischer Semmering") ist nur 10 Gehminuten entfernt". [GPS: UTM Zone 33 x: 439.340 m y: 5.644.100 m]
CHARAKTER | Hervorragende Tal-, Steilhang- u. Höhenwanderung, teils auf bequemen Wegen, teils auf Steigen (viele Stufen)

Blick von der Aussichtskanzel beim Gasthaus auf dem Rauenstein.

Der Wanderparkplatz **Frinzthalmühle** 01 liegt oberhalb der Mündung des den Tiefen Grund durchfließenden Watzdorfer Bachs in die Polenz. Am Parkplatz erfolgt der Einstieg in den Polenztalweg, den Wanderweg rechts des über Blockwerk dahinschäumenden Flusses in den Wäldern unterhalb des Frinzbergs. Schon zur Zeit der Krokusblüte lohnt die Wanderung durch das zu jeder Jahreszeit idyllische Wald- und Wiesental der Polenz, das bald rechts überragt wird von den mehr als 100 m hohen **Brandwänden**. Schließlich erreicht der Rotstrich-Weg beim Kletterfelsen Polenztalwächter an der Ausflugsgaststätte **Waltersdorfer Mühle** die Grenze des Nationalparks Sächsische Schweiz. Hier beginnt der schönste Abschnitt des Polenztals. Am rechten Ufer der Polenz führt der Weg weiter sacht aufwärts im nun enger werdenden und dennoch weiten Felsental und erreicht schließlich die Gaststätte **Polenztal** 02.
Nach Überqueren der Polenz an der Gaststätte folgt der Malerweg dem Lehrpfad längs des **Schindergrabens** aufwärts. Lehrtafeln erläutern, dass der Schindergraben seinen Namen dem Hohnsteiner Abdecker („Schinder") verdankt, der hier im 16. Jh. totes und todkrankes Vieh entsorgte, um der Entstehung von Seuchen und Krankheiten vorzubeugen. Heute bietet der Schindergraben gute Wuchsbedingungen für einen Schluchtwald mit zahlreichen Eschen sowie seltenen Farnarten wie Straußenfarn, Grüner Streifenfarn und Natternzunge, ebenso wie für viele Moose und Flechten.
An der Verzweigung nach Passieren des **Götzinger-Medaillonbildnisses** geht es links hinauf, am historischen **Bärengarten** zweigt rechts der Halbenweg ab, ein Forststeig, der auch als „Brandpromenade" bezeichnet wird. Der Halbenweg erreicht wenig später den aussichtsreichen Klettergipfel **Großer Halben**, wenig später lohnt am Kleinen Halben der ausgeschilderte 1-Min.-Abstecher durch das Kalte Loch zur **Gautschgrotte**, eine Höhlung unter einem 18 m hohen Felsüberhang im Steilhang des Polenztals; das Sickerwasser, das vom Überhang tropft, gefriert im Winter zu malerischen Eisvorhängen und -säulen mit einer Dicke von bis zu 4 m. Der nächste markante Felsen ist der **Drachenkopf** mit der rege bekletterten **Brandpyramide**, auch am **Steinbruchturm** wird geklettert, dann ist die **Diebskeller**-Höhle erreicht, und wenig später wechselt der Malerweg rechts auf den Räumigtweg, an dem bei der Hochsitz-Wiese an der Südschleife mehrere Aussichtsfelskanzeln über dem Polenztal ausgeschildert sind. Schließlich mündet der Räumigt- in den Neueweg, der

Malerweg folgt ihm kurz links, zweigt den ersten Weg rechts hinauf ab zum Waldbornteich und mündet dann in die Brandstraße, ein Forstweg, der rechts Richtung Brand weiterführt. An schönen Wochenenden sind auf der Brandstraße Kinderscharen, Rollatoren und lustige Fahrgäste in Pferdekutschen unterwegs, zudem gibt es einen Bus. Schon bald erreicht die Brandstraße die grandiosen Felsszenerien des **Brand** 03 an der Berggaststätte **Brand-Baude**.

Vom Brand führt der Malerweg steil durch eine Felsschlucht, die mit über 800 Stufen, den **Brandstufen**, begehbar gemacht wurde, in den **Tiefen Grund**. Hier führt der Wanderweg parallel zur Straße, meist von ihr durch den Bach getrennt, zurück zum nahen Ausgangspunkt, dem **Wanderparkplatz Frinzthalmühle** 01.

Brand – Balkon der Sächsischen Schweiz

Der Brand gilt seit dem 19. Jh. als „Balkon der Sächsischen Schweiz" wegen seiner hervorragenden Aussicht über nahezu das gesamte Elbsandsteingebirge. Der nach einem Waldbrand benannte Aussichtspunkt erhebt sich am riedelartig vorspringendem Ende der Brandhochfläche zwischen dem Tiefen Grund und dem Polenztal, von der Aussichtsplattform stürzen die Felswände etwa 170 m in das Polenztal ab, nur die Brandscheibe, ein Kletterfelsen, erhebt sich isoliert aus den geschlossenen Brandwänden.

Brand-Aussicht: Die Aussicht umfasst nahezu die gesamte Sächsische Schweiz mit dem Lilienstein über der Waltersdorfer Ebenheit im Mittelpunkt. Im Osten zeigen sich der Große Winterberg, die Schrammstein-Kette, Kaiserkrone und Zirkelstein, der Gohrisch und der Pfaffenstein mit der Barbarine-Felsnadel sowie links vom Lilienstein der Quirl; westlich des Liliensteins schließen sich der Königstein, die Bären- und die Rauensteine sowie der Gamrig und die Basteiwände an.

FESTUNG KÖNIGSTEIN

Bergfeste über dem Elbtal

4 km 1:30 h 240 hm 240 hm 810

START | S-Bahnhof Königstein (120 m), Bahnhofstraße 19
[GPS: UTM Zone 33 x: 435.000 m y: 5.641.240 m]
CHARAKTER | Pfade und Stufensteige, die festes Schuhwerk verlangen

Wehrhafte Festung: der Königstein.

Die Bergfeste Königstein auf einem lang gestreckten Felsplateau über der Elbe wurde im 16.–18. Jh. zur stärksten sächsischen Landesfestung ausgebaut, beherbergt ein militärhistorisches Freilichtmuseum mit zahlreichen Ausstellungen und bietet unvergessliche Ausblicke auf das Elbsandsteingebirge und bis ins östliche Erzgebirge.

▶ Vom **S-Bahnhof Königstein** 01 führt die Elbuferpromenade kurz flussabwärts zum Anleger der Personen- und Fahrradfähre. Dort geht es durch die vielbogige Sandstein-Eisenbahnbrücke und am Kreisverkehr kurz bielatalaufwärts auf der Bielatalstraße; Orientierungsmarke ist rechts oben im Hang die klassizistische lutherische **Stadtkirche** mit ihren hohen, schmalen Korbbogenfenstern. Nach Überqueren der Biela auf der ersten Brücke führen die Blaustrich-Markierung des Europäischen Fernwanderwegs 3 und die namentliche Ausschilderung „Festung" aufwärts zur Kirche, die Häuserzeilen rings um die Kirche stammen aus dem ersten Viertel des 19. Jhs Oberhalb der Kirche gewinnt der Fernwanderweg an Steilheit und taucht in die Hangwälder ein, wo es bald auf einer Stufenanlage weiter aufwärts geht. Wenn der Weg oben den Wald verlässt, lädt eine Sitzbank zum Verweilen ein mit eindrucksvollem Blick auf Königstein und den jenseits des Elbtals aufragenden Lilienstein.

Der Weg führt weiter aufwärts, bei klarer Sicht lohnt der ausgeschilderte Abstecher zur **Königsnase** genannten Ostecke des Festungsplateaus, wo sich ein herrlicher Ausblick über die Stadt Königstein hinweg bietet. An der Königsnase befanden sich früher ein Wachturm und ein Lastenaufzug für Warenanlieferungen aus der Stadt sowie zeitweilig eine Windmühle. Nördlich der Königsnase erstreckt sich das **Blitzeichenplateau**; ein Blitzschlag tötete hier 1925 drei Personen und verletzte 28 weitere. Am Fuß der Felsen befindet sich der 1805 angelegte **Patrouillenweg**; im Bereich der Königsnase kletterte der Schornsteinfegergeselle Sebastian Abratzky im Revolutionsjahr 1848 unbefugt durch den **Abratzkykamin** in die Festung, um sich das damals recht teure Eintrittsgeld zu sparen. Der Patrouillenweg ist auch ein attraktiver Wanderweg.

Der Blaustrich und die M-Markierung des Malerwegs führen zum Hauptzugang der **Festung Königstein** 02. Nach dem Rundgang durch die imposante Festungsanlage führt der Malerweg durch den waldbestandenen Hang nordwestlich der Festung, bald auf einer langen Stufenanlage. An der Wegeverzweigung am Ende der Stufenanlage führt die Rotpunkt-Markierung im elbseitigen Hang zurück nach **Königstein** 01.

Festung Königstein

Für den Festungs-Rundgang sind mindestens zwei Stunden zu veranschlagen, wer sich einer Führung anschließt, erhält Zugang zu den 400 Jahre alten Tiefkellern und unterirdischen Kasematten.

Erstmals erwähnt wird der Königstein, als der böhmische König Václav II. im Jahr 1241 „in lapide regis“ (auf des Königs Stein) die Oberlausitzer Grenzurkunde siegelte, 1406/08 gelangte der Burg-Stein in den Besitz der Wettiner, von 1516 bis zur Reformation war er Sitz des Klosters „zum Lobe der Wunder Mariä“, und 1563 begann mit der Abteufung des 152,5 m tiefen Burgbrunnens die Anlage der Festung.

1591 wurde der erste Staatsgefangene, Kanzler Nikolaus Krell, auf den Königstein gebracht, der bis 1922 das gefürchtetste sächsische Staatsgefängnis blieb. Weitere Gefangene waren u. a. der Porzellanerfinder Johann Friedrich Böttger (1706/07), der Anarchist Michail Bakunin (1849), der Dichter Frank Wedekind und der SPD-Vorsitzende August Bebel.

LICHTENHAINER WASSERFALL – FRIENSTEIN

Zur Felsenburg an den Speichenhörnern

8 km | 3:00 h | 330 hm | 340 hm | 810

START | Endhaltestelle Lichtenhainer Wasserfall (190 m) der Kirnitzschtalbahn; Anfahrt auf B 172 Dresden – Pirna – Königstein – Bad Schandau und abzweigen in das Kirnitzschtal
[GPS: UTM Zone 33 x: 446.750 m y: 5.642.190 m]
CHARAKTER | Bergwanderung auf Wegen, Steigen und Pfaden mit guten Aussichtspunkten

Romantische Pfade schlängeln sich zwischen den Felsen dahin.

Vom Lichtenhainer Wasserfall führt diese Fels- und Felsenburgenwanderung zum Neuen Wildenstein und weiter zum Frienstein, einem herausragenden Burg- und Kletterfelsen (mit 180-Grad-Sockel-Aussicht) an den Affensteinen.

Am **Lichtenhainer Wasserfall** 01 überqueren wir die Kirnitzsch und folgen dem Flößersteig/Fremdenweg kurz flussaufwärts, bis der mit „Rotpunkt" markierte Fremdenweg rechts hinauf in das Münzbachtal wechselt und am **Münzborn** vorbei zum Kuhstall 02 führt. Eine Stufenanlage führt weiter zum weitläugen Gipfelplateau des **Neuen Wildensteins** 03.
An der Kreuzung mit der Zeughausstraße bietet eine Schutzhütte Unterschlupf, wenig später passieren wir

den **Eichenborn**, eine gefasste Quelle, und erreichen eine Verzweigung. Rechts zweigt der Königsweg ab („Rotstrich“), der mit imposanten Aufblicken zu den Speichenhörnern durch den Hang führt und später einen Wechsel zum Frienstein ermöglicht. Diesen Weg nehmen wir nicht, sondern folgen der Rotpunkt-Markierung in steilen Serpentinen weiter aufwärts zur nächsten Verzweigung. Hier zweigt links der Untere Fremdenweg ab („Rotpunkt“), während wir rechts auf die Obere Affensteinpromenade wechseln („Grünstrich“). Längs dieses Weges (Pfad/Steig) finden sich, teilweise über kurze Abstecher erreichbar, einige hervorragende Aussichtspunkte. An der Verzweigung an der **Friensteinquelle** verlassen wir die Obere Affensteinpromenade und steigen rechts hinauf zum Sockel des **Friensteins** **04**.

Zurück an der Friensteinquelle folgen wir der Grünstrich-Markierung hinab zum Königsweg (zusätzlich „Rotstrich“), wandern auf ihm links und wechseln an der nächsten Verzweigung mit der Grünstrich-Markierung rechts auf den Hinteren Heideweg. Dieser führt hinab in den Dietrichsgrund, der beim **Beuthenfall** **05** in das Kirnitzschtal ausmündet. Dort befindet sich eine Haltestelle der Kirnitzschtalbahn. Hat man am **Lichtenhainer** Wasserfall **01** geparkt, folgt man der Kirnitzschtalstraße kurz aufwärts und wandert zum Ausgangspunkt zurück.

Neuer Wildenstein

Die Bearbeitungsspuren und Mauerreste der Felsenburg Neuer Wildenstein befinden sich auf dem gleichnamigen Sandsteinriff hoch über dem Kirnitzschtal. Die Felsenburg war 1409–1451 ein Sitz der böhmischen Berken von der Duba und fungierte ansonsten als Raubritternest.
Das weitläufige Gipfelplateau bietet eine großartige Aussicht auf die wild zerklüfteten Felsen der Hinteren Sächsischen Schweiz sowie nach Norden auf die sanften Granitkuppen jenseits des Kirnitzschtals, während sich ostnordöstlich die bewaldete Basaltkuppe des Hausbergs erhebt.

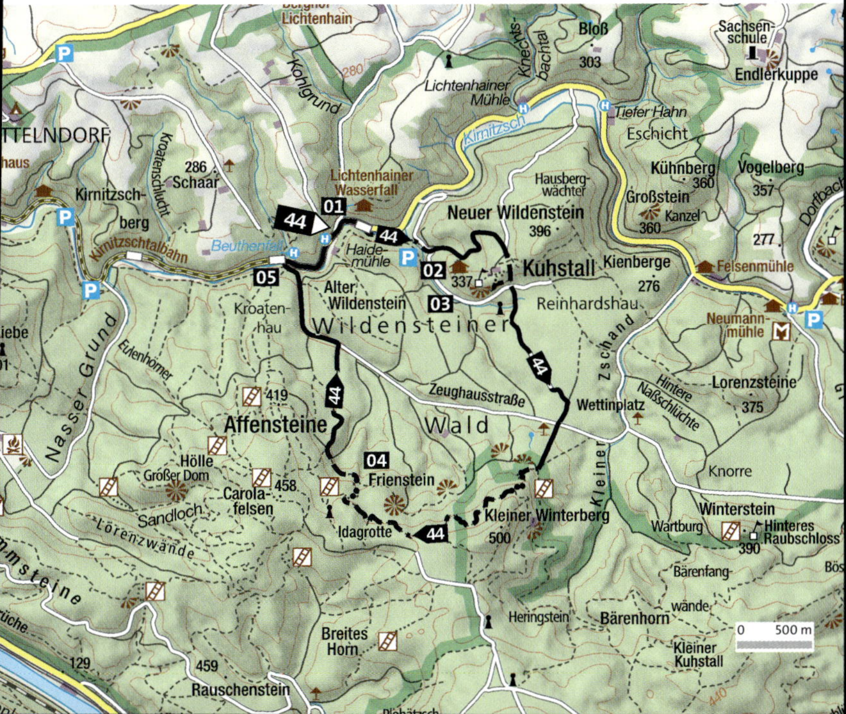

LICHTENHAINER WASSERFALL – WINTERBERG – SCHMILKA

Fremdenweg durch die Hintere Sächsische Schweiz

11 km | 3:15 h | 370 hm | 430 hm | 810

START | Lichtenhainer Wasserfall (190 m), Endstation der Kirnitzschtalbahn von Bad Schandau durch das Kirnitzschtal an der Kirnitzschtalstraße 11 im Ortsteil Lichtenhain der Gemeinde Kirnitzschtal.
[GPS: UTM Zone 33 x: 446.750 m y: 5.642.190 m]
CHARAKTER | Wald-, Wiesen- und Schluchtenwanderung auf Wegen, Pfaden und Steigen unterschiedlicher Beschaffenheit, teils mit Stufenanlagen.

Blick auf Schmilka.

Der Fremdenweg vom Kirnitzsch- ins Elbtal ist die hoch attraktive Alternative zur Durchquerung der Hinteren Sächsischen Schweiz. Vom Lichtenhainer Wasserfall im Kirnitzschtal führt die mit dem Rotpunkt markierte Route zur Kuhstall-Höhle und auf den Großen Winterberg, die höchste Erhebung der Sächsischen Schweiz rechts der Elbe, ehe er sich nach Schmilka im Elbtal hinabsenkt. Die Anfahrt zum Lichtenhainer Wasserfall erfolgt ab Bad Schandau mit der Kirnitzschtalbahn, die Rückfahrt ab Schmilka mit der S-Bahn.

Am **Lichtenhainer Wasserfall** **01** überquert der Rotpunkt-Wanderweg die Kirnitzsch und führt im Gleichlauf mit dem Malerweg und dem Flößersteig kurz flussaufwärts. Wenn sich der Flößersteig an der ersten Stufenanlage links verabschiedet, wechseln Rotpunkt-Wanderweg und Malerweg rechts hinauf in das Münzbachtal, überqueren den Bach auf einer Brücke und leiten an der gefassten Quelle **Münzborn** vorbei zum **Kuhstall** **02**. Diese torartige Durchgangshöhle im Neuen Wildenstein diente im Dreißigjährigen Krieg den umliegenden Bewohnern samt Vieh als Zufluchtsstätte; darauf wird der Name Kuhstall für das 11 m hohe, 17 m breite und 24 m tiefe Felsentor zurückgeführt. Vom Kuhstall, der zu den bekanntesten in Malerei und Fotografie dargestellten Motiven der Sächsischen Schweiz zählt, ist das weitläufige Gipfelplateau des **Neuen Wildensteins** auf der Himmelsleiter, einer Steiganlage mit 108 Stufen, zu erreichen. Hier befinden sich Reste der Burg Wildenstein, und es erwartet eine fantastische Aussicht. Stärkung bietet das Gasthaus **Zum Kuhstall** an.

Der Rotpunkt-Wanderweg verlässt das Kuhstall-Gebiet auf einer längeren Stufenanlage und führt im Wald hinauf Richtung Winterberg zum Rastplatz **Wettinplatz** an der Kreuzung mit der Zeughausstraße und hier geradeaus aufwärts bis zur Kernzonengrenze des Nationalparks. Wenig später beginnt eine lange Stufenanlage, in der sich am **Doppeltürmchen** der Ausstieg des Unteren Fremdenwegs befindet. Die Rotpunkt-Markierung folgt dem Unteren Fremdenweg an mehreren ausgeschilderten Aussichtspunkten vorbei über den **Kleinen Winterberg** und mündet zwischen Kleinem und Großem Winterberg in den **Reitsteig**. Hier vereinigt sich der Fremdenweg vorübergehend mit der Blaustrich-Markierung des Europäischen Fernwanderwegs 3, und in gemeinsamer Routenführung geht es hinauf auf den **Großen Winterberg** **03**.

Vom Großen Winterberg folgt die Rotpunkt-Markierung der Winterbergstraße abwärts zum **Kipphorn** (kurzer Abstecher), das noch einmal eine einmalige Aussicht gewährt. Nach einigen Serpentinen der Winterbergstraße zweigt der Rotpunkt-Weg links in den **Erlsgrund** ab und führt hinab in das Dorf **Schmilka** **04**. Dort geht es mit der Fähre über die Elbe zum S-Bahnhof Schmilka-Hirschmühle.

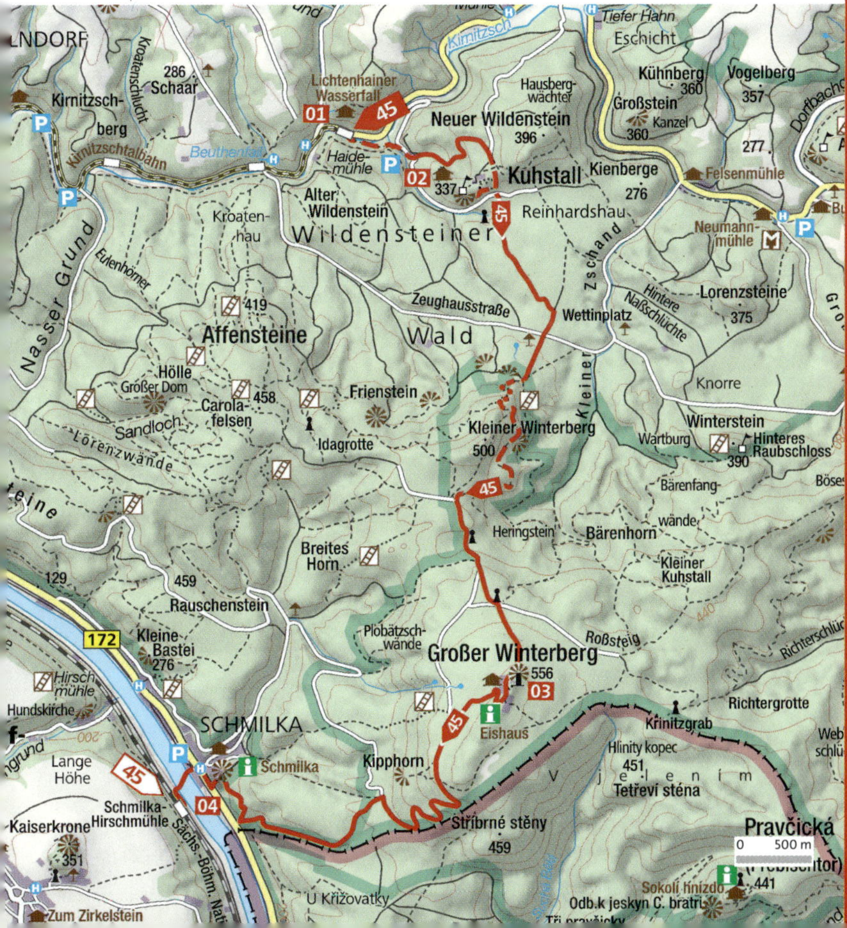

NEUMANNMÜHLE – ZEUGHAUS – THORWALDER WÄNDE

Durch die Felsen über dem Großen Zschand en Schweiz

11,5 km · 3:00 h · 140 hm · 140 hm · 810

START | Neumannmühle (220 m), Gasthof und Bushaltestelle an der Kirnitzschtalstraße 5 unterhalb von Ottendorf, Ortsteil der Stadt Sebnitz. Anfahrt auf der B 172 Dresden – Pirna – Königstein – Bad Schandau und abzweigen in das Kirnitzschtal. [GPS: UTM Zone 33 x: 449.730 m y: 5.641.570 m]
CHARAKTER | Schlucht- und Felswanderung auf Wegen, Steigen und Pfaden, unter denen der Reitsteig wegen seiner vielen steilen Auf- und Abstiege, teils getreppt, teils gestuft, als technisch anspruchsvoll gilt.

Unter hoch aufragenden Felsen schlängelt sich der Pfad dahin.

Durch den Großen Zschand, das längste Trockental der Sächsischen Schweiz, und auf dem Großen Reitsteig, einem der urtümlichsten und anspruchsvollsten Steige, geht es durch die romantisch bizarren Thorwalder Wände.

Vom Gasthof **Neumannmühle** 01 im Kirnitzschtal leitet die Gelbstrich-Markierung in den Canyon Großer Zschand hinein, rechts und links steigen Felswände und -türme auf. Das längste Trockental der Sächsischen Schweiz führt 6 km weit bis zur Roßmaulwiese in der Böhmischen Schweiz. Der Große Zschand hat keine durchgehende Wasserführung; zur Zeit der Schneeschmelze oder nach starken Regenfällen bilden sich einzelne Wasserläufe bzw. kleine versumpfte Flächen. Schon vor der touristischen Erschließung der Sächsischen Schweiz wurde der Große Zschand als Handelsverbindung zwischen Böhmen und Sachsen genutzt. Am Zeughaus befand sich eine Zollstation.

Die Gelbstrich-Markierung folgt dem fahrradfähigen Weg hinauf zur Einkehrmöglichkeit **Zeughaus** 02. Vom Zeughaus geht es noch ein Stück weit aufwärts im Großen Zschand, bis der Grünstrich-Wanderweg links auf den Großen Hochhübelweg abzweigt und in den Hang des Hochhübels führt. Schon bald verlässt die Grünstrich-Route den bequemen Weg und wechselt rechts auf den **Reitsteig**, einen der urigsten und beeindruckendsten Steige der Sächsischen Schweiz. Im Wechsel von Wald und Aussichtsstellen, bequemen und Steigpassagen mit steilen Auf- und Abstiegen schlängelt er sich in zahlreichen Windungen durch die Felsenwelt im Westen der **Thorwalder Wände**, eines stark erodierten Sandsteinmassivs. Am Ende des Reitsteigs wartet mit der **Hickelhöhle** 03 die nach dem Kuhstall zweitgrößte Höhle der Sächsischen Schweiz.

An der Hickelhöhle mündet der Grünstrich- auf den Rotstrich-Wanderweg, letzterer folgt einem schmalen Weg durch die **Hickelschlüchte** hinab in den **Großen Zschand**. Durch dieses Trockental geht es hinab zum **Zeughaus** 02 und zum Ausgangspunkt an der **Neumannmühle** 01.

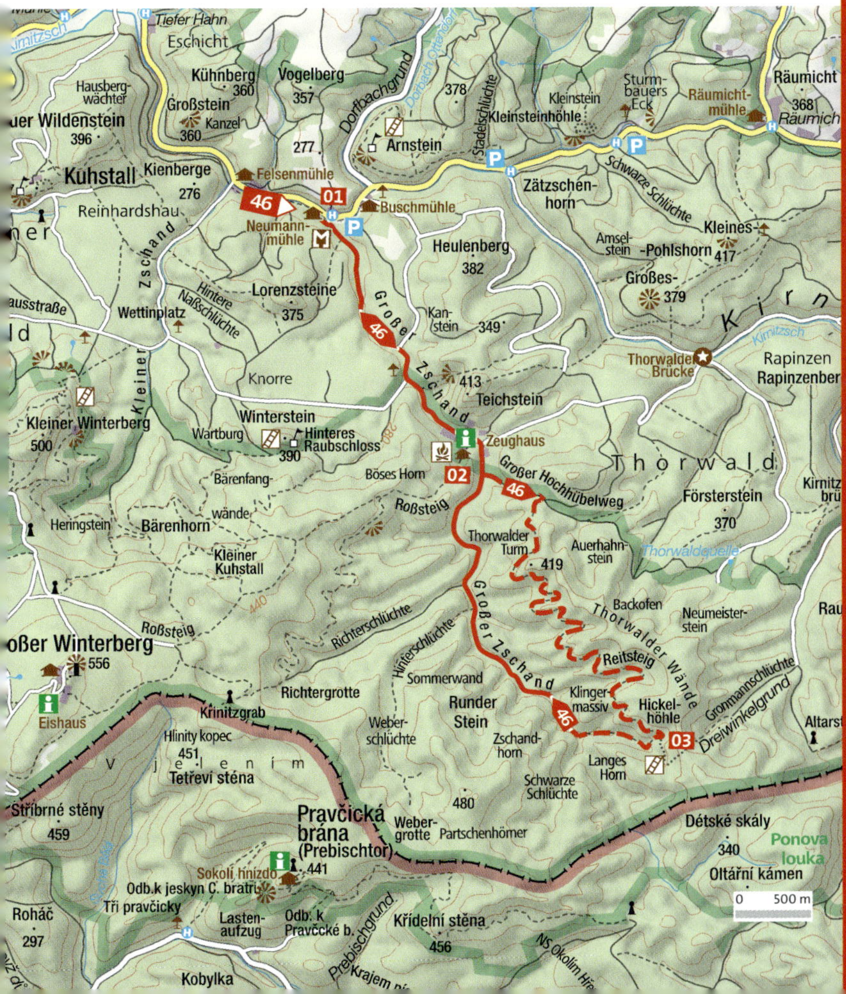

HENGSTEYSEE

Rund um den ältesten Ruhrstausee

8 km | 2:00 h | 10 hm | 10 hm | 821

START | Wanderparkplatz Hengsteysee (100 m) am Nordufer des Sees im äußersten Süden der Hengsteyseestraße auf Dortmunder Stadtgebiet an der Straße Dortmund-Syburg-Hagen. Anfahrt auf der A 1 Bremen – Köln Ausfahrt Hagen-Nord und der Ausschilderung Richtung Hohensyburg folgen [GPS: UTM Zone 32 x: 394.177 m y: 5.697.424 m]
CHARAKTER | Fahrradfähige Promenaden

Hengsteysee im Winter.

Zu Füßen des Ardeygebirges und mit exzellenten Aufblicken zur Hohensyburg leitet diese Wanderung auf fahrradfähigen Wegen rund um den Hengsteysee, den ältesten Stausee in der Ruhr. Wer die Wanderung abkürzen will, kann in den Sommermonaten mit dem Ausflugsschiff vom Westende des Sees bzw. vom Freibad Hengstey aus zur „Insel Hohensyburg" zurückfahren.

Vom **Motorradparkplatz** 01 treten wir an die Dortmunder Straße, queren sie und gehen geradeaus auf der Ahornallee neben einer für den öffentlichen Verkehr gesperrten Stichstraße. Der Blick fällt über den **Hengsteysee** hinweg auf den felsendurchsetzten Ardey-Steilhang, bekrönt vom Kaiser-Wilhelm-Denkmal, dem Vincketurm, den Ruinen der Hohensyburg und der Spielbank. Hinter dem Bootshaus endet der Asphaltbelag, der Weg führt durch Gehölze, an der ersten Verzweigung (vor der Eisenbahnbrücke) zweigen wir links ab (Rhein-Ruhr-Weg: Markierung „x") und gelangen zur Liegewiese an der **Lennemündung**. Weiter geht es auf der Promenade zwischen See und Ruhr, kurz hinter dem Bootsverleih und der Schiffsanlegestelle **Insel Hohensyburg** gehen wir zur Brücke hinauf, überqueren die Ruhr und wechseln an den Parkplätzen – man befindet sich nun auf Dortmunder Stadtgebiet, die Grenze zwischen Hagen und Dortmund verläuft in Ufernähe – links auf den mit „x4" markierten Höhlenweg, der als Asphaltpromenade im Wald oberhalb des Seeufers verläuft. Immer wieder laden Sitzbänke zur Rast, saisonal besteht in der Villa Funke (**Seeschlösschen**), bei der sich eine weitere Schiffsanlegestelle befindet,

Einkehrmöglichkeit. Auf dem Gebiet der Stadt Herdecke führt die bequeme Uferpromenade weiter zum **Koepchenwerk** (hier müssen Fahrradfahrer kurz absteigen), einem 1927–30 errichteten Pumpspeicherkraftwerk (zu besichtigen im Rahmen von Führungen), das 1980 stillgelegt und 1989 durch die benachbarte neue Anlage ersetzt wurde. Schließlich erreicht der Weg beim Biergarten **Schiffswinkel** den Schiffsanleger **Westende** **02**. Hier überqueren wir die Ruhr auf der Eisenbahnbrücke neben dem **Walzenwehr**, wenden uns links und folgen der zum Teil getrennt für Wanderer und Fahrradfahrer geführten Uferpromenade teils im Wald, teils aussichtsreich am **Freibad Hengstey** vorbei zurück zum **Ausgangspunkt** **01**.

Der Hengsteysee …

… ist ein Wassersportsee in der Ruhr mit Freibad, Bootshäusern, Ausflugsschifffahrt, Wander- und Radwegen. Der 1927–29 im Auftrag des Ruhrverbands errichtete Damm staut die Ruhr unterhalb der Lennemündung auf 4,2 km Länge. Während das flache Gelände auf der Hagener Südseite nur sanft gegen die Ruhr abfällt, steigen die Berge auf dem rechten Ufer steil bis 160 m über dem Normalspiegel des Sees an. Von Mai bis Mitte Oktober verkehrt das Fahrgastschiff „Freiherr vom Stein" zwischen den Anlegestellen Schiffswinkel (am Westende des Sees), Hengstey-Freibad, Hohensyburg-Insel und Lennemündung sowie dem Bedarfsanleger Seeschlösschen; die aussichtsreiche Rundfahrt mit Aufblicken zur Hohensyburg dauert 35 Minuten (www.personenschifffahrt-hengsteysee.de).

HATTINGEN – SCHULENBERG – ISENBURG

Isenburg-Kammweg und Leinpfad längs der Ruhr

11 km 3:30 h 91 hm 116 hm 821

START | S-Bahnhof Hattingen-Mitte (85 m) an der Martin-Luther-Straße; alternativ Parkplätze und Bushaltestelle am Schulenberg. Anfahrt auf der A 43 Bochum – Wuppertal Ausfahrt Witten-Herbede und weiter über Blankenstein nach Hattingen. Ziel: Bahnhof Hattingen (60 m), Bahnhofstraße 79 [GPS: UTM Zone 32 x: 373.425 m y: 5.695.565 m]
CHARAKTER | Hügelige Waldwanderung

Die Ruine Isenburg.

Diese Waldwanderung leitet zum Aussichtsturm auf dem Schulenberg und zu den aussichtsreichen Ruinen der Isenburg hoch über der Ruhr, an der der Leinpfad zurück nach Hattingen führt.

▶ Vom **S-Bahnhof Hattingen Mitte** 01 geht es auf der der Altstadt entgegengesetzten Südseite am Supermarkt vorbei durch die Straße Im Bruchfeld zum Kreisverkehr, dort geradeaus (Raabestraße) mit Blick auf den bewaldeten Schulenberg. Am Ende führt der Westfalenwanderweg kurz links hinauf durch die Uhlandstraße, nächste rechts (Grünstraße) und wechselt hinter der Abzweigung der Körnerstraße links auf auf den autofreien „Pilgerweg", der steil einem Bachtal im Hang des Schulenbergs aufwärts folgt. Am Ende der ersten Stufenanlage geht es mit exzellenter Aussicht hinauf zur Gaststätte Die neue Schulenburg, wo sich der Einstieg in den Ruhrhöhenweg befindet. Von der **Schulenburg** 02 leitet die xR-Markierung des Ruhrhöhenwegs am Gefallenendenkmal beim aussichtsreichen Bismarckturm vorbei durch die stechpalmenreichen Laubwälder des von Felsen durchbrochenen Schulenberg-Kamms. Mehrfach laden an diesem sehr schönen Hochwaldweg Bänke zur Rast ein. Der 11 m hohe Bismarckturm auf dem Hohenstein im Hattinger Stadtwald wurde 1901 an der Stelle eines hölzernen Aussichtsturms eröffnet.

Er bietet eine exzellente Aussicht über die Hattinger Altstadt, Winz-Baak und das Ruhrtal sowie ruhrabwärts bis zur Bochumer Sternwarte und zur Essener Innenstadt.
Der Ruhrhöhenweg führt noch ein Stück über den Kamm und senkt sich dann rechts hinab zu einem **Schutzhüttenrondell** 03, führt auf einem Steilhangpfad durch die felsendurchsetzte Nordflanke des Hansbergs, quert die Straße

Fachwerkhaus in Hattingen.

Am Homberg, führt auf Waldwegen über den **Homberg** 04 mit dem **Ruhrschleifenblick** 05 und senkt sich auf einem Pfad hinab zur Nierenhofer Straße. Auf ihr geht es wenige Meter links und an der Bushaltestelle auf einem Pfad in den Wald hinauf, dann gut 5 Minuten längs der Landstraße an der Bushaltestelle Heinenberg vorbei zur Haltestelle **Isenberger Weg** 06. Hier führt der Ruhrhöhenweg rechts auf der kleinen Straße Am Isenberg durch Felder und Pferdekoppeln aussichtsreich – links der Sender Langenberg – auf den bewaldeten Isenberg-Kamm und zur aussichtsreichen Ruine der **Isenburg** 07 über dem Ruhrtal.
Am Isenburg-Museum Haus Custodis vorbei führt der Ruhrhöhenweg durch das weitläufige Ruinengelände, dann auf einem Serpentinenweg durch die buchengeschmückte Bergflanke zu einem aussichtsreichen Hangweg, unten an der Tippelstraße bei der **Gaststätte Tum Bur** 08 und dem großen Parkplatz beginnt der mit der x-Markierung bezeichnete Rückweg. Nahe der Bushaltestelle geht es hinaus auf den anfangs kopfsteingepflasterten Leinpfad, der längs der Ruhr aussichtsreich flussaufwärts führt. Kurz nach Unterqueren der Eisenbahnlinie leiten x-Markierungen rechts hinauf zum **Bahnhof Hattingen** 09 an der Ruhrbrücke.

KETTWIG – MINTARD

Ruhrhöhen und ein Schloss in den Ruhrauen

8,5 km | 2:00 h | 90 hm | 90 hm | 821

START | Heiligenhauser Straße in Kettwig (59 m) vor der Brücke, Ortsteil von Essen; hier Bushaltestelle Am Strang und Parkplatz.
Der S-Bahnhof Kettwig-Stausee ist 10 Gehminuten entfernt
[GPS: UTM Zone 32 x: 355.873 m y: 5.690.924 m]
CHARAKTER | Hügelige Wald- und Aussichtswanderung

Schloss Hugenpoet.

Auf die Höhenwanderung in den Wäldern über der Ruhr folgt eine sonnige Wanderung in den Ruhrtalauen auf der Trasse der alten Ruhrtalbahn.

In **Kettwig** 01 vor der Brücke verlässt der mit dem Zeichen xR markierte Ruhrhöhenweg die Heiligenhauser Straße auf dem Höseler Weg, der an der Verzweigung links hinauf im Wald zum Kettwiger **Friedhof Mühlenberg** 02 führt. Hinter dem Friedhof geht es halb links weiter durch Wälder, zuletzt an der **Essener Straße** 03 aussichtsreich links, bis der Ruhrhöhenweg rechts abzweigt zur **Hubertushöhe** 04 in den Wäldern von Mintarder Berg. In den Wäldern geht es hinab in das Fachwerkdorf **Mintard** 05. Am Biestenkamp zur Montarder Dorfstraße; die Bushaltestelle befindet sich rechts bei der Kirche an der August-Thyssen-Straße. Das Fachwerkdorf Mintard im grünen Ruhrtal ist der kleinste Ortsteil von Mülheim, umgeben von Feldern, Reiterhöfen und bewaldeten Hängen. Die Kirche St. Laurentius wird 873 erstmals erwähnt und zählt zu den ältesten Kirchengebäuden weit und breit.
Nach Queren der August-Thyssen-Straße am östlichen Ortsrand geht es geradeaus Durch die Aue, bis rechts der Mintarder Weg abzweigt. Dieser Rad- und Wanderweg folgt der Trasse der 1968 stillgelegten Ruhrtalbahn Richtung Kettwig, rechts ist **Schloss Hugenpoet** 06 zu sehen, links erstreckt sich das Na-

turschutzgebiet Untere Kettwiger Ruhraue, in das die Wandermarkierungen kurz vor Erreichen des Orts hineinführen. Das Schlosshotel Hugenpoet ist ein Blickfang im grünen Ruhrtal, exquisite Speisen serviert das Schlossrestaurant „Hugenpöttchen", das eine Kröte im Logo führt. Der Name wird „hugenpoot" ausgesprochen und bedeutet „Krötenpfütze", eine Anspielung darauf, dass die Umgebung schon vor 1000 Jahren grün und artenreich war. Auf dem 778 als Königsgut Karls des Großen erstmals erwähnten Burgplatz (huge = Kröte, poet = Pfütze) ließ Johann Wilhelm von Nesselrode-Hugenpoet 1674 das heutige Wasserschloss errichten.

Nach Überqueren des Rinderbachs lädt an der Ruhr der Gasthof „Zur Alten Fähre" zur Einkehr ein. In dem 1867 errichteten Gasthaus kehrten vor allem Fährmänner ein, um bei zünftigem Essen und Bier den Abend ausklingen zu lassen, auch heute werden saisonale Produkte aus der Region verwendet. Wer mit öffentlichen Verkehrsmitteln angereist ist, findet hier die Bushaltestelle **Zur Alten Fähre 07**, die Wandermarkierungen A2 und A3 queren die Ringstraße, wenden sich dahinter rechts nach Kettwig vor der Brücke, wo sich an der Werdener Straße die Bushaltestelle „Kettwig vor der Brücke" befindet; rechts geht es weiter zur Ringstraße, und kurz nach erneutem Überqueren des Rinderbachs ist die Heiligenhauser Straße wieder erreicht. Links hinauf geht es zurück zum **Ausgangspunkt 01** bei der Bushaltestelle Am Strang.

Ruhrtalbahn

Die erste Schienenbahn des Ruhrgebiets wurde 1838 in Mülheim in Betrieb genommen: Mathias Stinnes transportierte mit ihr Kohlen von der Zeche Sellerbeck in Dümpten zur Ruhr. Bergab durfte das Zugpferd im letzten Wagen des Kohlenzugs, der von selbst zu Tal rollte, mitfahren, die leeren Waggons musste es dann bergauf zur Zeche ziehen. 1854 wurde die Weiterführung dieser Bahn mit Dampflokomotiven bis Essen geplant. Der erste fahrplanmäßige Eisenbahnzug, mit 30 Personen besetzt, hielt am 1. März 1862 morgens um 7 Uhr 10 in Mülheim. Mit diesem historischen Tag wurde das Ende der Ruhrschifffahrt in Mülheim eingeleitet.

BIRTEN – XANTEN – FÜRSTENBERG

Amphietheater Birten und Hees

12,5 km | 3:15 h | 92 hm | 92 hm | 821

START | Birten, Kirche an der Kreuzung Römerstraße/Heesweg im Ortsteil Birten von Xanten.[GPS: UTM Zone 32 x: 325.261 m y: 5.723.634 m]
CHARAKTER | Meist fahrradfähige Wege.

Im Archäologischen Park in Xanten.

Von den Auenwäldern am Altrhein zum römischen Amphitheater in Birten und über den ausssichtsreichen Fürstenberg in die sehenswerte Altstadt der Römer- und Domstadt Xanten sowie in den Archäologischen Park führt diese leichte Panoramawanderung.

Am Dorfplatz von **Birten** 01 steht die Kirche Sankt Viktor. Viktor von Xanten soll um 303 im nachmaligen Xanten seines christlichen Glaubens wegen von den Römern zu Tode gefoltert worden sein. An der Viktorkirche in Birten ist Viktor von Xanten dargestellt, auch der Dom von Xanten ist nach ihm benannt. Vom Platz mit der Kirche und dem Friedhof folgt der Europäische Fernwanderweg 8 (Markierung: x13) der „Römerstraße" ortsauswärts zum **Amphitheater** und auf die als Kulturdenkmal ausgewiesene Freifläche der ehemaligen Römersiedlung **Castra Vetera**. Birten liegt am Alten Rhein am Südfuß des von Wiesen und Wäldern geprägten Fürstenbergs. Hier begann die Besiedlung des späteren Xanten. Um 15 v. Chr. ließ der römische Kaiser Augustus auf dem Fürstenberg das Militärlager Vetera Castra I anlegen, das nach der Zerstörung während des Bataveraufstands 70 n. Chr. in unmittelbarer Nähe am Bergfuß neu errichtet wurde (Castra Vetera II) und später im (Alt-)Rhein versank; erhalten ist das in einen Erdwall einbezogene Amphitheater. Die Arena des Amphitheaters ist einer der Schauplätze der alljährlich im Rahmen der Xantener Sommerfestspiele veranstalteten Opern-, Ballett-, Operetten- und Musicalaufführungen.
Von der Freifläche der ehemaligen Römersiedlung führt der Weg zum Aussichtspunkt auf dem Fürstenberg. Der **Fürstenberg** 02 (75 m) zwischen Xanten und Birten ist eine aussichtsreiche Endmoräne, deren Hügel sich westwärts über die Hees bis in die Sonsbecker Schweiz fortsetzen und zum Teil erstklassige Panoramen bieten. Auf dem „Gipfel" des Fürstenbergs bietet sich ein

hervorragender Blick auf die niederrheinische Landschaft, auf die Auenwälder am Alten Rhein und auf die Bislicher Insel. Die Kapelle (1671) auf dem Fürstenberg erinnert an das Benediktinerkloster Sankt Marien, das hier ab dem Hochmittelalter bestand; während des Achtzigjährigen Krieges wurde es 1586 zerstört. Vom Fürstenberg führt der Wanderweg hinab in die sehenswerte Altstadt von **Xanten** mit dem fünfschiffigen Dom, der Stadtbefestigung und vielen anderen Sehenswürdigkeiten. Die Altstadt wird wenige Gehminuten nach Kreuzen der Gelderner Straße erreicht. Am Amtsgerichts links durch die alten Wallgräben, an der Stadtmauer entlang bis zur Bahnhofstraße, hier rechts durch alte Gassen zum Marktplatz und zum **Dom** 03. Den heutigen Namen Xanten erhielt der Platz nach einer germanisch-fränkischen Siedlung, die im 4. Jh. nahe der Römersiedlung bei einem christlichen Totenhäuschen entstand. Das Wort Xanten entstand aus lateinisch ad sanctos = „zu den Heiligen".

Vom Rathaus am Markt folgt der Wanderweg den schmalen Gassen Karthaus und Rheinstraße zur Bundesstraße, die die christliche Domstadt von der römischen Militärstadt trennt. Kurz nach Queren der Bundesstraße ist der Eingang zum **Archäologischen Park** erreicht, das sehenswerte Freilichtmuseum auf dem Gelände der antiken Römerstadt.

Auf dem Rückweg geht es wie beim Hinweg via Rheinstraße, Karthaus, Markt und Bahnhofstraße (rechts der Bahnhof, dort kann man den Bus zurück zum Ausgangspunkt nehmen) und zum Amtsgericht, kurz danach hinter dem Friedhof rechts ab (Markierung x6) durch den Holzweg und nach Queren der **Gelderner Straße** 04 hinauf in die Wälder, wo beim Feuerwachtturm auf dem **Heesberg** 05 eine Schutzhütte zur Rast einlädt. Vom Heesberg bietet sich ein schöner Blick auf die Stadt Xanten mit den Doppeltürmen des Doms. In einem weitläufigen Bogen führt der Waldweg um den **Wolfsberg** 06 herum und senkt sich dann hinab zum **Schrammshof** 07.

Hier übernimmt die bekannte Markierung x13 die Routenführung und leitet über die aussichtsreichen Hügel der Birtenschen Heide zurück nach **Birten** 01.

DIERSFORDT – SCHWARZES WASSER

Durch den Diersfordter Forst in die Flürener Heide

12 km | 3:00 h | 15 hm | 15 hm | 821

START | Wanderparkplatz Ehrenfriedhof beim Diersfordter Schloss in Wesel-Diersfordt. Anfahrt auf der A3 Arnheim – Duisburg, Ausfahrt Wesel. Bus/Bahn: Haltestelle an der Buslinie Wesel – Emmerich.
[GPS: UTM Zone 32 x: 330.663 m y: 5.729.425 m]
CHARAKTER | Leichte Waldwanderung mit schönen Aussichtsstellen.

Die Allee bei Schloss Diersfordt.

Von Schloss Diersfordt im äußersten Westen des Naturparks Hohe Mark führt diese Waldwanderung zum Wildgatter im Diersfordter Forst und zur Flürener Heide.

▶ Am **Wanderparkplatz** 01 Ehrenfriedhof beim Diersfordter Schloss queren wir die Durchgangsstraße (Mühlenfeldstraße) und folgen der als Naturdenkmal unter Schutz stehenden Lindenallee rechts (Am Jäger). Kurz vor Erreichen der Bundesstraße biegen wir links auf einen von hohen Buchen gesäumten Waldweg ein, wobei die Markierungen x1 und x8 die Route weisen. Während „x8" schon bald rechts in den Diersfordter Forst abzweigt, folgen wir „x1" geradeaus auf dem nun sandiger werdenden Weg, von dem aus der Blick zwischen den Bäumen links hinaus auf einen Baggersee fällt. Am Waldsaum sehen wir schließlich auf die Rheinaue und erkennen in der Ferne den Dom von Xanten. Beim ersten Hof, dem Schoyekampshof, verlassen wir den x-Weg und folgen der Böckerschen Straße rechts, queren die B8 und wandern geradeaus auf der Asphaltstraße am Zaun des Wildgatters entlang, bis die Markierung x8 wieder auftaucht. Über einen Steg folgen wir ihr rechts durch das **Wildgatter** **02** der Gräflich Stolberg-Wernigerodeschen Forstverwaltung. Wo an einem Wegedreieck die Markierung A6 auftaucht, folgen wir ihr links weiter durch den Wald, verlassen das Wildgatter, gehen an der Straße kurz rechts, biegen links ab und folgen „A6" in die Flürener Heide und zum **Schwarzen Wasser** **03**, einem der letzten größeren Heideweiher am unteren Niederrhein. Ein Rundweg führt um den idyllischen See. Vom See folgen wir „A6" kurz auf derselben Route zurück und dann links durch die Kiefernforste der Flürener Heide. Kurz nach Queren der Bundesstraße sind wir zurück am **Ausgangspunkt** **01**.

Das idyllische Schwarze Wasser . . .

. . . im zusammenhängenden Waldgebiet Diersfordter Forst/Flürener Heide ist der letzte größere Heideweiher am unteren Niederrhein und ein Rückzugslebensraum vieler bedrohter Tier- und Pflanzenarten. Das Heidegewässer liegt in einem Dünenfeld, das weitflächig aufgeforstet ist. Die Vielfalt der natürlichen Entwicklungsstadien vom offenen Heideweiher über verschiedene Ausprägungen des Übergangsmoores bis hin zur Feuchtheide, der zum Teil sehr gute Erhaltungszustand und das Arteninventar, darunter das Vorkommen des Froschkrauts (Luronium natans), sowie die relativ große Fläche der verschiedenen Lebensraumtypen machen diesen Weiher und seine Umgebung zu einem ganz besonderen Platz.

HALTERNER SEE

Alleen- und Seeuferwanderung

13 km | 3:15 h | 45 hm | 45 hm | 821

START | Bahnhof Haltern am See (50 m) am Roost-Warendin-Platz 1
[GPS: UTM Zone 32 x: 374.607 m y: 5.733.417 m]
CHARAKTER | Waldwanderung auf fahrradfähigen Wegen

Immer wieder schweift der Blick vom Carl-Hohmann-Weg hinaus auf den Halterner See.

Diese Tour führt um den größten See im Bannkreis des Ruhrgebiets.

Vom **Bahnhof Haltern** 01 am See führt die Markierung x1 am Busbahnhof vorbei und neben der Parkanlage geradeaus, unterquert wenig später die Bahngleise, erklimmt am Ende der Unterführung links die Treppe und folgt kurz der Promenade längs der Bahnlinie nordwärts. Gleich darauf wechselt die x-Markierung rechts auf eine Ahornallee (Hullerner Straße), unterquert die Bundesstraße 58, wendet sich dahinter rechts und gleich links auf den schönen Pappel- und später Kastanienweg neben der Stever.
Nach Unterqueren der B58 wechselt „x1" vor dem **Walzenwehr** 02, das die Stever zum Halterner See aufstaut, auf den Fußweg neben der Bundesstraße und folgt ihr am Seebad vorbei zum Seehof 03. Wenig später verlässt der x-Weg an einem Biergarten die Bundesstraße, zweigt halblinks in den Wald ab und folgt dem Uferbereich der Halbinsel Hoher Niemen. Während der x-Weg den Uferbereich an Rastbänken mit Blick auf den See verlässt, bleiben wir auf dem Uferweg (Markierung A4) und wandern zum Parkplatz und zur Bootsvermietung bei Haus Niemen an der Landstraße (**Stockwieser Damm** 04).
Wir folgen der Straße links über die Stever und biegen auf den ersten Weg links ein. Der Carl-Hohmann-Weg folgt unter Eichen und Buchen dem Nordufer des Sees, immer wieder laden Bänke zu aussichtsreicher Rast. An der Verzweigung an der **Stadtmühle** 05 führt „x17" links durch die Straße Zu den Mühlen auf einem teils alleeartigen Gehweg. Am Bahnübergang bei den ersten Häusern von Haltern wechselt „x17" links in die

aussichtsreichen Grünanlagen am Seeufer. Ohne weiter auf das „x“ zu achten, folgen wir der Promenade weiter, hinten links, und gelangen zur bekannten Hullerner Straße (Ahornallee) vor der B58. Hier rechts und am Ende wie zu Beginn der Tour mit „x1“ längs der Bahnlinie zurück zum **Bhf. Haltern** **01**.

Halterner See

Die in der Stever vor ihrer Mündung in die Lippe aufgestauten Halterner Seen – Halterner See und Hullerner See – und ihre waldreiche Umgebung bilden eines der landschaftlich schönsten Ausflugs- und Erholungsgebiete am Übergang von Ruhrgebiet und Münsterland. Der Halterner Stausee entstand 1930 durch Aufstauung der Stever und des Mühlenbachs, durch Aussandungen wurde er später erheblich vergrößert, auf einer Fläche von 300 ha werden rund 20 Mio. m^3 Wasser gestaut. Ein bedeutender Teil ist Trinkwasser für über 1 Mio. Menschen im westlichen Münsterland und nördlichen Ruhrgebiet. Kleinere Bereiche sind als Freizeit- und Wassersportgebiet ausgewiesen, so das Strandbad mit seinem mehr als 1 km langen Sandstrand. Der mit Seilen abgesteckte Schwimmbereich endet 150 m vor dem Ufer, weiter draußen kreuzen Segelboote und das Fahrgastschiff „Möwe“; letzteres pendelt von Mai bis September (tägl. außer Mo) zwischen den Anlegestellen an der Stadtmühlenbucht, am Seehof und am Stockwieser Damm.

KOHUESHOLZ – CAPPENBERG

Durchs Kohuesholz zum Schlössertraum

6 km | 1:30 h | 90 hm | 90 hm | 821

START | Wanderparkplatz Kohuesholz (100 m) an der Sportanlage Grün-Schwarz Cappenberg an der Straße Am Kohuesholz am Nordrand von Selm-Cappenberg, ausgeschildert an der Durchgangsstraße Richtung Südkirchen [GPS: UTM Zone 32 x: 398.920 m y: 5.723.320 m]
CHARAKTER | Waldwanderung (radfähige Wege)

Blick von Schloss Cappenberg auf das nördliche Ruhrgebiet; unten im Vordergrund der Tierpark.

Durch den als Landschaftsschutzgebiet ausgewiesenen Forst Cappenberg führt diese Tour zu einem der bedeutendsten Schlösser am Nordrand des Ruhrgebiets.

Von der Einfahrt zum Wanderparkplatz **Kohuesholz** 01 führen die Markierungen A2 und A3 auf dem Waldweg Steinbahn in Verlängerung der Zufahrt Am Kohuesholz in den Wald hinein. Schnurgerade führt der Weg durch einen Bucheneichenmischwald, viele Bäume sind efeuumrankt, das Kohuesholz ist bekannt durch seinen reichen Vogelbestand. Seine Entstehung verdankt der Wald dem Treiben des Bauern Kohues, der nichts von der Nächstenliebe hielt und sich nur ums liebe Geld kümmerte; eines nachts fiel viel Schnee, und der Hof des Bauern Kohues verschwand; die Cappenberger Mönche pflanzten auf dem verwaisten Hofgelände Bäume, und der vogelreiche Wald Kohuesholz entstand.
An der ersten Wegekreuzung mit Sitzbänken leitet A2 (zusätzlich x) sacht rechts hinab, links wächst zum Teil hallenartiger, alter Wald. Nach dem Überqueren des unbegradigt dahinfließenden Gerlingbachs führt der Weg leicht aufwärts zwischen alten Eichen und Buchen. Bei einem alten Wall winkelt der Weg halbrechts ab, nimmt sodann im nächsten Bachtal den Weitwanderweg x1 auf, wechselt an einer Sitzbank halbrechts auf einen schmalen Weg, passiert dann die Rückwegabzweigung (A 2/4) und erreicht wenig später bei der Bushaltestelle Varnhöveler Straße das **Schloss Cappenberg** 02.
Vom Schloss geht es zurück zur Abzweigung A2/4 und am Waldsaum links

hinab, unten beim Schützenheim grob geradeaus in etwa am unteren Rand des Buchenwaldes (nicht oben!), bald auf einem Pfad längs des teilweise schluchtartig eingetieften Gerlingbachs. Zuletzt mündet der Pfad auf einen Weg. Hier kurz links zum Waldsaum und auf einer schönen Promenade zurück zum Ausgangspunkt, dem Wanderparkplatz **Kohuesholz** **01**.

Schloss Cappenberg ...

... war eines der bedeutendsten und einflussreichsten Klöster Westfalens, das jetzige Schloss wurde als Propstei des Klosters 1708 als barocke Dreiflügelanlage erbaut, im Mittelflügel präsentieren der Kreis Unna und die Stiftung Preußischer Kulturbesitz überregional beachtete Wechselausstellungen. Umgeben ist Schloss Cappenberg von ausgedehnten Wäldern, der Wildpark Schloss Cappenberg ist ein englischer Landschaftspark mit altem Baumbestand und zahlreichen Fischteichen. Die Cappenberger Klosterkirche wurde 1122–49 als dreischiffige Pfeilerbasilika errichtet und 1387 gotisch eingewölbt; zu den bedeutenden Ausstattungsstücken zählen das spätromanische Cappenberger Kruzifix (um 1255) und das Stifterdenkmal für Gottfried und Otto von Cappenberg (um 1320). Im Kirchenschatz befindet sich ein Kopfreliquiar mit dem Porträt Kaiser Friedrichs I. Barbarossa (nach 1155). Während das Frauenkloster im 14. Jh. aufgehoben wurde, bestand das Männerkloster bis 1802. 1806 ging es an Heinrich Friedrich Karl Reichsfreiherr vom und zum Stein über, der hier 1831 starb. Im Steinarchiv lagert der schriftliche Nachlass des preußischen Reformers zusammen mit einem Großteil der mittelalterlichen Urkunden des Stifts.

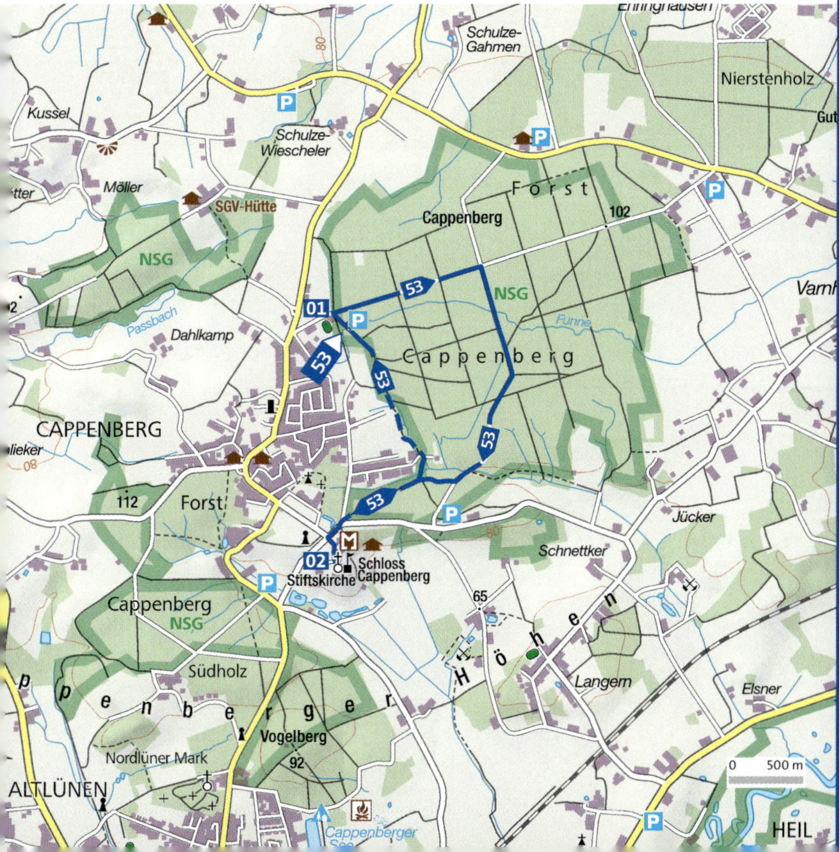

AUF DEN BORGBERG BEI HAGEN

Aussichtsreichtum für jedermann im südlichen Osnabrücker Land

10,1 km | 3:00 h | 305 hm | 305 hm | 750

START | Parkplatz (184 m) am geteerten Ende der Straße Zur Grafentafel oder Bushaltestelle Sudenfeld-Jacob, Linie 430 (Mo-Fr), Verkehrsgemeinschaft Osnabrück (www.vos.info)
[GPS: UTM Zone 32 x: 428.366 m y: 5.781.250 m]
CHARAKTER | Kurze, unschwere Bergwanderung mit viel Landschaftseindruck nach allen Seiten

Sommer im Goldbachtal.

Der Borgberg ist dem Hauptkamm des Teutos nördlich vorgelagert. Von diesem Alleinstellungsmerkmal profitiert der Panoramasuchende. Dabei ist der Berg nur 225 m hoch und kein Aussichtsturm krönt ihn. Der Schauwert liegt im Mix aus bewaldeten Höhen und landwirtschaftlich genutzter Feldflur. Das südliche Osnabrücker Land präsentiert sich wie ein Kompass: Im Norden die Kirschgemeinde Hagen, im Westen weite Bauerschaften, im Süden das Breitband des Teutos, im Osten der massive Dörenberg.

▶ Am **Parkplatz** 01, der übrigens auf der Landesgrenze Niedersachsen/Nordrhein-Westfalen liegt, gehen wir mit A12 in Fahrtrichtung weiter, dem Hauptkamm des Teutoburger Waldes entgegen. Gleich rechts ist die Grafentafel ausgewiesen. Dies Geheimnis lüften wir nach der Rückkehr. In ein kleines Tal, vor der Hauptstraße nach Bad Iburg links und geteert hinauf (Holperdorp, A12). Eine Landwirtschaft und eine Baumschule bezeugen den regionalen Nutzwert der Natur. Ein Schilderbaum sagt, dass wir den Ahornweg betreten. Hier lassen wir den Borgberg einstweilen links stehen und gehen 200 m nach rechts zu den **Duvensteinen** 02. Die Wortfügung aus Du(nkel) und Ve für Fee oder Mutter spricht dafür, dass dieser Felsen vormals als Kultplatz diente, damit Muttergöttinnen Kindersegen spenden. An einer Gabelung vor einer Wiese mit Haus geradeaus (Ahornweg, Fischteiche 0,5/Kollage 1 km). Hier ist Natursegen gespendet: Die Wegspur zieht durch üppiges Grün aus Forst und Wiese, rechts flankiert vom Teuto-Kamm. Im schönen Goldbachtal passieren wir die Fischteiche bei Mentrup, einer Bauerschaft des Kirchspiels Hagen. Dahinter weisen alle Wegschilder nach rechts, wir gehen geradeaus (B). Wo wir ein Sträßchen mit Fachwerkhäusern erreichen, mit B und Hinweis auf Schullandheim geradeaus, dann links in den Wald, folgen zugleich den handverfassten Worten Almhütte + Teufelsquelle, bis diese sich gabeln. Hier rechts und noch der Almhütte entgegen. Vor einer Baumpflanzung rechts am Waldrand, dann geht es auf einem Feldweg, der von Kirschbäumen gesäumt ist, hinab. Die süßen Früchte prägten Hagen als einst größtes Obstanbaugebiet weit und breit. Noch heute locken die Kirschen zwischen Blüte und Reife viele Menschen zum Kirschfest, auf einen Lehrpfad oder die Kirsch-Rad-Route, die uns hier begleitet.

Auf der Bergstraße, vorbei am **Wanderparkplatz Waterkotten** 03, kommen wir Hagen entgegen, das in einem Talkessel liegt, von bewaldeten Höhen schützend umhegt. An der ersten Kreuzung links (Gellenbeck/Lengerich), streifen wir den Südrand des Ortes und bleiben jetzt dem Ahornweg treu. Wandern zur **Gaststätte Blüsen** 04, dann links Am Borgberg, auf den so genannten Zielberg zu, zum Ende einer gepflegten Siedlung. Am Waldrand links, ein Stück durch Forst und auf einen schmalen, steilen Pfad. Rechts haltend hinab zum Parkplatz Borgberg. Dahinter links (Duvensteine), mit dem Schild Am Borgberg 14–18 zu einem schönen Fachwerkhaus mit Kneipp-Becken. Hier nicht ein-, sondern rechts vorbeiziehen. Auf meist steilem Pfad borgbergwärts zu einer querenden Forststraße. Links. Geradlinig und nur mehr moderat aufstrebend, passieren wir eine Infotafel zu vier Grabhügeln im linken Wald, die der späten Jungsteinzeit entstammen. Dann ist die **Almhütte** 05 erreicht. Keine Landwirtschaft hat es hier, dafür ein robustes Holzschutzhaus und einen grandiosen Blick auf Hagen und darüber hinaus. Knapp hinab, dann mit gelben Schildern Duvensteine/Grafentafel nach rechts. Über den Kammscheitel nach Süden, dann schließt sich an der Baumschule der Kreis. Rechts zurück, aber nicht den herkömmlichen Feldweg links, sondern geradeaus hinunter. Vor der Fahrstraße mit gelbem Schild Grafentafel links. Es folgt ein kleiner Waldorientierungslauf, durch weiße Kreise an Bäumen gut markiert. Zum Waldrand, der Rest ist bekannt. Ach ja, noch hinab zur **Grafentafel** 06: Ein talwärts ragender übermannshoher Fels trägt eine Metalltafel mit der Inschrift „Grafentafel 1000 Jahre Gemarkung Lienen 965–1965". Ach so.

DIE EXTERNSTEINE

Vom Endpunkt des Hermannsweges zu einer Kultstätte der Menschheit

14,3 km | 4:15 h | 475 hm | 475 hm | 844

START | Parkplatz Bahnhof Leopoldstal (232 m) mit Station der Ostwestfalenbahn und Bushaltestelle Linie 783, Karl Köhne Omnibusbetriebe GmbH (Mo–Sa) [GPS: UTM Zone 32 x: 497.999 m y: 5.743.663 m]
CHARAKTER | Rundwanderung mit großem Landschaftsreiz und einer Felsgruppe der Extraklasse

Die Externsteine im Spiegel des Wieambecketeichs.

Der „Kraftort" Externsteine nimmt unter den Sehenswürdigkeiten des Teutos den unangefochtenen Spitzenplatz ein. Die Anreiselogistik erfordert dafür keine Wanderung. Beim Studium der Umgebung rückten plötzlich der felsige Lippische Velmerstot und das romantische Silberbachtal ins Interesse der Autoren und verbanden sich zu deren Lieblingstour. Sie wird im Nachgang unbedingt empfohlen!

Die Infotafel am **Bahnhof** 01 trägt ein „H". Wir stehen am Endpunkt des 156 km langen Hermannsweges, ein Highlight an sich! Die Straße nach Horn, vorbei am einstigen Leopoldstaler Hof, und links die Straße Silbergrund (Externsteine 9,4 km). An einem Feuerwehrgerätehaus geradeaus (H) und deutlich ansteigend in den Wald. Der Weiterweg verengt sich zum schmalem Pfad und gelangt auf einen Querweg. Hier nach links (H, Eggeweg X, Lippischer Velmerstot 1,3 km). An Abzweigen stets geradeaus empor. Da, wo es sichtbar felsig wird und nur noch 300 m zu unserem Höhepunkt hat, rechts. Steinig zu einer Querung und rechts hinauf zum **Lippischen Velmerstot** 02 (441 m). Den felsigen Aufbau krönt ein Sandsteinobelisk von 1916 und ein begnadetes Panorama von jeher. Das Aufstiegsstück zurück, sehr kurz auf den Eggeweg und sofort rechts hinab (I, Feldrom). Ein querender Forstweg beendet den Steilabstieg und führt uns links (H, Silbermühle 2,0 km, Externsteine 5,5 km). Mit diesen Zielen bald rechts ab. Wir überlassen uns dem von der Natur geschmackvoll eingerichteten Silberbachtal, der Nahtstelle zwischen Teuto und Egge. Die mäßige Ausbeute gefundener Silbererze wich bald der Wasser- und Sandsteinnutzung in Mühlen und Schleifanlagen, von der das **Waldhotel Silbermühle** 03 dem Einkehrer zu berichten weiß. An parkplatznaher Wassergewinnungsanlage vorbei (H/X/E1). Erst ein Teersträßchen, dann einen Waldsteig rechts hinauf. Er mündet in breiten Forstweg, der uns südwestlich des Kniebergs zur Straße nach Horn trägt, die wir überqueren und die **Bundesstraße 1** 04 untertunneln.

Am jenseitigen Parkplatz ein Stück entlang, dann bekannt markiert links hinauf. Bald wieder links zum etwas längeren Restweg (Externsteine 1,4 km). Ein Lönsstein mit eingravierten Waldtieren und hinauf zum und über den Knickenhagen mit reizvollen Wechselblicken nach Nord und Süd. Dann zeigen sich die **Externsteine** 05.

Wir finden bergseitig eine erste eindrucksvolle Aussicht, steigen ab auf Talniveau und durchschreiten das turmhohe Naturensemble auf breitem Weg, durch das bis 1953 eine Überlandstraßenbahn fuhr. Auf der bekannteren Vorderseite, neben dem aufgestauten Wiembecketeich, ist der Anblick noch imposanter. Vieles, was die Menschen in Jahrhunderten an den Felsen hinterließen – Kreuzabnahmerelief, künstliche Grotte, Höhenkammer mit Altarnische – lässt sich für ein Eintrittsgeld (Kombiticket für das Hermannsdenkmal) von Nahem bestaunen. Über Treppen und eine Brücke gelangen wir auf die drei westlichsten der insgesamt elf Felsen. Unweit der Steine lohnt ein Besuch des Infozentrums mit modellhafter Darstellung der wichtigsten natur- und kulturgeschichtlichen Etappen und Spiel- und Rätselstationen für Kinder oder eine Einkehr beim Felsenwirt. Zurück zum Felsen Nr. 4 mit dem Wackelstein. Wir folgen dem Schild Silbermühle 3,2 km. Ein breiter Forstweg führt nördlich am Knickenhagen vorbei zurück zur B1. Wie bekannt auf die andere Seite und sofort links (A3).

So können wir auch den Knieberg auf der Nordseite passieren. Ab Einmündung A1 mit A3 folgerichtig zurück zur Silbermühle. Links durch deren Biergartentor und nun auf A1/A2/X10. Die A-Wege verlassen uns, wir bleiben auf X10 und entdecken das archäologische Bodendenkmal **Schleifmühle** 06, das die Nutzung der Wasserkraft des Silberbachs wohlerhalten belegt. Zum Ortsrand von Leopoldstal und mit X10 rechts (Straßen Waldwinkel und Silbergrund) zum Hinweg. Es ist das allerletzte Stück Hermannsweg, dem wir zum Ausgangspunkt folgen.

ÜBER DEN HOLSTERBERG BEI NIEHEIM

Abwechslungsreicher Kurztrip zur Aussichtswarte über „Deutschlands Käsehauptstadt“

6,2 km | 1:45 h | 160 hm | 160 hm | 844

START | Parkplatz eingangs der Adolph-Kolping-Straße (220 m) oder ZOB mit Linien 230/575/R 81/583/584, Weser-Egge-Bus GmbH & Co. KG (Mo–Sa) [GPS: UTM Zone 32 x: 508.224 m y: 5.739.167 m]
CHARAKTER | Gut ausgebaute Wege, der Wirtschaftsweg am Kamm wird auch von Pferden begangen

Käsehauptstadt Nieheim zu Füßen des Holsterturms.

Nieheim gilt als heimliche Käsehauptstadt Deutschlands, denn das würzige Milchprodukt hat den Duft der großen Welt: Am ersten Septemberwochenende jedes geraden Jahres findet der Käsemarkt mit internationalen Ausstellern statt. Es gibt eine Schaukäserei und ein Käsemuseum, das mit drei weiteren Museen zu Brot, Schinken und Bier/Schnaps das Westfalen Culinarium bildet. Nieheim betört den Gaumen und seine Umgebung den Naturfreund.

Mit den Markierungen U und Z als Repräsentanten lokaler Dichter steigen wir recht steil die **Adolph-Kolping-Straße** 01 hinauf. Die Bebauung zur Linken endet und gibt von einer Anhöhe den Blick frei auf das hügelige Oberwälder Land, das hinabzieht zur Oberweser und aufragt zum Köterberg. Er ist mit 496 m der höchste Gipfel des Lipper Berglandes. U und Z verabschieden sich nach rechts und links. Wir folgen dem Waldrand, finden eine Station des Kultur-Wald-Landschafts-Erlebnispfads. „Einschlag“ heißt sie und bedeutet ein großes Bombenloch im Wald. Links zweigt ein Weg ins Oberdorf von Holzhausen ab. Wir könnten hinabsteigen zu zwei sichtbaren ungewohnten Formen. Es sind zu Raketen umgebaute Silos – Teil eines hiesigen Kunstpfades, dessen Objekte man ein wenig suchen muss. Wenn wir geradeaus weitergehen, erreichen wir einen Querweg, dem wir uns nach rechts anschließen (Z, Holzschilder nach Nieheim/Erwitzen). Zur Linken weist ein Abstecher zum Kunstobjekt Water Diary, wo auf Steinblöcken mit Wasser Tagebuch geführt werden kann. An einer überdachten Sitzgelegenheit eine Gabelung. Wir gehen links (U, Erwitzen 3 km) und befinden uns im **Friedhof Am Holsterberg** 02. Hier werden, wie eine Infotafel verrät, „Urnenbestattungen im vollen Einklang mit der Natur durchgeführt". Weit den Hang hinauf sehen wir an Stämmen angebrachte ovale Plaketten mit laufenden Nummern. Diese Bäume sind die Bestattungsorte. Vielleicht dämpfen wir ein wenig unsere Schritte, bis wir das friedvolle Areal hinter einer Schranke verlassen. Noch ein Stück wandern wir weiter so, dann endet der Wald zur Linken. Mit letztem Blick ins Oberwälder Hügelland wenden wir uns vom Hauptweg ab und gehen unmarkiert und etwas unscheinbar rechts hinauf. Dieser Wirtschaftsweg führt uns in einem Rechtsbogen auf den Rückweg, allmählich zum Kamm des Holsterbergs und schließlich zu einer querenden Forststraße. Etwa 10 m rechts trägt ein Baum den Hinweis „Holsterturm". Dem nach (U). Weit laufen wir nicht, dann erhebt sich der **Holsterturm** 03, in dessen Schaft Speere stecken. „Attacke am Turm" heißt das Kunstpfadobjekt im Rückgriff auf dessen umkämpfte Vergangenheit als Wartturm. Wir wendeln hinauf und haben von der Aussichtsplattform einen magnetisierenden Tiefblick auf Nieheim und nach links zu den Ostausläufern des Eggegebirges. Mit der Überschreitung senkt sich die Kammlinie merklich. Links ein großes Holzkreuz als Kriegsopfergedenkstätte und eine Wassergewinnungsanlage. Dann ein Rechtsknick im Weg. Ihn flankieren sogenannte Nieheimer Flechthecken. Diese lebenden Zäune zur Abgrenzung von Weideflächen sind typische Botschafter der westfälischen Kulturlandschaft. Bald schwenken wir wieder in die Adolph-Kolping-Straße ein. Bevor wir den Ausgangspunkt erreichen, winkt noch eine Zielprämie: Links in den Piepenborn und nach höchstens 200 m zum **Hotel Restaurant Berghof** 04. Wir kehren ein, anschließend sind wir gestärkt für einen Nieheimer Stadtbummel.

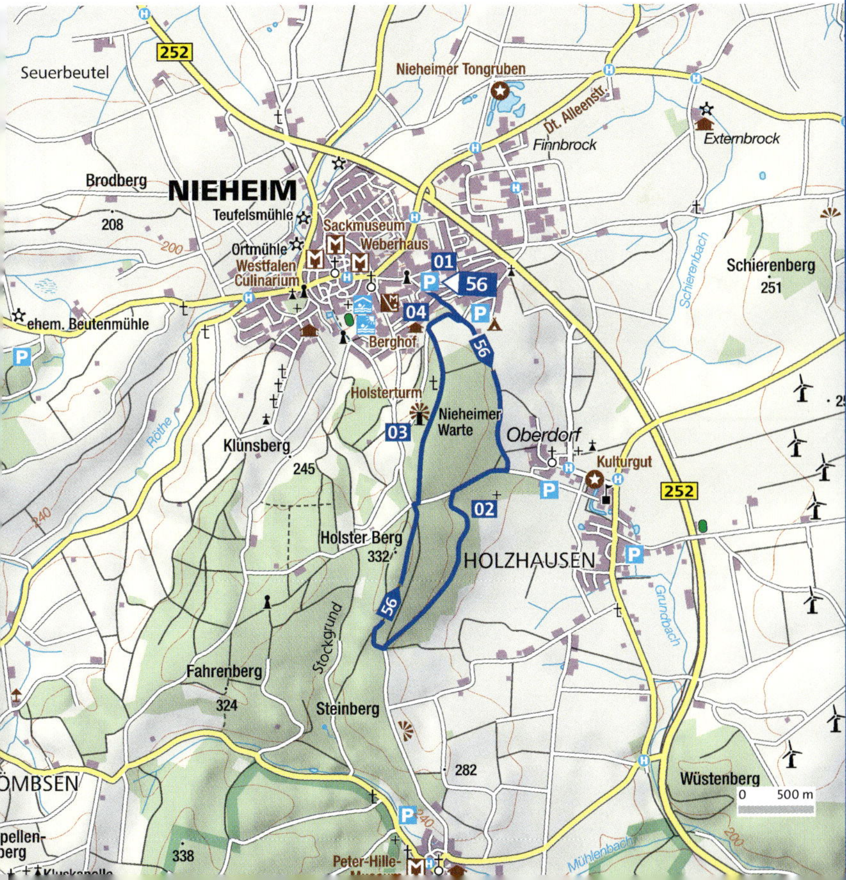

BURG – HÖHRATH – GLÜDER

Vom Schloss Burg zur Sengbachtalsperre

14 km · 3:30 h · 232 hm · 327 hm · 756

START | Solingen-Burg, Unterburg im Wuppertal (100 m).
A 1 Wermelskirchen. ÖPV: Bus 653, 683, 687 (Ausflugslinie) Burg Brücke. Bus 266 (VRS), 687 Burg Schloss
[GPS: UTM Zone 32 x: 370.450 m y: 5.666.760 m]
CHARAKTER | Tal- und Höhenwanderung mit einigem Auf und Ab, nahezu durchgehend durch Wald

Ehrenmal des Bergischen Feldartillerie-Reg. 59 bei Schloss Burg.

Vom Schloss Burg wandern Sie oberhalb der reizvoll gelegenen Sengbachtalsperre hinunter zur Wupper und durch deren rechte Talhänge.

▶ Zunächst fahren Sie mit der Seilbahn von **Unterburg** nach **Oberburg** 01 hoch (Fahrplan www.seilbahn-burg.de) oder steigen zu Fuß auf, Mark. „Doppelwinkel". Von der Bergstation rechts durch die Schlossanlage. Rechts über den Parkplatz mit Mark. X19 (Schlösserweg), Wegw. Fußweg Höhrath. Steil in einen Einschnitt hinunter und wieder

aufwärts, vorbei an Ehrenmal, nach **Höhrath** 02. Rechts in den Ort und mit Markierung S im Kreis (Klingenpfad) am Bushalt „Angerscheid" links ab. Rechts schwenken und am Waldrand links auf Fahrweg. An Wegteilung links auf dem Teerweg weiter. Mit weiten Windungen durch zwei Zuflusstäler der Sengbachtalsperre.
Einen dritten Zufluss aufwärts bis vor das **Autobahnviadukt** 03. Mit den S-Zeichen scharf rechts ab über den Bach. Im Hang eines Seitentals ansteigen. Am Waldrand rechts ab und durch den Hang hoch oberhalb der Talsperre. Schließlich beim Schild „Trinkwasserschutzgebiet" rechts auf Fußweg zum Damm hinunter (**Sengbachtalsperre** 04).
Kurz davor links auf Teerweg. An Einmündung geradeaus, dann schwenkt der Weg in ein Tal ein. In Rechtsbiegung vor Straße scharf rechts hinunter ins Tal, auch Markierung –. Zweimal über den Bach, links zur Straße und über die Wupper nach **Glüder** 05. Die S-Markierung verlassen und rechts über den großen Parkplatz mit Mark. – in den Wald. Ein Stück an der Wupper, dann im Hang ansteigen. An Wegteilung auf den linken, oberen Weg. Geradeaus durch den Hang das Seitental aufwärts, zuletzt auf breitem befestigtem Weg. Kurz vor der Petersmühle mit Mark. „umgekehrtes T" rechts hinunter und auf Steinen über den Bach. Aufwärts durch eine Sperre und bei der Mühle scharf rechts auf im Hang verlaufenden Teerweg, jetzt mit Mark. B im Kreis und N. Links Serpentine hoch, scharf rechts ab und an Wegweiserstein rechts zum Löns-Denkmal. An weiterem Stein ohne Markierung geradeaus, am Ende links zur Straße **Obus Stadtwald** 06. Mit Mark. A3 rechts und links ab über Parkplatz (Wegw. Fußweg Unterburg). Geradeaus im Hang abwärts, schließlich durch Einschnitt auf die andere Seite des Bergsporns und hinab nach **Unterburg** 07.

Schloss Burg

Schloss Burg an einer Schleife der tief eingeschnittenen Wupper ist eines der beliebtesten Ausflugsziele im Bergischen Land. Gleichwohl hat sich in der heutigen Anlage nur wenig Mittelalterliches erhalten. Die 1118 gegründete Burg der Herren von Berg, die 1380 ihre Residenz nach Düsseldorf verlegten, wurde 1648 zerstört. Ende des 19. Jh. wurde die Anlage in ihrer jetzigen Form erstellt und beherbergt das Bergische Museum. Außerdem wird sie für Ausstellungen und Konzerte genutzt. Öffnungszeiten: www.schlossburg.de

ALTENBERG – LINDSCHEID – NESCHEN

Vom Altenberger Dom zur Großen Dhünntalsperre

13,5 km | 3:30h | 150 hm | 150 hm | 756

START | Odenthal-Altenberg (90 m). A 1 Burscheid. ÖPV: Bus 212, 267 (Wanderbus) Altenberg
[GPS: UTM Zone 32 x: 368.840 m y: 5.657.430 m]
CHARAKTER | Vielfältige Tal- und Höhenwanderung

Der Altenberger Dom.

Vom Altenberger Dom, einem Wahrzeichen des Bergischen Lands, wandern Sie das Dhünntal aufwärts bis zur Talsperre. Dann geht es über die Höhe ins Seitental des Pfengstbachs.

▶ Vom Bushalt aus vor der **Dhünnbrücke** 01 links auf den „Uferweg" und auf Höhe des Doms geradeaus auf den **Märchenwaldweg**, Markierung unter anderem >8 und □. Vorbei am Gasthaus Märchenwald diesseits der **Dhünn** bleiben. Über einen Seitenbach, dann biegt der Weg im Talgrund unweit der Mündung des **Eifgenbachs** nach links.
An einem weiteren Seitenbach (Schutzhütte) trennen sich die Wege. Sie gehen weiter mit Mark. >8 und □ rechts über den Eifgenbach zur Straße und rechts ein Stück die Straße entlang zum Parkplatz **Schöllerhof** 02. Links ab, über den Fluss, dahinter links, und weiter das Dhünntal aufwärts. Vorbei an einsamem Anwesen, bei Schutzhütte unterhalb von **Maria in der Aue** 03 (ehemals Haus Haniel) wieder über den Fluss und rechts weiter bis zu Rasttisch. Hier biegen die >-Zeichen links ab, Sie gehen hingegen geradeaus weiter (Mark. □, E3, Wegw. Talsperre/Lindscheid). Durch einen Torbogen, über die Linnefe und vorbei am Forstbetriebshof des Wupperverbands, voraus ragt der Talsperrendamm auf. Auf Teerweg ansteigen und vorbei an einer Klinik auf **Lindscheid** zu. Kurz vor dem Weiler mit blauer Mark. (Talsperrenrundweg) rechts durch ein Tor auf Privatweg zur **Großen Dhünntalsperre** 04. Rechts über den

Damm, über breiten Querweg hinweg rechts auf ansteigenden Schotterweg und links aufwärts, Wegw. Eichholz/Neschen. Auf und ab oberhalb der Talsperre durch den Hang. Schließlich rechts auf Teerweg und an Einmündung des Wegs Bömberg links ab. Am Waldrand entlang, dann über Wiesen zum Ortsrand von **Neschen** 05. Jetzt die links biegende blaue Mark. verlassen, rechts in den Ort und links (Mark. A2) in die Ortsmitte.

Rechts auf die Verkehrsstraße und an der Straßengabel rechts Richtung Burscheid. Auf Pfad neben der Straße her bis zum Bushalt „Bömerich". Sie biegen halblinks nach **Feld** und folgen jetzt zurück bis Altenberg der Mark. A6. Geradeaus durch den Weiler, im Wald auf ungeteertem Weg abwärts.

An Wegteilung rechts. Über den **Pfengstbach** 06 und kurz die Böschung hoch. Rechts auf Fahrweg einschwenken und auf der linken Talseite bleiben. Schließlich auf Teerweg rechts zwischen Teichen durch, am jenseitigen Talhang links hoch, kurz neben Straße her und auf Fuß-/Radweg unter Querstraße durch nach **Altenberg** 01.

Altenberger Dom

Zisterziensermönche aus Morimond gründeten 1133 in Altenberg, unweit der Burg der Herren von Berg, ein Kloster. Etwas später wurde der Grundstein für die Kirche gelegt. Ihre endgültige Form erhielt sie um die Wende zum 15. Jh. Nachdem das Kloster 1803 aufgelöst wurde, verfielen Kirche und Abtei zusehends. Der preußische König Friedrich Wilhelm III. konnte dafür gewonnen werden, neben der Vollendung des Kölner Doms auch die Altenberger Klosterkirche, die im Sprachgebrauch auch als Dom bezeichnet wird, wieder aufzubauen. Die Einweihung fand 1847 statt, seither ist der Dom als Simultankirche unter staatlicher Obhut. Das gotische Westfenster, das größte Kirchenfenster Deutschlands, ist in Grautönen ausgeführt (sog. Grisaille-Technik), um der Abneigung der Zisterzienser gegen farbige Glasmalerei gerecht zu werden.

59

OVERATH – MARIALINDEN – WARTH

Über Marialinden ins Naafbachtal

11 km | 2:45 h | 235 hm | 235 hm | 758

START | Overath (90 m), Bahnhof (B 55, B 484). A 4 Overath
ÖPV: Bahn RB 25 Overath.
[GPS: UTM Zone 32 x: 379.920 m y: 5.643.830 m]
CHARAKTER | Höhen- und Talwanderung, großteils auf unbefestigten Wegen

Im Naafbachtal.

Zuerst geht es hinauf nach Marialinden mit seiner weithin sichtbaren doppeltürmigen Kirche; dann durch das Naafbachtal und einige seiner Seitentäler.

Vom **Bahnhof** 01 durch den Tunnel zum rückseitigen Eingang (Parkplatz) und links ein Stück die Bahn entlang. Wenn die Straße links über die Gleise führt, halbrechts in Fußweg „Am Aggersteg", Mark. >12 und Raute mit O. Über die **Agger** und in der Siedlung rechts in Straße „An der Brücke". An Gabel links aufwärts auf Straße „Kram". Am Siedlungsende nach links und ansteigen nach **Rittberg**. Rechts in Verkehrsstraße und hinter Bushäuschen halblinks auf unbefestigten Weg. Durch Bachsenke aufwärts, schließlich auf Pfad rechts biegend über Seitenbach und steil hoch zu Teerweg. Links, kurz darauf am Waldrand rechts und bei großem Platz links. Rechts haltend nach **Marialinden** 02 und geradeaus hoch zur imposanten Kirche.
Daneben rechts ab in die schmale Straße „An den Sieben Linden", Mark. zunächst <5. Geradeaus Meegener Straße durch die Siedlung. Hinter Haus 42 rechts ab auf den linken, unteren Weg.
In ein Tal und an Gabel kurz nach Waldeintritt jetzt mit Mark. A3 auf den linken Weg. Kurz hinter Seitenbach an Gabel links, im Wald bleiben. Schließlich auf Pfad über Hangsporn scharf rechts ins Tal schwenken. Bei Teichen scharf links in den Talgrund und rechts zwischen den Teichen durch. Am jenseitigen Hang rechts weiter talwärts.
Vorbei an Hausruine und rechts schwenkend durch Seiteneinschnitt geradeaus weiter, aus diesem Tal stößt der Bergische Weg dazu, dem Sie jetzt folgen. Der Weg mündet in Straße (**Naafbach-**

tal **03**). Diese schräg links überqueren und noch vor der Abzweigung Richtung Bonn scharf rechts einen unbefestigten Weg hinunter. Neben dem Straßendamm über den Bach, der kurz darauf in den Naafbach mündet. Links schwenkend das Tal abwärts. Wenn der Weg ein Seitental hinaufzieht, links auf schmalen Weg, im Naafbachtal bleibend. Bei Querpfad mit Zaundurchlass rechts ab und kurz darauf links, weiter den rechten Hang des Naafbachtals entlang. Mit zwei Zaundurchlässen über ein Wiesenstück zum Teerweg „Halzemich" und nach wenigen Metern scharf rechts in Querweg. Auf dem Teerweg weiter talwärts. Vor Seitenbach jetzt mit Mark. >5 rechts (Wegw. Warth) einen unbefestigten, schlechten Weg das Seitental aufwärts (Bergischer Weg biegt ab).

Auf der Höhe am **Weiler Warth** **04** rechts die Straße entlang, vorbei an zwei schönen Steinkreuzen und links ab in den Weg „Wasser". Scharf rechts in den Weg „Schiefental". In der Häusergruppe vor großem Fachwerkhaus scharf links hinunter, dabei wechseln Sie von Mark. >5 auf >3. Auf Grasweg durch den linken Talhang abwärts. Am Ende geradeaus auf Teerweg abwärts in den Overather Ortsteil **Wasser**. Auf der Straße „An der Brücke" zur bekannten Straßengabel. Geradeaus und links über die **Agger** zurück zum **Bahnhof** **01**.

Marialinden

Zentrum von Marialinden ist die Wallfahrtskirche Mariä Heimsuchung mit ihren markanten, weithin sichtbaren Doppeltürmen. Marialinden entstand an der alten auch von Pilgern genutzten Handelsstraße Köln – Siegen als Rastplatz nach dem anstrengenden Aufstieg aus dem Aggertal. Hier wurde zunächst ein Heiligenhäuschen, dann eine Kapelle und schließlich 1512–15 die Kirche errichtet, die bald ein eigenes Wallfahrtsziel der Marienverehrung wurde. Alljährlich wird in der ersten Juliwoche eine Festoktav zu Ehren der Gottesmutter gefeiert.

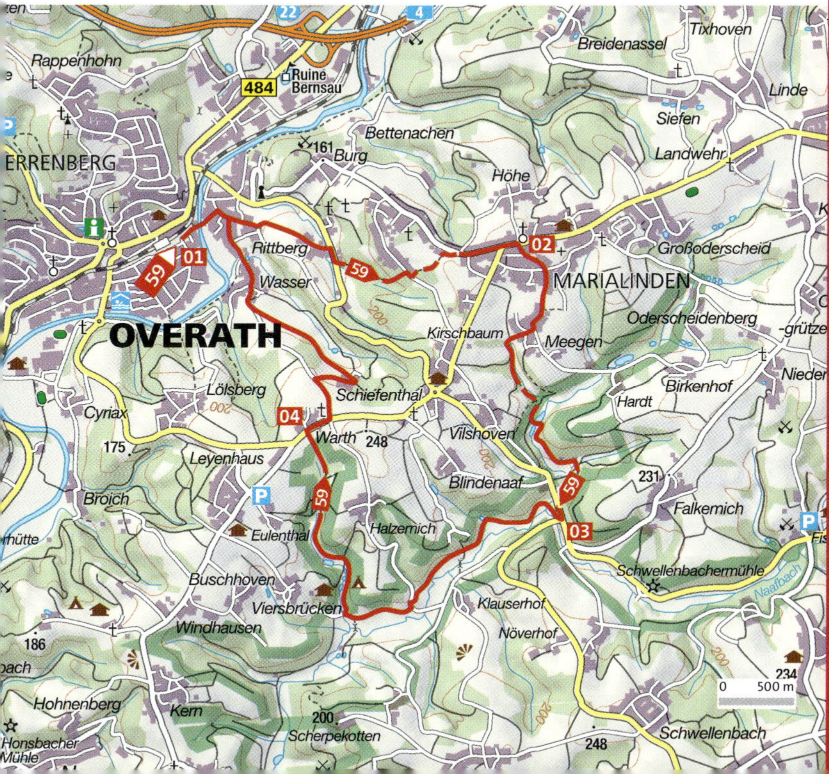

IM RINGELSTEINER WALD

Ein Grenzwald mit Geschichte

13 km | 3:30 h | 190 hm | 190hm | 841

START | Parkplatz „Ringelstein" bei der Haltestelle der Waldbahn Almetal (280 m), oder Bushaltestelle „Ort" (Linie 380, Mo–Fr)
[GPS: UTM Zone 32 x: 470.188 m y: 5.705.543 m]
CHARAKTER | Leichte, ruhige Waldwanderung mit dem Grenzsteinweg als lockendem Thema und der Almetalbahn als nostalgischem Transportmittel (www.waldbahnalmetal.de)

Der Grenzstein trennte einst die Herrschaft Büren von Rüthen und Brilon.

Am **Parkplatz 01** finden wir auf Infotafeln Wissenswertes zur Burgruine, zur Almetalbahn und Ringelsteiner Wald. Dann geht es rasch auf den Weg: parallel der Bahnstrecke den Richtungswegweisern nach Siddinghausen und Büren folgend, anfangs auf dem rot markierten Grenzsteinweg. Hinter dem Ende des Parkplatzes gemäß den Schildern zum Jugendwaldheim links ab. Bald an diesem vorbei und auf breitem Forstweg mit der Sauerland-Waldroute waldein und bergauf.

Nach knapp einer Gehstunde halten wir uns an einer Kreuzung mit der Sauerland-Waldroute rechts und erreichen kurz darauf eine Wegspinne mit **Schutzhütte 02**.

Hier erwartet uns der Grenzstein-Weg zurück. Mehr als 400 Jahre alte behauene Sandsteine (siehe Infotafel am Parkplatz) markieren eindrucksvoll den historischen Grenzverlauf zwischen der Herrschaft Büren und den Städten Rüthen und Brilon. Wir überlassen uns nun für eine gute Strecke dem Grenzsteinweg, die Markierung kennen wir ja. Er heißt hier auch Fahney-Weg. Dieser führt nach etwa 1 km an einer Gabelung nach rechts. Wir folgen. Wenig später, in einer markanten Linkskurve beim Grenzstein-Weg-Schild, biegen wir nach rechts und folgen dem Grenzsteinweg bergab auf einem Waldpfad.

Nach kurzer Waldpassage wieder auf breiten Forstweg, auf diesem rechts und in einem Linksbogen hinauf. Auf dem Spielenweg ein kurzes Stück zu einer **Schutzhütte 03**, dann halbrechts auf den Harlebachweg. Nach 1,5 km stehen wir am sogenannten **Zollpfosten 04**. Hier wird es nochmals grenzwertig: links das Hochstift Paderborn, rechts das Herzogtum Westfalen. Wir wählen den Mittel-

Die Schienen der Almetalbahn begleiten den Rückweg.

weg geradeaus und den Abstieg auf dem Harlebachweg entlang des Bachs. Nach etwa 2,5 km Abwärtstrend stehen wir an einer Kreuzung mit Gedenkstein zur Linken. Nicht weit ist es hier zum **Multhäupter Hammer** 05, in dem mit Wasser, das von der Alme abgezweigt wurde, in historischer Zeit Roheisen geschmiedet wurde.

Unser Plan zum Weiterweg ist längst geschmiedet: Es geht nun halblinks auf den Bahnrandweg (Ringelstein 3 km) und malerisch auf bequemem Weg am Waldrand dahin.

Die restliche Strecke – vorbei am Wetterschutzpilz Spechtenberg, unmittelbar zur Rechten das Gleis der Waldbahn Almetal, dahinter sanfte Auenböden mit dem mäandrierenden Lauf der Alme – füllt uns mit schönen Natureindrücken. Zum Abschied die Burgruine, die Almequellen?

IM NORDÖSTLICHEN LENNEGEBIRGE

Berg- und Talpartie über dem Hennesee

18,5 km | 4:45 h | 380 hm | 380hm | 841

START | Parkplatz Wiemketal südlich von Wallen (345 m)
[GPS: UTM Zone 32 x: 443.755 m y: 5.685.777 m]
CHARAKTER | Stetes Auf und Ab mit zwei steileren Passagen und aussichtsreicher Rast auf fast 600 m Höhe

Der Mast markiert den Gipfel der fast 600 m hohen Markshöhe.

Etwa 1 km südlich der Ortslage Wallen befindet sich – mit Unterstandshütten und großem Spielplatz – der ausgewiesene **Wanderparkplatz Wiemketal** 01. Hier halten wir uns sofort links, verlassen auf einem Teersträßchen mit der Markierung A2 leicht ansteigend den Wald und gelangen über freie Hangwiesen zu einem Querweg. Hier rechts, bis zum Waldrand. Dann links. Die Markierung heißt jetzt A3, der Bodenbelag Forstweg. Das waldfreie Gelände, in dem wir in einigen Kehren aufsteigen, ermöglicht uns immer weitreichendere Blicke nach links über das Ruhrtal hinaus in den Arnsberger Wald mit dem Mast des Stimmstamm' und dem Lörmecke-Turm. In einer Spitzkehre nach links geht es mit C3 hinauf auf den eingangs genannten Kamm.
Hier steht eine kleine **Schutzhütte** 02. Links von ihr ginge es weiter zum Hömberg. Unsere Aufmerksamkeit aber gilt dem Blick nach Süden: rechts das höhere Lennegebirge, vor uns und links das mächtige Rothaargebirge, das eine Idee gibt vom Begriff des „Landes der 1000 Berge"! Wir gehen geradeaus auf diese großartige Landschaft zu.
Vor einer Bergwiese gabelt sich der Weg, wir nehmen den linken. Zickzackförmig geht es auf C3 hinab und in den Wald hinein. Vor einem Gegenanstieg in einer Rechtskurve aufpassen: Hier nehmen wir einen schmalen, steilen Pfad nach rechts hinab. Mit Erreichen eines breiten Forstweges mit A6 nach rechts. Wenige 100 m geht es so, dann sehen wir vor uns den Mast der Markshöhe, ein späteres Ziel. Hier scharf links hinab in ein Tälchen und zu einem quer laufenden Teerweg. Auf diesem über einen Bach nach links und nach wenigen Metern die zweite Gelegenheit in einer Spitzkehre mit C2

rechts hinauf. Wir gewinnen auf leicht verwachsenem Waldweg eine weitere Kammhöhe. In kurzer Folge zwei Gabelungen: erst geradeaus, dann mit C2, zusätzlich A2 und A6 nach rechts.
Unser Weg senkt sich hinab zur Mülsborner Straße (L 914) im **Schürenbachtal** 03. Der folgen wir ein kurzes Stück zum Ort Schüren, den wir bald nach rechts verlassen: auf A6, der Straße „Zur Kastanie" und ziemlich steil. Auf eine Bergwiese und durch ein Holzgatter nach links. Ist der sportliche Anstieg geschafft, folgen wir beschaulich und wieder die Markshöhe im Blick rechts der Straße nach Oesterberge.
Mit der Markierung A3 und dem Hinweis „Markshöhe 1,6 km" an der ersten Kreuzung im Ort rechts. Vorbei an einem Hof mit Milchviehwirtschaft, bald dahinter links.
Wir nehmen den letzten, unsteilen Kilometer in Angriff und stehen auf der 591 m hohen **Markshöhe** 04 mit gemütlichem Rastplatz. Der größte Anstieg ist nun geschafft. Nach der verdienten Rast geht es nach links: „Winnberge 1,4 km" steht auf dem Wegweiser. Wir passieren einen Startplatz für Gleitschirme und bald darauf auf W5 die herrlich farbigen Blumenwiesen der Winnberge. So gelangen wir zu einem Unterstandshäuschen mit Hinweistafel. Hier nach rechts, u. a. mit der Zielangabe „Wallen". Wir halten auf den markanten Braberg zu, an dessen Rand sich die Wege verzweigen. Wir lesen „Wallen 4,4 km", gehen nach links, um den Braberg herum. Fast immer können die Blicke in die Ferne schweifen, nur selten geht es durch kleinere Baumgruppen.
An einem Querweg mit B2 und E links. An einer Kreuzung mit fünf Wegen geradeaus nach Wallen und absteigend um den Sülsberg. Eine Straße führt dann hinab nach Wallen, wir bleiben oberhalb mit dem Hinweis „Wiemketal 1,1 km". In dieses hinein zieht der Weg, wir gehen mit B2 nochmals ein Stück in den Wald, dann nimmt uns ein Teerweg nach links auf und führt uns in wenigen Minuten zurück zum **Parkplatz** 01.

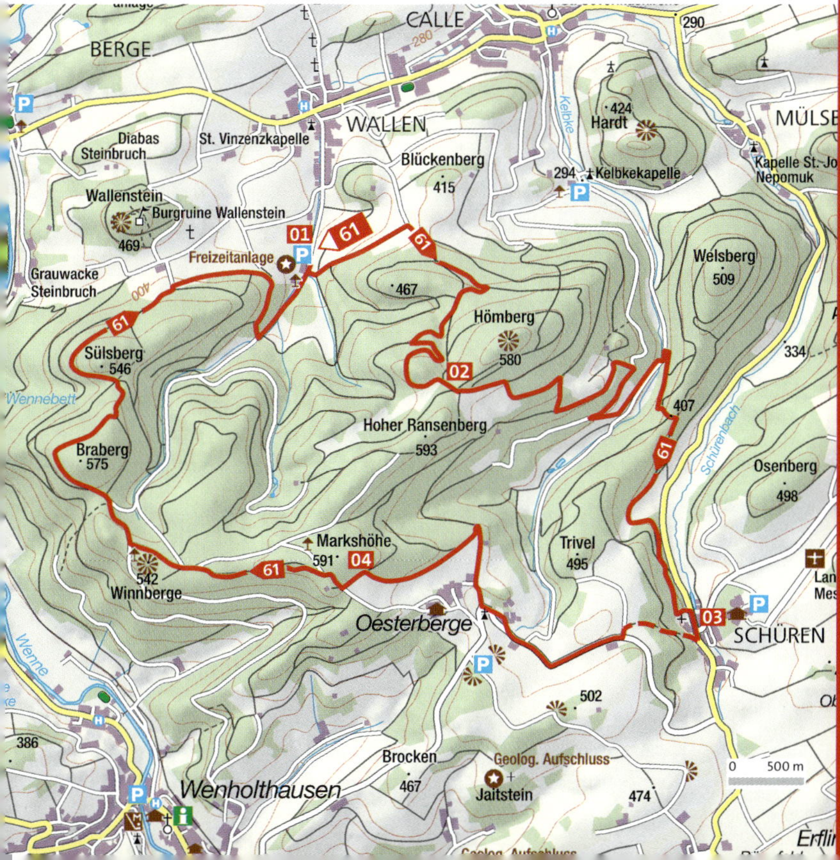

AUF DER KULTOUR BEI DROLSHAGEN

Naturkunst an der Listertalsperre

7,3 km | 2:00 h | 200 hm | 200 hm | 749

START | Parkplatz des Naturparks Ebbegebirge bei Gut Kalberschnacke (320 m) oder Haltestelle Am Listersee-Kalberschnacke der R52 Drolshagen-Olpe [GPS: UTM Zone 32 x: 416.614 m y: 5.658.325 m]
CHARAKTER | Stets gut gangbare Kurzwanderung mit viel Sehenswertem am Wegesrand

Waldgesäumter Listersee.

Das **Gut Kalberschnacke** 01 mit nahem Café-Restaurant und Campingplatz befindet sich in unmittelbarer Nähe der Listertalsperre. Auf deren Ufer halten wir zu, wenn wir starten. Zu einem Rundwanderweg der besonderen Art, bei dem originelle Kunstobjekte behutsam der Natur einverleibt wurden. Wir dürfen gespannt sein.
Vorbei an einem Kiosk mit Imbiss und Erfrischungen, folgen wir der Uferstraße für etwa 300 m in südöstliche Richtung und gehen dann rechts einen Waldweg hinauf – markiert mit großem D. Und schon begegnen wir einem ersten Kunst-Werk, das wie ein neu zusammengesetzter und mit allerlei Naturmaterial ergänzter Baumstamm daherkommt. Es handelt sich um einen sogenannten „Weggefährten“, der uns so ähnlich von nun an begleiten und Orientierung geben wird. Hier also nach rechts. Auf einem Waldweg ansteigend und uns nach dem Schilderhinweis richtend, werden wir in kurzer Folge überrascht von formen- und ideenreichen Installationen am Wegesrand: mehr als faustgroße Kiesel umringen, am Boden liegend, Baumstämme; Schlängellinien sind auf Steine und Stämme gemalt; Baumscheiben – wie Blüten drapiert – hängen an kleinen Zweigen; rote Geweihe ragen wie Kleiderhaken aus einem abgestorbenen Stamm, dem „Gehörnten“.
Viel mehr Kunstbeschreibungen soll es hier nicht mehr geben. Vielmehr sind wir herausgefordert, selbst zu erspüren, zu entdecken und aufmerksam unseren Sinneswandel fortzusetzen. Inzwischen haben wir gut an Höhe zugelegt, verlassen den Wald, finden eine ab dem Frühjahr von Milchvieh beweidete Wiese. Am linken Wieseneck mit Sitzbank und schönem Fernblick über bewaldete Höhenzüge rechts einen Feldweg hinauf.
Die KuLTour-Werk-Schilder nennen lockend die nächsten Attraktionen. Hier „Gabi-One, Two, Three“. Wir überwinden ein verwittertes Teersträßchen und wählen an einem Wegedreizack die Mitte (Rhombus, D und A1). Wieder in schattigen Forst und nach kurzem Stück rechts ab und wieder leicht hinauf, lesen wir auf dem nächsten Schild „Jung-Würfel“. Dessen grob geometrischen Körper passieren wir **oberhalb Dumicke** 02 und gelangen an einen Querweg. Zuverlässig auch hier Naturkunst: ein Reisigbesen mit Hexenmaske. Wird hier der Wald gefegt? Wir gehen rechts, in Richtung „Zyklus“.
An einer Gabelung vor einer Wiese wandern wir links mit A2/A3 und zu einer Kreuzung mit einem Holzkreuz am Scheitel gegenüber. Links am Kreuz vorbei, in Richtung **Bühren** 03 mit aus-

gewiesener Salzgrotte, die zur Behandlung von Atemwegs- oder Hautproblemen besucht werden kann. Bevor es dorthin hinabginge, halten wir uns an unserem höchsten Wegepunkt mit einem gehörnten „Weggefährten" rechts (Zyklus). Nun geht es zurück und hinab. Gegenüber einem Hochsitz sind Natursteinstelen angeordnet. Hier rechts und talwärts.

An einer Kreuzung geradeaus zur „Baumschule". Ein Infopult beschreibt uns die Natur als wunderbaren Ort der Erkenntnis. Sieben Geistesgrößen der jüngeren und älteren Geschichte werden in diesem Sinne zitiert. Ihre Zitate finden sich auch an senkrecht aufgestellten Brettern im Wald dahinter. Weiter geht´s. An einem Waldeck mit Schonung sehen wir links unten die Häuser von Schreibershof. Hier begeben wir uns nach rechts und setzen mit D und A1 („Galoppierende Strohhaufen") unseren Talmarsch fort. Hier lohnt langsames, suchendes Gehen ganz besonders, denn nun folgen weitere KuLTour-Werke in kurzem Abstand. Die treuen „Weggefährten" lassen uns auf diesem künstlerisch üppigen Finale nicht im Stich.

Gleichsam als Zusammenfassung finden wir vor Ende der KuLTour eine Übersichtstafel zum „Kunst und Landschafts-Rundweg". Natürlich – diese 7,3 km lassen sich auch in umgekehrter Richtung erleben. Wer weiß, was es auf diesem Wege Neues zu entdecken gäbe?

Über die KuLTour

Das „K" steht für Kunst, das „L" für Landschaft. Kunst in der Landschaft – dieses Vorhaben, als Teil des langfristig angelegten Landart-Projektes Drolshagen, setzen 12 Frauen der Umgebung unter künstlerischer Leitung seit 2007 wirkungsvoll in Szene. Künstlerische Objekte, fast ausschließlich aus Naturmaterial geschaffen, wurden so in die Landschaft integriert, als gehörten sie natürlich dazu. Einige dieser Objekte müssen gesucht und entdeckt werden. So sind die Besucher aufgefordert, sich auf besonders intensive und kreative Weise mit der einzigartigen Natur des Südsauerlandes zu beschäftigen.

INS HEINSBERGER BERGLAND

Schroffe Klippen in stillem Wald

17,1 km | 5:00 h | 500 hm | 500 hm | 842

START | Wanderparkplatz an der Kirche in Heinsberg (440 m) oder Haltestelle Heinsberg-Ludwig der VGWS-Linie R93 Kirchhundem–Altenhundem [GPS: UTM Zone 32 x: 440.510 m y: 5.654.489 m]
CHARAKTER | Ergiebige Waldwanderung mit den Albaumer Klippen als natürlichem Höhepunkt

Auf den Albaumer Klippen.

Wanderparkplatz und Bushaltestelle als **Ausgangspunkt** 01 liegen nah beieinander. Wir gehen ein Stück die Hauptstraße hinab, dann hinter der Kirche rechts in die Oberhundemer Straße. Sofort links in die Eichholzstraße und mit der Markierung weißes Dreieck und Querbalken steil aus dem Ort hinaus. An einer Hangquerung nicht geradeaus, sondern links und nach einem längeren horizontalen Stück auf eine, von links einmündende Forststraße nach rechts hinauf. An beiden Punkten folgen wir der genannten Markierung. Und auch – nach Umgehung des **Hustenbergs** 02 – nach einer markanten Linkskurve, wenn wir den 2. Abzweig nach rechts aufwärts nehmen. Wollen wir in diesem wegereichen Gebiet Verhauer meiden, geben wir ein wenig Acht: An einem Hochstand links und unverändert markiert auf schmalerem Weg weiter, der sich bald zu einem Pfad verengt.

Bald wird es wieder bequemer und nach einer Weile senkt sich unter dem Gipfel des Lichtenhardts unser Weg und bereitet uns vor auf den landschaftlichen, zugleich geologischen Höhepunkt der Wanderung – die **Albaumer Klippen** 03, die auf einer Länge von bald einem Kilometer wie ein verwitterter Saurierrücken aus dem Hangwald ragen. Die Klippen, die unter Naturschutz stehen, sind das Ergebnis vulkanischer Tätigkeit, die dieses rötliche Gestein namens Quarzkeratophyr schuf. Unser Weiterweg beginnt an einer Felsenge. Dahinter geht es mit weißem Dreieck und Querbalken hinab und zwar recht steil und auf schmaler Spur. Bald mäßigt sich die Steilheit.

An breitem Querweg trennen sich unsere Markierungen, die bisher für gute Orientierung gesorgt haben. Mit A2 geht es nun weiter hinab, bis knapp vor das Örtchen **Böminghausen** 04. An einem schmiedeeisernen Kruzifix rechts. Hier lesen wir auch „Panoramapark", unser nächstes Zwischenziel. Zuverlässiges Wegesymbol bis dorthin: eine weiße Raute.

Nun durchqueren wir ohne nennenswerten Höhenunterschied, vorbei an einer Wasserstation, einen Waldgürtel und gelangen hinab nach Marmecke, das wir ebenfalls nur streifen. Malerisch geht es jetzt hinein und hinauf ins Marmecketal. Weiter ansteigend halten wir uns links, am Ende einer eingezäunten Schonung erneut links. Wir gelangen in ein weitläufiges Baumschulengelände, das sich zu beiden Seiten eines breiten Feldweges erstreckt. An einem etwas versteckten weißen Metallkreuz zur Linken nehmen wir rechts ein Asphaltsträßchen, den Baumschulenweg, wie wir später lesen. Es geht in ein drittes Dorf, wieder in einem Tal, nach **Rinsecke** 05, das wir an einer Landwirtschaft erreichen und sportlich erklimmen, denn steil geht es auf einer Dorfstraße hinauf. Noch 1,1 km zum Panoramapark. Bald zur Rechten geht ein Feldweg ab, der uns über das Schwarze Kreuz schnell zurück brächte nach Heinsberg. Wir aber folgen der, für den öffentlichen Verkehr gesperrten Straße und gelangen zum **„PanoramaPark Sauerland Wildpark“** 06.

Nach Parkbesuch oder Aufschub für später, folgen wir dem umzäunten Areal auf der Straße ein Stück zurück, biegen

An der Kirche von Heinsberg.

links auf einen Schotterweg ab und folgen bis zuletzt der Markierung Doppelstrich (Heinsberg 4,4 km). Das tun wir auch an einer Gabelung nach ungefähr 700 m: Nicht halbrechts hinab, sondern in spitzem Winkel nach links hinauf. Der Schotterweg endet und mündet als Rechtsbogen in einen, teils von Wasser überronnenen Pfad, der recht steil hinauf und durch eine Hochebene mit Ginsterbüschen führt. Wir erreichen ein Wäldchen und dahinter eine Teerstraße, die uns geradeaus zum über mannshohen Schwarzen Kreuz führt. In Versform lesen wir Trauriges von einem erschlagenen Schäfer.

Geradeaus gehend müssen wir noch ein kurzes Stück dem Asphalt trotzen, dann – am höchsten Tourenpunkt, dem 667 m hohen **Milsenberg** 07 – geht es auf einem Forststräßchen rechts hinab. Noch 2,5 km bis Heinsberg. Noch einmal überlassen wir uns einer ruhigen Waldpassage, dann treten die Bäume zurück, geben den Blick frei auf Heinsberg. Vorbei an einer kleinen Kapelle und über einen Feldweg, steigen wir vollends ab, erreichen an der Oberhundemer Straße unseren Ausgangsort und über einen Fußweg die Kirche.

KRONENBURG – TAUBKYLLTAL – KRONENBURGER SEE

Vom Burgort zu Tal und über den Steinert

15 km | 4:00 h | 310 hm | 310 hm | 836

START | Parkflächen vor dem Stadttor (550 m); Bus vom Bhf. Dahlem und von Blankenheim [GPS: UTM Zone 32 x: 320.550 m y: 5.582.240 m]
CHARAKTER | Tal-/Höhenwanderung. Am Burgort steile Abschnitte

Bergnest Kronenburg.

In **Kronenburg** 01 durch das Stadttor in den **Burgbering**. Vor dem Mitteltor rechts hoch zur Burgruine 02 mit **Eifelblick**. Wieder absteigen, neben der sehenswerten Kapelle die „Wilhelm-Tell-Gasse“ hinab zur „Burgstraße“.
Diese auf dem **Eifeler Quellenpfad** absteigen, unterhalb Haus Nr. 25 rechts in den Pfad, steil bergab nach **Kronenburgerhütte** 03; an der Bushaltestelle über die B 421 und den „Mühlenweg“ hinab; vor der **St.-Birgida-Kapelle** links über die **Kyll** 04. Rechts auf den **Schneifel-Pfad**: Von „In der Hüll“ rechts, über „Neuer Weg“, an der Gabelung (ab hier auch Markierung) die „Steinertstraße“ hoch; hinter der Überführung rechts und bergauf; nach 300 m rechts, dann links hoch, und an einer Gabelung vor der Höhe des **Steinert** 05 nach links; zuletzt vom Querweg links hinab ins **Tal der Taubkyll** 06. An dieser rechten Bachseite dem **Matthiasweg** folgen, zumeist talwärts, zuletzt nach einem Anstieg durch die Unterführung hinab nach **Hallschlag** 07. Unten im Rechtsbogen über die Taubkyll und auch den **Fangbach**, und neben der Taubkyll mit ihren **Kaskaden** 1 km bis zu den **Westwallhöckern**. Rechts über den Bach, und neben dem Freizeitpark über dem **Kronenburger See** weiter.
Über die **Vorsperre mit Fischtreppe** und rechts dem See entlang bis vor den **Staudamm** 08. Auf der Brücke über die B 421 und hoch zum **Ferienpark** 09. Nach rechts die Straße „Kleebusch“ vor der Gaststätte vorbei und abwärts bis zur Rechtskurve, von dort wieder 250 m ansteigen, dann rechts zur Grillhütte, aber gleich rechts durch das Tal des **Klingensiefen** und den steilen Pfad hoch. Auf dem nächsten Querweg links herum zum **Ausgangspunkt** 01.

Kronenburg (Dahlem)

Malerisches Bergnest mit Toren und Burgbering. Von der Burgruine fantastischer Rundumblick. Kirche mit Zentralsäule und einer berühmten Pietà. Bedeutender Wander- und Fremdenverkehrsort. **Kronenburgerhütte**, einst Eisenhütte (Takenplatten). **Kronenburger See** (1,9 Mio. m³), Stauung der Kyll und Taubkyll.

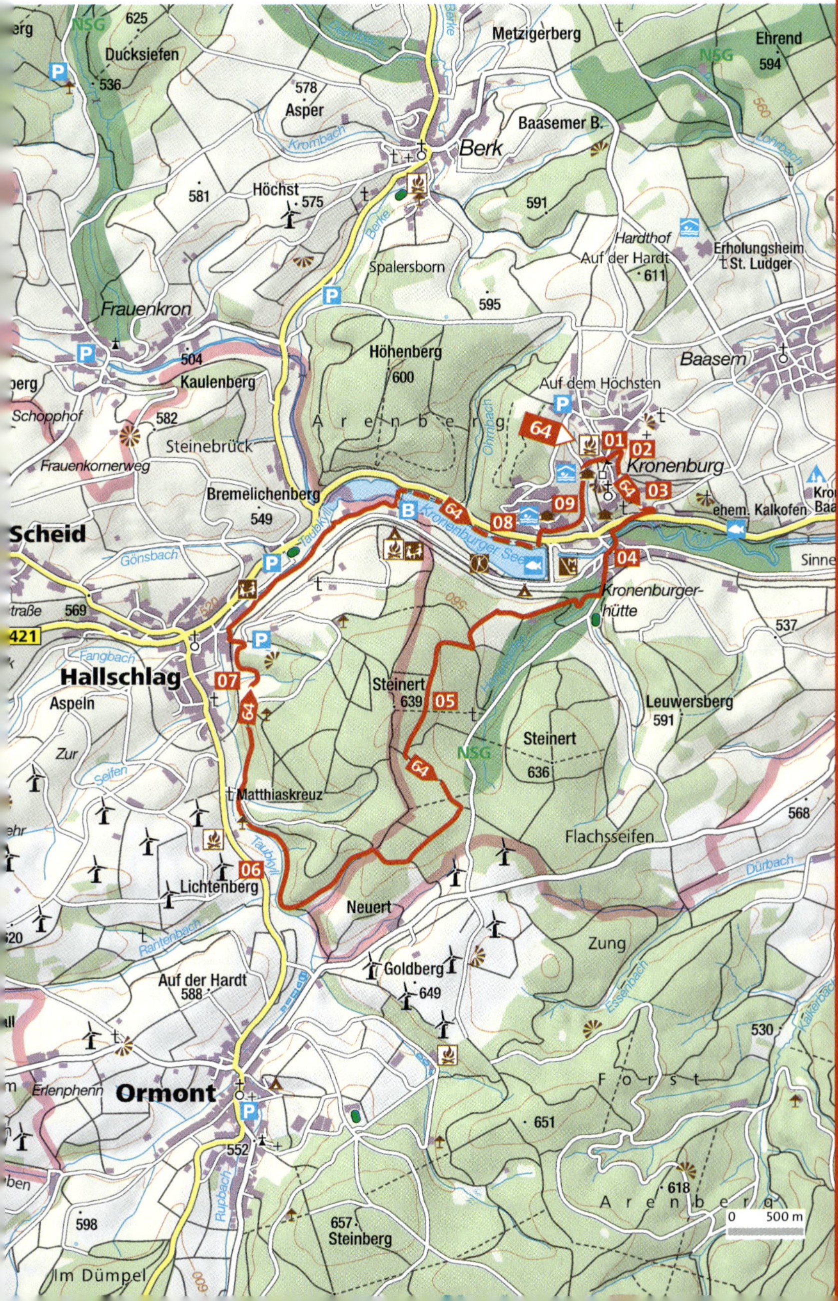

HECKENBACH – BOCKSHAHN – BEILSTEIN

Höhen- und Wacholderweg

16,5 km 5:00 h 465 hm 465 hm 820

START | Niederheckenbach (325 m), Parkmöglichkeiten am Forsthaus Tannenberg [GPS: UTM Zone 32 x: 362.570 m y: 5.592.220 m]
CHARAKTER | Kräftige Bergwanderung mit schönen Landblicken und durch ein bezauberndes Wacholderschutzgebiet. Fünf Stationen mit Landschaftsgeschichte

Wacholderwald am Wiwelsberg.

In Niederheckenbach **01** neben dem Forsthaus auf die **Historische Straße „Wacholderweg“** (h): Von Station 1 in den „Kirchweg“, schon vor der Kirche (Station 2) rechts stark bergauf; oberhalb des Waldes leicht links über die Wiesenhöhe, auf Querweg links durch den Wald.

Oben von der Kreuzung scharf rechts am Waldrand hoch und 1,2 km stets bergauf bis zum Rettungspunkt am Wasserbehälter; um den Wald **am Hühnerberg 02**; in der Feldflur von der Gabelung links; oberhalb Cassel links den **Teerweg 03** hoch zum **Bockshahn 04** (Landblick bis zum Siebengebirge!) und weiter, später bergab; am Rettungspunkt mit der Querstraße nach links, um den **Düsselsberg 05**.

Vom unteren Waldaustritt links auf den Waldrandweg; ab Station 3 stärker waldabwärts zur L 85; oberhalb in die Straße Richtung Beilstein, doch schon nach 140 m rechts, auf Feldwegen zur **Kapelle 06** in **Beilstein**.

Die „Dorfstraße“ links herum ansteigen. Oben scharf rechts den „Wacholderweg“ hinauf zum Wald, und durch den urigen, lichten Bestand, ab Station 5 bis zu einer Kreuzung. Dort

nach rechts wieder auf die **Historische Straße „Wacholderweg“** (h, gegen die Pfeilrichtung), bald erneut rechts; im Waldrand links bergab bis zum hinzustoßenden Feldfahrweg.
Nun nach links, ab Linkskurve (Station 4, Schutzhütte, Rettungspunkt) am oberen Rand über dem Wacholderschutzgebiet am **Wiwelsberg** 07; doch schon in den nächsten Weg nach rechts, zwischen den Wacholdersäulen steil bergab. Von Abzweigung scharf links im Wald bergab, auch über den Bachgrund zu einer Fahrwegeverzweigung. Links und auf diesem Weg etwas ansteigen, dann noch 1,4 km bis zur **L 85** (Brücke) 08. Rechts am Straßenrand über den Heckenbach, dahinter links wieder aufwärts. Ab Wegkurve in gleicher Richtung auf Weg 6: Etwas verwachsen und als Hangpfad, auch mit kleinem Anstieg, zuletzt nach Niederheckenbach 01 zu unserem Ausgangspunkt.

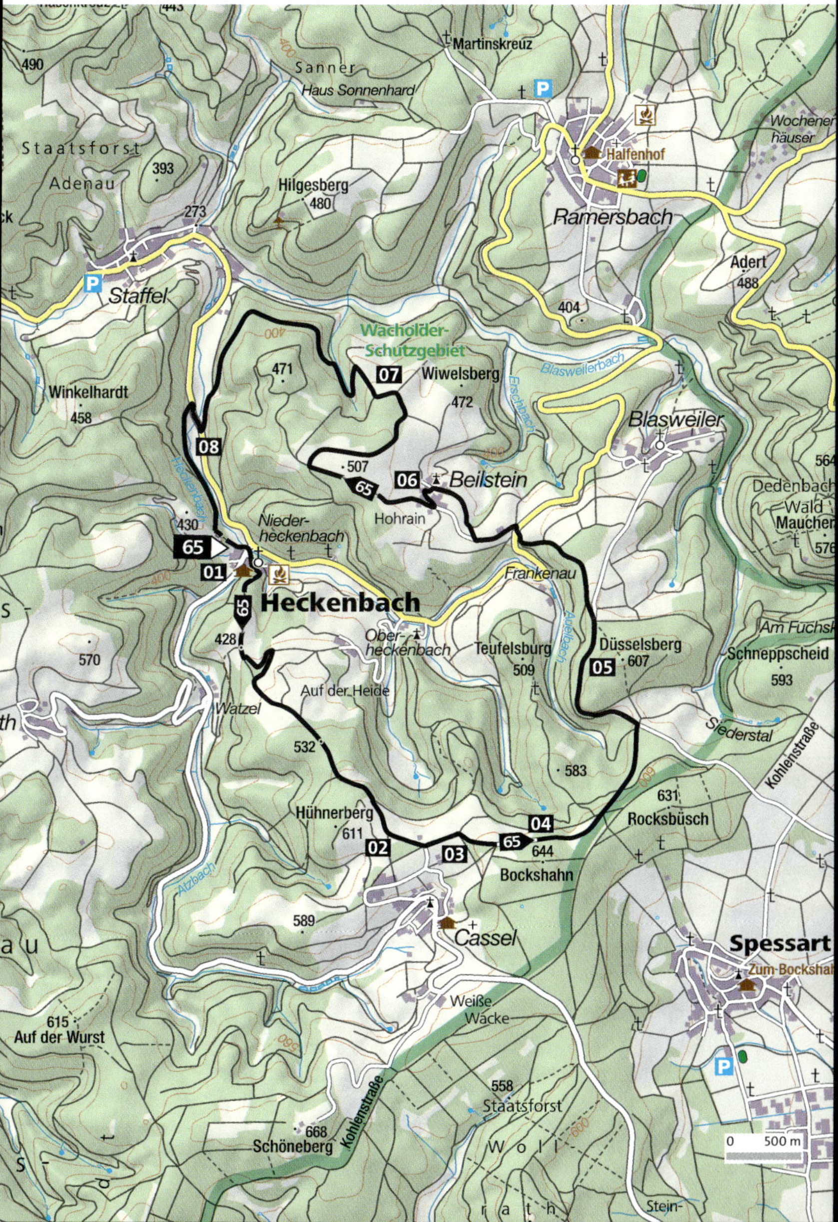

UM DAS BOOSER DOPPELMAAR

Bezaubernde Hocheifel-Vulkanwanderung

9 km | 3:00 h | 180 hm | 180 hm | 838

START | Wanderparkplatz der Vulkanparkstation „Booser Doppelmaar" westlich Boos (520 m). Zufahrt: L 94 von Nürburg, kurz vor der B 410 am Waldrand. Von Mayen oder Kelberg kommend Richtung Nürburgring abbiegen und gleich rechts hoch [GPS: UTM Zone 32 x: 357.800 m y: 5.575.030 m]
CHARAKTER | Gut beschilderte Wege und Pfade im Tal und über die Berge. Traumhafte Ausblicke, auch auf die Nürburg, vor allem vom Booser „Eifelturm". Zahlreiche Landschaftstafeln, etliche Rastplätze. Fotomotive!

Booser Eifelturm über Lavagrube, mit Besuchern.

Vor dem **Parkplatz** 01 nach rechts „zur Doppelmaar-Tour" auf den Traumpfad starten, bald im Wald Kehren hinab zum **Altparkplatz Schemel**. Neben der L 94 absteigen, die Straßenseite wechseln und abwärts, vor dem westlichen Maar links und am Waldrand um diesen **Booser Weiher** 02. 100 m vor der Landstraße rechts abwärts; über die Straße und mit der Baumreihe talwärts. Von den Pflaumenbäumen links und 1 km stets durch diese linke Talseite, auch am Trockenmaar entlang und bis zum querenden Stumpfarmweg (Tafel!) vor dem **Nitzbachtal** 03. Nach rechts über das Bächlein und im Wald ansteigen, vom Querweg links und 1,5 km hoch über dem schönen Nitzbachtal weiter; vom Waldende aufwärts, mit Blick auf die Nürburg und über den Ort Nitz. Einen Teerweg nur überqueren und den Pfad kräftig hoch zum **Hölgertberg** 04.
Mit dem Fahrweg über die Höhe kur-

ven, an der Kreuzung (Rettungspunkt) rechts durch die Feldflur, anschließend im Wehrholz 900 m leicht ansteigen bis zum Petrus-Bildstock. Über die Wegekreuzung leicht nach rechts. An der folgenden Kreuzung geradeaus, von der nächsten links hoch, über die Feldhöhe. Rechts zur Aussicht über Boos, weiter zum **Schneeberg**, wo der **Booser „Eifelturm“** 05 (125 Stufen!) erstiegen werden sollte: Rundblick über die Hoch-, Ost- und Vulkaneifel, zum Westerwald und Hunsrück. Vom Abstieg rechts um den Vulkanberg. Nach 100 m ist ein Abstecher in die Lavagrube mit einer Lavabombe möglich. Dann den Weg fortsetzen, auch an der Schutzhütte vorbei. Wenig danach am Schilderstock nicht rechts einbiegen(!), vielmehr geradeaus auf dem bisherigen Weg bleiben, nach leichtem Anstieg im Wald abwärts, direkt zum Ausgangspunkt.

Maare

Es handelt sich nicht um Krater, sondern um Mulden, die vor allem durch vulkanisch bedingte Wasserdampfexplosionen (so genannte Phreatomagmatische Explosionen) entstanden sind. Teils mit Wasser gefüllt, teils verlandet, bergen sie eine vielfältige Tier- und Pflanzenwelt.

RIOL – KUMER KNÜPPCHEN – RIOL

Rioler Klettersteig und Erlebnispfad „Rosen und Wein"

10 km | 2:30 h | 250 hm | 250 hm | 833

START | Rioler Fährhaus (135 m), Parkplatz und Bushaltestelle Riol, Bahnhofstraße am Ortseingang von Riol; Moselbahn-Buslinie Trier – Mehring – Neumagen
[GPS: UTM Zome 33 x: 341.217 m y: 5.518.532 m]
CHARAKTER | Fahrradfähige Wege auf dem Weinerlebnispfad, Trittsicherheit und Schwindelfreiheit sind erforderlich auf dem Klettersteig

Am Rioler Weinlehrpfad.

Der Rioler Klettersteig führt mit exzellenter Aussicht durch die Steilhänge oberhalb des Winzerdorfs Riol an der Römischen Weinstraße. Die Klettersteig-Vorrichtungen beschränken sich auf einige Seilsicherungen an ausgesetzten Passagen, ein Klettersteig-Set ist nicht nötig, der „Klettersteig" ist eher als Bergwanderweg einzustufen und für Klettersteig-Anfänger geeignet, gesunde Schwindelfreiheit vorausgesetzt. Der Aufstieg zum Klettersteig folgt dem Rioler Weinerlebnispfad „Rosen und Wein" am Römerberg.

▶ Vom **Rioler Fährhaus** 01 an der Mosel führt die Bahnhofstraße aufwärts in den alten Ortskern von **Riol** 02, die Martinskirche mit dem romanischen Westturm blickt friedlich zur Mosel hinab, lediglich der Weinlagennamen **Rioler Römerberg** 03 erinnert an kriegerische Zeiten – die Informationstafeln des Weinerlebnispfads erläutern die Hintergründe, informieren über den Weinbau von der Römerzeit bis heute und veranschaulichen den Weg von der Traube zum Wein. Der Einstieg in den Klettersteig erfolgt bei der **Schutzhütte** 04 zwischen den Weinerlebnispfad-Stationen Nr. 12 und Nr. 13. Der 1,4 km lange Bergwanderweg führt stellenweise durch steiles, felsiges Gelände, ausgesetzte Passagen sind mit Seilsicherungen versehen. Zwischen Mehlbeeren, Gemeinen Felsenbirnen, Pechnelken und Felsen-Fetthennen geht es hinauf zum Gipfelkreuz auf dem

Kumer Knüppchen 05 im Kammerwald in der Mehringer Schweiz. Hier bietet sich ein herrlicher Panoramablick über Mehring und die Rioler Talweitung. Vom Aussichtspunkt führt der Klettersteig steil hinab ins Molesbachtal und mündet wenig später wieder in den Weinerlebnispfad. Dieser führt bequem zurück nach **Riol** 02, dort geht es hinab zum **Ausgangspunkt** 01 an der Mosel.

Blick von Riol auf Mehring jenseits der Mosel.

Rioler Römerberg – Schlacht bei Rigodulum

Der Name der Weinlage „Rioler Römerberg" erinnert an die Zeiten vor bald 2000 Jahren, als Riol lateinisch *Rigodulum* hieß. Während des kelto-germanischen Bataver- und Trevereraufstands (69/70) besiegten die Römer in der Schlacht bei Rigodulum die Treverer (die „Trierer"). Die Treverer errichteten Schanzen und Steinbarrikaden in den Steilhängen über dem Moseltal, während die Römer von Mainz aus vorrückten. Wie der Geschichtsschreiber Publius Cornelius Tacitus schildert, ritten die Römer eine Zeit lang vor dem Schussfeld der Treverer hin und her, drängten sie dann aus ihren Stellungen „und warfen sie Hals über Kopf den Abhang hinunter – es sah aus wie ein Trümmerfeld". Am folgenden Tag eroberten die Römer das aufständische Trier.

MARIA LAACH – LAACHER SEE

Rund um den größten Kratersee der Vulkaneifel

9 km | 2:15 h | 100 hm | 100 hm | 833

START | Maria Laach (280 m), Parkplatz zwischen Kloster und Laacher See, ausgeschildert an der Landstraße (Deutsche Vulkanstraße). Anfahrt auf der Bundesautobahn A 61 Koblenz Richtung Köln Ausfahrt Mendig
[GPS: UTM Zome 33 x: 375.874 m y: 5.584.978 m]
CHARAKTER | Leichte Waldwanderung auf Forst- und Waldwegen

Die romanische Abteikirche Maria Laach.

Die Abtei Maria Laach und der Laacher See zählen zu den eindrucksvollsten Kultur-Natur-Ensembles im Bergland links der Mosel. Der Laacher See ist mit einer Fläche von 3,32 km² der größte wassergefüllte Kraterkessel der Vulkaneifel, die sechstürmige Klosterkirche der Benediktinerabtei Maria Laach am Südufer zählt zu den bedeutendsten Bauwerken der Romanik. Hauptblickfang während der leichten Uferwanderung ist die sechstürmige Silhouette der romanischen Klosterkirche.

Vom **Parkplatz Maria Laach 01** zwischen der Landstraße und dem Laacher See lohnt zu Beginn der Wanderung ein Besuch der Abteikirche. Vom ökologischen Hofladen am Parkplatz führt der Weg aufwärts, unterquert die Landstraße und erreicht den sehenswerten Klosterkomplex **Maria Laach 02**. Von den Klosteranlagen geht es auf demselben Weg zurück zum **Parkplatz Maria Laach 01** und am unteren Ende geradeaus durch aussichtsreiche Wiesen zu den Uferwäldern, in denen sich der Seerundweg links wendet. Ein schöner Blick auf den See bietet sich am gleich darauf erreichten Bootsverleih an der **Bootshalle 03**.
Vom Bootsverleih führt der Wanderweg zwischen dem Uferwaldstreifen und Wiesen an einem Sauerbrunnen vorbei nordwärts, zwischen den Zweigen fällt der Blick hinaus auf den See. Zwischen dem Minigolf und der Marina des Segelclubs Laacher See wechselt der Wanderweg auf die Zufahrt des **Camping Laacher See 04**, an dem das „Blockhaus am Laacher See“ zur Einkehr einlädt, und umgeht den Campingplatz im Wald. Im wei-

teren Verlauf finden sich längs des Uferwegs zahlreiche Plätze für eine Rast mit Blick über den Kratersee hinweg zur Abteikirche. Aus dem laubwaldgeschmückten Steilhang blicken hin und wieder Felsen herab, am Lorenzfelsen fließt ein Basaltlavastrom durch den Hang, Informationstafeln eines geologischen Lehrpfads erläutern die Hintergründe. Auf der als **Jägerspitze** bezeichneten Halbinsel im Südosten des Sees stand die **Alte Burg** 05, eine Burg Pfalzgraf Heinrichs II., der die Abtei 1093 stiftete. Hier verlässt der Uferwanderweg den Wald, wendet sich wenig später an einer Bimsstein-Informationstafel rechts und führt aussichtsreich durch die Feldflur zurück Richtung Abtei. Die Niederung zwischen Burg und Abtei war zur Zeit der Klostergründung weitflächig vermoort.

Um die Klostergebäude vor Überschwemmungen zu schützen, ließ Abt Fulbert um 1163 den 750 m langen **Fulbertstollen** als künstlichen Abfluss anlegen; dadurch wurde der Spiegel des Sees um 5 m abgesenkt. Am Ende der Niederung erreicht der Weg die Landstraße (Deutsche Vulkanstraße) und folgt ihr rechts zurück zum **Parkplatz Maria Laach** 01.

Laacher See: größte Caldera der Vulkaneifel

Der Laacher See ist mit einer Fläche von 3,32 km² der größte wassergefüllte Kraterkessel der Vulkaneifel, die sechstürmige Klosterkirche der Benediktinerabtei Maria Laach am Südufer zählt zu den bedeutendsten Bauwerken der Romanik. Vor rund 11.000 Jahren – im Juli 9080 v. Chr. – explodierte an der Stelle des Laacher Sees eine gigantische Magmakammer, die sich unter der Erdoberfläche gebildet hatte. Das Eruptionsmaterial lagerte sich als poröser Bims im gesamten Neuwieder Becken ab. Der bis zu 53 m tiefe Laacher See überstaut völlig den Kraterkessel. Seit 11.000 Jahren ruht zwar der Vulkanismus im Gebiet des Laacher Sees, doch die als „Mofetten“ bezeichneten Austrittsstellen von Gasen am Ostufer deuten auf andauernde unterirdische Aktivitäten hin. Der Name des fischreichen Sees, in dem sich vor allem Felchen, Hechte und Barsche tummeln, geht auf lateinisch *lacus* (See) zurück. Oberirdisch gespeist wird er nur durch kleine Bäche, sein Hauptzufluss ist ein starker Grundwasserstrom.

69

MOSELSTEIG-ETAPPE: NEEF – BREMM – EDIGER-ELLER

Über den steilsten Weinberg Europas

9,9km 3:00 h 660 hm 630 hm 833

START | Neef (90 m), Petersbergstraße, 1 Gehminute nördlich des Bahnhofs Neef an der Moselstrecke Trier – Cochem – Koblenz; der Bahnhof befindet sich ebenfalls an der Petersbergstraße
[GPS: UTM Zome 33 x: 366.942 m y: 5.550.519 m]
CHARAKTER | Kondition und passagenweise Trittsicherheit erfordernde Weinbergwanderung

Blick vom Calmont auf die Moselschleife mit der Klosterruine Stuben.

Der Bremmer Calmont thront sonnendurchflutet über der Bremmer Moselschleife. Obwohl die Etappe kurz ist, rauchen vielen Wanderern in diesem steilen Weinberg die Füße. Auf dem Gipfel des Calmont wurde ein gallorömischer Umgangstempel rekonstruiert. Das alte Bergheiligtum gewährt wie vor 2000 Jahren einen Panoramablick über die engste Moselschleife rund um den Petersberg und die Klosterruine Stuben.

Auf der Petersbergstraße im Hang des Petersbergs in **Neef** 01 folgt der Moselsteig der Bahnlinie kurz Richtung Ediger-Eller, wechselt in die Kloster-Stuben-Straße und überquert die Mosel vor dem Campingplatz auf der Kreisstraßenbrücke. Über dem linken Ufer strebt er in den Weinbergen dem Winzerort **Bremm** 02 zu, Steinbecher links und am Weingut rechts Steinbecher, gleich darauf links in die aussichtsreichen Weinberge über dem Ort mit Blick auf die Bremmer Moselschleife. Steil führt der Kreuzweg hinauf zur Bremmer **Bergkapelle** 03, hier kurz längs der Straße, dann rechts ab zum Wanderparkplatz und auf den Calmont.
Ausgeschildert ist der 1-Minuten-Abstecher zum aussichtsreichen **Gipfelkreuz** 04, bei dem im Sommer eine Straußwirtschaft geöffnet hat. Ein weiterer hervorragender Aussichtspunkt ist nach Passieren des rekonstruierten römischen Bergheiligtums der **Vier-Seen-Blick** 05, dann senkt sich der Moselsteig zur **Feuerwehrhütte**, wenig später ist der Aussichtspunkt **Eller Todesangst** ausge-

schildert, und der Moselsteig folgt dem **Klettersteig Calmont** hinab zur Schutzhütte **Galgenlay**, dort links hinab zum **Bahnhof Ediger-Eller** 06 im Ellerbachtal. Der Moselsteig folgt der Bahntrasse der Moselstrecke in Fahrtrichtung Neef und wechselt vor der Bundesstraße links in den Ortsteil **Eller** 07. Von der Ortslage folgt er der Bachstraße hinauf in die Weinberge, oben rechts und an den Ortsrand des malerischen Fachwerkdorfs **Ediger** 08. Spätmittelalterliche Gotik verbindet sich in den verwinkelten Gassen von Ediger mit stattlichen Fachwerkbauten, der Turm der Martinskirche oberhalb des Orts gilt vielen als schönster gotischer Kirchturm an der deutschen Mosel. Reste der ehemaligen Stadtmauer erinnern daran, dass Ediger im 14. Jh. Stadtrechte innehatte.

Wer den steilen Kreuzweg zur Heilig-Kreuz-Kapelle auf dem Eifelplateau hinaufsteigt, genießt ein wundervolles Panorama der Bremmer Moselschleife mit dem Hochkessel und dem Petersberg. Sehenswert im Inneren der Heilig-Kreuz-Kapelle, die 1480 vom Inquisitor Heinrich Institoris, dem „Hexenhammer", geweiht wurde, ist das Gemälde „Christus in der Kelter". Ältestes Gebäude im Ort ist der Templerhof aus dem 13. Jh.

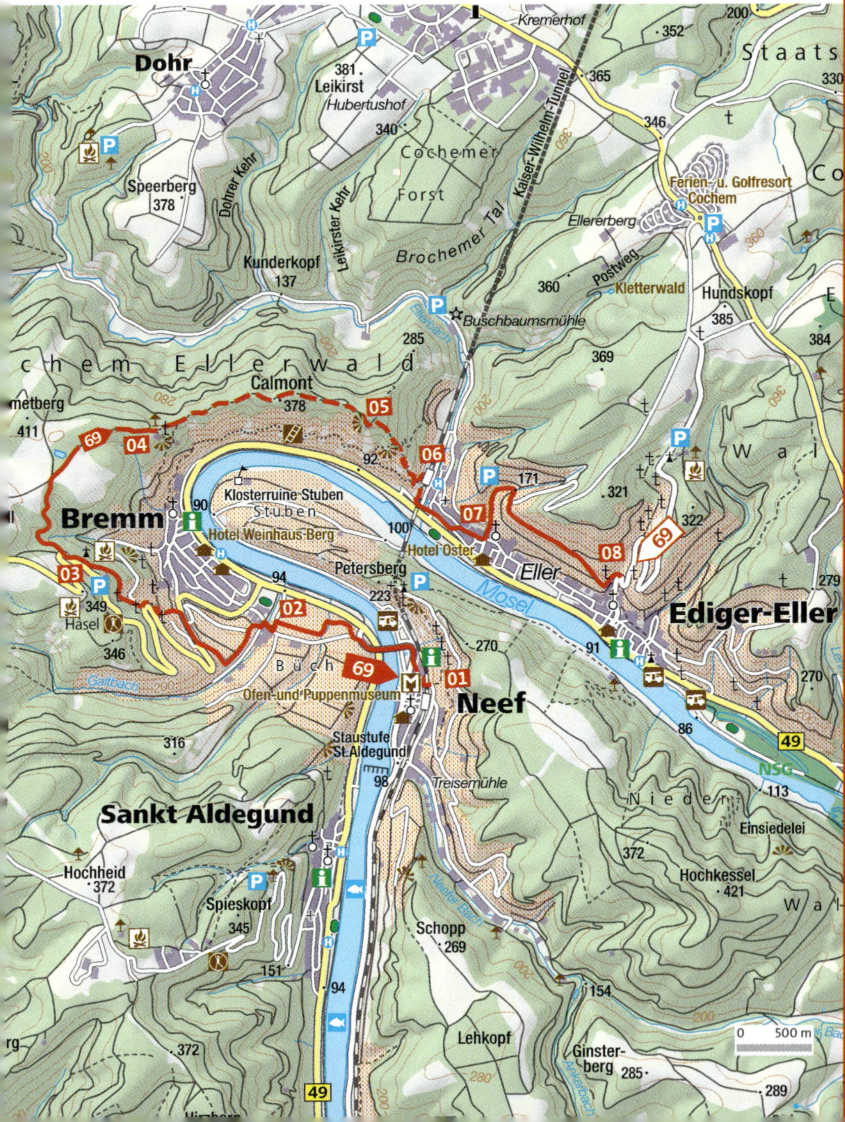

ABENTEUER WOLFSWEG

Wolfsgeheul, Gartenlust und Streuobstwiesen

10 km 3:00 h 168 hm 168 hm 825

START | Wolfspark in Merzig (225 m), Waldstraße; Parkplatz am Wolfsgehege [GPS: UTM Zone 32 x: 329.281 m y: 5.482.269 m]
CHARAKTER | Traumschleife, auf Pfaden und Wegen, Wälder, Wölfe und Streuobstwiesen erkunden, Baumsteigleiter und Sinnenbänke; urwaldähnliche Waldstrecken, schöne Blicke ins Merziger Becken, Premiumweg

Zum Auftakt der Wanderung geht es gleich durchs Gehege.

Die Runde kann man entweder am Wolfspark oder am Garten der Sinne starten. Unsere Beschreibung beginnt und endet mit den Wölfen, ein ungewöhnlicher Einstieg für eine Wanderung und sehr beeindruckend. Die Beschilderung ist gut und reichlich – die Saar-Hunsrück-Traumschleife – Zusatz „Wolfsweg" bzw. eine Wolfspfote auf weißem Grund weisen uns den Weg.

▶ Von der Infotafel am **Parkplatz am Wolfspark** 01 geht es vorbei am südlichen Gehege und – wie zur Begrüßung – liegen bei meiner Tour zwei Schwedische Wölfe direkt am Zaun und ein dritter geht unruhig auf und ab. Nach dem Gehege darf man die Abzweigung zum „Wolfsweg" nicht übersehen – ca. 200 Meter nach dem Zaun geht es links auf einen Pfad durch den Wald, der in einen weiteren Weg mündet und dann die Straße überquert. Hier gibt es Wegweiser, die es genau wissen: Wir sind jetzt 1 km vom Start und noch 4 km vom Garten der Sinne entfernt. Leicht ansteigend geht es auf breitem Waldweg voran, bis rechts ein Pfad teilweise auf Treppen bergab führt. Weiter auf dem Waldweg und dann durch ein **Bachtal** 02, das wir auf einer Baumsteigleiter verlassen. Raus aus der **Grät** geht es auf einem flacherem Pfad weiter. In der Folge lässt sich eine urwaldähnliche, wildromantische Atmosphäre spüren: Farne wachsen entlang des Weges, moosbewachsene Baumstämme sind links und rechts zu finden, Robinien und Haselnusssträucher strecken uns ihre Triebe entgegen. Hier kommt wieder ein Hinweisschild mit Kilometerangabe – wir sind nun noch 2 km vom Garten der Sinne entfernt. Nach einer Wiese geht der Weg links leicht bergauf und dann weiter auf einem Höhenrücken mit einer einladenden **Bank**, bevor ein schöner breiter Feldweg auf einer Strecke von ca. 300 Metern an **Apfelbäumen** vorbei und zu einer Sinnenbank führt. Hier ist der Blick frei über das Merziger Becken.

Noch ein paar Meter und es ist geschafft – wir haben den **„Garten der Sinne“** 03 erreicht und sind an der Umkehrschleife. Ein guter Zeitpunkt, um eine Rast einzulegen und das Herz zu erfreuen.

Der Rückweg zum Wolfspark führt an der Infotafel und am Rande des Parkplatzes entlang. An einer **Kleingartenanlage** vorbei, dann über ein aussichtsreiches Plateau Richtung Norden. Jetzt wandern wir durch Äcker und Wiesen, entlang einer Hecke aus Weißdorn und Feldahorn kommt Freude auf über die schönen Ausblicke und wenn Sie im weiteren Verlauf des Weges Schüsse hören – nur keine Panik! Wir sind hier auf Höhe der Bundeswehr-Kaserne „Auf der Ell“ und bevor man wieder in den Wald eintaucht, kommt man noch an **alten Obstbäumen** (schauen Sie sich die vielen Mistelzweige an, die hier drin sitzen!) vorbei. Der Pfad durch den Wald stößt bald auf einen breiteren Forstweg und leicht abwärts geht es Richtung Straße. Immer wieder kann man jetzt schon Wolfsgeheul hören. Und wir sind ja auch schon nah am Ziel und am Wolfspark! Nach der Überquerung der Straße folgt man wieder dem Schild Wolfsweg bzw. dem Weg Nr. 5 und kommt durch Buchenwälder bald auf einen festeren Waldweg, der sich noch ein Stück hinzieht und dann bei einer Bank links bergab durch eine Senke führt. Am Ende des **Hohlweges** kann man entweder links gleich an den Gehegen zum Ausgangspunkt zurückgehen. Für jene, die es schon nicht mehr erwarten können, würde ich diesen Weg vorschlagen. Oder man folgt der Markierung rechts (Weg Nr. 5 und Wolfsweg) und kommt auch so in einem weiten Bogen um die Wolfsgehege herum und nach leichtem Gefälle zum **Ausgangspunkt am Parkplatz** 01. Dann hat man den ganzen Rundweg mit der Wolfstatze absolviert und eine wundervoll-abwechslungsreiche Strecke zurückgelegt! Welche Runde Sie durch die Gehege nehmen, bleibt Ihnen und Ihrem Interesse an den Wölfen überlassen. Die Rundwege sind allesamt gut ausgeschildert und auf der Infotafel am Parkplatz beschrieben.

KLEINER LÜCKNER GANZ GROSS

Bunte Waldmischung mit romantischen Ausblicken – für den kleinen Naturhunger

8 km | 2:30 h | 265 hm | 265 hm | 825

START | Losheim-Wahlen (275 m), Restaurant Dellborner Mühle, Parkplatz [GPS: UTM Zone 32 x: 340.446 m y: 5.484.829 m]
CHARAKTER | Traumschleife, unbeschwerte Rundtour auf Waldeswegen und Pfaden, Rammenfels und idyllische Wege am Bach, Premiumweg

Durch Buchenwald geht es Richtung Dellborner Mühle.

Startpunkt unserer Rundtour ist das idyllisch gelegene **Wirtshaus Dellborner Mühle** 01, hier kann man parken und beide „Lückner-Touren" starten (es gibt auch eine große – den Lücknerweg). Der „Kleine" beginnt mit dem breiten, ebenen Forstweg oberhalb der Dellborner Mühle, kommt an einem Aussichtsturm vorbei und an einer **Feuchtwiese**. An einer Bank zweigt der Pfad links ab und folgt einem kleinen Seitenarm des Losheimer Baches, über idyllische Schleifen und das Bach-Plätschern im Ohr geht es dahin. Nach einigen Holzstegen steht man plötzlich vor dem hoch aufragenden **Rammenfels** 02 mit der Lourdesgrotte. Eine beeindruckende Felsformation, die vermutlich schon eine steinzeitliche Siedlungsstätte war.

Weiter wieder auf dem breiten Forstweg, dann rechts und wieder links zu einem Weg am Waldesrand. Dieser führt an einer Wiese, an einer **Koppel** und an Tennisplätzen vorbei und biegt dann in einen breiteren Forstweg rechts ein. Am Zusammentreffen mehrerer Wege folgt man kurz der asphaltierten Straße und verschwindet dann wieder rechts im Wald. Der Weg ist sehr gut ausgeschildert, immer wieder prangt an einem der nächsten Bäume das Schildchen „Kleiner Lückner". So kann man in Ruhe das Panorama genießen, durch die Bäume blitzt immer wieder das Gelb von Rapsfeldern.

Es geht am Forstweg weiter leicht aufwärts und bei der nächsten Abzweigung halten wir uns links. Und dann warten – wie bestellt – **zwei Bänke** am Waldesrand, zum Rasten und zum Genuss von Farben, Luft, Vogelgezwitscher oder auch einfach um etwas zu essen und zu trinken. Der Golfplatz Weiherhof ist linker Hand zu sehen und dann steht ein kleiner Anstieg auf breitem geschotterten Forstweg bevor, bis man zu einem Schild „Kleiner Lückner" mit zwei Varianten kommt. Ich nehme den Pfeil rechts und ein gewundener Anstieg führt durch den Laubwald und dann am Plateau in Windungen weiter (um den **Eisenberg** **03**, 400 hm, herum), einmal sind Holzstufen aufwärts zu bewältigen (16 – Sie könnten ja nachzählen), dann wieder eine Passage abwärts (19) und schließlich vereint man sich auf breitem Forstweg mit dem großen Wanderweg-Bruder (Lücknerweg). Dieser kommt von der linken Seite daher und weiter geht es über eine **Wiese** mit so etwas wie Almcharakter. Bei meiner Wanderung im Mai stehen hier Kühe oder besser gesagt liegen und schauen mich an, links und rechts kommt ein Hochstand daher und nach der Wiese – aufgepasst! – hier zackig links in den Wald und auf einem schönen schmalen Waldpfad durch den Mischwald. Mal schmäler, mal breiter, sehr abwechslungsreich und erholsam nähern wir uns Schritt für Schritt dem Ziel.

An der nächsten **Abzweigung** sagt uns der Wegweiser, wie weit wir noch zu gehen haben: Es sind jetzt 1,2 km bis nach Wahlen (aber da gehen wir nicht hin!) und 1,8 km bis zum Wirtshaus – da gehen wir hin. Und zwar auf Forstwegen und Pfaden, stetig bergab und langsam meldet sich auch der Appetit. Dazwischen steht noch die obligate **Sinnenbank** **04** (350 hm) mit schöner Sicht und dem schon bekannten Resultat, dass man nicht mehr aufstehen möchte, wenn man es sich einmal bequem gemacht hat. Der Blick schweift von hier zum Schloss Münchweiler und dann kommen die letzten Meter zum **Ausgangspunkt**. Am Ziel lockt das gut sortierte **Wirtshaus Dellborner Mühle** **01** mit kulinarischen Freuden und Unterhaltlichem auch für Kinder – und damit meine ich nicht nur die beiden kecken Truthähne!

FASZINATION TIEFENBACH-PFAD

Stege, Bäche, Wald und Weitblick bei St. Wendel

15 km | 5:00 h | 435 hm | 435 hm | 825

START | Parkplatz am Wendalinushof bei St. Wendel (398 m)
[GPS: UTM Zone 32 x: 369.998 m y: 5.481.138 m]
CHARAKTER | Pfade und Stege, Bachtäler und Natur pur, zahlreiche Schutzhütten und Rastplätze, immer wieder sensationelle Ausblicke ins St. Wendeler Land, Ausdauer erforderlich, Premiumweg

Die Wanderung beginnt und endet am Wendalinushof, der besonders in der Nachmittagssonne seine ganze Pracht zeigt.

Der Bosenberg (485 m) ist so etwas wie der Hausberg von St. Wendel und bietet eine ganze Reihe von Wandermöglichkeiten. Unsere Tour ist eine weitläufige Runde, die zahlreiche Naturerlebnisse unter einen (Wander-)Hut bringt. Romantische Bachtäler, urige Pfade, altehrwürdige Baumriesen und wunderbare Ausblicke warten. Was man mitbringen soll: Ruhe, ein bisschen Kondition, offene Augen für die Idylle und Proviant.

▶ Los geht es beim **Wendalinushof** 01, dem ehemaligen Bauernhof der Steyler Missionare, der bis heute bewirtschaftet wird.
Das große Areal bietet ausreichend Parkplätze und auch Gelegenheit, etwas Proviant zu kaufen.
Nach der Überquerung der Straße (L 307) startet der Weg leicht ansteigend und hält sich links, wo er bald im Wald verschwindet. Man kommt an einer Kurklinik vorbei und an einer **Schutzhütte** und stößt auf der Höhe von Urweiler auf den Rumbach, dem man nach rechts folgt. Der Bach führt uns zuerst durch ein Tälchen und weiter zu einem alten verlassenen **Steinbruch**, der heute Lebensraum für viele wärmeliebende Tier- und Pflanzenarten ist. Schön anzusehen sind die bemoosten Steinbrocken, welche die Wanderer begleiten und eine mystische Atmosphäre schaffen.
Nach dem Steinbruch geht es links weiter, man überquert einen Radweg und einen schönen **Aussichtsplatz mit Schutzhütte** und als nächstes Etappenziel warten ein paar sehr alte, ehrwürdige Genossen auf uns.
Die **Leitersweiler Buchen** sind weitum bekannt und stehen stolz und mächtig als Naturdenkmal am Weg ins Tiefenbachtal. Unter ihren Ästen lässt sich gut rasten und – unbedingt – der Panoramablick nach Leitersweiler hin genießen.

Seit etwa 250–300 Jahren stehen die Buchen hier und haben sicher schon so manchen Wanderer vorbeiziehen sehen! Der nächste Abschnitt führt uns zunächst am Waldesrand entlang mit Blick über ausgedehnte Felder Richtung Südosten und schließlich in das Naturschutzgebiet Tiefenbach.

Hier wartet auf dem Pfad entlang des Baches der **Bergmannsbrunnen** 02 mit seinem klaren Wasser, das schon einst für die Bergmannsleute auf dem Weg zur Arbeit Quelle der Labung war. Eine Trinkpause ist hier auf jeden Fall angesagt. Dann halten wir uns wieder an den Tiefenbach, der schmale Pfad schlängelt sich am Hang entlang leicht ansteigend in Richtung der Landstraße (L 307). Diese überqueren und schräg gegenüber „pirschen“ wir uns an unser nächstes Etappenziel heran – den **Fledermauskopf** 03. Die Stille des Waldes und die Urtümlichkeit der Pfade lassen uns direkt mit der Natur verschmelzen und oben dann die **Sinnenbank** 04 – ein Traum! Wer jetzt eine kürzere Route zurücknehmen möchte, kann auf dem Wendelinus-Pilgerweg retour zum Startpunkt gehen und verkürzt so die Tiefenbachpfad-Variante um ca. 5 km.

Wir aber genießen die gesamte Runde und weiter geht es auf einem Pfad, der zunehmend schmäler wird und das Bachtal des Lautenbachs mehrmals quert. An einem Teich vorbei und nach Überquerung des Seitersbaches nimmt man nach einer Rechtskurve Kurs auf den nächsten Aussichtspunkt. **Auf der Hoheit** 05 heißt dieser Bergsporn, der an seiner Westflanke einen sensationellen Blick auf St. Wendel und den St. Wendeler Kessel zu bieten hat.

Der letzte Wanderabschnitt zurück zum Wendalinushof ist eine geniale Mischung aus Blickfreiheit, Bänken, Naturgenuss und Vorfreude auf den Gaumengenuss am Schluss der Runde. Auf dem Feldweg Richtung Wendalinushof liegt uns die Stadt St. Wendel wie ein Postkartenmotiv zu Füßen. Wiesen, Felder, im Hintergrund der Turm der Basilika und vor Augen eine Stärkung im Gastgarten. Oder der Besuch der Gärtnerei oder ein Rundgang zu den Ochsen oder ...

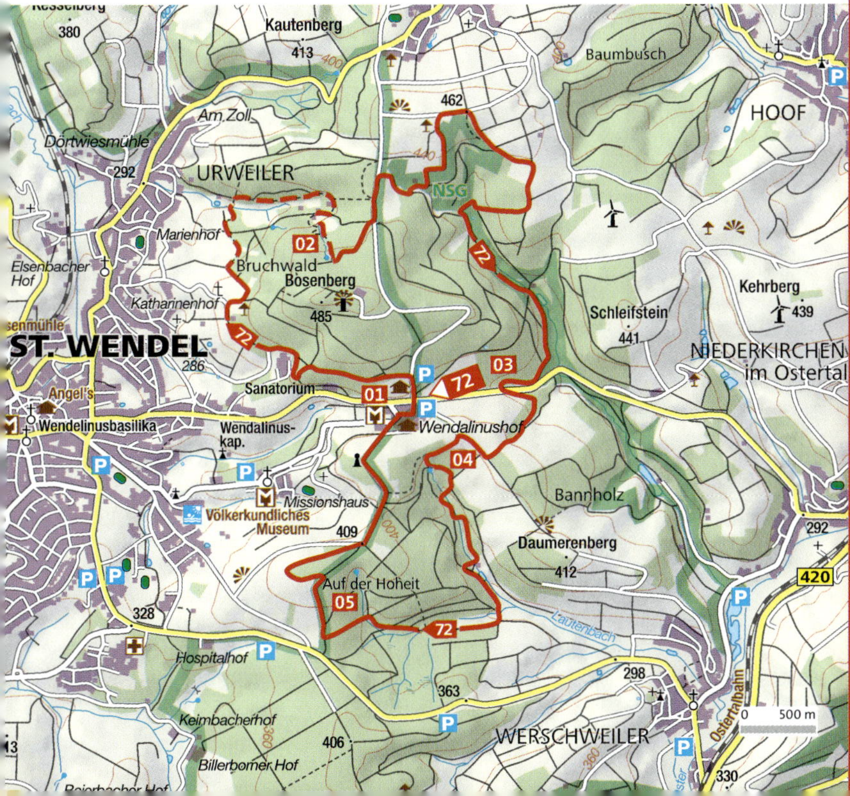

EINMAL UM DEN BOSTALSEE

Pack die Badehose ein und es kann losgehen

7 km 2:00 h 48 hm 48 hm 825

START | Parkplatz bei der Seeverwaltung St. Wendeler Land (400 m)
[GPS: UTM Zone 32 x: 359.934 m y: 5.491.730 m]
CHARAKTER | flache geruhsame Runde rund um den See, bequeme Wege in Ufernähe, Skulpturenstraße, Rastplätze, Bademöglichkeiten, Grillplätze

Zeit zum Schauen, Baden, Bootfahren.

Ist das nicht eine verlockende Idee? Einmal den größten Freizeitsee in Südwestdeutschland umrunden – und zwar per pedes! Zwei Strandbäder, eine Segelschule, ein Tretbootverleih und ein Seedampfer sorgen für Urlaubsvergnügen am und im Wasser. Auf dem Seerundweg lässt sich das Wassergeschehen vom Ufer aus beobachten und es bleibt genügend Zeit für Badespaß, zum Spielen und Einkehren.

▶ Wir legen bei der **Seeverwaltung/ Tourist-Information** 01 los. Hier befindet sich auch die Anlegestelle für den Tretbootverleih und die Personenschifffahrt. Es geht Richtung Süden am Musikpavillon vorbei, am Spielplatz und der Festwiese und wir treffen auf den Saarland-Rundwanderweg mit seiner markanten rot-weißen Markierung. Auf der rechten Seite befindet sich der beliebte **Campingplatz** und weiter führt die Runde durch das Naturschutzgebiet an der Südspitze. Hier trifft sich der Seeuferweg mit der Straße der Skulpturen und wir begegnen der Skulptur „Requiem für die Juden“ und dem „Liebesthron“. Dieser stammt vom Initiator der Skulpturenstraße Leo Kornbrust und lockt mit seinen steinernen Stufen nicht nur Kinder zum Hinaufsteigen und oben Platz nehmen. Na, wie ist der Blick von dort oben?

Die Umrundung des **Bostalsees** 02 findet im weiteren Verlauf direkt am Uferweg statt.

In der Biegung des Sees liegt eine Erhebung – der Rabenkopf (423 m), aber diesen lassen wir einfach rechts liegen und wandern jetzt Richtung Gonnesweiler. Zuerst auf der Staumauer, dann vorbei an der Surfbasis und am **Strandbad** 03. Nicht nur die Blicke auf den See sind herrlich entspannend. Auch die Möglichkeit, die Runde mal zwischendurch für einen Sprung ins erfrischende Nass zu unterbrechen – das hat seinen Reiz!

Weiter geht es mit schönen Blicken auf den See (teils durch Schilf!) am nördlichen Ufer entlang Richtung Eckelhausen, bis man in einer Haarnadelkurve scharf links abbiegt und auf die **Bosener Mühle** 04 zusteuert.
Hier gibt es einen Parkplatz, von dem man die Tour ebenso starten kann. Das „Kunstzentrum Bosener Mühle" bietet eine ganze Fülle von Veranstaltungen an: Malkurse, Ausstellungen, Kinderkurse.

Den Rückweg zeigt uns der schwarze Kreis des „Panoramawegs St. Wendeler Land". Dieser durchquert zuerst ein kühles Wäldchen und kommt an folgenden Lustbarkeiten vorbei: am größten Biergarten Südwestdeutschlands („Biergarten Bostalsee"), am Strandbad Bosen, am Bosaarium (jetzt ein Indoor-Spielplatz), am Bootspark und schließlich erreicht man die **Seeverwaltung** 01 und ist beim Ausgangspunkt angelangt.

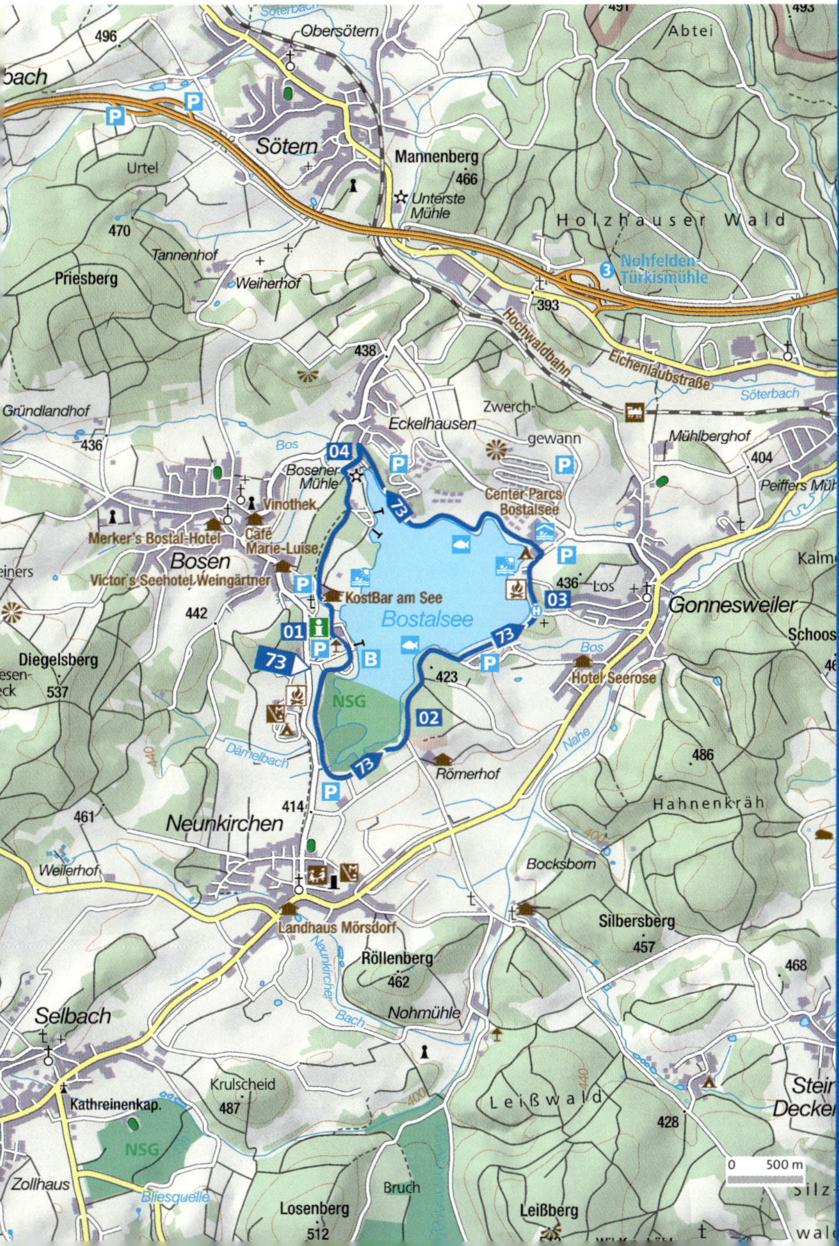

SCHIEFERGRUBE HERRENBERG – HELLKIRCH – SCHMIDTBURG

Hahnenbachtour

9,5 km | 3:00 h | 320 hm ↗ | 320 hm ↘ | 835

START | Parkplatz an der Schinderhannestränke (338 m) beim Besucherbergwerk Herrenberg, Ringstraße, 55606 Bundenbach [GPS: UTM Zone 32 x: 383.880 m y: 5.522.840 m]
CHARAKTER | Forstwege und naturnahe Pfade, Wald und Wasser, steile Anstiege und fantastische Aussichten

Blick zur Schmidtburg.

Die Wanderung führt beidseits des Hahnenbachs durch eine wildromantische Landschaft. Nirgendwo sonst im Hunsrück zeigen sich auf engem Raum so viele beeindruckende Spuren der Erdgeschichte und jahrtausendealter menschlicher Besiedlung. Höhepunkte sind ein Schieferbergwerk mit Fossilienmuseum, die rekonstruierte Keltensiedlung Altburg, die mächtige Schmidtburg und die Ruine Hellkirch. Außerdem wird ein Wassererlebnispfad berührt.
Wer die Schiefergrube und die Keltensiedlung besichtigen will, sollte reichlich Zeit einplanen. Diese Traumschleife wurde vom Deutschen Wanderinstitut mit sagenhaften 87 Erlebnispunkten bewertet.

▶ Vom Parkplatz an der **Schinderhannestränke** 01 in den Wald und links auf einen Pfad. Auf der ganzen Strecke leitet das Traumschleifensymbol. Bergab in eine Senke, auf breitem Waldweg bergan und schließlich mit Asphalt unter den Füßen am **Besucherbergwerk Herrenberg** 02 vorbei. Wieder bergan, dann rechts auf einen schmalen Weg und am Zugang zur **Keltensiedlung Altburg** vorbei. Nun auf die freie Höhe, dann auf einsetzendem Kiesweg in den Wald und stetig bergab zur Sinnesbank bei der **Schieferhalde Sinsenbach** 03. Hier rechts auf einen Pfad. Er geht in einen breiteren Weg über und führt ins Wiesengelände hinab. Auf einer Holzbrücke über den **Hahnenbach**. Nun links und am Waldrand entlang, bis die Markierung rechts in den Wald führt. Erst in Gegenrichtung, dann nach links und sehr steil zur **Ruine Hellkirch** 04 hinauf. Die einsam gelegene Ruine war im Dreißigjährigen Krieg vermutlich Wehrkirche und Fluchtort für die Bewohner der untergegangenen Weiler Blickersau und Unterau. Der Blick schweift weit über das Hahnenbachtal. Nun bergab. Grenzsteine aus dem 19. Jh. erinnern an die alte Grenze zwischen dem Großherzogtum Oldenburg und dem Königreich Preußen, heute Landkreisgrenze. Zu einer Kreuzung, rechts zur nahen Gabelung und links. Nun auf breitem Waldweg, den schmalen Brieler Bach querend zu einem Schotterweg und rechts. An Teichen und Feuchtgebieten entlang. Der Wanderweg deckt sich nun mit dem **Wassererlebnispfad**. An der ehemaligen **Schleifmühle Göttenau** vorbei zur **Ruine Schmidtburg** **05**. Sie wurde im 10. Jh. gegründet und war Stammburg der Nahegaugrafen. Die mächtige Anlage wurde im 17. Jh. zerstört und erst in den 1980er-Jahren aufwendig rekonstruiert. Zeitweilig hauste hier der Räuberhauptmann Schinderhannes.

Durch die Burg und hinab zum **Hahnenbach**. Bachabwärts und über eine Brücke zum **Forellenhof Reinhartsmühle** **06**. Auf einem Pfad den Wald hinauf, durch zwei **Felsentunnel**, die einst dem Schiefertransport dienten, und am **Schmidtburgblick** vorbei zum Parkplatz an der **Schinderhannestränke** **01** zurück. Unmittelbar vor dem Parkplatz bietet sich ein lohnender Abstecher an. Ein mit dickem Tau gesicherter Pfad führt sehr steil zum Aussichtspunkt Dickheck hinauf, der einen letzten Blick über das Tal und auf die Schmidtburg bietet.

Auf der Schmidtburg.

FRAUENBERG – NAHEKOPF – KLAUSFELSEN

Gräfin-Loretta-Weg

12 km | 4:00 h | 430 hm | 430 hm | 835

START | Parkplatz am Naheufer nahe Burgschänke (277 m), Bahnhofstraße 1, 55776 Frauenberg
[GPS: UTM Zone 32 x: 375.960 m y: 5.502.960 m]
CHARAKTER | Überwiegend Wald und unbefestigte Pfade, kräftige Steigungen und Gefälle, einladende Rastplätze und außergewöhnliche Panoramablicke

Die Frauenburg.

Diese abwechslungsreiche Wanderung führt beidseitig der Nahe durch Wald, an Bächen entlang und durch offene Flur. Stets aufs Neue öffnen sich eindrucksvolle Panoramablicke und es werden etliche geschichtsträchtige Plätze berührt. Infotafeln verleihen der Wanderung den Charakter eines Lehrpfades und vermitteln Wissen von keltischer Zeit bis heute.

Vom **Wanderparkplatz** 01 Richtung Burgschänke. Kurz vor der Straße rechts auf einen Wirtschaftsweg. Durch das hölzerne Eingangsportal beim Gedenkstein für den untergegangenen Ort Talfrauenberg. Auf einer Brücke über den **Maiwaldbach**. Dann geht's an der Ruine der **Burgkapelle** vorbei. Nach ungefähr 100 m scharf rechts auf einen Pfad und in Gegenrichtung zur **Frauenburg** 02 hinauf. Gegen den Uhrzeigersinn um die Burg herum, auf einem Pfad wieder zum Bach hinab und rechts. Beim kleinen Wasserfall des **Ellenbachs** über eine Brücke und steil bergan.

Die Zufahrtsstraße zum Truppenübungsplatz Baumholder queren. An einer Sinnesbank vorbei zum **Aussichtspunkt Burgblick** 03. Durch ein Holztor auf einen Pfad und auf den **Nahekopf** hinauf. Links haltend an den Aussichtspunkten **Sperlings Klippe** und **Wildelei** 04 vorbei. Der Weg zieht dann scharf nach rechts, an der **Allee der römischen Kaiser** vorbei und durch die Rekonstruktion einer römischen Toranlage.

Ein Pfad führt zur Militärstraße, knickt links ab und leitet durch dunkle Fichten zur **Keltenquelle**. Hier den Forstweg und den gleich folgenden Asphaltweg queren und weiter auf einem Waldweg. Mäßig bergab am Truppenübungsplatz entlang. Nach ca. 200 m links und über eine Brücke zum **Freizeitgelände Rinzendell** 05.

Rechts auf den Waldweg. Auf folgenden Linksabzweig. Auf die Anhöhe und rechts auf den **Pfad der Trolle**. Dem Serpentinenpfad folgend auf die Höhe und weiter auf einem Feldweg. Am Rastplatz **Dirks Ruh** 06, dem höchsten Punkt der Wanderung, vorbei. Bald bergab zu einer Kreuzung, rechts und weiter bergab. Etwa 50 m vor der Straße rechts den **Pfad des Jägers** hinauf.

Durch Hainbuchen-Eichenwald zu einem breiteren Weg und rechts. Auf folgenden rechts abzweigenden Forstweg. Hoch am Berghang durch das **Reich der Ameisen**, dann durch Buchenwald. Steil bergab zu einer Gabelung und rechts, aber sofort wieder links und beim sagenumwobenen Ort **Willrichs Hain** über den **Klausgraben** 07. Wieder bergan und geradeaus auf einen Forstweg. Bergab und auf folgenden schmalen Rechtsabzweig, den **Pfad der Wilderer**.

Folgende Gabelung rechts und zum **Rastplatz Hammerstein** 08 hinauf. Links auf einen breiten Weg. An einem Aussichtspunkt mit Sinnesbank vorbei zu einem Brunnen und links steil ins Tal. Die Straßenbrücke unterqueren, den Naheradweg überqueren, links auf einen Pfad und an der **Nahe** 09 entlang.

Über folgende Nahebrücke, rechts ab und die Bahnstrecke unterqueren. Vor einem Bach scharf links. Oberhalb der Bahnstrecke bergan durch den Wald. Durch die **Teufelspforte** auf einen Pfad. Den Teufelsgraben queren und den Gegenhang hinauf. Die Gabelung links. Am Aussichtspunkt **Weibersprung** mit Sinnesbank und Blick auf den **Klausfelsen**, auch Naheloreley genannt, vorbei. Bergab, die Bahnstrecke unterqueren und rechts auf den **Naheradweg**. Nach ca. 100 m rechts durch das Tor **Zu den Elfensümpfen**. Auf teilweise befestigtem Pfad durch Wald, an einer Wiese entlang und einem Feuchtbiotop vorbei. Den Hang hinauf zum Naheradweg und an der Straße entlang zum bereits sichtbaren **Ausgangspunkt** 01.

Die Frauenburg

Die Frauenburg wurde 1330 unter der jungen Witwe Loretta von Sponheim erbaut. 1328 gelang es der streitbaren Frau, den drohenden Kurfürst-Erzbischof Balduin von Trier zu entführen und für einen Monat auf der Starkenburg gefangen zu halten. Sie erreichte nicht nur die Zahlung eines hohen Lösegeldes, das ihr den Bau der Frauenburg ermöglichte, sondern auch die Lösung des über sie ausgesprochenen päpstlichen Bannes.

MÖRSDORF – HÄNGESEILBRÜCKE GEIERLAY

Schwingend auf der längsten Hängeseilbrücke Deutschlands

6,5 km | 2:30 h | 170 hm | 170 hm | 835

START | Besucherzentrum Geierlay, Kastellauner Straße 23, 56290 Mörsdorf (347 m) [GPS: UTM Zone 32 x: 381.849 m y: 5.551.458 m]
CHARAKTER | Ein befestigter Weg führt zur Respekt einflößenden Hängeseilbrücke Geierlay, die hervorragende Ausblicke auf den vorderen Hunsrück schenkt. Auf Waldwegen geht es zurück. Die Überquerung der Brücke ist ein faszinierendes Erlebnis, sofern man keine Höhenangst hat – schwindelfrei muss man allemal sein

Die Hängeseilbrücke Geierlay.

Vom Besucherzentrum in **Mörsdorf** 01 ortseinwärts entlang der Kastellauner Straße. Den grauen Schildern mit dem Geierlaylogo folgend links auf den Bucher Weg und durch die Flur zum **Mörsdorfer Brückenkopf** 02 am Mückenberg.

Nach der abenteuerlichen Überquerung der Hängeseilbrücke Geierlay geht es hinter dem Soosberger Brückenkopf in einigen Kurven links ins Mörsdorfer Bachtal hinab und dort links auf den **Saar-Hunsrück-Steig** 03 Richtung Blankenrath, am 5-Wege-Platz vorbei, über den Mörsdorfer Bach und über die Zuwegung des Saar-Hunsrück-Steiges steil bergan nach **Mörsdorf** 01 zurück.

Eine wahrlich abenteuerliche Überquerung.

Tipps

Die gebührenpflichtigen Parkplätze in Mörsdorf sind vor allem an Wochenenden überfüllt. Alternativ kann man in 56858 Sosberg, Kirchweg 11, starten. Hier stehen zwar weniger Parkplätze zur Verfügung, aber es sind auch weit weniger Touristen unterwegs. Zur Brücke sind es ab Soosberg etwa 2 km Fußweg.
Das Besucherzentrum in Mörsdorf ist auch ein guter Ausgangspunkt für eine Wanderung auf der Traumschleife „Masdascher Burgherrenweg", den man im Mörsdorfer Bachtal über den Saar-Hunsrück-Steig erreicht.

Die Geierlay-Brücke

wurde nach dem Vorbild nepalesischer Hängeseilbrücken erbaut. Sie schwingt sich zwischen den Hunsrücker Ortschaften Mörsdorf und Sosberg über das Mörsdorfer Bachtal. Mit 360 m Länge ist sie die längste Hängeseilbrücke Deutschlands. Die maximale Höhe über dem Boden beträgt knapp 100 m. Das Eigengewicht liegt bei 62 Tonnen. Die Brücke trägt maximal eine Last von 76,5 Tonnen. Die Eröffnung fand am 3. Oktober 2015 statt. Bis Ende des Jahres wurde die Brücke bereits von 100.000 Menschen überquert. Die Brücke ist ab Mörsdorf ausschließlich zu Fuß oder mit dem Rad zu erreichen. Sie kann kostenlos begangen werden und ist ganzjährig geöffnet, außer bei Sturm und Gewitter.
Info: Besucherzentrum Geierlay, Kastellauner Straße 23, 56290 Mörsdorf, Tel. 06762- 9631196, www.geierlay.de

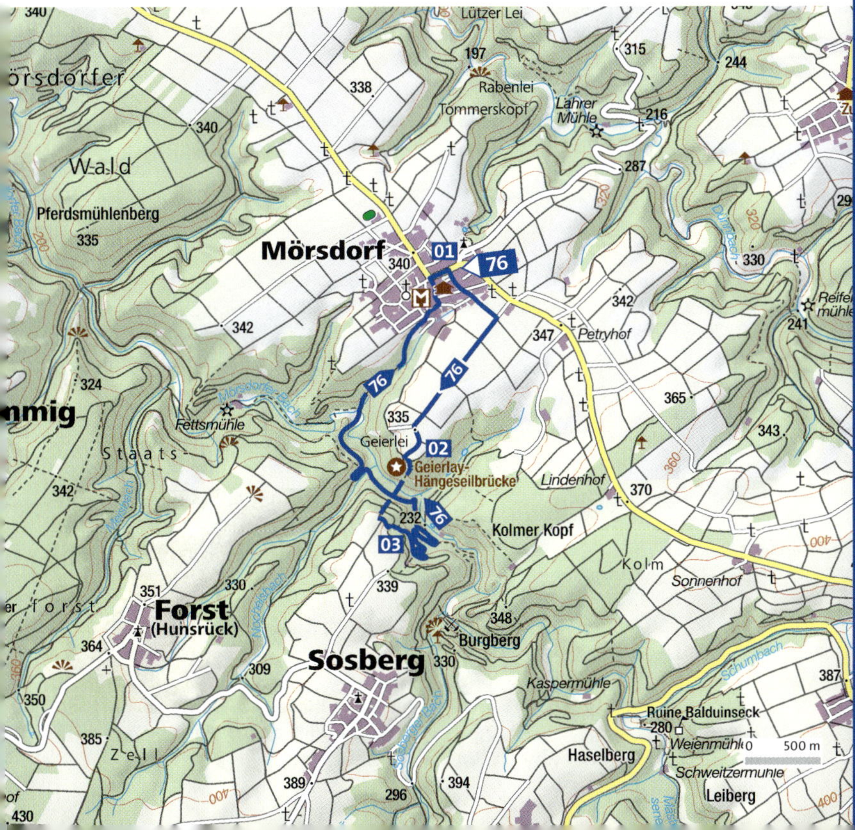

STUMPFWALDBAHN UND STUMPFWALDGERICHT „NEUN STÜHL“

Rundwanderung zu einer alten Waldgerichtsstätte

11 km | 3:30 h | 160 hm | 160 hm | 826

START | Parkplatz Eiswoog (255 m), 67305 Ramsen an der L395 zwischen Enkenbach-Alsenborn und Ramsen
[GPS: UTM Zone 32 x: 426.281 m y: 5.485.220 m]
CHARAKTER | Rundwanderweg mit einigen Steigungen im Stumpfwald; Wanderschuhe empfehlenswert

Unterwegs mit der Stumpfwaldbahn.

Der Eiswoog ist ein beliebtes Ausflugsziel in der Region für Jung und Alt. Bahnliebhaber bekommen beim Anblick der liebevoll restaurierten Feldbahnen große Augen. Staunen werden Kulturliebhaber am Stumpfwaldgericht.

Der Rundwanderweg 14 startet auf dem **großen Parkplatz Eiswoog** 01 unter der großen Stahlträgerbrücke an der L395 bei Ramsen. Hier befindet sich der kleine **Bahnhof der Stumpfwaldbahn** 02.
Der Verein Stumpfwaldbahn Ramsen e. V. unterhält seit 1997 eine Strecke von 2 km und seit 2007 ein weiteres Stück von ca. 1 km Länge. Die Bahn ist eine Museumsfeldbahn mit 600 mm Spurweite und verkehrt regelmäßig vom Frühjahr bis Herbst sonntags zwischen Eiswoog und Ramsen. Eine Fahrt lohnt sich auf jeden Fall (www.stumpfwaldbahn.de – **Fahrtzeiten beachten!**). Unser Weg führt die geteerte Straße hoch, bis wir das **Seehaus Forelle Haeckenhaus** 03 erreichen. Der **Eiswoog** mit dem Hotel bilden einen touristischen Schwerpunkt im Stumpfwald. Das Gelände mit dem Gebäude sind heute noch im Privatbesitz der Gienanth.
Im Hotel, in dem regionale Produkte angeboten werden, findet man eine Besonderheit, die historische Puppenstube, die von Arbeitern der Gienanth-Werke (Eisenberg) in Handarbeit hergestellt wurde.
Unser Weg läuft entlang am Ufer des Eiswoogs, mit Blick auf den landschaftlich reizvoll liegenden Weiher. Wir sehen rechts eine **Kneippanlage im See** 04 und kommen etwas später an eine **Aussichtsplattform** 05, die im Zuge eines barrierefreien Weges um den Eiswoog

anlegt wurde. Wir folgen weiter dem Rundwanderweg 14 bis zu der kleinen Unterstellhütte mit Weiher. Auf sandigem Weg wandern wir nun den Stumpfwald hoch.

Der Name Stumpfwald bezeichnet steile Hänge, die man mit „stampfenden Schritten" durch den Wald geht.

Wir überqueren die L 395, wandern auf einem historischem Grenzweg mit vielen Grenzsteinen „AE" = Alsenborn-Enkenbach, „NF" = Niederflörsheim, hoch zum **Stumpfwaldgericht „Neun Stühle" 06**. Das Gericht war ein altdeutscher Versammlungs- und Gerichtsplatz, bestehend aus neun im Kreis angeordneten Steinstühlen, man spricht von einer germanischen Thingstätte. Im Jahre 1390 wird Ritter St. Georg als oberster Gerichtsherr genannt. Weitere Gerichtsherren waren die Grafen von Leinigen und die Herren von Stauff. Die Anlage, die vermutlich 1604 noch bestand, ist heute rekonstruiert. Jeder Stein trägt den Namen einer der neun stumpfwaldberechtigten Gemeinden, die den Namen Neunmärker führen. Das Recht, das heute noch besteht, sagt aus, dass jeder der Stumpfwaldberechtigten, die einen Ofen zuhause haben, Holz aus diesem Gebiet bekommen. Die Beträge werden heute gesammelt und kommen heute wieder dem Wald zu Gute. Heutiger oberer „Gerichtsherr" ist der Bürgermeister von Ramsen.

Wir biegen am „Gericht" rechts ab, der Rundweg 14 geht nun durch eine längere Passage, mit herrlichen Waldabschnitten, abwärts bis zu den Landschaftsweihern im Hemsbacher Tal, zum Kleehof, einem ehemaligen Gasthof. Linker Hand liegt nun (über der L395) eine schön angelegte **Kneippanlage 07**, in der wir unsere Füße abkühlen können (**Vorsicht bei der Straßenüberquerung!**).

Wir folgen weiter der Markierung 14, parallel durch den Wald an der L395, überqueren diese und kommen zum **Stumpfwaldbahnhof Bockbachtal 08** am Kleehofweiher. Hier besteht nun die Möglichkeit vom Frühjahr bis Herbst sonntags mit der Stumpfwaldbahn den letzten Teil der Tour bis zum Eiswoog zu fahren – eine wunderschöne Fahrt, die man genießen sollte. Ansonsten geht es zu Fuß noch ca. 2 km parallel der Bahnstrecke zum **Parkplatz Eiswoog 01**, unserem Ausgangspunkt.

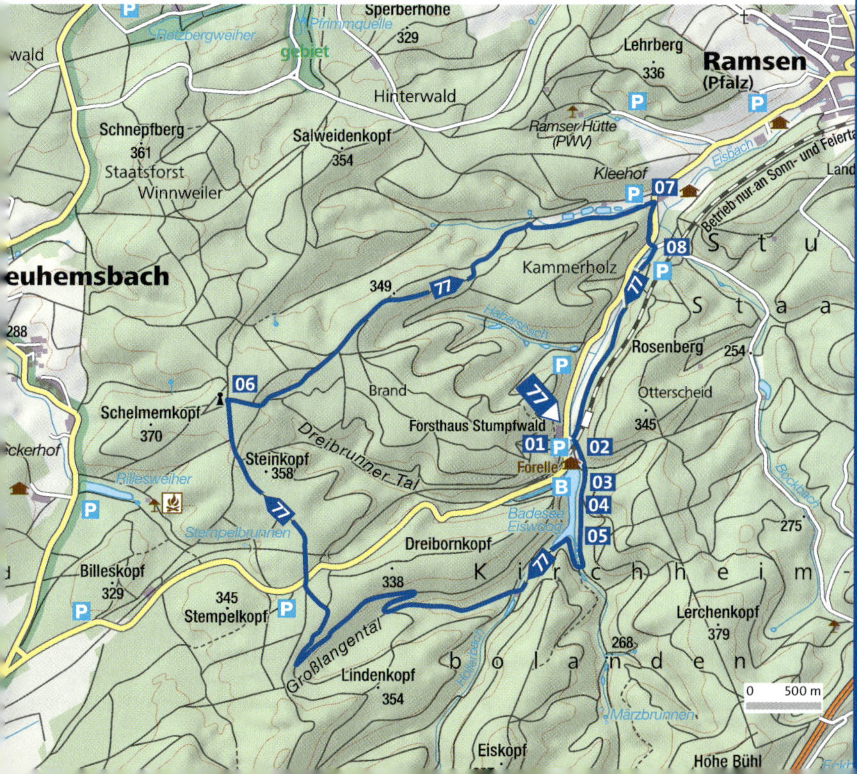

DURCH DIE HOTTENBACHAUE ZUM FREILICHTMUSEUM

Der Hottenbachweg

12,7 km | 3:30 h | 237 hm | 237 hm | 831

START | Parkplatz am Rheinland-Pfälzischen Freilichtmuseum (174 m), Nachtigallental 1, 55566 Bad Sobernheim
[GPS: UTM Zone 32 x: 403.152 m y: 5.514.328 m]
CHARAKTER | Wanderung auf vielen naturnahen Wegen, mit moderaten Auf- und Abstiegen; Wanderschuhe empfehlenswert

Blick vom Weg zum Kahlen Hahn.

Wanderung über die Höhen von Bad Sobernheim und am Hottenbach zurück. Ein Besuch im Rheinland-Pfälzischen Freilichtmuseum Bad Sobernheim lohnt sich.

Die Wanderung beginnt am **Parkplatz des Freilichtmuseums** 01 in Bad Sobernheim. Wir wandern das Nachtigallental talauswärts und biegen nach der Korezakstraße (rechts) links in einen Grasweg ein. Nach dem kurzen, steilen Anstieg werden wir vom **„Kurt-Eimer-Tempelchen“** 02 aus mit einer fantastischen Aussicht über Bad Sobernheim belohnt.

Durch schöne Waldpassagen folgen wir nun der Markierung Hottenbachweg über den Blocherberg, bachaufwärts, vorbei an Wiesen, bis wir rechts in den Wald einbiegen und an den Wegweiser „Kahler Hahn“ gelangen.

Hier lohnt sich ein ca. 1,6 km (hin und zurück) langer Umweg zum **Aussichtspunkt „Kahler Hahn“** 04. Schon unser Hinweg wird von einer **herrlichen Aussicht** 03 **Richtung Süden** belohnt.

Wieder zurück am Hinweisschild „Kahler Hahn“ geht es nach ca. 50 m rechts ab, durch eine wunderschön, naturbelassene Schluchtenlandschaft hinunter zum **Hotel Lohmühle** 05. Wir biegen nun rechts ab und wandern durch die **Talaue** 06 des Hottenbaches, durch Wiesenflächen, am Waldrand entlang bis kurz vor die Nahe bei Bad Sobernheim.

Der **Nahe** 07 flussabwärts folgend erreichen wir das Kurgebiet der Stadt Bad Sobernheim. Im **Kurpark** 08, an der Nahe kann man allerlei Vögel beim Fischen beobachten, man sollte sich Zeit nehmen. Über die Felkestraße, vorbei am **Kurhaus** 09 wandern wir nun das Nachtigallental hoch zum **Parkplatz des Freilichtmuseums** 01 in Bad Sobernheim. Ein Besuch im **Rheinland-Pfälzischen**

Freilichtmuseum lohnt sich auf jeden Fall. Hier erwacht das alltägliche Leben der letzten 500 Jahre zu neuem Leben. Knapp 40 historische Gebäude wurden an ihren Orginalstandorten in Rheinland-Pfalz abgebaut, auf dem Gelände des Museums wieder zusammengefügt und detailgetreu eingerichtet. Ergänzt durch Gärten, Felder, Streuobstwiesen, einem Weinberg, Weiden und die dazugehörigen Tiere vermitteln sie dem Besucher das Gefühl, in die Geschichte einzutauchen. Themen- und Aktionstage werden die ganze Saison, mit zusätzlichen Programmen, für die ganze Familie angeboten.

Rheinland-Pfälzisches Freilichtmuseum.

BAUMGEISTERTOUR

Rundwanderung im Binger Stadtwald

16,4 km | 5:30 h | 486 hm | 486 hm | 831

START | Parkplatz am Forsthaus Jägerhaus (316 m) in D-55425 Waldalgesheim [GPS: UTM Zone 32 x: 415.913 m y: 5.537.541 m]
CHARAKTER | Rundwanderung mit moderaten Auf- und Abstiegen durch viele Waldpassagen; Wanderschuhe sind empfehlenswert

Die Burg Rheinstein.

Die Wanderung ist nur bedingt familiengerecht, aber mit vielen Erlebnispunkten bestückt. Anstiege kommen nach der Burg Rheinstein.

Die Wanderung startet am **Parkplatz Forsthaus Jägerhaus** 01 in der Nähe von Waldalgesheim.
Neben dem Gasthaus führt am Wegweiser der markierte Wanderweg hinab in die **Steckschlääferklamm** 02, die im Sommer angenehm kühl ist. Wir überqueren eine Straße, folgen dem Wegweiser „Berg" und wandern auf dem geschotterten Waldweg zur **„Villa Rustica"** 03 (Vorsicht, Weg biegt scharf links ab, Markierung beachten!), einer römischen Villa, an der man Ausgrabungen besichtigen kann. Ein schöner schattiger Rastplatz lädt zum Verweilen ein.
Ein Stück weiter (ca. 500 Meter), biegt der Weg (etwas versteckt) rechts auf einen Steg, der nur mit querliegenden kleinen Baumstämmen befestigt ist, ein. Romantisch führt dieser Steg durch eine kleine Waldpassage mit Schautafeln.
Wir stoßen nun wieder auf den Hauptweg und staunen über einen Baum, der auf dem Kopf steht – wie verzweigt doch das Wurzelwerk eines Baumes ist, kann man hier bestaunen.
Ein Highlight jagd das andere. Wir überqueren das Tal über eine **Hängebrücke** 04, eine wackelige Angelegenheit.
Am **Forsthaus Heiligenkreuz** 05 scharf links geht es aufwärts zu einem der schönsten **Aussichtspunkte der Tour** 06, einem Blick auf den Rhein bei Bingen und Rüdesheim.
Viele Aussichten mit Wellness- oder Relaxbänken liegen nun auf unserem weiterem Weg – einmal Blick stromaufwärts, einmal stromabwärts.
Das **Schweizer Haus** 07, einem Einkehrlokal hoch über dem Rhein, mit fantastischem Rheinblick, sollte man nicht auslassen.
Wir wandern nun einen Pfad bergab weiter zu einem schönen Felsen mit Blick auf die Burg Rheinstein – Bilderbuchlandschaft. Nur ein paar Hundert Meter weiter erreichen wir nun die **Burg Rheinstein** 08, wieder mit einer Mög-

lichkeit zur Einkehr. Burg Rheinstein ist ein Romantikschloss und sorgfältig restauriert. Glasmalereien, Deckenfresken u. v. m. sind zu sehen, ein Abstecher lohnt sich. Ab hier ansteigend führt unser Wanderweg durch's romantische **Morgenbachtal** 09, mit wunderschönen kleinen Wasserfällen und interessant gebildeten Felsen, hoch zum **Gerhardshof** 10, einer Übernachtungsmöglichkeit. Über Waldwege ab- und aufwärts, am Schägleberg vorbei, geht es nochmals ein Stück das Morgenbachtal Richtung Osten, bevor wir den letzten Anstieg erklimmen und wieder am **Parkplatz Forsthaus Jägerhaus** 01 (Einkehrmöglichkeit) herauskommen – unserem Endpunkt der Rundwanderung.

EPPSTEIN – STAUFEN – FISCHBACH

Rund um die Burgstadt

9 km | 2:45 h | 280 hm | 280 hm | 840

START | Bahnhof Eppstein (210 m)
[GPS: UTM Zone 32 x: 456.200 m y: 5.554.300 m]
CHARAKTER | Abwechslungsreiche Waldwanderung mit kräftiger Steigung und eindrucksvollen Fernblicken

Burg Eppstein.

Neben etlichen Sehenswürdigkeiten wie der Burgruine Eppstein, dem Kaisertempel und der Mendelssohn-Gedenkstätte von 1878, besticht diese Tour vor allem durch eindrucksvolle Panoramablicke.

▶ Vom **Bahnhof Eppstein** 01 auf der Fußgängerbrücke über die Hauptstraße (B 455). Rechts auf die Burgstraße. Vor der Burg rechts. Die B 455 querend auf die Staufenstraße. Gleich rechts auf die Straße Müllerwies. Vor der Bahnbrücke links. Nun weist der schwarze Balken den Weg. An der abzweigenden Staufenstraße vorbei, dann gleich links ab (Ober dem Staufenweg). Bald rechts auf einen Pfad und steil in den Wald hinauf. Geradeaus haltend zu einer Asphaltstraße (Gimbacher Weg) und rechts. Nun leitet der gelbe Balken.
Am **Kaisertempel** 02 vorbei. Über den Parkplatz der gleichnamigen Gaststätte

und an der **Mendelssohn-Gedenkstätte** vorbei. An der Einmündung in eine Forststraße links halten. Zu einer Querstraße und rechts. Nach etwa 100 m links auf den Alfred-Herrmann-Steig. Über den **Staufen** 03 zu einer Schutzhütte und rechts.
Ein kurzer Abstecher führt gleich links zum **Staufenschwur-Denkmal** (Aussicht), bevor es weiter bergab zu einer Kreuzung geht. Hier links, dabei den gelben Balken verlassen und weiter mit blauem Andreaskreuz und T. Auf breitem Weg talwärts durch dichten Wald. Bei einer scharfen Linkskurve am Fuß der Felsformation **Großer Mannstein** 04 am Aussichtsplatz **Henrici-Ruh** vorbei. Dann nach ungefähr 150 m rechts und steil bergab nach **Fischbach** 05. Die Straße In der Eulsheck querend auf die Bergstraße. Die Memelstraße querend auf den Paradiesweg. Zur Kirche St. Johannes und links auf die Straße Am Hirtengraben. Nun weist der blaue Balken den Weg durch das Fischbachtal nach **Eppstein** zurück.

Der Wernerplatz in Eppstein.

RÜDESHEIM – AULHAUSEN – ABTEI ST. HILDEGARD

Durch den Niederwald auf den Rheingauer Rieslingpfad

14,5 km | 4:00 h | 458 hm | 458 hm | 828

START | Bahnhof Rüdesheim (90 m)
[GPS: UTM Zone 32 x: 422.300 m y: 5.536.690 m]
CHARAKTER | Wald- und Weinbergwanderung auf breiten Wegen und schmalen Pfaden, malerische Aussichtspunkte

Der Mäuseturm.

Höhepunkte dieser Tour sind das Niederwalddenkmal mit der Statue der Germania, der parkartige Niederwald und ein bedeutendes Kloster. Außerdem ergibt sich die Gelegenheit zur Sesselbahnfahrt und zum Besuch einer Adlerwarte.

Aus dem **Bahnhof Rüdesheim** 01, 100 m nach rechts, dann links auf die Oberstraße. Nach 200 m links auf den steilen Eselspfad (gelber Balken und gelbes Rheinsteigsymbol) oder weiter zur Talstation der Sesselbahn, die in bequemen 10 Minuten zum **Niederwalddenkmal** 02 fährt.
Weit schweift der Blick vom Niederwalddenkmal über den Rheingau und Rheinhessen hinweg, auf die Nahemündung und in den Hunsrück hinein. Der gelbe Balken führt nun bis Aulhausen. Zur nahen Adlerwarte und auf breitem Kiesweg durch den schattigen Laubwald (Wegweiser: Rossel). Einen breiten Forstweg queren und zum Aussichtsturm **Rossel** 03. Um den Turm herum zum Aussichtspunkt **Rittersaal**. Dort scharf rechts. Am Kulturdenkmal **Zauberhöhle** vorbei und auf breit werdendem Weg zum **Jagdschloss Niederwald** 04.
Unterhalb vom Parkplatz an der nach Aulhausen führenden Straße rechts auf einen breiten Kiesweg. 500 m geradeaus zu einer Kreuzung im Wald und links. 250 m leicht talwärts zur nächsten Kreuzung und rechts. Folgende Kreuzung links und nach **Aulhausen** 05. Auf dem Röderweg zur Hauptstraße. Hier rechts und entlang der Straße bergan aus dem Ort, dabei den gelben Balken verlassen und weiter mit dem R des Rheinhöhen-

weges. Die Straße Rüdesheim – Presberg in einen asphaltierten Wirtschaftsweg hinein queren. Geradeaus an einem Wegkreuz vorbei. Auf schattenlosem Weg zur scharfen Rechtskurve vor dem großen Petershof. Weiter geradeaus auf einen Kiesweg und in den Wald. Bergab in eine ebene Senke und links auf einen schmalen Pfad.

Steil talwärts. Einen Forstweg queren und zur Straße beim ehemaligen **Kloster Nothgottes** 06 im Blaubachtal, heute Wirkungsstätte der „Gemeinschaft der Seligpreisungen".

Die Kirche ist allgemein zugänglich. Hier rechts und weiter mit dem gelben Pokal des Rheingauer Rieslingpfades und dem gelben Balken, dabei das R verlassen. Zum Rüdesheimer Ortsteil **Windeck** und entlang der Nothgottesstraße talwärts zum Ortsrand. Rechts auf den Unteren Kleeberger Weg, dabei den gelben Balken verlassen und weiter mit dem gelben Pokal.

An der mächtigen **Abtei St. Hildegard** 07 vorbei. Mit schönem Fernblick auf schattenlosem Kiesweg geradewegs durch die Weinlage Klosterberg. Der Rheingauer Rieslingpfad deckt sich nun mit dem Rheinsteig. Jenseits des Rheins ist der Rochusberg mit dem Kloster Rupertsberg zu sehen, voraus ragt die Germania aus dem Niederwald. Kurz vor der Straße Rüdesheim – Aulhausen rechts auf einen schmalen Asphaltweg. Die Straße queren und weiter auf asphaltiertem Wirtschaftsweg. Nach etwa 300 m zweigt der Rheinsteig rechts ab. Weiter geradeaus mit dem gelben Pokal. Die Trasse der Sesselbahn unterqueren. Zum nahen Eselspfad und mit dem gelben Balken nach **Rüdesheim** hinab.

Der Niederwald

Der Niederwald wurde im 18. Jh. parkartig ausgestaltet. Erhalten blieben die Eremitage, ein Zauberhöhle genannter Gang mit Kuppelbau und die Rossel, eine künstliche Burgruine. Das Jagdschloss Niederwald wurde nach einem Brand 1927 wieder aufgebaut. Es beherbergt heute ein Hotel mit Feinschmeckerrestaurant und angrenzendem Wildpark.

IDSTEIN – DASBACH

Zum Limes-Wachturm

10,5 km | 3:00 h | 187 hm | 187 hm | 828

START | König-Adolf-Platz in Idstein (270 m)
[GPS: UTM Zone 32 x: 447.900 m y: 5.563.490 m]
CHARAKTER | Auf überwiegend befestigten Wegen mit viel Fernsicht durch Wald und offene Flur

Limes-Wachturm bei Dasbach.

Ziel dieser kurzen Tour ist der Limesturm bei Dasbach, ein im Jahr 2002 errichteter Steinturm mit Palisaden, Wall und Graben. Er gilt als die beste Rekonstruktion eines Wachturms der Zeit ab 150 n. Chr. Er ist 13 m hoch und hat eine Grundfläche von 28 m². Alle drei Stockwerke sind über Treppen begehbar. Vom

Wehrgang in 8 m Höhe genießt man einen hervorragenden Blick über das Idsteiner Land.

▶ Vom Killingerhaus (Touristinfo) am **König-Adolf-Platz** in der Altstadt von **Idstein** 01 in die Obergasse. Geradeaus auf die Seelbacher Straße. Rechts auf die Straße Taubenberg. Die Südtangente querend auf den Ziegelhüttenweg, auch „Alter Postweg“ genannt. Mit etwas Abstand am **Wörsbach** entlang. Nach 1 km zweigt der „Alte Postweg“ rechts ab. Weiter in bisheriger Richtung. Bis kurz hinter Dasbach weist nun der schwarze Limesturm den Weg. Links halten, an einem Waldstück entlang und bergan durch die Wiesenflur zur L 3026. Die Straße rechts versetzt queren und am **Limes-Wachturm** 02 vorbei zum Friedhof am Ortsrand von **Dasbach** 03 hinab. Rechts auf die Straße An der Struth und in den Ort. Links auf die Kirchstraße. Gleich rechts ab. Etwa 150 m in die Flur, dann links ab. 700 m geradeaus, dann links zum nahen Fahrweg (Limes-Radweg), dabei den Limesturm verlassen und weiter mit dem roten Balken. Rechts auf den Limes-Radweg und in den Wald. Folgenden Abzweig links. Zum **Wolfsbach** 04 hinab und links. Am Wolfsbach entlang.

An Fischteichen vorbei zum Querweg bei einer Hütte; hier links. Am Waldrand entlang, am Schützenhaus vorbei und auf der Schützenhausstraße nach **Idstein** hinein. Zum Ende der Schützenhausstraße und rechts auf die Escher Straße. Gleich links ab (Kreuzgärten). Rechts auf die Straße Weiherwiese. Rechts zum Marktplatz und links zum **König-Adolf-Platz** zurück.

NIEDERNHAUSEN – HOHE KANZEL – KELLERSKOPF

Zum Brunhildisstein

16 km 4:30 h 433 hm 433 hm 828

START | Bahnhof Niedernhausen, 270 m.
[GPS: UTM Zone 32 x: 450.940 m y: 5.556.650 m]
CHARAKTER | Ausgedehnte Waldwanderung mit hervorragenden Fernblicken.

Von Niedernhausen führt der Wanderweg steil auf die Hohe Kanzel hinauf. Höchster Punkt ist der bereits im 13. Jh. erwähnte Brunhildisstein. Ihn soll die westgotische Prinzessin Brunhilde auf ihrer Flucht erstiegen haben. Weiter geht es durch dichten Wald auf den Kellerskopf mit Wilhelm-von-Opel-Turm und Berggaststätte. Bei klarem Wetter schweift der Blick bis zum Odenwald und Pfälzerwald.

Vom **Bahnhof Niedernhausen** 01 geradeaus auf einen Gehweg und die Vorfahrtsstraße querend auf die Austraße. Bis auf die Hohe Kanzel weist nun das liegende Y den Weg. Sofort nach Überschreiten des Daisbaches links auf den Hans-Heinz-Manstein-Weg und am **Daisbach** entlang. Am Ende des Sportplatzes links. Auf einem Steg über den Daisbach und weiter geradeaus, nun auch vom schwarzen Balken begleitet. Die Querstraße rechts (Mühlweg). Gleich links halten. Über die Gleise und links auf die Niederseelbacher Straße. In der Linkskurve rechts auf die Rathausstraße. Folgende Querstraße links (Brunnenstraße). Rechts auf die Lucas-Cranach-Straße.

Aus dem Ort und die **Autobahn** 02 und die ICE-Trasse unterqueren. In die offene Flur und rechts auf einen Kiesweg. Am Waldrand hinter der Schutzhütte links ab. Etwa 120 m zu einem Abzweig und rechts. Folgende Gabelung links und bergan. Dann rechts und eine Forststraße queren. Auf folgenden Linksabzweig und geradeaus. Vor der nächsten Forststraße rechts, den **Zieglerkopf** 03 hinauf und links. Nach einer kräftigen Steigung flacht der Weg ab, verengt sich zu einem Pfad und führt geradeaus auf die **Hohe Kanzel** 04, die einen schönen Fernblick erlaubt.

Etwa 400 m weiter in bisheriger Richtung, dann rechts zu einer Forststraße hinab und links, dabei gleich das liegende Y verlassen und weiter mit dem schwarzen Balken. Geradeaus und an einem Funkmast vorbei zu einer breiten Forststraße. Es ist die **Trompeterstraße** 05, der ehemalige Postkutschenweg zwischen Wiesbaden und Idstein. Hier blies einst der Postillon ins Horn, daher der Name.

Herbstwald.

Links auf die Trompeterstraße (schwarzer Balken, schwarzer Punkt). Etwa 1 km geradeaus zu einem Wegestern. Halblinks auf den Rennpfad (R des Rheinhöhenweges). An folgender Kreuzung namens **Achteck** 06 halbrechts (R, T, blaues Andreaskreuz). Auf dem breiten Hauptweg bleibend 2,5 km geradeaus, dann rechts. Etwa 300 m zur nächsten Kreuzung.
Abstecher: Geradeaus über die Kreuzung. Nach 100 m rechts und auf den **Kellerskopf** 07 hinauf. Vom Kellerskopf wieder zur Kreuzung hinab und rechts (schwarzer Zeiger, gelber Balken). Auf den nächsten Linksabzweig zu einem schmalen Waldweg. Mehrere Wege querend 1,25 km geradeaus haltend talwärts zu einem breiten Querweg. Hier 80 m nach rechts, dann links auf einen Pfad. Etwa 300 m zu folgendem Querweg und rechts. Nach 200 m links ab.
Die Autobahn und die ICE-Trasse unterqueren und auf der Straße Am Deußtal nach **Niedernhausen** hinein. Rechts auf die Platter Straße. Durch eine Bahnunterführung und sofort links zum **Bahnhof** zurück.

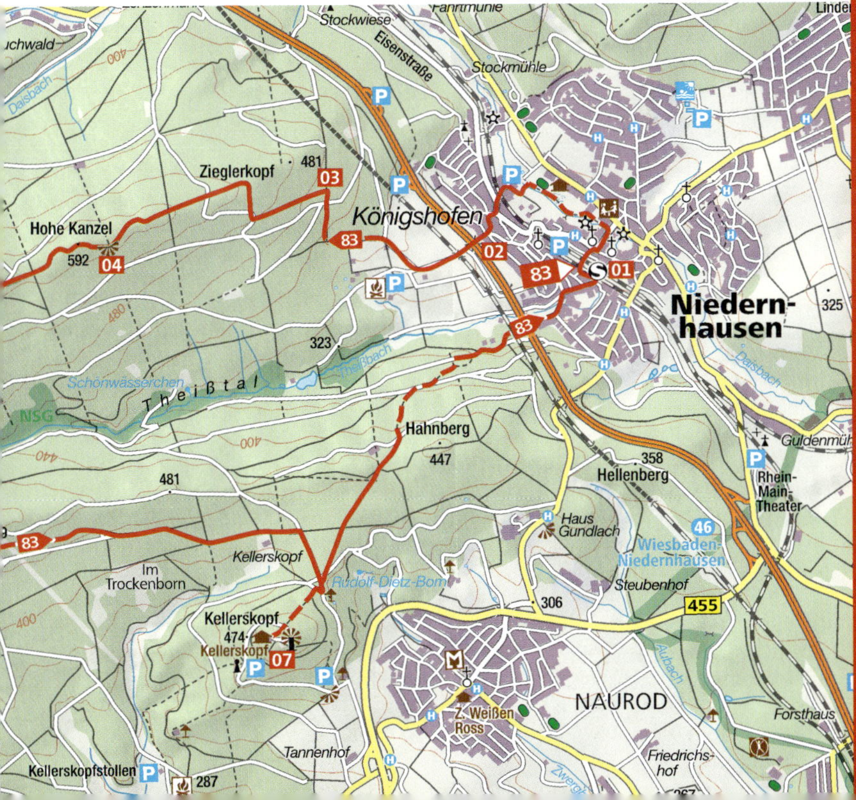

JOSSGRUND-RUNDE

Spessartfährte

9 km | 2:15 h | 100 hm | 100 hm | 833

START | Burgjoß (290 m) an der ehemaligen Wasserburg
[GPS: UTM Zone 32 x: 534.214 m y: 5.561.502 m]
CHARAKTER | Bequeme Wiesenwanderung mit eindrucksvollen Aussichten

Das Ortsbild von Burgjoß wird durch sein historisches Wahrzeichen, die Burg „Jazaha“, geprägt.

Wir beginnen unsere Tour in Burgjoß hinter der **ehemaligen Wasserburg** 01 an einem Springbrunnen und folgen dem Zeichen der Spessartfährte. Es führt uns entlang eines kleinen Bachs, vorbei an einem Minigolfplatz und der Burgschänke durch den Burgwiesenpark.
Unter schönen Erlen schlängelt sich der Pfad entlang der kleinen **Jossa** 02 bis zu einer Brücke, die wir überqueren. Wir verlassen Burgjoß über eine Landstraße, kurz entlang eines Gewerbegebietes und gehen nach rechts bergauf. Wir biegen vom Asphaltweg ab nach links am Waldrand entlang. Wir kreuzen einen Wirtschaftsweg und laufen auf weichem Grasboden auf den Wald zu, dann nach links am Waldrand entlang und erfreuen uns am herrlichen Blick auf die umliegenden bewaldeten Kuppen. An einem Forstweg halten wir uns rechts und steigen stetig bergauf. Auf der Höhe, dem **Steiniger Berg** 03, ist wieder ein schöner Ausblick. Nach rechts wandern wir eine Wiese hinab und treffen auf eine, für die Gegend untypische, schöne Wacholderheide.
Weiter geht es bergab, erst ein kleines Stück durch den Wald, dann am Waldrand entlang und schließlich über Wiesen in den Auragrund. Vor der Landstraße halten wir uns links, und folgen dem Weg bergauf, dann auf einem schmalen Pfad, parallel zur Straße, bis zum **Forsthaus Zieglerfeld** 04. Wir überqueren die Landstraße, laufen am Reiterhof vorbei, biegen dort nach rechts ab, der Weg führt uns am Waldrand, dann an einer Hecke entlang, bis uns die Markierung nach links, steil den Hang bergauf schickt. Am Waldrand halten wir uns rechts, ein schöner Wiesenweg bringt uns geradeaus auf

den Wald zu, dem gehen wir ein Stück entlang und dann rechts sehr steil bergab ins **Tiefental** 05. Unten folgen wir dem Waldweg nach links, vorbei an der Tiefental-Ranch und wandern ein gutes Stück im Tal, bis wir auf einem Asphaltweg nach rechts und immer geradeaus den Hang hinaufgehen. Eine Spitzkehre nach rechts bringt uns in eine sehr schöne Wiesenlandschaft. Wir erreichen ein Kruzifix, gehen weiter auf den **Zöllersberg** 06 und haben eine fantastische Aussicht. Wir laufen nach links, bergab auf Oberndorf zu, dann oberhalb der Ortschaft nach rechts auf einem Wiesenweg, der uns in einer langen Kurve steil bergab zurück nach Burgjoß führt.

Entlang der jungen Jossa.

Wacholderheide am Steiniger Berg.

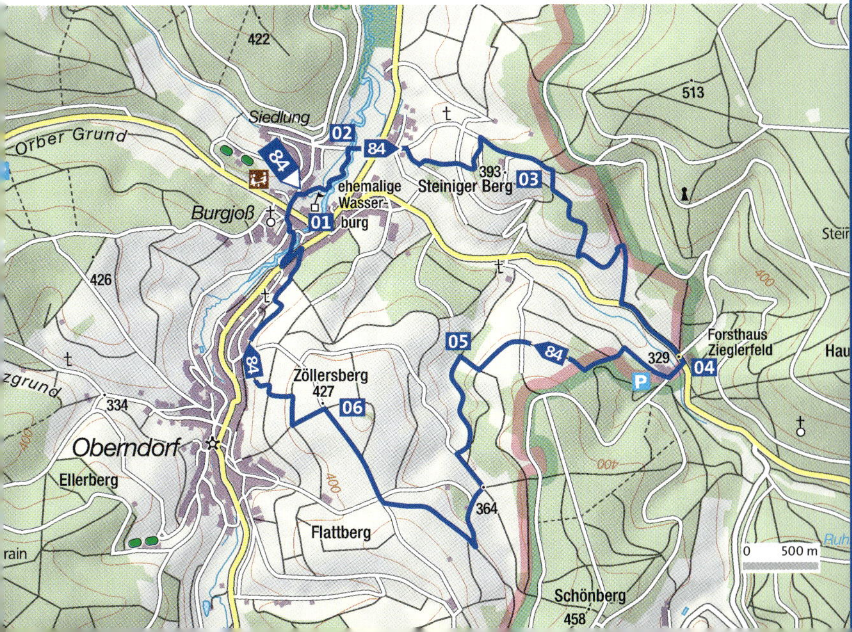

BAYERISCHE SCHANZ

Kurze Waldwanderung auf schönen Pfaden

8,7 km | 2:30 h | 255 hm | 255 hm | 832

START | Bayerische Schanz (510 m), Lohr-Ruppertshütten
[GPS: UTM Zone 32 x: 537.566 m y: 5.550.479 m]
CHARAKTER | Abwechslungsreiche Tour an legendärer Waldschänke

Bayerische Schanz – gemütliche Waldschänke an der bayerisch-hessischen Grenze.

Wer Wirtshaus-Kultur in urgemütlicher Atmosphäre erleben will, der ist in der historischen Waldschänke „Bayerische Schanz“ genau richtig! Legendär ist inzwischen auch der Weihnachtsmarkt, der an den 1. und 2. Adventswochenenden dort stattfindet.

Wir starten am beliebten Ausflugslokal und Wandertreff „**Bayrische Schanz**“ 01, überqueren die Straße und folgen dem schwarzen B der Birkenhainer Straße. Beim Wegweiser am **Hermannsbrunnen** 02 biegen wir nach rechts auf einen Pfad ab, kommen an einer sehr schön gefassten Quelle vorbei. Entlang von Grenzsteinen wandern wir über die Höhe auf der hessisch-bayrischen Landesgrenze. An einer Gabelung wählen wir den Weg nach rechts, überqueren eine Landstraße und verlassen auf der anderen Seite den Birkenhainer Weg, gehen rechts, ca. 200 Meter auf unmarkiertem, geschottertem Weg. Wir treffen an einem von drei hohen Douglasien umrahmten Bildstock, der „**Dankbarkeit**“ 03, auf den Marienweg, dessen Zeichen wir nun in Richtung Rengersbrunn folgen. Auf sandigem Waldboden geht es zwischen Blaubeeren und Fichtenwald bergab, bis sich nach einer guten Strecke der Wald lichtet. Wir queren einen Forstweg und laufen geradeaus weiter hangabwärts in ein Wiesental, ein gepflasterter Weg führt uns nach Rengersbrunn. Die Marienwegs-Markierung leitet uns in das Dorf.

An der **Wallfahrtskirche** 04 mit schönem Dorfbrunnen wenden wir uns nach rechts und steigen einige Zeit sehr steil bergauf. Fast auf der Höhe gabelt sich der Weg, wir halten uns nach links weiter bergan in den Wald hinein. An einem **Bildstock** 05 treffen wir auf den Weg mit dem roten X. Wir gehen nach rechts und folgen nun, auf der Höhe, den Zeichen des Marienweges und des X auf einem Graspfad zwischen Heide und Birken. Wo sich der Marienweg nach links von uns trennt, folgen wir weiter dem roten X. Lang wandern wir auf schönem Pfad, wir überqueren einen Wirtschaftsweg schräg nach rechts. Die Birkeinhainer Straße stößt wieder zu uns, wir folgen ihr zurück zur **Bayrischen Schanz**, wo wir uns erfrischen und mit einer Brotzeit stärken können.

Pfad entlang der Landesgrenze Bayern/Hessen.

Schöner Dorfbrunnen neben der Wallfahrtskirche in Rengersbrunn.

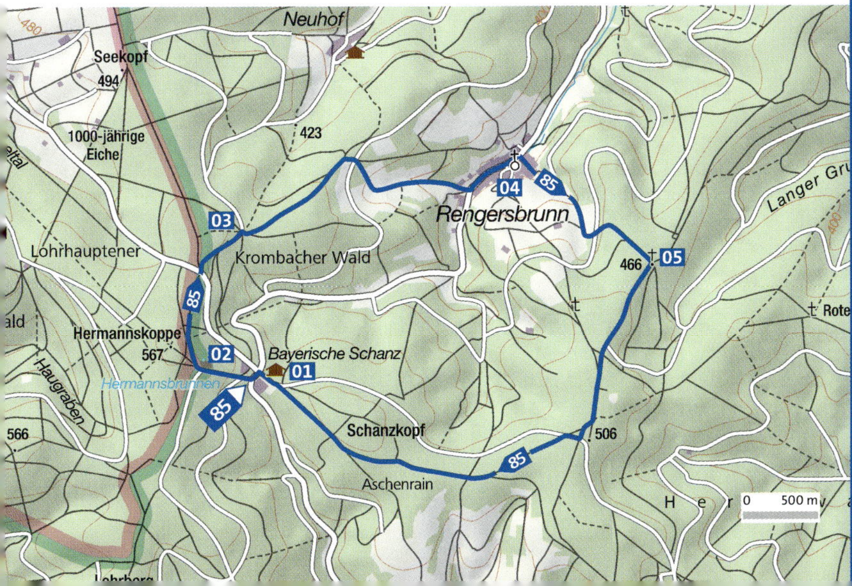

HOBBACH – WO DER WOLF AM KIRCHPFAD HEULT

Archäologischer Kulturweg

7,3 km | 2:00 h | 216 hm | 216 hm | 832

START | Kirche in Hobbach (187 m)
[GPS: UTM Zone 32 x: 520.018 m y: 5.522.334 m]
CHARAKTER | Seichte Anstiege, viele originelle Rastmöglichkeiten, Geschichte und Geschichten der Region und ein kleiner Lehrpfad machen diesen Rundweg insbesondere für junge Familien attraktiv

Die Johanneskirche in Hobbach.

Die Route gehört zu den Archäologischen Kulturwegen und ist durchgängig mit dem gelben EU-Schiffchen auf blauem Grund markiert.

Wir beginnen unsere Wanderung an der **Johanneskirche in Hobbach** 01. Nachdem wir uns über die Geschichte der Kirche an der Hinweistafel informieren konnten, folgen wir der Markierung zum Ortsausgang. Dort ist bereits eine schöne Rastmöglichkeit, die Brünnchens Ruh. Weiter geht es auf einem Asphaltweg in Richtung Süden, und wieder treffen wir auf einen Rastplatz, eine Rutsche für die Kleinsten lädt dort aus einer Art Baumhaus ein. Durch ein kleines Waldstück steigen wir bergan bis der Wald sich lichtet und wir kurz vor Unteraulenbach die Stelle erreichen, wo einst der **Dillhof** 02 stand. Wir wandern nach links in das weite Rosselbrunngrabental mit Wiesenflächen zwischen bewaldeten Bergen und ab und zu liebevoll gestalteten Sitz- und Ruheplätzen. Nun führt der Weg bergauf zu einem **Bildstock** 03 unter einer Kastanie mit schönem Blick auf das Schloss Oberaulenbach und weiter auf einem schmalen Pfad in den Wald.
Bald biegen wir nach rechts auf einen Forstweg durch hohen Laubwald, leicht bergan geht es nach links auf weichen Waldboden zur **Wolfsgrube** 04. Wir kreuzen einen Forstweg, der Baumbestand wird lichter. Der Weg führt nun hangabwärts auf einem Forstweg durch Kiefernwald und wir erreichen die **Hütte** 05 mit Rastplatz am Krepserberg. Dort haben wir eine weite Aussicht auf die im Westen gelegenen bewaldeten Hügel, auf einer Hinweistafel wird erklärt: Hier öffnet sich der Blick in das mittlere Elsavatal bis nach Eschau. Oberhalb von Hobbach durchwandern wir nochmal ein kleines Waldstück, dann geht es steil bergab auf den Ort zu. Am Wegesrand grüßt uns ein Bildstock aus dem Jahre 1756, der den **Erzengel Michael** 06 zeigt.
Wir gehen auf einem Feldweg parallel zur Ortschaft, dann links weiter bergab, vorbei an einem Lehrpfad über Bienen und Imkerei und dann vorbei an einem geschichtsträchtigen **Schullandheim** 07. Wir treffen auf einen Waldspielplatz, laufen am Elsavabach entlang, vorbei an der Kapelle „Maria am Weg“. Kurz vor unserem Ziel lädt ein weiterer Spielplatz ein. Auf dieser Tour können sich Kinder richtig austoben.

Wolfsgruben

Wolfsgruben waren jagdliche Fallen für Wölfe. Es waren ausgemauerte Gruben, in denen zumeist in der Mitte eine Stange stand, an deren Spitze ein Tier (Schaf oder Ente) als Köder gebunden war. Rings um diese Stange waren die Gruben mit Falltüren bedeckt, durch die die Wölfe in die Grube fielen. Die Gruben waren so ausgebaut, dass die Wölfe nicht aus ihnen entkommen konnten.

Das weite Rosselbrunngrabental.

ROTWEINWANDERWEG

Von Erlenbach bis Klingenberg

6,2 km | 2:00 h | 243 hm | 243 hm | 832

START | Erlenbach (129 m)
[GPS: UTM Zone 32 x: 511.120 m y: 5.516.809 m]
CHARAKTER | Attraktionsreiche Streckentour auf dem Rotweinwanderweg mit Klettersteig

Von den Weinbergterrassen haben wir immer wieder schöne Blicke in das Maintal.

Wir starten am **Bahnhof Erlenbach 01** und folgen der Markierung des Rotweinwanderweges in die Mechenharderstraße, durchqueren den Ort vorbei am Friedhof und überqueren eine Umgehungsstraße. Auf einem asphaltierten Weg halblinks geht es leicht bergauf am **Schwimmbad 02** vorbei, dann nach rechts und kurz danach am Abzweig zum Kräutergarten nach links auf Treppen in den Hang.

Wir erreichen einen Pavillon mit schönem Blick auf die Orte Erlenbach, Obernburg und Wörth entlang des Mains. Wir steigen weiter treppauf und wenden uns dann nach rechts auf Klingenberg zu. Der Weg führt uns zwischen Bäumen hindurch, vorbei an dem Hohbergskreuz, wir treten aus dem Wald und gehen im Hang umrahmt von Weinbergen. An einem Wegweiser machen wir einen Abstecher zum Kräutergarten und **Churfrankensteig 03**.

Über eine lange Treppe gehen wir den Hang hinunter, wenden uns nach links und bewundern den Kräutergarten, der auf mehreren Terrassen angelegt ist. Durch eine kleine Tür betreten wir den Klettersteig, einen Rundweg von ca. 800 Metern. Dieser sollte aber nur mit Ausrüstung und von geübten Kletterern begangen werden.

Nun steigen wir wieder die Treppe hinauf. Wir erreichen den Rotweinwanderweg an einem schönen Rastplatz auf einer Terrasse in den Weinbergen und können uns von den Strapazen erholen. Der denkmahgeschützte Weg ist hier sehr eindrucksvoll. Der Hang ist durchzogen von schmalen Terrassen, auf denen zumeist nur eine Reihe Reben steht. Diese Kultur wurde am Hang oberhalb des Weges zum Teil wieder von Wald überwachsen, in dem man noch die Reste der Trockenmauern erkennen kann. Ein Stück Weges weiter finden wir in erhaltenen, gut gepflegten Terrassen hangaufwärts eine Hütte auf Sandstein-Trockenmauern, von der man einen herrlichen Blick auf unser Ziel Klingenberg hat. Weiter führt der Weg zwischen alten und erneuerten Terrassen, bis wir zum Ortsrand abwärts gehen, die Bergwerksstraße überqueren und dann den Wegweisern Schlucht und **Clingenburg 04** folgen.

Über eine Brücke erreichen wir einen Pfad, der uns nach rechts, steil aufwärts durch Wald zur Burg führt. Von der Burgterrasse haben wir eine fantastische Aussicht auf die Altstadt. Auf einem schmalen, steilen Weg geht es hangabwärts nach Klingenberg. Wir folgen den Zeichen, überqueren am Winzerfestplatz den Main und können vom vor uns liegenden **Bahnhof 05** aus unseren Ausgangspunkt wieder erreichen.

Die schöne Altstadt von Klingenberg.

Der Churfrankensteig – Kletterspaß in den Weinberghängen.

SANDS – WEIMARSCHMIEDEN

Bayerns nördlichstes Dorf

14 km | 3:45 h | 210 hm | 210 hm | 460

START | Nahe der Kirche (405 m) von Sands (Fladungen). Anfahrt auf der B 285 bis Fladungen, dann Richtung Sands. Bahn: nein (zwischen Mellrichstadt und Fladungen fährt an einigen Sonn- und Feiertagen das Rhön-Zügle)
Bus: Rhön-Grabfeld Bus 8250, nur Filke und Weimarschmieden.
[GPS: UTM Zone 32 x: 584.050 m y: 5.597.420 m]
CHARAKTER | Breite Wirtschaftswege und Teersträßchen prägen die Wanderung genauso wie schmale Wurzelpfade. Immer wandern wir jedoch durch schöne Wald- und Wiesenlandschaft

Flur Weimarschmieden.

Im waldreichen bayrisch-thüringischen Grenzland erkunden wir mit Weimarschmieden das nördlichste Dorf Bayerns. In dessen Nähe liegt versteckt im Wald auch ein eindrucksvoller jüdischer Friedhof.

Von der **Kirche** 01 folgen wir der Ortsstraße abwärts Richtung „Wilmers". 400 m hinter dem Ortsausgangsschild schwenkt die Route auf den markierten Weg (Rotes Dreieck) nach links und hält sich an der gleich folgenden Gabelung rechts. Kurze Zeit später biegen wir rechts (Markierung!) in einen Waldweg ein. Am bald erreichten Teerweg im Tal (**Schutzhütte** 02) geht es nach links. Etwa 200 m nach der Hütte folgen wir dem Teerweg an der Gabelung nach rechts. Die Tour verläuft nun immer geradeaus bergauf, alle abzweigenden Markierungen werden ignoriert. An der Landstraße schwenken wir rechts, gelangen nach **Filke** 03 und biegen dort beim Gasthaus „Zur Linde" in die Oberfilker Straße ein. Die Wanderung folgt bald der Lindenstraße (Markierung: grüner Winkel) und schwenkt direkt hinter der Hausnummer 29 (nicht erst an der Infotafel) in den ansteigenden Teerweg ein. Am Waldrand wandern wir geradeaus in den Wald und ignorieren dort zunächst alle Einmündungen. Schließlich wird auf einer **Anhöhe** 04 eine Gabelung erreicht, wo die Route halblinks weiterführt. Eine Kreuzung etwas später wird gerade überquert (weiter Markierung: grüner Winkel). Wir passieren eine aussichts-

und blumenreiche Wiese und kommen beim Abstieg kurz vor **Weimarschmieden** 05 an einem beeindruckenden jüdischen Friedhof vorbei. An der Landstraße halten wir uns links und biegen 25 m nach dem Ortseingangsschild (noch vor dem Gasthaus „Zur Weimarschmiede") auf den Teerweg nach links ein (Markierung: grüner offener Tropfen). Am Teich mit Sitzgruppe verlassen wir das Sträßchen in einer Rechtskurve und gehen auf einem undeutlichen (Markierung beachten!) Feldweg geradeaus (nicht halblinks) aufwärts weiter. An der Straße beim Waldrand biegen wir links ab und wenden uns später vor dem Reinhardshof scharf nach rechts aufwärts. An der Gabelung nur 100 m weiter halten wir uns links, ignorieren weitere Einmündungen und verlassen den Feldweg in einer Rechtskurve beim Kreuzen einer Baumzeile nach links. Rechts dieser Zeile wandern wir auf sehr undeutlichem Pfad (Markierung!) weiter, und tauchen bald auf einem schmalen markierten Weg in den Wald ein. Hier halten wir uns zweimal rechts und folgen so bald einer Forststraße, auf der wir eine größere Kreuzung überqueren. An einer T-Kreuzung in einem weiten Tal leitet uns der grüne offene Tropfen weiter. Wir schwenken hier nach links. An der nächsten T-Kreuzung biegt die Route nach rechts und quert den **Bach** 06. Ansteigend wird gleich ein Radweg erreicht, der uns links nach **Sands** 01 bringt.

Der jüdische Friedhof in Weimarschmieden

Die jüdische Gemeinde von Weimarschmieden gehörte einst zum Distriktsrabbinat Bad Kissingen, welches nach den Vorschriften des bayrischen Judenedikts von 1813 eingerichtet werden musste. Der Friedhof im nördlichsten Dorf des Freistaates entstand um 1800 außerhalb des Ortes und nur 200 m von der thüringischen Landesgrenze entfernt. Die letzte Grablege fand 1909 statt. Etwa 80 Grabsteine, z. T. bereits im Erdreich versunken, sind heute noch erhalten. Entsprechend des hebräischen Namens „Beth Olamin" (Haus der Ewigkeit) bleiben die Gräber mit Gedenkstein für alle Zeiten bestehen und werden nicht eingeebnet. Wichtigster Grund dafür sind entsprechende Glaubensauffassungen von der Auferstehung der Toten.

MOTTEN

Auf Grenzwegen zum Aussichtsturm Große Haube

10 km | 2:45 h | 390 hm | 390 hm | 460

START | Das Brauerei-Gasthaus (405 m) in der Brückenauer Straße unweit der Will-Bräu-Brauerei. Anfahrt auf der B 27
[GPS: UTM Zone 32 x: 554.930 m y: 5.582.800 m]
CHARAKTER | Breite Waldwege und idyllische, aber steile Wurzelpfade begleiten uns auf dieser Tour

Alter Grenzstein an der hessisch-bayerischen Grenze.

Uralte Steinmale markieren die historische Grenze zwischen Bayern und Hessen, der wir hinauf zum Aussichtsturm auf der Großen Haube folgen.

Wir gehen auf der **Brückenauer Straße** 01 kurz aufwärts, schwenken in das Sträßchen Am Berg und biegen unmittelbar darauf in die Haubenstraße ein (Markierung: „1", „3"). 200 m nach den letzten Häusern von Motten schwenkt die Route vor einer Linkskurve rechts auf einen Feldweg ein. Relativ eben erreichen wir bald den Waldrand und wenden uns am dortigen Querweg nach links. Schon nach 50 m hält sich die Tour links auf einen steil ansteigenden Pfad. Wir wandern stets geradeaus bergan und folgen damit der Grenze (Grenzsteine!) zwischen Bayern und Hessen. An einer **Wiese** 02 verläuft die Wanderung zunächst am Waldrand entlang aufwärts, schwenkt dann aber auf halber Strecke in den Wald ein. Am Weiser wenige Meter weiter führt unsere Tour geradeaus vorbei. Zuvor lohnt allerdings der Abstecher zum Turm auf der **Großen Haube** 03, zu dem uns die Markierungen „H" und „M" leiten. Zurück am Weiser bei der **Wiese** 02 setzt sich die Route in Richtung „Jäger eiche" (Markierung: „H") fort. Wir erreichen gleich einen befestigten Weg und folgen ihm rechts bergab. Ohne abzuzweigen gelangen wir zur mächtigen **Jägereiche** 04 und biegen dort nach links („H", „2"). Nach etwa 700 m hält sich unsere Tour an einer Gabelung markiert rechts. Geradeaus laufend gelangen wir im **Talgrund** 05 (noch vor der Asphaltstraße) zu einem Querweg, wenden uns hier nach links und lassen uns nun von einer neuen Markierung („1", gelber offener Tropfen, rotes Dreieck) leiten. Gleich wird eine Forststraße geradewegs überschritten, wobei sich die Tour gegenüber auf einem Pfad fortsetzt.

Nach etlichen Aufstiegsmetern wird ein weiterer Wirtschaftsweg gequert. Kurz darauf überschreiten wir zudem eine beschilderte Kreuzung gerade („3", „4", gelber offener Tropfen). Der breite Weg, von dem wir nicht abzweigen, führt uns bis in die Nähe der B 27. Etwa 150 m vor dieser schwenkt die Wanderung bei einer Schutzhütte links auf den schmalen Teerweg ein, der uns hinab nach **Motten** 01 bringt.

Der neue Turm auf der Großen Haube

24 Tonnen Stahl und 135 qm Holzverkleidung – eindrucksvolle Materialmengen wurden bei der Errichtung des 2005 fertiggestellten Aussichtsturmes auf der Großen Haube verbaut. Von der 6 mal 6 m großen Plattform aus kann der Blick weit über die Rhön (von Nord nach Süd: Milseburg, Wasserkuppe, Dammersfeldkuppe, Kreuzberg, Großer und Kleiner Auersberg), das Hessische Kegelspiel, den Spessart und mit Glück sogar über den Taunus schweifen. Apropos Glück: Seit 2010 kann man sich in der luftigen Höhe von 24 m auch das Ja-Wort geben . . .

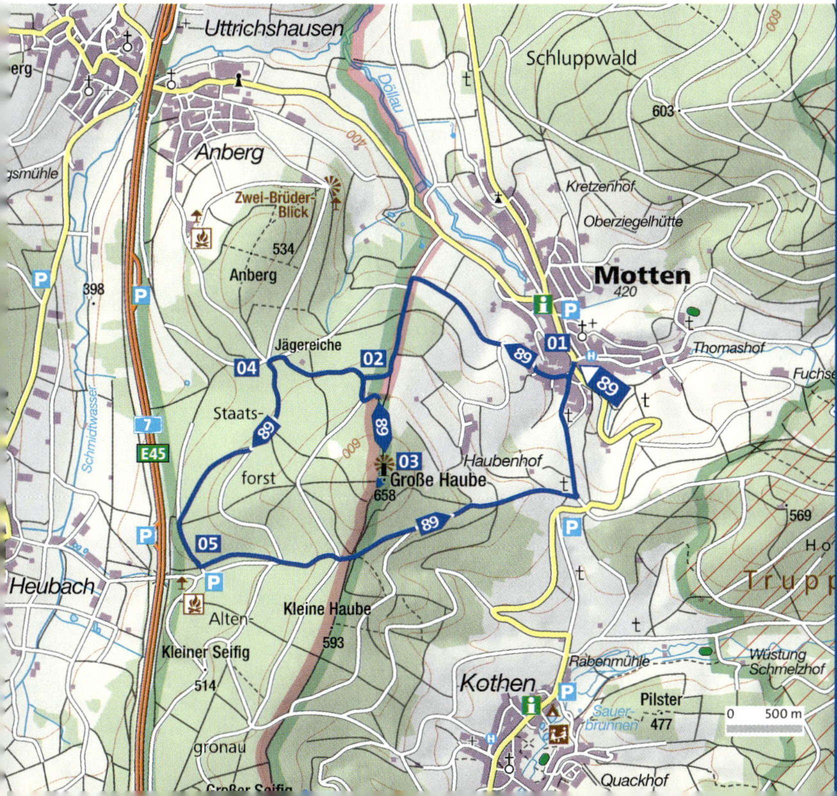

RIEDENBERG

Würzburger Haus und Rhöner Tintenfass

11,75 km | 3:15 h | 425 hm | 425 hm | 460

START | Die Kirche St. Martin in Riedenberg (405 m); Anfahrt auf der A 7 bzw. der B 286 [GPS: UTM Zone 32 x: 561.390 m y: 5.574.550 m]
CHARAKTER | Auf schmalen Wurzelpfaden, breiten Wegen und einigen Asphaltabschnitten sind viele, viele Höhenmeter bis zum aussichtsreichen Würzburger Haus zu bewältigen

Tintenfass der Rhön.

Panoramenreich erwandern wir mit dem Farnsbergsee das „Tintenfass der Rhön" und das spektakulär gelegene Würzburger Haus.

Von der **Kirche St. Martin** 01 folgen wir der Kirchstraße aufwärts über die Schienen, biegen rechts in den Barnsteinweg und sofort in die Farnsbergstraße ein (Markierung: rotes „H"), die uns zur Straßenunterführung leitet. Nach dieser schwenkt die Tour links sowie 150 m weiter rechts auf den Asphaltweg ein. Bereits nach 100 m hält sich die Route wieder links. Wir gelangen steil ansteigend und nach der Überschreitung eines Querweges bald zum Waldrand, folgen diesem nahe einer Lichtung wenige Schritte aufwärts und wenden uns am gleich erreichten Querweg markiert nach links („H"). Schon nach 100 m schwenkt die Wanderung am Weiser rechts bergan ein. Stets geradeaus wandern wir weiter steil aufwärts (Querwege werden gerade überschritten; der abbiegende gelbe Winkel ignoriert.).
Etwa 350 m nach dem Abzweigen des gelben Winkels orientieren wir uns am

Weiser auf einer kleinen Lichtung nach rechts. Bereits nach 60 m biegt die Tour links, folgt dann den Weisern um einige Häuser herum hinauf zur Straße, an welcher sie nur kurz nach links verläuft um sich gleich wieder rechts zu halten. Am pittoresk gelegenen Farnsbergsee, dem „Tintenfass der Rhön“, leitet uns die Uferlinie nach rechts. Am Weiser beim befestigten Weg lohnt sich der Abstecher zum gastlichen und aussichtsreichen **Berghaus Rhön** 02, dann wendet sich die Wanderung nach links in Richtung „Würzburger Haus“ („H“). Am nächsten Richtungszeiger mit überwältigendem Blick auf den See hält sich die Route rechts. Wiesen und Waldflecken begleiten uns zu einem Parkplatz, den wir geradeaus zum **Würzburger Haus** 03 hin überqueren, welches zu einer ausgiebigen Rast einlädt. Wir laufen nun wenige Schritte Richtung Parkplatz zurück und schwenken gleich im Wald auf den mit „6“ markierten Pfad rechts ein. Dieser leitet uns zum Teerweg, wo wir nach rechts abwärtswandern. Nach einem Asphaltkilometer verläuft die Tour am Scheitelpunkt einer Linksserpentine geradeaus auf schmalem Pfad weiter („6“). Am nahen Waldrand orientieren wir uns links, gehen abwärts und halten uns am wenige Schritte entfernten befestigten Weg rechts. Nach 400 m schwenkt die Route links und lässt sich bald von einem Teerweg talwärts leiten. Erst nach einigen **Fischzuchtbecken** 04 zur Rechten führt uns die Markierung auf einen Pfad links aufwärts, wobei bald die Straße erreicht ist. Nur wenige Schritte geht es nach links, bevor wir beschildert wieder rechts in den Wald einbiegen. Nach einem Kilometer erreichen wir endlich einen bereits vom Aufstieg bekannten Weiser, von dem aus uns die Kennzeichnung „H“ wieder zurück zum **Ausgangspunkt** 01 leitet.

Das Tintenfass der Rhön in den Schwarzen Bergen

Die für die Rhön eher untypische dichte Bewaldung einiger Berge (Farnsberg, Totnansberg, Platzer Kuppe u. a.) brachten der Region die Bezeichnung Schwarze Berge ein. Sie genießen heute durch den Status eines Naturschutzgebietes besonderen Schutz. An den Hängen des Farnsbergs entstand durch einen ehemaligen kraterförmigen Basaltsteinbruch (die Säulenbasaltformationen lassen sich gut beobachten) ein See. Dessen (meist) tiefblaue Färbung verhalf dem Gewässer zur Bezeichnung „Tintenfass“, die allerdings auch schon vor Inbetriebnahme des Steinbruchs auf einen Felsbrocken an gleicher Stelle angewandt worden sein soll.

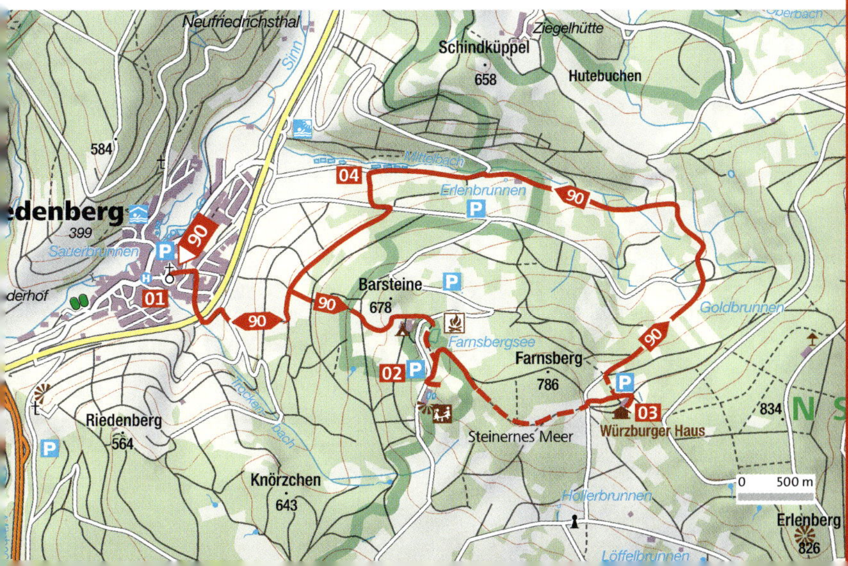

ASCHACH – HAUS AURORA

Von der Fränkischen Saale in den Salzforst

9 km | 2:15 h | 225 hm | 225 hm | 460

START | Der Kirchplatz (210 m) in Aschach (Bad Bocklet). Anfahrt auf der B 285, der B 286 oder der B 287 bis Bad Kissingen, dann Richtung Aschach. Bus: Bad Kissingen Bus 8142, 8143
[GPS: UTM Zone 32 x: 575.840 m y: 5.567.750 m]
CHARAKTER | Breite Wege und schmale Pfade führen durch den Aschacher Forst

Waldhaus Aurora.

Die waldreiche Wanderung tangiert den sehr innovativ angelegten Naturlehrpfad von Aschach und passiert schließlich das idyllisch gelegene Haus Aurora. Aschach liegt nur 2 km von Bad Bocklet entfernt. In Aschach ist der Besuch des Schlosses zu empfehlen.

Vom **Kirchplatz** 01 folgen wir der Oberen Gasse und der Premicher Straße, wo die Tour kurz hinter dem Haus Nr. 15 rechts in den markierten, ansteigenden Teerweg einbiegt (Markierung: roter Winkel). Wir wandern auf dem Hauptweg durch die Aschacher Flur und stoßen im Wald nahe einem Teich auf den sehr informativen **Naturlehrpfad** 02 des Ortes. Lassen Sie sich ruhig etwas Zeit, um den schönen und interessanten Pfad zu erkunden. Unsere Wanderung führt links des Teiches, geradeaus ansteigend weiter. An der nahen Kreuzung (Schutzhütte) behalten wir diese Richtung bei und ignorieren in der Folge alle abzweigenden Wege. Schließlich passiert die Route einen **Sendemast** 03 rechter Hand. Etwa 500 m weiter erreichen wir das unübersehbare rote Wegekreuz und schwenken hier nach rechts. Nur kurze Zeit später stößt die Tour auf das verträumte **Waldhaus Aurora** 04, ein perfekter Platz für ein Picknick.
Etwa 300 m weiter biegen wir an einer T-Kreuzung rechts ein (Markierung: schwarzes Dreieck mit doppelter Basis). Immer geradeaus (Achtung! Auf Markierungen achten – besonders bei den ersten beiden Verzweigungen) erreichen wir auf teilweise sehr schmalen und verwachsenen Pfaden wieder den Teich beim **Lehrpfad** 02. Nun folgt die Tour dem Schottersträßchen weiter gerade ins Tal. In Aschach führt uns die Alte Leite ins **Zentrum** 01.

Teich beim Naturlehrpfad Aschach.

Die Südrhön – Land der Kurbäder

Das bekannteste Heilbad der Rhön ist ohne Zweifel Bad Kissingen. Hier kurten immerhin das österreichische Kaiserpaar Franz und Sissy, Zar Alexander II., Tolstoi, Fürst Bismarck, die Bundespräsidenten Heuss und Lübke sowie der erste Mensch, der den Mond betrat, Neil Armstrong.
Mit einer ganz so illustren Gästeschar kann das beschaulichere Bad Bocklet nicht aufwarten. Die Würzburger Fürstbischöfe gaben hier im 18. Jahrhundert den Auftrag zum Aufbau der Kuranlagen, nachdem Deutschlands stärkste Eisenquelle im Jahre 1724 vom Ortspfarrer Schöppner wiederentdeckt worden war. Ein Jahr später wurde sie vom Würzburger Hofarchitekten Balthasar Neumann gefasst, dessen Namen sie heute trägt. Der Biedermeierort besticht auch durch seine reizvolle Lage und lockt Besucher mit seiner kleinstädtischen Atmosphäre. Im Sommer verkehrt übrigens eine historische Postkutsche ins wenige Kilometer entfernte „Weltbad“ Kissingen.

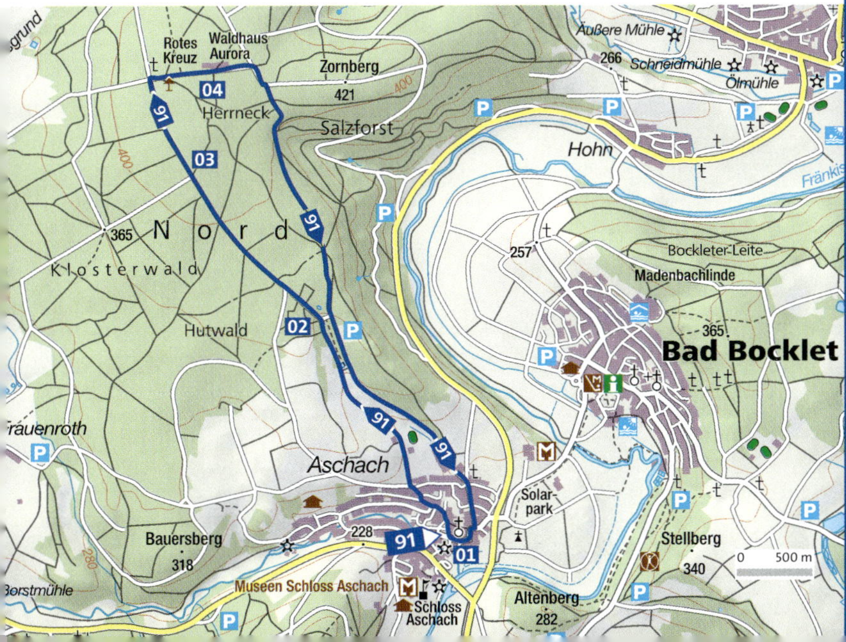

KLEINWENKHEIM – FRIDRITT

Erkundungen im Kloster Maria Bildhausen

10,75 km 2:30 h 115 hm 115 hm 460

START | Das Gasthaus „Zur Gemütlichkeit" in Kleinwenkheim (Münnerstadt). Anfahrt auf der B 19 oder der A 71 bis Münnerstadt, dann Richtung Kleinwenkheim. Bahn: Eisenach – Münnerstadt – Schweinfurt; ab Münnerstadt Bus. Bus: Bad Kissingen Bus 8147, 8170, 8173.
[GPS: UTM Zone 32 x: 591.460 m y: 5.567.610 m]
CHARAKTER | Auf verwachsenen, teils schwer zu findenden Wald- und Wiesenwegen wird das Kloster erreicht, breite Wirtschafts- und Asphaltwege führen uns wieder ins Tal.

Im Kloster Bildhausen.

Das Kloster Maria Bildhausen markiert etwa die Hälfte der Wanderstrecke. Interessante Gebäudekomplexe und Ausstellungen laden in der schönen Anlage zum Verweilen ein. Auch der Kloster-gasthof lohnt einen Besuch.

▶ Vom **Gasthof** 01 „Zur Gemütlichkeit" folgen wir der Hauptstraße Richtung „Bad Königshofen". Dabei wird der Straßenabzweig nach Maria Bildhausen passiert. Wir biegen nur wenige 100 m weiter, gleich hinter dem kleinen Waldstück, nach links in den ansteigenden Wirtschaftsweg ein, **den wir gleich wieder verlassen**. Die Route verläuft nun **immer dicht am Waldrand**, führt um das Waldstück links von uns herum und erreicht schließlich rechts des Weges eine kleine Holzhütte. Die Wanderung passiert bald eine kleine Lichtung und umrundet nachfolgend das nächste Waldstück, diesmal im Uhrzeigersinn. Linker Hand erstreckt sich ein Feld bis hin zur Straße. Auf diese hält unser Weg schließlich zu, wobei wir den Waldrand verlassen. Auf der Landstraße laufen wir rechts und biegen vor dem Ortseingangsschild ebenfalls rechts in die Straße Richtung „Großwenkheim" ein. Hinter der nahen Brücke (Nepomuk-Statue) schwenkt die Tour links und erreicht nach kurzer Zeit das rückwärtige Tor des **Klosters von Maria Bildhausen** 02. Die schöne Anlage diente seit 1158 als Zisterzienser-Abtei. Eine sehenswerte Fotoausstellung zur Geschichte befindet sich im Gewölbe neben dem einzeln stehenden Treppenturm von 1454. Am gemütlichen Klostergasthaus vorbei verlassen wir das Areal durch das Torhaus, überqueren die Straße und gehen geradeaus auf dem markierten (blaues offenes Dreieck bis Fridritt) Feldweg in Richtung „Münnerstadt“ weiter. An der Verzweigung direkt am Waldrand verläuft die Tour geradeaus, nur 100 m weiter hält sie sich am Weiser allerdings scharf nach links. Die Kennzeichnung leitet uns durch den Wald und schließlich wird wieder freies Feld erreicht. Von einer Anhöhe mit **Marienkapelle** 03 ist Fridritt bereits auszumachen. Bald stoßen wir im Tal auf eine Straße, halten uns links und wandern durch den Ort vorbei am **Gasthaus** 04 „Zur Traube“ bis hin zur Straßenverzweigung. Hier verläuft die Wanderung weiter auf der Edelbachstraße/Kleinwenkheimer Straße in Richtung „Kleinwenkheim“ und erreicht nach kurzem Anstieg auf dem Sträßchen den **Ausgangsort** 01.

Brücke beim Kloster Bildhausen.

Kloster Maria Bildhausen

Die Gründung des Zisterzienserklosters lässt sich auf eine Stiftung des Pfalzgrafen bei Rhein, Hermann von Stahleck, zurückführen. Wegen Landfriedensbruch wurde ihm von Kaiser Friedrich Barbarossa die ehrenrührige Strafe des Hundetragens auferlegt. Der Pfalzgraf und sein Gefolge mussten unter dem Gespött des Volkes Hunde von einem Gau in den anderen tragen. Danach zog sich Hermann von Stahleck in die Zisterzienserabtei Ebrach zurück und stiftete im Jahre 1156 die Abtei Bildhausen.

KLEIN-UMSTADT – STACHELBERG

Mensch, Wein und Umwelt in den Fluren von Sankt Wendelin

9 km | 2:30 h | 170 hm | 170 hm | 827

START | Bahnhof Klein-Umstadt (167 m), an der Bahnhofstraße
[GPS: UTM Zone 32 x: 495.590 m y: 5.526.860 m]
CHARAKTER | Leichte Wiesenwanderung

Klein-Umstadt.

Schon wegen des Panoramas an der Wendelinuskapelle lohnt die Begehung des Geopark-Lehrpfads in Klein-Umstadt: Von der Kapelle schweift der Blick weit über die Untermainebene, bei klarem Wetter sind Hunsrück, Taunus, Vogelsberg und Spessart erkennbar.

Klein-Umstadt ist ein Stadtteil von Groß-Umstadt im östlichen Teil des Landkreises Darmstadt-Dieburg am nördlichen Rand des Odenwalds. Dank der Hanglage östlich der Otzberg-Bruchzone hat der Untergrund eine abwechslungsreiche geologische Beschaffenheit. Seit dem Mittelalter gedeihen Weine vor allem auf den gegen Süden exponierten Hanglagen auf mineralreichen Porphyr- und Lössböden.

▶ **Klein-Umstadt** 01 liegt mit dem Haltepunkt „Groß-Umstadt Klein-Umstadt" an der Odenwaldbahn von Eberbach am Neckar nach Hanau. Vom Bahnhof führt der Lehrpfad südwärts zur Weinlage **Stachelberg** 02, wo sich bei gutem Wetter ein wunderbares Panorama öffnet.

In der Wendelinuskapelle kann man den Patron um Schutz anflehen: „Sankt Wendelin, verlass uns nie, schirm unsern Stall, schütz unser Vieh!" Die Lehrpfadstation 3 erläutert, warum Weinbau in Deutschland nur in ganz begrenzten Lagen möglich ist: Neben dem Mikroklima ist vor allem der Boden wichtig, der für die Weinlagen ausschlaggebend ist und dem Wein seinen eigenen Charakter verleiht.

Auf den Stationen 6 bis 8 wird die Ortsgeschichte Klein-Umstadts erläutert, vom schweren Großbrand 1859 und die Überreste der mittelalterlichen Wehrmauer erzählen die Tafeln. Auch Bergbau ermöglichte die bunte geologische Vielfalt in Klein-Umstadt. An den Überresten des **Stollens** 03 lässt sich die Ausbeutung des Schwerspatvorkommens mit Hilfe der Lehrpfad-Tafel 10 erahnen. Vom Bergbau-Stollen leitet der Lehrpfad durch die Weidstraße an der Wendelinus-Schule vorbei und am Ende links zurück zum Bahnhof **Groß-Umstadt/ Klein-Umstadt** 01. Wer eine Stärkung braucht, kann im Ort in die Gaststätte „Sturmfels" an der Bahnhofstraße 21 einkehren; dort gibt es neben einer regionalen Speisekarte auch selbst gekelterten Apfelwein von eigenen Streuobstwiesen.

Vom Bahnhof führt ein Lehrpfad-Abstecher nach Nordwesten über die Gleise zum Geopunkt **Breitwieser Bruch** 04; dort wird Trinkwasser durch die Stadtwerke gewonnen.

DOSSENHEIM – SCHAUENBURG – WEISSER STEIN

Sandstein und Porphyr

12,5 km | 4:00 h | 490 hm | 490 hm | 827

START | OEG-Bahnhof Dossenheim (108 m); Bus/Bahn: Straßenbahnlinie 5, OEG [GPS: UTM Zone 32 x: 476.060 m y: 5.477.380 m]
CHARAKTER | Waldwanderung mit Panoramablicken

Im Leferenz-Steinbruch.

Herrliche Panoramablicke bis hin zum Pfälzerwald begleiten die Strecke zur Schauenburg. Dann steigt der Wanderweg stetig an und führt auf Pfaden und Forststraßen zur Höhengaststätte Zum Weißen Stein. Nach steilem Abstieg lohnt eine Erkundung des Leferenz-Steinbruchs. Autofahrer können die Wanderung auch dort beginnen.

Beim OEG-Bahnhof **Dossenheim** 01 rechts auf die Bahnhofstraße. Rechts auf die Friedrichstraße. Links auf die Wilhelmstraße. Links auf die Schulstraße. Nun leiten Do1 und das gelbe B. Die Hauptstraße querend auf die Rathausstraße. Gleich links halten. Beim Heimatmuseum rechts (Schauenburgstraße). Zur Linkskehre der Straße am Ortsrand, geradeaus zum Parkplatz und links auf einen schmalen Teerweg. Am Weinberghang bergan zu einer Gabelung und rechts in den Wald, dabei das gelbe B verlassen und weiter mit Do1. Folgende Gabelung rechts und steil bergan. Nächste Gabelung wieder rechts und zum Pavillon oberhalb der **Schauenburg** 02.

Geradeaus weiter auf ebenem Waldweg zu einem Teerweg und links bergan. Geradeaus über eine Kreuzung. Steil bergan und der Rechtskurve des Hauptweges folgen. Geradeaus über die Kreuzung auf der Anhöhe, dann steigungsfrei am Berghang entlang zur weitläufigen Kreuzung beim **Kottenbrunnen** 03.

Geradeaus haltend bergan auf gekiester Forststraße. Geradeaus über eine Kreuzung, dabei Do1 verlassen und weiter mit Do2. Geradeaus über die nächste Kreuzung.

Nach etwa 1 km geradeaus über eine Kreuzung mit Ruhebank. Nach etwa 150 m links auf einen Pfad. Alte Grenzsteine säumen den Weg, der zu einem breiten Querweg führt. Hier links (gelbe 8, gelbes Andreaskreuz).

Achtung! Nach etwa 150 m rechts auf einen Pfad, steil bergan zu einem Querpfad und links. Schnurstracks zum Turm auf dem **Weißen Stein** 04. Die hohen Bäume schränken den einstigen Panoramablick weitgehend ein.

Auf bekanntem Weg zurück, an der Einmündung des Aufstiegsweges vorbei und weiter mit Do2 und der gelben 8. Eine Teerstraße querend auf einen Pfad. Einen Forstweg queren und weiter mit DoV. Weiter bergab. Eine Teerstraße und einen Forstweg links versetzt queren. Zu einer gekiesten Forststraße hinab und links (Do1, gelbe 7).

Achtung! Nach etwa 500 m links zum Parkplatz **Drei Eichen** 05.

Zwischen Pavillon und Brunnen auf den Waldweg (Do1, Do2). Folgende Gabelung rechts talwärts. Dem Hauptweg folgend durch den Weinberg und mit Teer unter den Füßen am **Leferenz-Steinbruch** vorbei (Am Neuberg). Rechts auf die Neubergstraße. Links auf die Wilhelmstraße, dabei Do1 verlassen und auf bekanntem Weg zum OEG-Bahnhof **Dossenheim** 01 zurück.

NECKARGERACH – MARGARETEN-SCHLUCHT – GUTTENBACH

Durch die Margaretenschlucht

7,5 km | 1:45 h | 65 hm | 65 hm | 827

START | Bahnhof Neckargerach (150 m), Bahnhofstraße 29
[GPS: UTM Zone 32 x: 505.400 m y: 5.471.710 m]
CHARAKTER | Abwechslungsreiche Talhangwanderung mit einem interessanten gesicherten Felssteig und mit vielen Aussichtsstellen

Nach Überqueren der Gleise am **Bahnhof Neckargerach** 01 folgt die N-Markierung des Neckarwegs der Bahnlinie rechts Richtung Mosbach. Am Waldrand im Steilhang über dem Neckar bietet der grasige Weg schöne Tiefblicke ins Tal. Nach einer Passage längs einer Steinmauer öffnet sich die steinschlaggefährdete **Margaretenschlucht** 02 im Buntsandstein des **Gickelbergs**. Der Wanderweg verschmälert sich zum drahtseilgesicherten Steig, führt durch den aus der Schlucht herausschäumenden Flursbach und wechselt anschließend in die benachbarte **Mathildenschlucht**.
Der Aufstieg in die Margaretenschlucht ist steil und schwierig, doch sehr empfehlenswert (Abstecher): Die Wanderung ist kilometermäßig kurz, um genug Spielraum für die Erkundung der Schlucht zu bieten.

In der Margaretenschlucht.

Margaretenschlucht

Die unter Naturschutz stehende Margaretenschlucht im Buntsandstein des Gickelbergs bei Neckargerach ist eine der faszinierendsten Schluchten des Neckartals. Als geologisches Studienobjekt mit Aufschlüssen in verschiedenen Schichten des gebankten Buntsandsteins und als botanisches Schatzkästlein (Farne, Flatterulmen, Springschaumkraut) ist sie weithin bekannt. Ein drahtseilgesicherter, unbequemer Felssteig führt durch diese steinschlaggefährdete Schlucht, in der der Flursbach in Kaskaden und Wasserfällen einen Hangriss überwindet. Der ästhetische Reiz der Margaretenschlucht liegt in ihrer von der Felsformenvielfalt her ungeheuer reichen Kaskadentreppe, die umso schöner und „romantischer" wird, je höher man steigt. Für die Mühe des unbequemen Aufstiegs entschädigen die malerischen Kaskaden, in denen der Bach gut 130 Höhenmeter überwindet. Die Margaretenschlucht ist „auf eigene Gefahr" (Warnschild) nur mit Trittsicherheit und festem Stiefelwerk begehbar. Der gesicherte Steig durch die Schlucht ist an einigen Stellen auch erosionsgefährdet.

Von der Margaretenschlucht führt der Neckarweg weiter an der Bahnlinie entlang, bis diese im **Binauer Tunnel** **03** verschwindet und 853 m weit den Berg durchstößt. Vor dem Tunneleingang führt ein Weg über die Gleise und senkt sich hinab zur Bundesstraße.
Hier kurz rechts auf dem Schleusenweg, dann über die im Zeitraum von 2009 bis 2011 sanierte **Schleuse Guttenbach** **04** ans linke Ufer, wo die Mörtelsteiner Straße (Neckartal-Radweg) in das Kirchdorf **Guttenbach** **05** führt.
Beim Überqueren der Minneburgbrücke ist links die eindrucksvolle Ruine der Minneburg, das Wahrzeichen von Neckargerach, in Sicht, dann geht es durch die Fachwerk-Altstadt von Neckargerach zurück zum **Ausgangspunkt** **01** am Bahnhof.

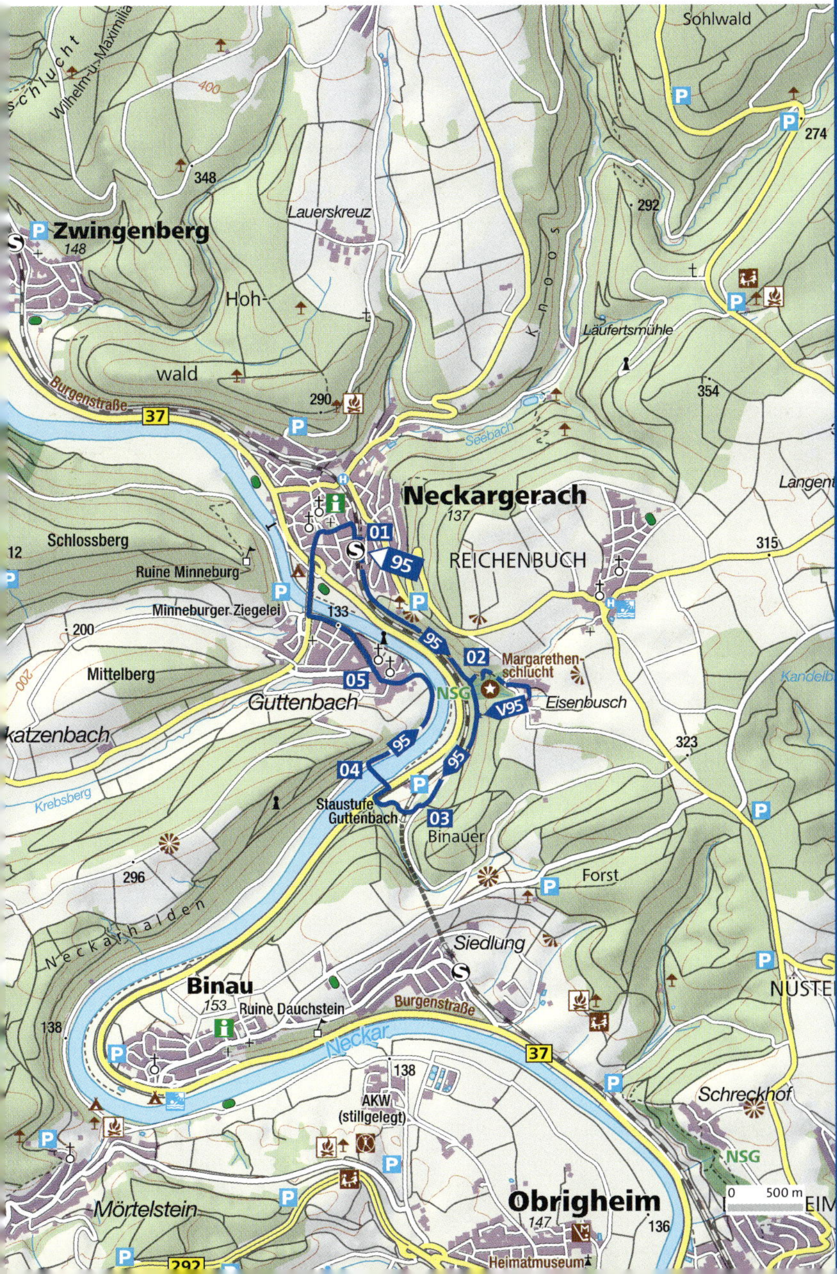

BISMARCKPLATZ – PHILOSOPHENWEG

Mediterranes Heidelberg

3,75 km | 1:00 h | 85 hm | 85 hm | 827

START | Heidelberg, Bismarckplatz (115 m)
[GPS: UTM Zone 32 x: 477.740 m y: 5.473.000 m]
CHARAKTER | Spaziergang mit herrlichen Ausblicken auf die Stadt und das Schloss, außergewöhnlicher Reichtum an Gärten und seltenen Pflanzen

Das Philosophengärtchen am Philosophenweg.

Besonders im Frühling und Sommer ist diese Kurzwanderung ein eindrucksvolles Erlebnis und verzaubert durch den herrlichen Panoramablick und das Blütenmeer der Gärten. Die Stadt Heidelberg hält auf ihrer Website einen ausführlichen Flyer zu dieser Kurzwanderung bereit.

▶ Vom **Bismarckplatz** 01 über die Theodor-Heuss-Brücke, rechts zum Restaurantschiff hinab und am Neckarufer entlang Richtung Alte Brücke. Linker Hand fallen erste Trockenmauern ins Auge. Sie wurden für die hier heimische Mauereidechse angelegt. Der Weg führt nun auf dem Leinpfad dicht am Wasser entlang. Kurz vor der **Alten Brücke** auf die Treppe. An der Fußgängerampel über die Neuenheimer Straße und den gepflasterten Schlangenweg hinauf (rotes Burgensymbol des Burgensteiges). Er ist von hohen Sandsteinmauern begrenzt. Mit etwas Glück kann man tatsächlich Schlangen entdecken, die in der Region recht häufig sind. Die Äskulapnatter, die Ringelnatter und die Schlingnatter, die sich unter anderem von Eidechsen ernährt, sind hier zu nennen.

Der Schlangenweg führt an einer Aussichtskanzel vorbei zum **Philosophenweg** 02 hinauf. Nun links. Bänke säumen den Weg und laden zum Rasten und Genießen der herrlichen Aussicht ein.

In den Gärten unter- und oberhalb des Weges gedeihen viele Pflanzen aus dem Mittelmeerraum, darunter Granatapfel-

und Mandelbäumchen. Der Weg führt am Merianausblick, am Liselotteplatz, der Liselotte-Hütte und an einem kleinen Spielplatz vorbei.
Das berühmte Philosophengärtchen links des Weges unterhalb der Eichendorff-Anlage lohnt einen eingehenden Blick. Dort befindet sich auch ein Kiosk. Dann geht es auch schon steil zur Bergstraße hinab (rotes R) und über die Theodor-Heuss-Brücke zum **Bismarckplatz** 01 zurück.

NECKARGEMÜND – NONNENBRUNNEN – DILSBERG

Ritter und Römer

16 km | 4:30 h | 420 hm | 420hm | 827

START | S-Bahnstation Neckargemünd-Altstadt (125 m) [GPS: UTM Zone 32 x: 485.680 m y: 5.471.040 m]
CHARAKTER | Abwechslungsreiche Wanderung mit Panoramablicken, überwiegend Waldschatten

Das Kommandantenhaus der Feste Dilsberg.

Im Herrenwald überraschen die Mauern eines römischen Gutshofes und ein rekonstruierter Römerbrunnen. Von dort führen schattige Wege auf die mittelalterliche Feste Dilsberg, die hoch über dem Neckartal thront.
Mit einem Panoramablick von der Bockfelsenhütte schließt sich der Kreis. Wer die Wanderung abkürzen will, fährt ab Dilsberg mit dem Stadtbus 753 zurück und kann die Wanderung im Terrassenschwimmbad ausklingen lassen.

▶ Von Gleis 2 der **S-Bahnstation Neckargemünd-Altstadt** 01 gehen wir zur nahen Straße Alter Postweg vor dem Schulzentrum und links bergan (offenes weißes Dreieck, blaues N des Neckarsteiges). Bei Haus 66 links auf die Treppe, zum Waldrand hinauf und rechts. Nun leitet das offene weiße Dreieck. Auf den nächsten Linksabzweig, bergan und eine Forststraße (Weinbergweg) querend auf den Forlenwaldweg. Bei der Schutzhütte geradeaus über die Wegespinne auf den Ringweg Süd. Auf den zweiten Rechtsabzweig (Grenzweg). Rechts haltend 1 km durch den Wald, dann links ab (Nr. 3, offenes weißes Dreieck) und talwärts. Wenige Meter hinter dem links des Weges liegenden **Nonnenbrunnen** 02 kreuzt ein Pfad den Forstweg. Ein Abstecher führt mit der Markierung 3 links auf den Pfad zur etwa 150 m entfernten Villa Rustica, ein römischer Gutshof, dessen Grundmauern erst 1970 wiederentdeckt wurden. Auf gleichem Weg zurück und mit der Nr. 3, N und Ns3 den Forstweg querend talwärts zum Asphaltweg bei der Herrenwaldhütte; ein guter Platz für eine Rast. Hier links und weiter mit Nr. 3.
Über eine Kreuzung. Halblinks über die nächste Kreuzung (Dilsberger Weg) und weiter mit dem offenen weißen Dreieck auf breitem Schotterweg. Die Römerstraße queren und gleich folgenden Querweg links (Römersträßel). Die K 4200 hin zum Wanderparkplatz **Langenzeller Buckel** 03 querend auf einen breiten Kiesweg. (Wanderweg Römerstraße, Fürstenwerthweg). Zur Kreuzung beim Lehenwald-Pavillon und links. Folgende Gabelung links, von der nächsten Kreuzung halblinks (Haberwaldweg). Nun leitet das rot-weiße Quadrat. Nach 900 m auf den zweiten der bei-

den Linksabzweige (Ratsackerweg). Die Ackerflur streifend auf die Anhöhe und rechts auf einen Pfad. Zur nahen Teerstraße beim Schützenverein und links. Folgenden Abzweig rechts (Bannholzweg, rotes Kreuz, rot-weißes Quadrat) und geradeaus nach Neuhof, Ortsteil von Dilsberg.

Auf der Straße Am Schänzel und der Straße An der Steige zur Feste **Dilsberg** 04 hinauf. Vor dem Torturm links auf den Richard-Schirrmann-Weg. Nun übernimmt das rote Kreuz die Führung. (Zuvor lohnt eine nähere Erkundung. Ein ausgeschilderter Rundweg führt durch den mittelalterlichen Ort.) Bei den Parkplätzen links auf Stufen und bergab auf schmalem Teerweg zur Kreuzung beim Siedlungshof. Hier links. Vorsichtig die Neckargemünder Straße queren und bergab.

An der **Lochmühle** 05 vorbei zum Ortsrand von Rainbach. Rechts auf die Straße Am Mühlwald. Links auf den Gehweg der Straße nach Neckargemünd. Nach etwa 100 m scharf links auf einen Waldweg. Etwa 50 m hinter der scharfen Rechtskurve des Weges links auf einen Waldweg. Gleich folgenden Abzweig scharf rechts. Nun geradeaus zum breiten Bockfelsenweg hinauf und rechts. An der **Bockfelsenhütte** 06 vorbei. Gleich rechts auf einen Pfad. Zum Waldrandweg hinab und links. Rechts auf folgende Treppe. Zur Straße Am Kastanienberg hinab und rechts. Am Schulzentrum vorbei zum **Ausgangspunkt** 01 zurück.

RODALBEN – BÄRENFELSEN – BRUDERFELSEN – BIERKELLER

Zur größten natürlichen Felsenhöhle der Pfalz

11 km | 3:00 h | 81 hm | 81 hm | 826

START | Rodalben (254 m) liegt nordwestlich von Pirmasens. Bahnverbindung in Richtung Landau und Saarbrücken. Gute regionale Busverbindungen. Parkplatz an der Ecke Hauptstraße/Pirmasenser Straße gegenüber Hotel „Zum grünen Kranz“
[GPS: UTM Zone 32 x: 400.960 m y: 5.454.840 m]
CHARAKTER | Abwechslungsreicher Wanderweg zu schönen Felsgebilden

Rodalber Felsenweg.

Vom Parkplatz **Rodalben** 01 aus folgen wir zunächst für etwa 400 m der Pirmasenser Straße (grüner Strich), bis ein Sträßchen nach links abzweigt (Wegweiser zu den Tennisplätzen). Vor einem hoch gelegenen Gebäude wählen wir den nach links führenden Waldweg, biegen bei nächster Gelegenheit links ab und folgen dem breiten Sandweg, der leicht ansteigt.

Oberhalb der Tennisplätze, die links unten liegen, biegt der Weg scharf nach rechts ab, steigt langsam an und mündet nach 1400 m seit Parkplatz in den bezeichneten Felsenweg ein (Pfosten Nr. 72).

Ein Wegweiser zum Steigert zeigt den Weiterweg an. Bei der nächsten Weggabelung bleiben wir auf dem unteren Pfad und passieren die „**Dicke Buche**“, ein Baumriese von 45 m Höhe, dessen Alter auf rund 300 Jahre geschätzt wird. Der schmale Pfad führt zum Steigert, einem freien Platz mit Sitzgruppe. Ein Wegweiser zeigt weiter in Richtung Wüst–Langenbach, und bald tauchen auch die Wegweiser zum **Bärenfelsen** 02 auf. Dort stehen wir vor der größten natürlichen Felsenhöhle der Pfalz, die unter einem mächtigen Felsendach liegt. Nun steigt unser Weg über Steinstufen an und zieht unterhalb der Fahrstraße am Berghang entlang (Wegweiser Bruderfelsen 2,1 km). Wir queren die stark befahrene Straße und finden gleich gegenüber die Fortsetzung des Wegs, der schnell zum **Bruderfelsen** 03 hinaufführt (Sitzgruppe).

Der zweigeteilte Felsklotz ist das Wahrzeichen des Städtchens Rodalben. Ein Wegweiser via Stadtmitte (Otto-Stolz-Weg) geleitet zu einem schönen, steigungsfreien und ginsterbestandenen Weg, der zum Bierkeller führt. 100 m unterhalb des alten, längst nicht mehr genutzten Felsenkellers biegen wir rechts ab und kommen schnell zum Stadtrand. Dort halten wir uns rechts (Bambuschstraße), gelangen zur Brücke und steigen die Treppe im Brückenpfeiler hinab. Über die Bahnhofstraße geht es zurück zum Parkplatz.

Rodalber Felsenweg

Diese imposante Wegstrecke führt in fünf Tagesetappen einschließlich der jeweiligen Zu- und Abgänge über rund 62 km. Eine Broschüre und ein örtlicher Wanderplan im Maßstab 1:10.000 zeigen alle Details und Sehenswürdigkeiten dieser Langstreckenwanderung auf.

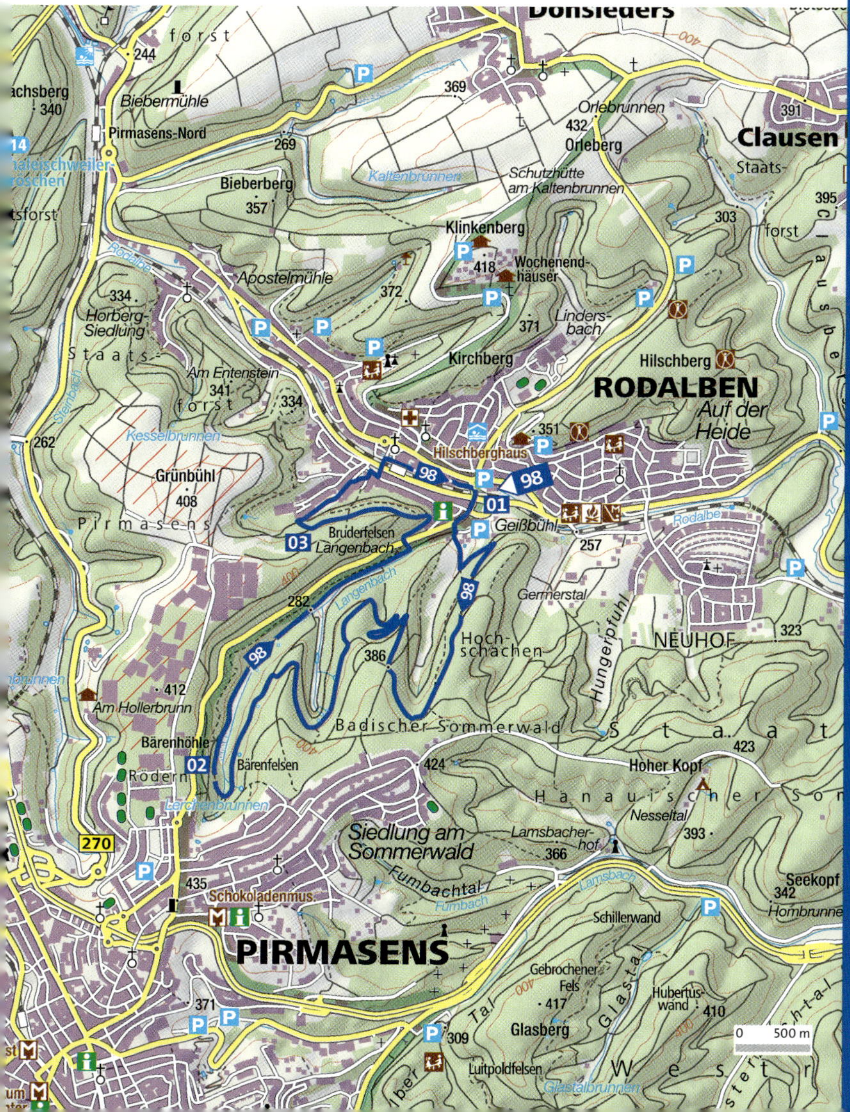

DAHNER FELSENPFAD

Ein Wanderweg der Extraklasse

12 km 4:00 h 255 hm 255 hm 826

START | Dahn (200 m) liegt an der Bundesstraße 427 zwischen Bad Bergzabern und Pirmasens. Parkgelegenheit bei den Felsentürmen „Braut und Bräutigam“ Innerörtlicher Wegweiser in Richtung Badeparadies oder Hotel Pfalzblick [GPS: UTM Zone 32 x: 410.240 m y: 5.444.230 m]
CHARAKTER | Großartige Felsszenerien auf oft steilen und schmalen Pfaden

Der eindrucksvolle Schillerfelsen.

Dahner Hütte

Die Dahner Hütte im Schneiderfeld, im Naturschutzgebiet Moosbachtal, ist eine der beliebtesten unter den zahlreichen Wanderhütten des Pfälzerwald-Vereins, nicht zuletzt, weil sie auch mit dem Auto erreichbar ist.
Allerdings sollte man sich vor Antritt jeder Wanderung über die Öffnungszeiten informieren, denn die ehrenamtlich bewirtschafteten Hütten sind oft nur am Wochenende oder auch nur sonntags geöffnet. Ein Blick ins Internet kann dafür sorgen, dass der Wandertag nicht in einer „Durststrecke“ endet.

Ausgezeichnet als eine der schönsten Wandertouren Deutschlands verspricht der Felsenpfad reines Wandervergnügen und hat sicher noch niemand enttäuscht. Auf vielfach neu angelegten Pfaden erschließt der Weg versteckte Felstürme, Galerien und einzigartige Steingebilde, die zuvor nicht zugänglich waren. Alpine Erfahrung oder Ausrüstung ist nicht erforderlich, aber Trittsicherheit, gutes Schuhwerk und genügend Ausdauer werden schon vorausgesetzt.

▶ Vorbei an **„Braut und Bräutigam“** 01 folgt schon der erste Anstieg über 65 Stufen einer steilen Leiter zum **Wachtfelsen** 02 als erstem Aussichtspunkt. Nach dem Abstieg führt der Pfad bald talwärts. Die Wegmarkierung ist lückenlos (orangefarbiger Grund mit schwarzem Felsenturm-Symbol), erfordert aber doch eine gewisse Aufmerksamkeit, da der Weg immer wieder die Richtung wechselt.

An Viehweiden entlang folgen wir ein kurzes Stück dem Wieslautertal, bis nach rechts der kurze, aber relativ steile Anstieg zur mächtigen Felskulisse des **Lämmerfelsen** 03 beginnt. Entlang einer Vielzahl bizarrer Felsgebilde wird der Büttelfelsen erwandert, dann zieht der Weg leicht abwärts und an den Sportanlagen vorbei zum **Rothsteig-Brunnen** 04 (Rastplatz).

Etwa 2 km weiter weist eine Tafel nach links zur **Dahner Hütte** 05 im Schneiderfeld, wo sich eine gastliche Einkehr anbietet. Bald nach der Dahner Hütte knickt der Pfad wieder nach rechts ab und führt hinauf zur Felsenarena mit ihren zahlreichen Felsformen, wo wir schließlich durch einen engen Felsspalt schlüpfen, der eigens für den Felsenpfad freigelegt wurde. Vom aussichtsreichen **Schwalbenfelsen** 06 mit seinem kecken Auslug von hoher Kanzel geht es zum Schillerfelsen und über den Pfaffenfelsen, wo sich noch einmal das ganze Panorama öffnet. Fast genau bei den eng aneinander geschmiegten Felsen der Braut und des Bräutigams endet unsere erlebnisreiche Runde.

NOTHWEILER – RUINE WEGELNBURG – RUINE FLECKENSTEIN

Von Burg zu Burg im Grenzland

11,5 km | 4:00 h | 292 hm | 292 hm | 826

START | Nothweiler (280 m) liegt südlich von Dahn. Busverbindungen nach Dahn und Pirmasens. Parkmöglichkeit in der Ortsmitte
[GPS: UTM Zone 32 x: 412.250 m y: 5.435.800 m]
CHARAKTER | Kräftiger Anstieg zur Wegelnburg, grenzüberschreitende Burgenwanderung

Die aussichtsreiche Burgruine Wegelnburg.

In der Ortsmitte des schmucken Dörfleins Nothweiler plätschert der Zeppelinbrunnen. Er erinnert an den gleichnamigen Flugpionier, der hier im Jahre 1870 nach einem kühnen Husarenritt als junger Offizier sein Pferd getränkt haben soll.

Wir nehmen durch die Graf-Zeppelin-Straße in **Nothweiler** 01 auf Schusters Rappen den Anstieg zur **Wegelnburg** 02, der höchstgelegenen Burgruine des Pfälzerwaldes, in Angriff. Durch das älteste Naturschutzgebiet der Pfalz geht es mit der rot-gelben Markierung kräftig bergan. Nach einer guten Wanderstunde ist die großartige und viel gepriesene Aussichtswarte erreicht.

Wenig später wird beim Kaiser-Wilhelm-Stein die deutsch-französische Grenze überschritten. Dieses Wegstück, vorbei an den Felsennestern **Hohenburg** 03 und **Löwenstein** 04, ist besonders interessant.

Nach Besichtigung des **Fleckensteins** 05 führt unser Weg am Info-Center beim Forsthaus Fleckenstein vorbei (2002 eröffnet) und folgt dem neu angelegten Köhler-Lehrpfad hinüber zum gastlichen **Gimbelhof 06**, wo in der großen Gartenwirtschaft an schönen Tagen ein ziemlich reger Ausflugsverkehr herrscht. Über das Forsthaus Litschhof strebt der gut bezeichnete Wanderweg zurück zum Startpunkt.

Wegelnburg

„Die Ersteigung der Wegelnburg ist außerordentlich mühsam, der Berg steil abschüssig und gegen 2.000 Fuß hoch. Dichtes Gestrüpp, undurchdringliches Dornengeäst umwinden ringsum den Fuß der geisterhaft herabstarrenden unersteiglichen Felsenhöhe. Die Aussicht von der prächtigen Höhe nach allen Seiten ist eine der großartigsten und schönsten der Vogesen und wetteifert mit jener auf der Madenburg."
Keine Sorge, die Beschreibung von August Becker stammt aus dem Jahr 1857, doch hat die Aussicht nichts von ihrer Einzigartigkeit eingebüßt.

SCHADBERG – HAGERWALDSEE – MÜHLEN – HÄGELESKLINGE

Zwei Badeseen, vier Mühlen und wildromantische Klingen

14 km | 4:00 h | 145 hm | 145 hm | 773

START | Schadberg, Waldwanderparkplatz (445 m)
[GPS: UTM Zone 32 x: 550.200 m y: 5.417.050 m]
CHARAKTER | Diese sehr abwechslungsreiche Tour vereint die charakteristischen Elemente des „Naturpark Schwäbisch-Fränkischer Wald“: die geheimnisvollen Höhlen, Grotten und bizarre Felsformationen, die idyllischen Bade- und Angelseen, die liebevoll restaurierten Mühlen, die malerischen Bachtäler. Die Tour verläuft abwechselnd im Wald und im Freien. Mit schönen Aussichten, überwiegend auf unasphaltierten Fahrwegen und auf Waldpfaden. Außerdem bietet die Tour auch viel Interessantes für Kinder

Die romantische Hummelgautsche.

Der **Waldwanderparkplatz Schadberg** 01 liegt an der Straße von Welzheim nach Gschwend, ca. 300 m nach Schadberg an der rechten Straßenseite. Wir orientieren uns am Richtungsschild „Hagerwaldsee“ und gehen leicht bergab zum Rottalweg, der uns entlang des Flüßchens Blinde Rot führt. Der reizvolle Weg führt uns zum **Hagerwaldstausee**, den wir am rechten Ufer umwandern. Am Ende des Sees erreichen wir den Staudamm, hinter dem Damm liegt der Campingplatz mit der **Gaststätte Hagerwaldsee** 02. Wir halten uns auf dem rechten Waldrandweg und kommen nach kurzer Zeit zum Parkplatz „Hüttenbühl“. Dort gehen wir über die Brücke, überqueren die Fahrstraße, drüben führt uns die Markierung roter Strich in einigen Minuten zum Hüttenbühlstausee. Am linken Seeufer und dann der Schwarzen Rot entlang erreichen wir die romantische **Hummelgautsche** 03, offiziell Vaihinghofer Sägmühle genannt. Eine Grillstelle und kleiner Kinderspielplatz laden zum

Rasten ein. Auf Waldpfad am kleinen Flüßchen entlang kommen wir zur sehr schön restaurierten und fotogenen Heinlesmühle, eine Mahlmühle mit 2 Wasserrädern. Danach überqueren wir die Straße Welzheim–Gschwend, gleich bei der ersten Weggabel weist der rote Strich nach rechts auf einen Holzbohlenweg den Bach entlang, der uns zur Hundsberger Sägmühle bringt, heute ein holzverarbeitender Betrieb mit modernen Maschinen. Wir gehen dem Mühlenwegzeichen gemäß nach links über die Bohlen durch die Feuchtwiese zum Waldrand und folgen dann dem roten Strich bis zur Menzlesmühle, einem ebenfalls lohnenden Fotomotiv. Ca. 200 m talauf folgen wir der Markierung roter Punkt nach links in den Wald und hinauf nach **Ebersberg** **04**.

Wir überqueren das Fahrsträßchen und kurz darauf folgen wir am Waldrand sofort dem roten Punkt nach links einem Waldpfad. Dieser führt uns hinab zur wildromantischen **Hägelesklinge** **05**, ein imposantes Naturdenkmal mit riesigen pflanzenbewachsenen Felsblöcken aus Sandstein. Nach Besichtigung auf einem Rundweg kommen wir zur ebenfalls attraktiven Brunnenklinge. Danach kehren wir auf dem „Sackweg" ca. 50 m zurück, mit dem roten Punkt gehen wir links über Stufen abwärts ins Tal der Blinden Rot.

Unten links, vor zur Straße, dort etwas rechts halten und dann über die Straße und die Brücke, mit Markierung blauem Balken und Schmetterlingsmarkierung geht es an zwei Höfen vorbei Richtung Ebersberger Mühle. Ca. 300 m nach dem zweiten Hof dem blauen Balken geradeaus folgen. An der links gelegenen Ebersbergmühle vorbei, vor zu dem **Rotbachhöfle** **06**, wir überqueren hier die Straße und gehen rechts auf dem Gehweg bergan. Ein Richtungsweiser führt zu dem Weiler **Strohhof** **07**, den wir durchqueren und kehren dann zu unserem Ausgangspunkt am **Waldwanderparkplatz Schadberg** **01** zurück.

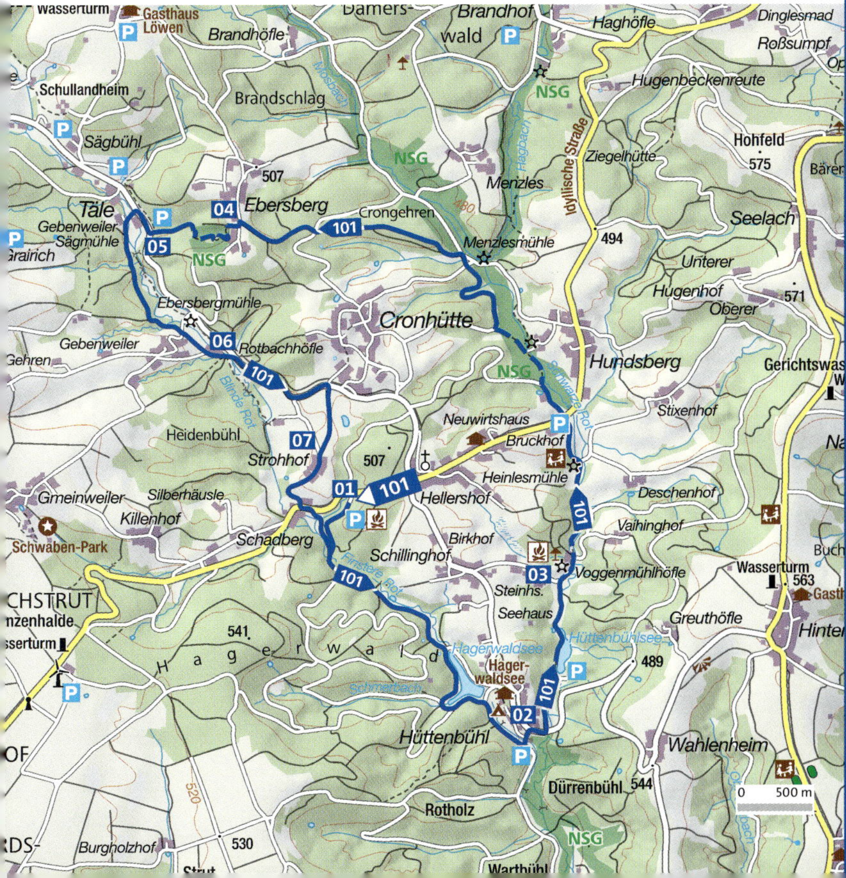

HOHENBEILSTEIN – ST. ANNASEE – GAGERNBERG – JETTENBACH

Rundherum mit großartigen Aussichten

10 km | 3:00 h | 140 hm | 140 hm | 773

START | Hohenbeilstein (315 m), Parkplätze bei der Burg
[GPS: UTM Zone 32 x: 523.070 m y: 5.432.010 m]
CHARAKTER | Von Hohenbeilstein aussichtsreich hoch durch die Weinberge zum Aussichtspunkt Wartkopf, weiter zum St. Annasee, zum idyllischen Weiler Gagernberg mit herrlichen Ausblicken in das Umland, hinunter in das Schmidbachtal und über Schmidhausen wieder zurück. Überwiegend Wirtschaftswege

Blick auf Burg Lichtenberg.

Wir wandern vom **Parkplatz** 01 mit den Markierungen blauer Punkt und rote Traube hinauf in die Weinberge, nach ca. 100 m rechts ansteigend weiter. Nach einem Weinberghäuschen wenden wir uns nach links, weiter hinauf Richtung Wald.

Von oben haben wir herrliche Ausblicke auf die Burg Hohenbeilstein inmitten von Weinbergen, im Hintergrund thront die Burg Lichtenberg über dem Bottwartal. Die Tafel „Wartkopfweg" und die Markierung führen uns geradeaus weiter. Wir erreichen einen Aussichtspunkt mit Spiel- und Rastplatz (Grillplatz). Hier auf dem **Wartkopf** 02 steht eine Panoramatafel, die die Blickrichtungen auf viele markante Landschaftspunkte zeigt. Nachdem wir die fantastische Aussicht auf die Täler und Berge genossen haben, gehen wir wenige Meter zurück und wenden uns nach links. Ein Waldweg führt leicht abwärts, nach einer **Schranke** 03 geht es weiter hinunter. Nach dem Waldaustritt geht es kurz links, dann nach rechts. Hier wechselt die Markierung zum blauen Kreuz und das Schild „Zum Annasee" weist uns hinauf in die Weinberge. Wir ignorieren den ersten links wegführenden Weg, bei einem Weinberghäuschen gehen wir links Richtung Wald. Bei der folgenden Weggabelung weiter geradeaus hinauf durch die Weinberge.

Oben am Waldrand genießen wir vom Rastplatz mit Bänken wiederum eine tolle Aussicht. Nach Waldeintritt ist unser Weg ein Teil des „Altwürttembergischen Landgrabens" (siehe Info-Kasten), kurz darauf führt uns die Markierung nach links auf einen schmalen Waldpfad. Wir kommen zum **St. Annasee** 04 (hier Rast- und Grillplatz), wenden uns am Ende des Sees nach rechts und sehen nach Waldaustritt **Gagernberg** 05 vor uns liegen. Wir durchwandern den idyllischen Weiler, gehen am alten Backhäusle und netten Fachwerkhäusern vorbei. Hier wechselt die Markierung zum roten Punkt, unser Blick schweift über die unter uns liegenden Täler, links sieht man Billensbach am Berg liegen, darüber der Stocksberg. Mit Blicken auf das Schmidbachtal geht es nun abwärts durch die Weinberge, bei Waldeintritt schlendern wir weiter hinunter zur Landesstraße L 1116. Hier am Ortsrand von **Jettenbach** 06 überqueren wir diese, bei der Trafostation und der Alten Dorfkelter biegen wir auf dem asphaltierten Wirtschaftsweg nach rechts. Es geht immer am Schmidbach entlang, wir passieren einen Barfußpfad, ignorieren das erste Brückchen über den Bach. Bei den ersten Häusern von **Schmidhausen** 07 gehen wir über das zweite Brückchen, drüben wechselt die Markierung zum roten Kreuz. Nun geht es geradeaus, dann nach rechts über Stufen hinauf zur Landstraße. Hier kurz nach links, nach Überquerung der Straße am alten Rathaus (ca. 1700) vorbei in den „Friedhofweg". Es geht bergauf über die „Burgunderstraße", der Friedhof wird passiert, kurz danach wenden wir uns links und dann wieder links. Am Ortsrand von Hohenbeilstein entlang wandern wir durch die Weinberge zurück zu unserem **Ausgangspunkt** 01.

Altwürttembergischer Landgraben

Zur Absicherung der Landesgrenze in diesem Bereich ließen die württembergischen Grafen ab 1456 diesen 31 km langen Landgraben zwischen Heuchelberg und den Löwensteiner Bergen errichten. Damit wurde das Neckarbecken zwischen den Höhenzügen auf beiden Seiten vollständig abgeriegelt.
Militärisch betrachtet hatte der Landgraben keine große Bedeutung, die Fuhrwerke der Bauern und Händler aber konnten dieses Hindernis nicht überwinden, somit war der Warenverkehr gezwungen, auf den Fernstraßen zu bleiben und an den Landtürmen Zoll zu entrichten. Eine nicht zu verachtende Einnahmequelle. Es gab nur vier größere Durchlässe, von denen vier mit Türmen gesichert waren: den Nordheimer Landturm, die Hauptzollstelle auf der Lauffener Neckarbrücke, den Lauffener Landturm sowie den Wüstenhausener Landturm Die Anlage war bis zu 18 Meter breit und bestand aus einem etwa drei Meter breiten und tiefen Graben mit Erdwall. Er war mit Dornbüschen bepflanzt und teils zusätzlich mit angespitzten Holzpflöcken versehen.

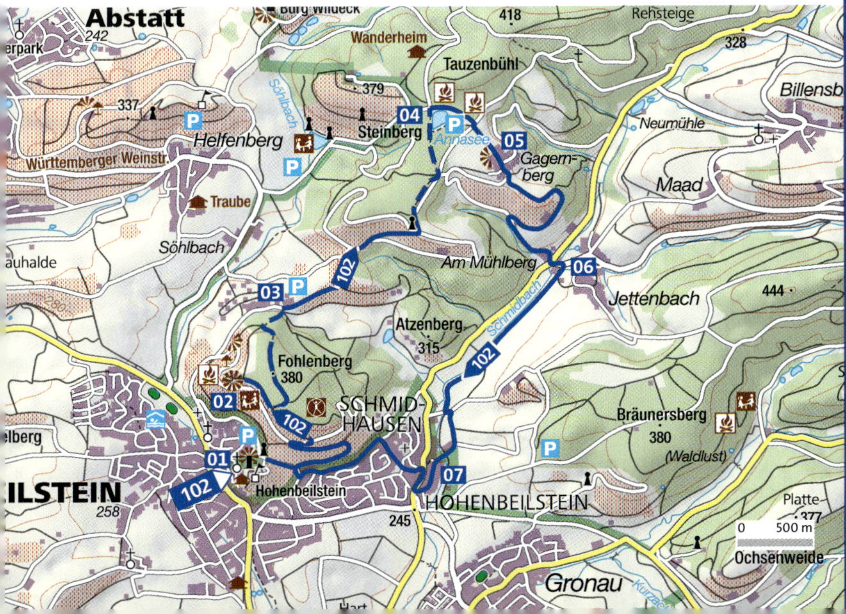

BRETTACH – BURG MAIENFELS – STEINKNICKLE – NEUHÜTTEN

Herrliche Aussichten von Burg und Turm

11 km | 2:45 h | 240 hm | 240 hm | 773

START | Brettach (287 m), Parkmöglichkeit unterhalb des Friedhofs von Brettach [GPS: UTM Zone 32 x: 538.030 m y: 5.441.040 m]
CHARAKTER | Steil hinauf zur Burg Maienfels (hier schöne Aussichten), weiter über Schweizerhof, Busch, Kreuzle und hinauf zum Steinknickle. Vom Aussichtsturm herrliche Rundumsichten. Hinunter nach Neuhütten, dann über freies Feld und durch zwei Weiler wieder zurück. Überwiegend Feld- und Fahrwege

Winterlandschaft bei Neuhütten.

In **Brettach** 01, beim Landhaus Rössle, folgen wir der Markierung roter Strich, HW8 bergauf. Später ignorieren wir die Wegführung nach rechts in die Strasse „Am Hang" (wegen schlechter Wegbeschaffenheit), sondern gehen markierungslos weiter geradeaus bergauf. Kurz nach dem Wasserreservoir steigen wir auf einem rechts weggehenden Waldpfad hinauf nach Maienfels. Oben wenden wir uns auf der Straße nach rechts und gehen durch die Brennofengasse zur **Burg** 02. Von der Mauer haben wir schöne Blicke über das Brettachtal und auf Maienfels. Bei der Straßenkurve folgen wir dem Schild „Hoher Garten", gehen den Bungalows entlang, wenden uns später nach links zur Trafostation und „Am Hölzle" geht es gut markiert nach rechts zum Ort Schweizerhof. An der Bushaltestelle wenden wir uns nach links, nach dem Tümpel (Schild „Naturdenkmal") führt uns die Markierung am Friedhof vorbei hinauf nach Busch. Dort in der Langestraße nach rechts, gleich darauf biegen wir links in die Hirschbergstraße. Wir überqueren die Landesstraße, auf dem Hagenauweg gehen wir zum Wald und wandern markierungsgemäß auf einem Waldpfad Richtung **Steinknickle** 03. Später führt uns die Markierung nach links bergauf,dann auf dem querenden Fahrweg nach rechts. Vor dem Naturfreundehaus steigen wir links die Stufen hoch zum Aussichtsturm. Vom 30 m hohen Turm (vom Schwäbischen Albverein betrieben) hat man prächtige Aussichten: nach Norden in die Hohenloher Ebene, in die anderen Richtungen reicht der

Blick zu Teilen des Mainhardter Waldes, der Waldenburger Berge und der Löwensteiner Berge mit dem Stocksberg im Süden bis zur Hohen Brach bei Grab. Beim Turm gibt es eine Grillstelle und einen Kinderspielplatz. Nach der Rast geht es markiert nach **Neuhütten** 04, dort gehen wir kurz nach rechts und bei der Gaststätte „Sonne-Post“ nach links durch die Rathausstraße. Wir gehen zwischen den Häusern Nr. 31 und 32 markierungslos nach links, am Haus Nr. 6 vorbei und dann auf dem Feldweg weiterhin markierunglos über freies Feld zum Weiler Blindenmannshäusle. Dort nehmen wir das linke der beiden Fahrsträßchen hinab nach Walklensweiler. Am Ende des Ortes verlassen wir den Asphaltweg, der rechts am Teich vorbeiführt, und wandern weiter auf dem Feldweg. Bei der Wegegabel nehmen wir den rechten Feldweg zum Waldeck. Hier geht es auf einem Pfad steil bergab, bei der folgenden Wegegabel halten wir uns links zum Waldrand, dort gehen wir mit herrlichen Aussichten auf die Burg Maienfels und das Umland zurück zum Ausgangspunkt in **Brettach** 01.

Burg Maienfels.

ZUFLUCHT – ROSSBÜHL – BUHLBACHSEE

Ortenau-Tiefblick und Karsee im Nationalpark Schwarzwald

7,75 km | 2:15 h | 275 hm | 275 hm | 886

START | Zuflucht (949 m), Bushaltestelle und Wanderparkplatz an der Landstraße von der Schwarzwaldhochstraße (B 500) Richtung Bad Peterstal-Griesbach
[GPS: UTM Zone 32 x: 494.040 m y: 5.420.410 m]
CHARAKTER | Wechsel aus bequemen Forstwegen und wurzeligen, steilen Pfaden

Sonnenuntergang im Nationalpark Schwarzwald.

Die **Zuflucht** 01 auf dem Bergrücken **Kniebis** ist der höchstgelegene Ortsteil des Kurorts Bad Peterstal-Griesbach im Renchtal. Die Zwei-Häuser-Siedlung an der Grenze zur Gemeinde Baiersbronn liegt an der Oppenauer Steige, einer Serpentinenstraße mit Steigungen von bis zu 18 %, und ist ein rege frequentierter Ausgangspunkt für Wanderungen und Mountainbiketouren sowie im Winter für Skiwanderungen am nahen Roßbühl gibt es einen Skihang mit Lift.
Vom Wanderparkplatz führt der mit dem Zeichen rote Raute markierte Fernwanderweg Westweg über den aussichtsreichen **Roßbühl**, an dem sich ein Skilift und ein Gleitschirm-Startpunkt befinden. Der Roßbühl ist ein bedeutender Gleitschirmflug-Startplatz mit exzellentem Blick auf den Luftkurort Oppenau und die Ortenau. In der historischen Röschenschanze auf dem Roßbühl hat sich ein Hochmoor gebildet.
Vom Roßbühl senkt sich der Westweg zur Verzweigung **Schwarze Lache** 02 im Quellgebiet des Buhlbachs. Hier verlassen wir den Westweg und folgen der gelben Raute am Buhlbachursprung vorbei zur Schwarzwaldhochstraße, kurz nach Queren der Straße wendet sich die gelbe Raute im Wald links zur Verzweigung **Buhlbacher Läger** 03. Rechts geht es weiter durch die feuchten Wälder an der **Hahnenmisse**, einem Moor, in dem das Spaltbächle entspringt.
Diesem kleinen Wasserlauf folgt die gelbe Raute abwärts bis zur Mündung in den Buhlbach an der Verzweigung

Spaltbächle 04 nahe der Bärenteichhütte. Am Buhlbach entlang geht es steil aufwärts zur Verzweigung Buhlbachsee, von der der nahe **Buhlbachsee** 05 in einem kurzen Abstecher erreichbar ist. Nach der Rast am Buhlbachsee, um den ein Rundweg führt, geht es zurück zur Verzweigung Buhlbachsee. Steil führt der Seensteig hinauf zum Wanderparkplatz Bärenteich an der Schwarzwaldhochstraße, quert die Straße und erreicht wenig später den Ausgangspunkt am Wanderparkplatz **Zuflucht** 01.

Buhlbachsee

Der Buhlbachsee ist ein Karsee im Nationalpark Schwarzwald. Der 2,7 ha große See liegt in einer von Gletschern ausgehobelten Nische in der Nordflanke des Grindenkamms; der Buhlbach ist ein Quellbach der Murg. Im 19. Jahrhundert wurde der im Lauf der Jahrtausende verlandete See zum Zweck der Holztrift aufgestaut, dabei löste sich der pflanzenreiche Schwingrasen vom vermoorten Untergrund und liegt seither als Insel auf dem Wasser. Ein besonders schönes Bild bietet der See, wenn auf dem Schwingrasen zur Mittsommerzeit das Wollgras flockt. Neben Wollgräsern wachsen auf dem Schwingrasen Torfmoose, Moosbeeren, Schwarze Krähenbeeren, Moor-Binsen und der Rundblättrige Sonnentau.

OTTENHÖFEN – EDELFRAUENGRAB – UNTERWASSER

Wasserfälle und Schwarzwaldmühlen

9 km | 2:45 h | 328 hm | 328 hm | 886

START | Ottenhöfen (296 m), Endbahnhof der Achertalbahn Achern – Ottenhöfen an der Straße Am Bahnhof
[GPS: UTM Zone 32 x: 437.380 m y: 5.379.700 m]
CHARAKTER | Wechsel aus bequemen Forstwegen und wurzeligen, steilen Pfaden

Achertalbahn.

Die Wasserfälle am Gottschlägbach und die Bauernmühlen von Unterwasser zählen zu den Höhepunkten der Rundwanderung in Ottenhöfen.

Das Mühlendorf **Ottenhöfen** 01 ist Luftkurort im oberen Achertal und Endpunkt der 1898 eröffneten Achertalbahn. Vom Bahnhof führt der Forstweg am Kurgarten vorbei hinauf zur Allerheiligenstraße, wo sich an der Verzweigung Katholische Kirche die Wandertafel des Schwarzwaldvereins befindet. Hier zweigt die gelbe Raute links in die Albert-Köhlet-Straße ab und wechselt am Hildahain rechts versetzt an der Kirche vorbei aufwärts auf die Friedhofszufahrt Am Sauerberg, am Parkplatz übergehend in Schlossberg. Aussichtsreich zieht der Asphaltweg aufwärts zum **Schlosshof** 02 an der Ruine Bosenstein. Hier wohnte die Bosensteinerin, die Siebenlinge zur Welt brachte und sechs davon umbringen wollte, weshalb sie von ihrem edlen Mann zur Strafe bei lebendigem Leib eingemauert wurde.
Vom Schlosshof senkt sich die Obere Edelfrauengrab-Straße mit Blick auf den gigantischen Steinbruch Edelfrauengrab zum Wanderparkplatz Edelfrauengrab im Tal des Gottschlägbachs. Der Wanderweg folgt dem Bach zum namensgebenden Wasserfall **Edelfrauengrab** 03, einer vom Wasser ausgestrudelten Felshöhle. Hier wurde die Bosensteinerin eingemauert. An Strudeln und Kaskaden vorbei führt der wilde Wanderweg aufwärts, wechselt auf dem Romantischen Brückle die Bachseite und erreicht die Verzweigung **Gottschlägtal** 04. Hier wechselt die gelbe Raute südwärts auf einen steilen Serpentinenpfad, der sich

in das aussichtsreiche Wiesenhochland schwingt und an den Häusern von Gottschläg vorbei zum Wanderparkplatz **Blöchereck** 05 am 110er-Denkmal führt. Während der Blick bis hinauf zur Hornisgrinde schweift, führt die gelbe Raute zwischen den Häusern von Blöchereck westwärts, wechselt beim Rabenschrofen links Richtung Klausbach, senkt sich ins Unterwassertal und folgt dem schmalen Tal abwärts zur **Benz-Mühle** 06. Die namensgebende Benz-Mühle ist bekannt für ihre Bauernvesper mit selbst gebackenem Holzofenbrot, die eigenen Schnäpse und Liköre sowie den selbst gemachten Most; Wanderer erhalten auch ein kühles Bier, einen Schoppen Landwein oder alkoholfreie Getränke. Zwischen der Wassermühle und dem 450 Jahre alten, denkmalgeschützten Bauernhof gibt es einen Kinderspielplatz, ein Kleintiergehege und ein Biotop; die rustikale Gartenanlage bietet ca. 90 Sitzplätze, im Biotop befindet sich eine kleine Insel, die über eine Brücke zu erreichen ist und Gruppen bis zu 15 Personen zum Verweilen einlädt. Die gelbe Raute folgt der Straße Unterwasser weiter in den namensgebenden Weiler **Unterwasser** 07. Dort verlässt der Rundweg an der Bushaltestelle die Talstraße, überquert hinter den letzten Häusern die Unterwasser und passiert am Hasenwald das **Naturerlebnisbad Ottenhöfen**: Gäste erleben im chlorfreien Wasser des Naturerlebnisbades ein „ganz besonderes Badegefühl", finden tiefe Entspannung und haben „auch jede Menge Spaß". Die Wasserfläche von 2.500 Quadratmetern verteilt sich auf den separaten Spielbereich für Kleinkinder, Nichtschwimmerbecken sowie das Schwimmerbecken mit einer Länge von 33,33 m und dem angeschlossenen Sprungbecken mit einer Tiefe von 3,80 m.

Vom Hasenwald führt die gelbe Raute weiter talwärts und erreicht wenig später den Ausgangspunkt am Endbahnhof **Ottenhöfen** 01.

Achertalbahn

Die 1898 eröffnete Achertalbahn ist eine Nebenstrecke der Rheintalbahn. Von der Stadt Achern führt sie 11 Kilometer talaufwärts bis zum Endbahnhof im Luftkurort Ottenhöfen. An Sommersonntagen dampfte bis 2013 eine historische Eisenbahn mit Waggons der Jahrhundertwende und einer T-3-Lokomotive von Achern nach Ottenhöfen, sonst wird die Bahn im normalen Reise- und Güterverkehr mit Fahrradbeförderung betrieben. 2013 war die Achertalbahn der Star der Fernsehserie „Eisenbahn-Romantik".

OBERTSROT – HEIDENELL – ROTE LACHE

Auf den Spuren der Nordschwarzwald-Zwerge

15,25 km | 4:15 h | 650 hm | 650 hm | 886

START | Obertsrot (186 m), Parkplatz und Haltestelle der Murgtalbahn im Gernsbacher Stadtteil Obertsrot an der Obertsroter Landstraße (Bundesstraße 462), von der hier die Markgraf-Berthold-Straße auf die Bergseite des Bahnhofs abzweigt
[GPS: UTM Zone 32 x: 451.480 m y: 5.401.070 m]
CHARAKTER | Wechsel aus bequemen Forst-, Wald- und Wiesenwegen sowie Pfaden mit zum Teil steilen Anstiegen

Hoch oben thront Schloss Eberstein.

Die Zwerge vom Gernsberg begleiten den Aufstieg vom Murgtal zu Schloss Eberstein und zur Heidenell-Hütte, ehe das Ausflugsrestaurant Rote Lache hoch über dem Tal zur Einkehr einlädt, und in den rauschenden Wäldern der Abstieg zum Schwimmbad von Obertsrot beginnt, wo man diese herrliche Rundwanderung mit einem Sprung ins kühlende Wasser verbinden kann.

Vom Bahnhof **Obertsrot** 01 der Murgtalbahn geht es dann auf der Sebastian-Gruber-Brücke über den Fluss in das Kirchdorf Obertsrot. Beim Überqueren der Murg schweift der Blick auf die imposant gelegenen Weinberge und Schloss Eberstein, in dessen Höhlen früher die Zwerge vom Gernsberg gehaust haben sollen. Von der Brücke führt die Obertsroter Straße kurz flussabwärts, bis die Anliegerstraße Am Schlossberg links abzweigt und durch einen Weinberg sowie an einem baumkundlichen Lehrpfad entlang zum **Schloss Eberstein** 02 hinaufführt. Dort öffnet sich ein weiter Blick auf das Murgtal, und die Schlossschänke mit Platanenterrasse lädt zu einer gemütlichen Rast ein.
Vom Schloss folgt der mit Weintrauben markierte Ortenauer Weinweg aufwärts zum Ochsenkopfweg und zum Zehntacker im sagenumwobenen Wald, Tafeln des Gernsbacher Sagenwegs berichten von den Unterirdischen aus dem Gernsberg.
An der Verzweigung **Jägerplatz** 03 wendet sich der Ortenauer Weinweg links zur **Saulachkopfhütte** 04. Dort übernimmt die Markierung blaue Raute

die Routenführung und führt im Wald geradeaus zur Hütte am **Heidenell** 05; hier sollen mit den Unterirdischen im Bunde stehende Heiden einen Hof bewirtschaftet und unter einer Eiche den Götzen schauerliche Opfer dargebracht haben. Die blaue Raute folgt dem Waldweg weiter zur **Lindelhütte** 06 und zur **Breitfelder Hütte** 07; von dieser Hütte ist es nicht mehr weit auf dem Breitfelder Weg zum Hotel **Rote Lache** 08. Von der Roten Lache geht es auf dem Breitfelder Weg wieder Richtung **Breitfelder Hütte** 07, wo der ausgeschilderte Abstieg Richtung Obertsrot beginnt. Die gelbe Raute führt vorbei am Naturfreundehaus **Bonora** 09 durch den Hang über dem Geißbach zum **Steineneck** 10 und zum **Schwimmbad Obertsrot** am oberen Rand des Kirchdorfs **Obertsrot** 01.

HOLZBRONN BILDHAUS – BAIERSBACH

Alpiner Pfad über der Nagold

5,75 km | 1:45 h | 161 hm | 161 hm | 886

START | Bildhaus (529 m), Wanderparkplatz an der Straße vom Nagoldtal in Richtung der Calwer Ortsteile Holzbronn/Stammheim [GPS: UTM Zone 32 x: 481.890 m y: 5.390.700 m]
CHARAKTER | Festes Schuhwerk und Trittsicherheit sind auf dem alpinen Pfad empfehlenswert

Im Nationalpark Schwarzwald.

Zwischen dem Nagoldtal und der lichten Landschaft des Heckengäus auf den Höhen stürzen die Bergflanken bis zu wandartig steil ab, Sturzbäche tosen durch „Klingen" genannten Schluchten. Bei Holzbronn erschließt ein Naturerlebnispfad diese ansonsten weitgehend unzugängliche Wald-, Wasser- und Felswildnis.

Das Höhendorf Holzbronn ist ein Stadtteil von Calw, gelegen auf einer Hochebene über dem Nagoldtal im Heckengäu am Ostrand des Nordschwarzwalds. Auf den Höhen ist es von überall her erkennbar an der „gelben Rübe", dem pagodenartigen Jugendstilturm der lutherischen Bernhardskirche. Nördlich des Dorfs liegt der Wanderparkplatz **Bildhaus** 01 an der Straße vom Nagoldtal nach Stammheim, einen weiteren Calwer Höhenort. Vom Parkplatz führt die Hagebutten-Markierung des Gäurandwegs im Wald nordwärts zu den Baiersbachwiesen, wendet sich am Rand der Lichtung links und taucht dann wieder in den rauschenden Wald ein. An der Kreuzung mit dem **Hirschlochweg** 02 zeigt die Hagebutte rechts hinauf, überquert den Bach auf einer Stegbrücke und erreicht oben die Kreuzung im **Hirschloch** 03. Während die Hagebutte hier geradeaus in die lichte Gäulandschaft weiterführt, zweigt der mit einer blauen Raute markierte Wanderweg links ab. Der Florsackallee genannte Weg unterquert im Wald eine Stromtrasse und leitet im oberen Waldrandbereich unterhalb des Hofs Dicke entlang, die nächste Stromtrasse ist schon in Sicht, doch dann zweigt unvermittelt der **Alpine Pfad** 04 links ab, weiterhin markiert mit der blauen Raute. Über Stufen und auf Leitern führt der romantische Pfad an Felsen vorbei durch den Steilhang, immer wieder öffnen sich Blicke ins Nagoldtal, auf einem der Felsen thronte einst das Dickener Schlössle, längst ist es eine Ruine. Der mit der blauen Raute markierte Pfad unterquert schließlich doch die zweite Stromleitung und erreicht gleich darauf den **Totenweg** 05. Hier verlassen wir die blaue Raute und folgen dem bequemen Totenweg unter der Stromtrasse her südwärts im Hang. Unterhalb des ehemaligen Dickener Schlössles schwingt der Totenweg dem Gelände folgend ostwärts ein, und wenn er sich im nächsten Prallhang wieder südwärts wendet, ist bald darauf der **Untere Baiersbach** 06 erreicht. Am über Blockwerk stürzenden Bach entlang führt der Pfad aufwärts und zurück zum **Hirschlochweg** 02. Auf demselben Weg wie zu Beginn der Wanderung leitet die Hagebutte des Gäurandwegs zurück zum Ausgangspunkt, dem Wanderparkplatz **Bildhaus** 01.

Gäurandweg

Der Gäurandweg ist der Fernwanderweg am Übergang zwischen dem Nordschwarzwald und den Gäuen. Von Mühlacker im Enztal am Rand des Strombergs führt er 106 km durch die aussichtsreiche Hügel- und Terrassenlandschaft des Schlehen- und Heckengäus nach Schopfloch. Der vom Schwarzwaldverein betreute und mit dem Zeichen „Hagebutte in grüner Raute auf weiß“ markierte Weitwanderweg ist ein bequemer Weg, der mit Ausnahme der Nagoldtal-Durchquerung auf steile Passagen verzichtet und fast durchgehend fahrradfähigen Wegen und Nebenstraßen folgt. Sein hauptsächlicher Reiz besteht im Erleben einer hoch differenzierten Kultur- und Naturlandschaft, aus der scheinbar unscheinbare Dinge wie Dornhecken, Halbtrockenrasen noch nicht verschwunden sind. Was auf dem Gäurandweg neben dieser Kleinteiligkeit immer wieder begeistert sind die Panoramen. Das Gäu ist eine waldarme, leicht hügelige Landschaft, in der schon niedrige Erhebungen weite Ausblicke ermöglichen, wobei Schwarzwald und Schwäbische Alb in wechselnden Perspektiven die Hauptakzente setzen.

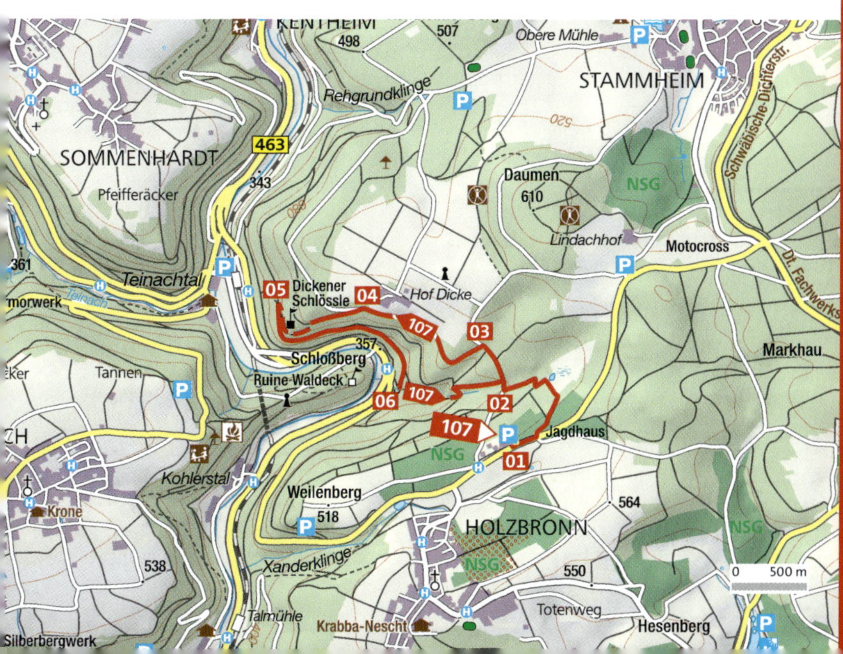

ZÄHRINGER-HERZOGS-TOUR

Durch Weinland zum Stammsitz der Zähringer

10,75 km 3:45 h 409 hm 409 hm 884

START | Gundelfingen (240 m), Bahnhof, Rosenstraße; alternativ Parkplatz am Waldstadion, Weiherweg
[GPS: UTM Zone 32 x: 416.060 m y: 5.321.720 m]
CHARAKTER | Wald- und Naturwege, kurze Asphaltpassagen und Nebensträßchen, streckenweise schöne Waldpfade

Der zinnengekrönte Turm der Zähringer Burgruine.

Abwechslungsreiche Rundwanderung durch Reben- und Waldgelände zu den Überresten des Zähringer Stammsitzes, mit herrlichen Ausblicken über die Breisgaumetropole Freiburg.

Am Bahnhof in **Gundelfingen 01** unterqueren wir die Bahn und folgen der Straße Glotterpfad. Bei der Verzweigung Sonnhalde bleiben wir geradeaus und biegen dann rechts in den Weiherweg ein. Vorbei am Parkplatz des Waldstadions und einem kleinen Park mit Spielplatz verlassen wir das Sträßchen und weichen links auf einen Naturpfad aus, der uns durch das Parkgelände leitet, parallel zur Straße. Am Waldende erwartet uns ein herrliches Panorama und eine Verzweigung am **Rebberg 02**, ander wir scharf links abbiegen. Wir wandern den recht steil ansteigenden Weg, zwischen Waldrand und Weinreben, hoch, bis zu einer Kuppe, wo der Asphalt endet. Vorbei an einem überdachten Aussichtsplatz tauchen wir leicht abwärts wieder in Wald, stoßen auf eine Verzweigung und folgen der Markierung Leheneck (Oberer Schwarzlachenweg, rote Raute). Wir überqueren nochmals eine Kuppe und wandern hinab in offenes Gelände.

An der **Pos. Leheneck 03** stoßen wir auf ein großes Wegkreuz (mit den Gemeindewappen von Gundelfingen, Wildtal und Heuweiler). Wir halten uns rechts, leicht abwärts, schwenken aber nach 100 m scharf links ab und wandern zum Waldrand. Der mit einer gelben Raute markierte Weg steigt anfangs leicht an, bringt uns zur Pos. Längenhart, wir halten uns rechts und der Weg fällt wieder ab. Nach einem steileren Abwärtsstück im Wald gelangen wir ins Freie und marschieren in Kehren bergab zur Autostraße (Pos. **Wildtal-Flammhof 04**). Kurz rechts, dann biegen wir bei der Pos. Schömperlehof links ab und wandern auf einem kurvenreichen Asphaltsträßchen durch aussichtsreiches Wiesengelände zum **Waldbrunnerhof 05** hoch. Grandioser Ausblick nach Freiburg. Vor dem Hof rechts, an der Hauskapelle vorbei, steigen wir zum Wald hoch und gehen auf dem nicht mehr asphaltierten Schlossholdenweg rechts am Waldrand entlang.

Wir erreichen auf einer Kuppe mehrere Gebäude, die Pos. **Schlosshäuser Nord 06**, schwenken vor den Häusern mit der

gelben Raute nach rechts und gehen auf einem leicht ansteigenden Naturweg wieder in den Wald hinein und steigen dann zum Turm der ehem. **Zähringer Burg** 07 hoch. Von der Aussichtsplattform genießt man einen wunderbaren Rundumblick.
Wir gehen ein Stück zurück und folgen dann dem Weg zum **Gasthaus Zähringer Burg** 08. Rechts hinab führt der Kohlerweg, dem wir bis zu einer Verzweigung folgen, wo wir rechts abbiegen in Richtung Wildtal. Es geht weiter bergab, durch Wald und am Waldrand entlang, der Weg wird schmäler und wir stoßen auf die Straße **Vordere Poche** 09. Wir schwenken rechts, der Asphalt endet bald und der Wildtalweg, zunächst am Waldrand entlang, führt uns wieder in den Wald hinein. Leicht abwärts, vorbei an einer Abzweigung, die rechts hoch zur Zähringer Burg ausgeschildert ist, gelangen wir zur Station Friedhof Wildtal und am Gasthaus Kandelblick vorbei zur Pos. **Wildtal Dorfbrunnen** 10. Auf dem Gehweg entlang der Straße wandern wir Richtung Waldstadion, nach den letzten Häusern können wir rechts über eine Wiese den Weg abkürzen und sind kurz darauf bei der Abzweigung am Rebberg, wo wir auf den Hinweg treffen. Auf bekanntem Weg am Waldstadion vorbei zurück zum Bahnhof **Gundelfingen** 01.

Blick über den Waldbrunnerhof und die Hofkapelle hinab ins Tal.

ALPINER STEIG FELDBERG

Spannende Pfadfindertour und bequeme Aussichtswanderung

13 km 4:15 h 636 hm 636 hm 891

START | Oberried (825 m), St. Wilhelmer Tal, Gasthaus zur Linde-Napf, Parkplatz [GPS: UTM Zone 32 x: 423.100 m y: 5.304.360 m]
CHARAKTER | Die erste Hälfte ist ein „alpiner" Pfad, kaum markiert, aber hat man den Einstieg gefunden, auch kaum zu verfehlen. Umgestürzte Bäume erschweren manchmal das Vorwärtskommen auf dem teils felsigen und etwas ausgesetzten Hangweg. Die zweite Hälfte verläuft über breite Wander- und Forstwege, nur zum Schluss geht es auf einem steinigen Pfad nochmals steiler bergab

Steilstelle mit Seil am Alpinen Pfad.

Eine der wohl abwechslungsreichsten Touren im Feldberggebiet: mit spannenden Abschnitten im „alpinen" Bereich und herrlich aussichtsreichen Passagen in der zweiten „Wander"-Hälfte.

Vom **Gasthaus Zur Linde-Napf** 01 marschieren wir zum Waldrand hoch, dort endet der Asphalt und auf dem Napfweg geht es auf Kies in den lichten Wald. Vor der Brücke, bei der Pos. Napf-Matte, biegen wir links auf einen steinigen Pfad ab und folgen der Markierung „Ibenfelsen, steil 0,6 km".
Auf einem Holzsteg überqueren wir einen kleinen Bach und steigen nun steiler und schottriger durch den Wald berghoch. Wir halten uns links auf dem zunehmend steiler und schmäler werdenden, teils felsigen Weg, überschreiten einen kreuzenden, breiten Forstweg und wandern schräg diagonal am Waldhang hoch (gelbe Raute). Der vorübergehend wieder breitere Weg verengt sich erneut, nach ein paar steilen Metern geht es über einen Bachlauf und es wird wurzeliger. Wir traversieren weiter schräg hoch und stoßen bei der Pos. Unterm Ibenfelsen auf eine querende Forstfahrstraße.
Wir überqueren den Forstweg, halten uns links und folgen dem schmalen, ansteigenden Pfad in den Wald hoch. Es wird kehrenreich und an manchen Stellen auch abschüssig. Nach einer scharfen Rechtskehre passieren wir ein Holzschild „Feldberg", der Wald wird lichter, und nach einer Linkskurve bauen sich die ersten Felsen auf. Vor den Felsen queren wir in einer Linkskehre den Hang hinauf, bis zur Pos. Hüttenwasen **Schutzhütte** 02. Geradeaus ist die St.-Wilhelmer-Hütte ausgeschildert.
Kurz vor dieser Verzweigung – in Sichtweite der Hütte – zweigt rechts ein nicht markierter Weg ab, der relativ flach am Hang entlang durch den Wald führt.
Nach einem Warnschild verläuft der schmale Pfad recht ausgesetzt am abschüssigen Waldhang und bald folgt die erste steile Felsstufe. Wir passieren links eine Felswand, überwinden eine weitere felsige Steilstufe, traversieren aber überwiegend auf schmalem Steig am steil abfallenden Waldhang entlang. Nach einer felsigen Aussichtsstelle rechts wird der Wald sehr viel lichter,

tote Bäume säumen den Weg und der Pfad wird deutlich grasiger, ist streckenweise ziemlich verwachsen und mehrfach müssen im Weg liegende Baumstämme überklettert werden.

Bei einer weiteren Steilstelle hilft uns ein Seil über die Felsstufe hinab. Von links schieben sich wieder Felsen an den Weg heran, wir überqueren einen Bachlauf, machen eine deutliche Rechtskehre und befinden uns auf einem recht feuchten und zugewachsenen Abschnitt. Hier fallen auch die kahlen, in den Himmel ragenden Baumstämme auf. Es folgt nochmals eine steilere Stelle abwärts, die sehr verwachsen, feucht und rutschig ist, und wir stoßen wieder auf das gleiche Warnschild wie am Anfang des Steigs.

Ein Holzschild zeigt uns dann den Weg zur St.-Wilhelmer-Hütte. Wir treten nach einer Linkskurve auf eine freie Lichtung und marschieren geradeaus auf einem sumpfigen Wiesenpfad zum Wald, treffen auf einen querenden Pfad, dem wir rechts zu einer weiteren Lichtung folgen. In einer Linkskehre wandern wir über die Wiesen hoch, vor uns am Horizont taucht der Feldberggipfel auf. Bei der Pos. **St.-Wilhelmer-Hüttenweg** **03** erreichen wir die Kiesstraße, biegen rechts ab und folgen der roten Raute via Gasthaus Stübenwasen.

Der breite Kiesweg führt – mit herrlichem Feldbergblick – in leichtem Auf und Ab, streckenweise durch Wald, dann stärker ansteigend zum **Stübenwasen** **04** hoch. Vorbei an der **Panoramaliege** **05** und Stübenwasenkreuz wandern wir über die Hochebene gemütlich hinab zum **Gasthaus Stübenwasen** **06**. Rechtshaltend, mit Blick zum Feldberg hinüber, folgen wir dem Schild Richtung St. Wilhelm, Napf, leicht abwärts in den lichten Wald. Nach einer deutlichen Rechtskehre lichtet sich der Wald stärker und weiter bergab gehend stoßen wir bei der Pos. Oberwittenbach-**Paulusbrunnen** **07** auf den kreuzenden Jungwaldweg.

Ein paar Meter links, dann biegen wir bei der **Pos. Oberwittenbach** rechts auf einen schmalen Waldpfad ab (gelbe Raute). Mehr oder weniger steil gelangen wir unten an den Waldrand, erreichen Wiesengelände und traversieren oberhalb eines Hofes am Hang entlang. Abwärts gehend, mit steileren Passagen, treffen wir unten auf die Autostraße, schwenken nach rechts und sind 200 m später zurück beim **Gasthaus Zur Linde-Napf** **01**.

MENZENSCHWANDER GEISSENPFAD

Auf Ziegenpfaden zum Menzenschwander Wasserfall

10,5 km 3:30 h 299 hm 299 hm 891

START | Mösle-Parkplatz in Menzenschwand-Hinterdorf (880 m)
[GPS: UTM Zone 32 x: 430.120 m y: 5.298.150 m]
CHARAKTER | Breite Landwirtschaftswege und asphaltierte Nebensträßchen, schöne Wald- und Wiesenpfade, im Abstieg nach Hinterdorf etwas schmal und steiler; der Steig am Wasserfall ist mit Geländer und Treppen ausgestattet

Am Menzenschwander Wasserfall.

An der Infotafel zum Menzenschwander Geißenpfad, am **Mösle-Parkplatz** 01, wandern wir Richtung Wald und schwenken nach rechts zu einem **Skilifthäuschen** 02. Der Asphalt endet, und auf einem breiten Kiesweg, der sich unterhalb des Waldes durch die Wiesen schlängelt, gelangen wir zu einem kreuzenden Asphaltsträßchen, wo uns **Tafeln** 03 über den Schwarzberg und den Rabenfelsen informieren. Wir biegen links ab, das Sträßchen steigt gemächlich an, und müssen aufpassen, dass wir bei einer Bank die Markierung nicht übersehen, die uns links auf einen Wiesenpfad bringt, der ein Stück weit etwas oberhalb, parallel zur Straße, verläuft. Wir stoßen wieder auf das Teersträßchen, das hier in einen Kiesweg übergeht und halten uns rechts hinab (Menzo's Wegle, Geißenpfad-Mark.). Im Wald überqueren wir einen Bach und passieren kurz darauf die **Radonquelle** 04 (Floriansquelle), mit Häuschen und Infotafeln.
Nach der Quelle verzweigt sich der Weg, wir bleiben links und wandern abwechselnd durch Wald und über lichtes Wiesengelände an etlichen Infotafeln und Aussichtsbänken vorbei am Hang entlang. Nach einem Schuppen und einer Infotafel zum Thema Bienenhonig gelangen wir zur Pos. Parkplatz Wasserfall und gehen ein paar Meter abwärts zum **Café Zum Kuckuck** 05. Hinter der Gaststätte vorbei, geht es wenig später links hoch zum **Wasserfall** 06. Über steile Steinstufen mit Geländersicherung steigen wir an glatten Felswänden entlang hoch, stoßen oberhalb der Wasserfälle auf ein Asphaltsträßchen, dem wir nach rechts folgen. Der Asphalt geht in Kies über, der Weg wird flacher, und vor einer alten Steinbrücke schwenken wir nach

links. Wir erreichen die Menzenschwander **Klusenmoräne** 07, passieren einen Wassertümpel und wandern flach am Waldrand entlang.

Bei der Pos. Klusenwald orientieren wir uns nach rechts, verlassen den breiten Kiesweg und folgen einem Feldweg. Ein paar Meter später passieren wir ein Infoschild Köhlerei mit entsprechendem Aufbau, gehen an Baumstümpfen vorbei, wo man durch Aufklappen die Baumart bestimmen kann, und treffen auf die **Wälderschneck** 08, eine kreisförmige Anordnung von Baumstümpfen. Wenig später überqueren wir einen Bach, machen eine Rechtskehre und kommen zu einer ehem. Verladerampe für Holzstämme. Wir folgen dem leicht abwärts führenden breiten Forstweg, vorbei an **Flößer's Rast** 09 und dem ausgeschilderten Titlisblick mit Sustenhorn, bis der Geißenpfad scharf links abknickt und dann in einer Rechtskehre zum Wald hoch ansteigt. Mit aussichtsreichem Blick nach links marschieren wir weiter ansteigend hoch, gelangen zur **Pos. Im Gschweih** und Achtung: Direkt danach zweigt scharf rechts ein schmaler **„Alpiner Pfad"** 10 (Geißenpfad-Schild) ab, der am Hang entlang abwärts führt. Der schmale Fußweg wird felsiger, und an Geißenherden gelangen wir hinab zu den Häusern und auf Asphalt. Am Hochzeit-Bänkle vorbei und über eine Brücke gelangen wir zur Pos. Hinterdorf Schwarzenbergweg, hier schwenken wir nach rechts und gehen auf dem Gehweg zurück zum **Mösle-Parkplatz** 01.

Die passenden Weggefährten auf dem Geißenpfad.

SCHLUCHSEER JÄGERSTEIG

Auf hohen Pfaden über dem Schluchsee

11,75 km | 4:00 h | 287 hm | 287 hm | 893

START | Wanderparkplatz Im Wolfsgrund, Schluchsee (930 m)
[GPS: UTM Zone 32 x: 438.090 m y: 5.296.720 m]
CHARAKTER | Breite Landwirtschaftswege und schmalere Waldpfade, Gipfelbereich am Bildstein etwas steiler und felsig, zum Schluss schöner Uferweg

Das große Eingangsportal zum Jägersteig.

Vom Parkplatz **Wolfsgrund** 01 gehen wir durch die Straßenunterführung, halten uns links und folgen dem Kiesweg. Wenige Meter nach Überqueren der Autostraße stoßen wir rechts auf das große **Eingangsportal** 02 zum Jägersteig.

Ein schmaler Pfad führt an einer Buschreihe entlang zum Wald, rechts oben ist der Riesenbühlturm über den Baumwipfeln zu erkennen. Wir überqueren einen kleinen Bach und betreten dichten Wald. Nach einer Lichtung und einem kreuzenden Forstweg steigen wir leicht an, der Weg wird schmäler, wurzeliger und kehrenreicher. Wir stoßen auf eine breite Kiesstraße, folgen dem Oberen Stutzweg (Jägersteig-Mark.) leicht ansteigend nach rechts und knicken wenig später bei der **Stutzhütte** 03 erneut rechts ab in einen schmalen Waldpfad. Hinter der Hütte geht es in Linkskehren weiter durch den Wald hoch, vorbei an einer Aussichtsstelle mit Blick zum Schluchsee (**Hanselefelsen** 04), und wieder zu einer kreuzenden Forststraße, der wir links folgen.

In leichtem Auf und Ab folgen wir den Jägersteig-Markierungen, kreuzen mehrfach Forststraßen und treffen auf Grenzsteine und ein Infoschild zum Dreiländereck (hier verläuft der Jägersteig auf der Grenze zwischen Staatswald und Fürstenbergischem Waldbesitz). Wir passieren weitere Infotafeln, haben die Möglichkeit nach links einen kurzen Schlenker über einen neuen Pirschpfad zu machen.

Leicht abwärts gelangen wir zur Pos. Am Winterwald und stoßen auf den kreuzenden Schluchtensteig. Wir steigen nach links zunächst etwas steiler an, kommen zur Pos. Am Bildstein und gehen die wenigen Meter hoch zum aus-

Die letzten Steinstufen vor dem Bildsteingipfel.

sichtsreichen **Bildsteingipfel** 05, zuletzt über Steinstufen. Wieder zurück zur Verzweigung und rechts auf schmalem, kehrenreichen Pfad, teils etwas steiler, schlängeln wir uns den Waldhang hinab, etwas unterhalb des Gipfels passieren wir noch eine herrliche Aussichtsstelle mit Tisch und einladenden Aussichtsliegen.

Eine scharfe Linkskehre folgt, rechts eine Abzweigung zum Windgfällweiher, der Weg wird lichter und auch gerölliger und bringt uns stetig bergabführend zur Pos. Bildsteinweg. Wir bleiben geradeaus, wandern weiter abwärts zur bereits sichtbaren Eisenbahnunterführung und unter der B500 hindurch nach **Unteraha** 06 zur Pos. Aha-Auerhahn.

Hier schwenken wir links in den flachen Seerundweg ein, dem wir bis zur **Amalienruhe** 07 folgen. Da der am Wasser entlang führende Weg neu gemacht wird, nehmen wir links den breiten Seeweg, der uns an den Gleisen entlang zu einer Holztreppe bringt, über die wir die Bahn überqueren. Auf der Straße Im Wolfsgrund wandern wir zurück zum Ausgangspunkt.

PFULLINGER SAGENWEG – ERNSTHÜTTE

Geschnitzte Holzskulpturen und herrliche Aussichtshütte

6,5 km | 2:15 h | 247 hm | 247 hm | 779

START | Pfullingen (445 m), Infotafel Schulstraße, Parkplatzmöglichkeiten Schulstraße/Achalmstraße
[GPS: UTM Zone 32 x: 517.070 m y: 5.368.110 m]
CHARAKTER | Anfang und Ende auf asphaltierten Gehwegen und Anliegersträßchen, sonst Wald- und Wiesenwege, der Abstecher zur Ernsthütte verläuft über einen schönen, schattigen und flachen Waldpfad

Die Urschel ist die bekannteste Gestalt der Pfullinger Sagenwelt, die viele in der Form des Ursulabergs oder Urselbergs sehen.

Wer den gesamten Sagenweg, rund 3 Std., zurücklegen will, muss nur der Rundweg-Markierung, dem „Remmseles"-Symbol (einem speziellen Hosenknopf), folgen. Bei unserer Beschreibung kürzen wir den Sagenweg etwas ab, ergänzen die Tour aber um einen Abstecher zur Ernsthütte, einem wunderschönen Aussichtspfad.

▶ In der Schulstraße in **Pfullingen** 01, an der großen Infotafel, mit Beschreibung des Pfullinger Sagenweges, starten wir entlang der Straße Elisenweg auf einem abgetrennten Geh-/Radweg. Der stets leicht ansteigende Weg geht dann in einen schmalen Kiesweg über und durch eine Gebüsch-Allee gelangen wir ans Ortsende.
Wir treffen nochmals kurz auf die Autostraße, biegen dann aber kurz darauf, bei der **Schillerlinde** 02, scharf rechts ab auf einen schmalen Teerweg.
Wir treffen wieder auf die Asphaltstraße, überqueren sie und gehen auf der anderen Seite, etwas erhöht, auf schmalem Pfad rechtshaltend weiter. Bei der nächsten Verzweigung mit der Asphaltstraße folgen wir dieser kurz nach links, dann biegen wir rechts ab in den gekiesten Wolfsgrubenweg. Kurz darauf folgen wir nicht der Sagenwegmarkierung, sondern gehen geradeaus weiter, folgen der Markierung blaues Dreieck.
Wenig später passieren wir auf einer Lichtung die „**Urschel**" 03 (geschnitzte liegende Frauenfigur). Wir stoßen auf einen Kiesweg, dem wir zunächst links hoch folgen, dann bei der Wegeverzweigung halten wir uns rechts (blaues Dreieck) und wandern auf

einem schönen, flachen Waldpfad zur **Ernsthütte** **04**. Das letzte Stück ist nahe der Hangkante und bietet sehr schöne Ausblicke nach rechts ins Tal. Zurück bei der Verzweigung gehen wir den Kiesweg links bergab und stoßen kurz darauf auf die geschnitzte Figur des schlafenden **Grafen** **05**. Es folgen zwei weitere Sagenweg-Stationen: der „Remmselesstein" und die „Nachtfräulein", bis wir wieder die Asphaltstraße und bald danach das **Waldcafé** **06** erreichen.

Links bergab gelangen wir über ein schmales, betoniertes Anliegersträßchen nach Pfullendorf hinein und in einer scharfen Rechtskehre der Kiessteige ist links mit wenigen Schritten ein Abstecher zur ausgeschilderten **Bismarckeiche** **07** möglich. Bei der nächsten Wegeverzweigung, in einer Kurve, schwenken wir scharf links in einen schmalen Weg, der über Stufen hinab zur Bergstraße leitet, dort halten wir uns rechts und gelangen direkt zum Ausgangspunkt zurück.

Die Nachtfräulein der Urschel leben der Sage nach im Urschelberg.

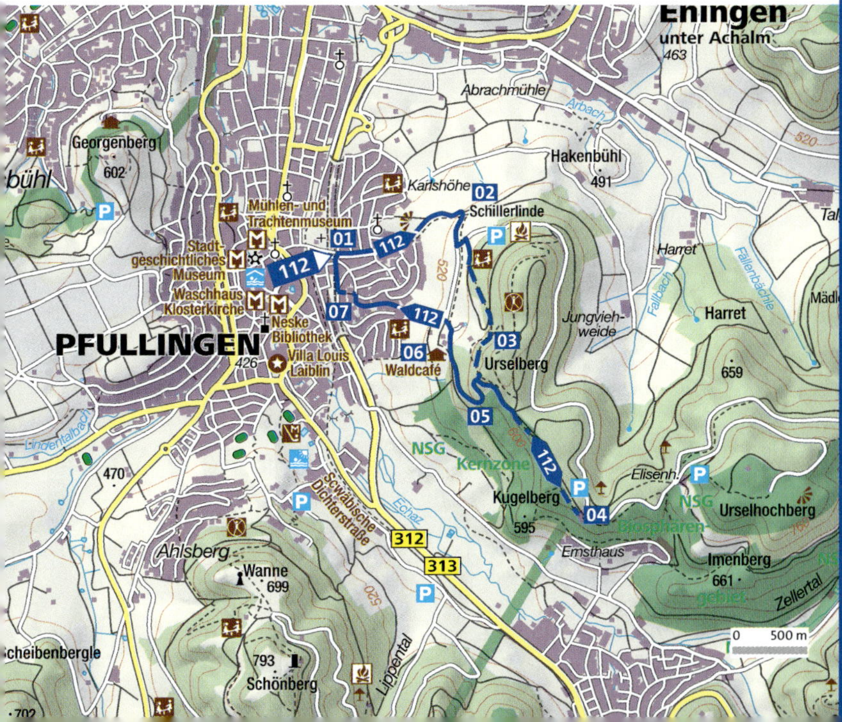

LOCHERSTEIN

Schwärmend von Felsbalkon zu Felsbalkon

8,75 km 2:30 h 282 hm 282 hm 779

START | Lichtenstein/Honau (560 m), Bushaltestelle beim Hauff-Museum (Parkplatz)
[GPS: UTM Zone 32 x: 519.490 m y: 5.362.060 m]
CHARAKTER | Längerer mittelsteiler Aufstieg zur Albhöhe Biegel; meist bezeichnete Wanderwege und Pfade, Wirtschafts- und Waldwege

Das Guckloch beim Rötelstein, über dem Talschluss der Echaz.

Albträume wahr werden lässt diese Glanztour in der urigsten Ecke der Reutlinger Alb, der Lichtensteiner Traufbucht.

▶ Am Hauff-Museum in **Honau** 01 beachten wir das Schild „Olgahöhle". Wo die Olgastraße endet, zeigt das Täfelchen „Burgen-Weg" auf einen Fußgängerweg. Der Eingang zu der jeden ersten Sonntag im Monat geöffneten Höhle befindet sich im Seniorenzentrum. An der Einmündung in einen Querweg zweigen wir auf den mit blauem Dreieck bezeichneten, bequemen Waldwanderweg Richtung Burgstein ab. In ein paar weit geschwungenen Windungen – die Route verschmälert sich im Hangbereich zu einem Pfad – geht's empor zur **Albhöhe Biegel** 02 nahe Holzelfingen. Dort schwenken wir in den Nordrand-Weg zum Rötelstein ein.
Nach kurzem Feldwegstück leitet ein genussreicher Pfad an der Traufkante entlang. Die weitere Steigung mit exzellentem Echaztal-Tiefblick, vorbei an kitzligen Aussichtsfelsen, dessen erster markanter der **Rötelstein** 03 ist, fällt kaum mehr ins Gewicht. Da jeder dieser klotzigen Naturbalkone durch seine Eigenarten hervorsticht, lässt man am gescheitesten erst gar keinen aus. Jenseits thront stolz auf einem Felsenriff Schloss Lichtenstein. Wo die Route „Unter den Felsen" abzweigt, lohnt es sich

unbedingt, ein paar Minuten unter den drallen Jurabäuchen entlang zu schlendern. Dann setzen wir das Höhenerlebnis fort zum **Locherstein** 04. Nach dieser letzten Schaukanzel geht's bergab. Auf einem Fahrweg hält man sich bei den obersten Häusern von **Traifelberg** 05 geradeaus und quert bald darauf Richtung Honau die Bundesstraße. Ein unmerklich steigender Wirtschaftsweg führt in einer Schleife durch ein geschütztes Waldstück und berührt danach eine kleine Wacholderheide.
Dort beginnt unser Rückweg endgültig zu fallen. Wo er die Landstraße nach Genkingen berührt, gelangt man auf einem Pfad durch den so genannten Tobel mit dem Ohafelsen und zuletzt auf einem Waldweg an den munter sprudelnden **Quellen der Echaz** 06 vorbei nach **Honau** 01.

BAD URACHER WASSERFALL – RUTSCHENFELSEN – GÜTERSTEINER WASSERFALL

Der größte und der urtümlichste Wasserfall der Alb

8,25 km | 3:00 h | 296 hm | 296 hm | 779

START | Bad Urach (460 m), Maisental, Parkplatz 23
[GPS: UTM Zone 32 x: 527.600 m y: 5.371.560 m]
CHARAKTER | Bis zum Uracher Wasserfall kinderwagentauglicher Naturweg, dann steiler, felsiger Pfad hoch zu den Rutschenfelsen, flacher Höhenweg bis zum Fohlenhof, dann wieder steiler und wurzeliger Abstieg zum Gütersteiner Wasserfall, zum Schluss gemütlicher Kies- und Asphaltweg

Oben an der Kante entlang der Rutschenfelsen verläuft unser Weg.

Ein absolutes Highlight im Wanderangebot der Schwäbischen Alb: Der tosende Uracher Wasserfall ist der größte Wasserfall der Schwäbischen Alb, der Gütersteiner Wasserfall ist mit seiner ehem. Kartause ein wildromantischer, urtümlicher Fleck, und dazwischen bietet der Spaziergang an der Hangkante des Rutschenfelsens entlang fantastische Ausblicke hinunter ins Maisental, hinüber zur Ruine Hohenurach und hinaus ins weite Land.

▶ Vom großen **Parkplatz 23** 01, neben dem Maisentalstüble, wandern wir gemütlich am Brühlbach entlang, bis wir bei einer Brücke das untere Ende des Wasserfalls erreichen. Über Steinstufen geht es dann in Kehren steil hoch, mehrfach führt der Steig bis direkt zum Wasserfall vor und bietet tolle Aussichten. Nach etlichen Kehren gelangen wir zur Pos. Elefantenhöhle, wo nach links mit 100 Metern die **Wasserfallhütte** 02 ausgeschildert ist. Der große flache Platz lädt zur Pause ein, bietet Kiosk, WC und Unterstandshütte und einen herrlichen Blick von oben über den Wasserfall hinab.

Anschließend folgen wir der Markierung Richtung Rutschenfelsen, ein steiler und steiniger Pfad, der exponiert am Hang entlang verläuft, mit zwei Aussichtsstellen zum **Rutschenfelsen** 03, wobei die Warnung „nur für Geübte“ bei der zweiten Stelle ernst genommen werden sollte, dieser felsige Aussichtspunkt verlangt Schwindelfreiheit und Trittsicher-

heit. Kurz nach einer mit Eisengeländer gesicherten Stelle erreichen wir die Hochebene und wandern nun an der aussichtsreichen Hangkante entlang, passieren einen Rastplatz mit Aussichtsliegen, später den Gedenkstein von Ernst Camerer, einem Gründungsmitglied und ehem. Vorsitzenden des Schwäbischen Albvereins.
Nach vielen Aussichtspunkten geht es rechts ab auf einen breiteren Forstweg, der Weg führt leicht bergab und bringt uns bald zu einer Asphaltstraße und zum sichtbaren **Fohlenhof** 04. Wir durchqueren das Gestüt und marschieren auf grasigem Pfad leicht abwärts in den Wald hinein. Ein wurzeliger Waldpfad bringt uns steil und kehrenreich hinab, rechtshaltend überschreiten wir den Hangkamm und hören auf der anderen Talseite schon das Wasser rauschen. Nochmals steil bergab gelangen wir zum oberen Ende des **Gütersteiner Wasserfalls** 05 und zur kleinen **Kapelle** 06 Güterstein. Eine wunderbare, urtümliche Landschaft erwartet uns. In engen Serpentinen erreichen wir das untere Ende des Wasserfalls und folgen der Beschilderung rechts Richtung Maisental. Vorbei am **Gestütshof** 07 geht es weiter leicht bergab, bei der **Viehstelle** 08, einem Weiher mit Grillstelle, halten wir uns rechts und folgen dem breiten Kiesweg, der kurz darauf in Asphalt übergeht und uns rechtshaltend über den Brühlbach und zurück zum Parkplatz bringt.

Der obere Teil des Uracher Wasserfalls.

Urweltstimmung beim Gütersteiner Wasserfall.

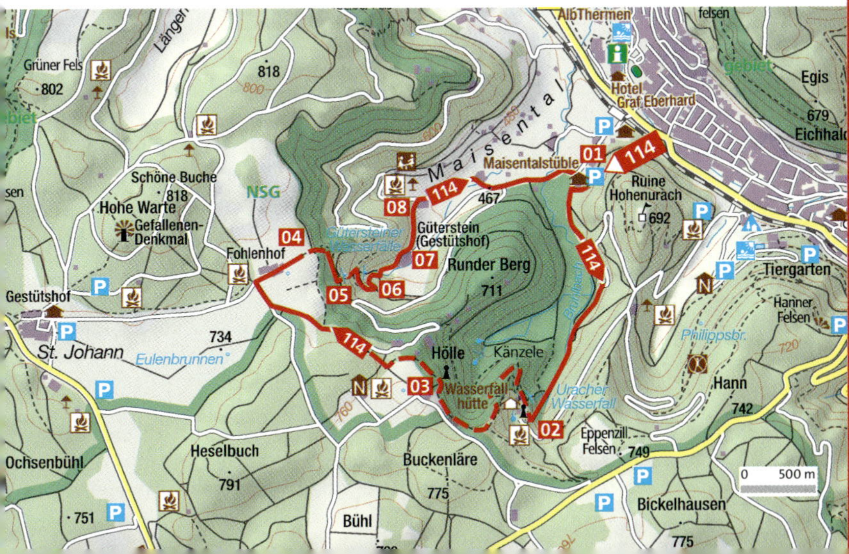

AUF DIE NEUBÜRG

Kunstausstellung auf einem Gipfel

11,7 km | 3:00 h | 502 hm | 466 hm | 165

START | Obernsees (388 m)
[GPS: UTM Zone 32 x: 671.131 m y: 5.532.134 m]
CHARAKTER | Der Hinweg auf die Neubürg führt vornehmlich auf wenig befahrenen Straßen. Der Rückweg führt uns über breite und gut markierte Feldwege, streckenweise kurz auch durch Wald, wieder nach Obernsees

Obstwiesen unterhalb der Neubürg.

Der NaturKunstRaum Neubürg hält eine Landart-Ausstellung auf der 587 Meter hohen Neubürg bereit. 10 Künstler aus Deutschland, der Schweiz und Frankreich haben sich intensiv mit der Landschaft und der besonderen Atmosphäre des Gipfels auseinandergesetzt: Sie haben ihre Eindrücke von der besonderen Stimmung auf dem Berg in unterschiedlichsten Werken zum Ausdruck gebracht.

Wir beginnen unseren Rundweg auf die Neubürg in **Obernsees** 01 am Knock. Die Schilder, durchgehend mit dem gelben Punkt markiert, führen uns aus dem Ort hinaus der Straße entlang, links auf die Fahrstraße und durch **Truppach** 02 hindurch. Wir folgen den Schildern nach links und überqueren die Hauptstraße. Durch die kleine Wohnsiedlung Mengersdorf hindurch passieren wir auch den **Märchenweg** 03, über den wir einen kleinen Umweg machen. Wir verlassen Mengersdorf Richtung Wohnsgehaig auf der Straße, vorbei an Wiesen und Forellenweihern. Beim Schild Außerlaithen biegen wir nach rechts auf den Feldweg ein, der uns bergauf durch einen schattigen Hain führt. Wir folgen weiter dem Waldweg, geradeaus den Berg hinauf, der uns an Koppeln und Feldern entlangführt. Nach ungefähr einer viertel Stunde treffen wir wieder auf die Straße. Hier biegen wir rechts den Berg hinauf Richtung **Wohnsgehaig** 04 ein. Nun folgen wir der Vorfahrtsstraße durch den Ort hindurch. Ein Schild „NaturKunstRaum“ schickt uns wieder links auf die Hauptstraße, der wir einen halben Kilometer folgen. Kunstinteressierte gelangen nun am Parkplatz rechts über einen Weg hinauf auf die **Neubürg** 05 und zum Naturkunstraum. Wer die Kunst jedoch hinter sich lassen möchte, wendet sich am Parkplatz gleich nach links. Ein gut ausgeschilderter Pfad führt uns hinab in den Wald. Wir halten uns links die Wiese hinab und tauchen kurz darauf rechts in den Wald ein. Der Weg führt nun immer wieder aus dem Wald heraus vorbei an Wiesen und gesäumt von Apfelbäumen. Der Weg, mal Wald- mal Forstweg, führt uns eine Weile bergab, bis wir nach links noch einmal minimal ansteigen, an **Harloth** 06 vorbei. Dann geht es erst durch einen Hain, dann über Wiesen und Felder, immer leicht bergab. Nach einer guten dreiviertel Stunde kommen wir an ein Waldstück, an dem wir nach rechts abbiegen. In einer halben Stunde wandern wir nun zurück nach **Obernsees** 01.

Blick auf Mengersdorf.

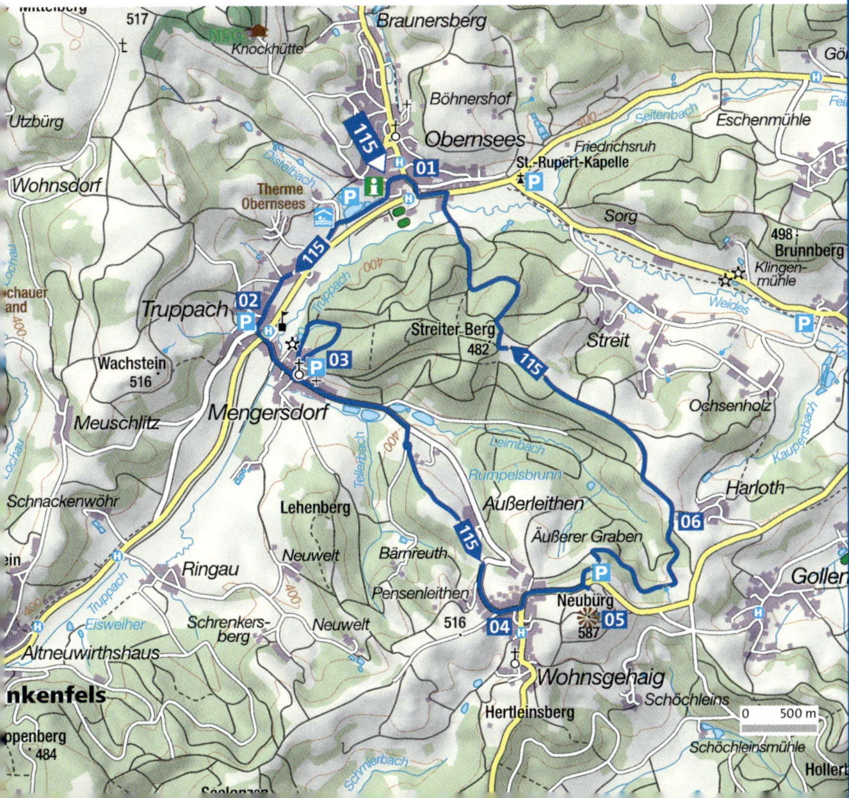

116

WALBERLARUNDE

Klassiker am Zeugenberg

7 km | 2:00 h | 323 hm | 323 hm | 165

START | Parkmöglichkeiten am Wanderparkplatz von Kirchehrenbach (290 m) oder bei den Gaststätten [GPS: UTM Zone 32 x: 654.587 m y: 5.511.219 m]
CHARAKTER | Zu Beginn recht steil hinauf bis zur Walpurgis-Kapelle. Die anschließende Runde führt auf angenehmen Wegen ohne nennenswerte Anstiege

Herrliche Fernblicke von den Gipfeln der Ehrenbürg.

Die Ehrenbürg, wie das Walberla eigentlich heißt, ist ein Zeugenberg mit einer Doppelkuppe im Landkreis Forchheim. Dabei bildet die Nordkuppe das 514 Meter hohe Walberla, die Südkuppe hingegen bildet den 532 Meter hohe Rodenstein.
Weithin ist der gesamte Berg jedoch als Walberla bekannt. Von seinen Kuppen eröffnen sich herrliche Ausblicke ins Regnitz- wie auch ins Wiesenttal. Vieles spricht dafür, dass sich der Name Walberla von der heiligen Walburga ableitet. So wurde die Walburgis-Kapelle namensgebend für den Berg. Frühe Funde belegen die Nutzung als Kultplatz der Kelten sowie ein germanisches Heiligtum.

▶ Wir verlassen **Kirchehrenbach** 01 und folgen zunächst dem roten Quer-

balken auf einem angenehmen Spazierweg zum Walberla. Von der Aussichtskanzel geht es weiter über einen asphaltierten Weg hinauf zur **St.-Walburgis-Kapelle** **02**.

Wir folgen dem Weg eine gute viertel Stunde weiter bis zum Gipfelkreuz des **Rodensteins** **03**. Unter uns erblicken wir Schlaifhausen und Wiesenthau. Auf angenehmen breiten Pfaden wandern wir nun weiter, immer am Kamm entlang, bis er uns langsam abwärts führt. Wir halten uns im Abweg immer links und folgen bald dem roten Kreis und dem Zeichen für den Walberla-Rundweg. Kurz darauf betreten wir den Wald und die Walberla-Markierung führt uns in einer Runde wieder auf den Rückweg. Wir halten uns weiterhin links. Durch den Wald folgen wir nun dem Walberla-Rundweg immer geradeaus. Eine halbe Stunde etwa, nachdem wir den Rodenstein verlassen haben, führt ein hübscher Pfad linker Hand wieder zu unserer Aussichtskanzel.

Von dort wandern wir den Anfangsweg zurück zum Ausgangspunkt in **Kirchehrenbach** **01**.

ÜBER DIE GEISLOCHHÖHLE INS ANKATAL

Durch zwei unberührte Täler zu einer interessanten, ehemaligen Schauhöhle

11,2 km | 3:30 h | 502 hm | 493 hm | 165

START | Parkmöglichkeiten in Velden nahe der Kirche (386 m) [GPS: UTM Zone 32 x: 681.445 m y: 5.498.616 m]
CHARAKTER | Schmale Pfade und breite Wald- und Feldwege halten sich die Waage. Die Anstiege zur Geis- oder auch Geislochhöhle und kurz vor Velden sind sehr steil! Bei dieser Tour sollte unbedingt eine Karte mitgenommen werden, da an einigen Stellen die Beschilderung nicht eindeutig ist bzw. gänzlich fehlt – Orientierungssinn ist hier hilfreich

Eingang zur Geishöhle.

Über idyllische Wege am Wald entlang werden wir zur Geislochhöhle geführt. Die Höhle nahe dem Veldener Ortsteil Münzinghof ist eine natürlich entstandene Karsthöhle und eine der ältesten, befahrbaren Höhlen der Fränkischen Alb. Sie hat eine Gesamtlänge von ca. 145 m und besteht aus drei hintereinander liegenden Hallen: der Küche, der Seehalle und der Lehmkammer. Die Lehmkammer ist fast vollständig mit Lehm bedeckt, in den vorderen Hallen befindet sich je ein kleiner See. Mit entsprechender Ausrüstung kann die Höhle durch einen 12 m tiefen Einsturztrichter zwischen April und September befahren werden. Auf dem Rückweg passieren wir das schöne, naturbelassene Ankatal und das Kipfental!

Wir starten unsere Tour am Marktplatz in **Velden** 01. Zunächst folgen wir dem roten Punkt Richtung Geislochhöhle. Vom Marktplatz weg biegen wir in die Mühltorstraße ein, durchs Mühltor hindurch und die Straße steil bergauf. Wir kommen an einen Feldweg, dem wir geradeaus folgen. Nach einiger Zeit halten wir uns rechts, wieder auf einem Feldweg aufwärts. Nun geht es erst einmal immer geradeaus, einmal kurz über Schotter und dann über die Wiese am Waldrand entlang. Bald geht es auf einem Pfad durch den Wald abwärts. Auf dem Schotterweg nach rechts und an der nächsten Kreuzung links wandern wir wieder weiter auf dem Schotterweg bergauf. Nach ca. 150 Metern führt uns ein schmälerer Weg nach rechts bergauf. Dann gleich links über die Wiese wieder in den Wald hinein. Nun folgen wir dem schönen Waldweg. Achtung, auf die Beschilderung achten, diese ist leicht zu übersehen. Nach einiger Zeit führt uns der rote Punkt markant nach rechts, leicht ansteigend auf einem schönen Wurzelweg. Diesem folgen wir immer leicht rechts haltend am Ende extrem steil hinauf zur **Geishöhle** **02**. An der Geishöhle geht es links vorbei weiter bergauf. Bald erreichen wir ein Wanderschild, bei dem wir uns weiter nach dem roten Punkt richten Richtung Henneberg. Am Schotterweg biegen wir rechts ein. Der Weg führt uns nach einer Weile zum **Golfplatz** **03**. Wir erreichen wieder einen Schotterweg, an dem wir nach links abbiegen und dann gleich wieder nach rechts leicht um die Kurve herum. Ab hier folgen wir nun dem gelben Kreis Richtung Gerheim.

Nach wenigen Minuten gesellt sich der grüne Querbalken zu unserem Weg dazu, dem wir nun folgen. Auf breitem Weg geht es am Waldrand entlang eine gute halbe Stunde durchs Ankatal. Wir queren eine Teerstraße und folgen weiter dem grünen Querbalken. Er führt uns leicht rechts hinab, rechts über eine Wiese und gleich wieder links auf einen Weg. Wir folgen der Richtung nach Ruprechtstegen. Nach wenigen Minuten erreichen wir die **Andreaskirche** **04**. An dieser Felsenhöhle geht es weiter geradeaus, nach ungefähr 500 Metern an der Gabelung wieder links bergauf, dem blauen Kreuz folgend, läuft man nun parallel zum Weg, den wir gekommen sind wieder zurück. Sobald wir den Waldrand und die Lichtung erreichen, machen wir einen scharfen Rechtsknick und laufen ein paar Meter über die Wiese zu den Büschen. Hier verläuft ein kaum sichtbarer Pfad durch Buschwerk und Wald. Das Wanderschild befindet sich erst einige Meter hinter den Büschen und ist von der Wiese aus nicht zu sehen! (Achtung! Auf Höhe der Andreaskirche kann man auch gleich links abbiegen, auf einen nicht gleich erkennbaren Pfad und hinauf über die Wiese in den Wald!) Schmal und steil über ein paar Stufen geht es jetzt bergauf bis zum breiten Waldweg, in den wir rechts einbiegen. Wir folgen dem Weg markiert durch das blaue Kreuz immer weiter, bis wir die **Sportplätze** am Ortsrand von **Velden** **05** erreichen. Beim Tennisplatz wenden wir uns links auf einen asphaltierten Weg bergauf. Am Parkplatz vorbei und zum Fußballplatz. Hier geht es nun auf schmalem Pfad rechts hinab hinter den ersten Wohnhäusern vorbei. Wir treffen auf unseren Anfangsweg, dem wir zurück nach **Velden** **01** hinein folgen.

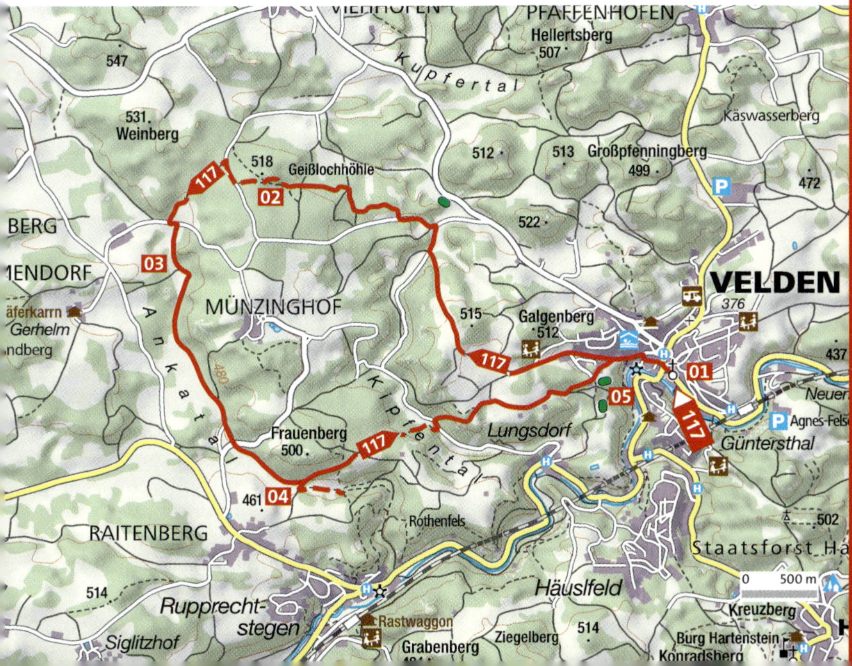

BESUCHERBERGWERK GLEISSLINGER FELS – FICHTELSEE

Rund um den Fichtelberg

9 km | 2:00 h | 150 hm | 150 hm | 191

START | Besucherbergwerk Gleißinger Fels (760 m). Busverbindung.
[GPS: UTM Zone 32 x: 703.267 m y: 5.543.376 m]
CHARAKTER | Leichte Wanderung auf überwiegend breiten Forstwegen

Der Fichtelsee.

Höhepunkt dieser abwechslungsreichen Tour rund um Fichtelberg ist der viel besuchte Fichtelsee. Er lädt zum Baden und Boot fahren ein. Einblicke in die Welt unter Tage gibt eine Erkundung des Bergwerkes Gleißinger Fels. Auf der ganzen Strecke folgen wir dem Rundwanderweg Nr. 2.

Vom Parkplatz beim **Besucherbergwerk Gleißinger Fels** 01 entlang der Straße Richtung Fichtelberg. Bei der Bergwacht links auf den Heinz-Brunner-Weg. Am **Meiler-Platz** vorbei und rechts auf einen Teerweg. Geradewegs an der **Bleaml-Alm** vorbei in den Wald und dem Hauptweg zu einem geschotterten Querweg folgen. Hier rechts. Zum breiten Querweg und rechts Richtung Neubau. Bergab zum Ortsrand und links auf den Zimmerwaldweg. Auf die nahe Anhöhe, links auf einen Pfad und in den Wald. Zur Ecke einer Waldwiese, links bergan und wieder in den Wald. Nach etwa 50 m zieht der Pfad nach rechts und führt zu einer Kreuzung hinauf. Hier rechts. Nach etwa 500 m rechts auf einen Pfad und steil bergab. Parkplatz und Straße queren und zur Schutzhütte im **Naturschutzgebiet Seelohe.** Hier rechts, aber gleich links halten und über einen Damm. Zum anderen Ufer und rechts zum **Waldhotel** 02 am Fichtelsee.
Links am Hotel vorbei und weiter am Fichtelsee entlang. An seiner südwestlichen Ecke links in den Wald. Einen Teerweg queren. Geradeaus zu einer Gabelung und rechts. Bald haben wir Felsen zur Linken, Ferienhäuser zur Rechten. Hier links auf einen Pfad. Am oberen Ende der Felsengruppe rechts und an der **Sachsen-Ruh** vorbei.
Vor dem Sportgelände links. Der Pfad zieht nach rechts und führt an der Straße entlang. Hinter dem Ortsschild die Straße queren, einen Waldpfad bergab und einen Schotterweg queren. Hinab zum nächsten Schotterweg, links und bergab. In der Linkskurve rechts auf einen Pfad, zu einem Teerweg und rechts. Am **Automobilmuseum** 03 vorbei und weiter auf dem Pflasterweg

am Freigelände des Museums entlang. Zur Querstraße (Poststraße). Rechts zur Kreuzung (Max-Reger-Platz) und links auf die Bayreuther Straße. Über die **Fichtelnaab.**
Nach etwa 50 m rechts, am Feuerwehrhaus vorbei und gleich links über Stufen den Wald hinauf. Den Querweg links. Bergab an Wiesen entlang, dann links und am **Bocksgraben** entlang. Durch den Ortsteil Bergwerk-Siedlung zu einer Kreuzung und links (Gustav-Leutelt-Str.). Rechts auf den Schmiererweg und bergan. Den **Bocksgraben** queren und steil bergan zum **Bergwerk Gleißinger Fels** zurück.

Der Fichtelsee

Der Fichtelsee ist ein beliebtes Naherholungsgebiet. Er entstand erst 1607 als ein Damm angelegt wurde, um Wasser für neue Hochöfen und Hammerwerke anzustauen. 1983/86 entstand südlich dieses Sees ein 20 m hoher Damm mit dem die Wasserfläche auf elf Hektar erweitert wurde. An seinem nördlichen Ufer beginnt das Naturschutzgebiet Seelohe, eine Verlandungszone mit typischer Hochmoorvegetation. Der Fichtelsee liegt in 750 m Höhe und lädt im Sommer zum Schwimmen und Boot fahren, im Winter zum Schlittschuhlaufen ein. Neben dem bekannten Seefest finden am Fichtelsee viele kulturelle Veranstaltungen statt.

ZELL – HAIDBERG – SAALEQUELLE

Auf Humboldts Spuren zum Magnetberg

9 km | 2:45 h | 200 hm | 200 hm | 191

START | Marktplatz Zell (614 m); Busverbindung
[GPS: UTM Zone 32 x: 3701.548 m y: 5.557.285 m]
CHARAKTER | Leichte Wanderung auf überwiegend breiten Wald- und Feldwegen mit schönen Fernblicken

Steinbruchsee am Haidberg.

Von Zell haben wir schnell den Haidberg erreicht. Alexander von Humboldt entdeckte 1769 den Magnetismus des dortigen Serpentingesteins. Es ist so magneteisenhaltig, dass es die Kompassnadel tanzen lässt.

▶ Vom Marktplatz in **Zell** 01 steil hinab zur **Sächsischen Saale** und über die Brücke. Nun leitet der blaue Schrägstrich. Aus dem Ort, durch die Flur zum Sträßlein nach Oberhaid hinauf und links. Gleich nach dem versteckt liegenden und nicht zugänglichen alten **Steinbruch** rechts ab. Dann links halten und auf den **Haidberg** 02 hinauf.
Durch den Wald bergab zum Weg Obernhaid – Grossenau. Hier rechts. Kurz vor dem bereits sichtbaren Grossenau scharf links (blaue Senkrechtbalken) und leicht bergan.
Aus dem Wald, zu einer Scheune und links. An einem Bauernhof vorbei zum Sträßlein Walpenreuth – Oberhaid. Hier rechts.
Nach etwa 200 m links. Zur Straße Walpenreuth – Zell und links. Folgenden Abzweig rechts. In den Wald und bergan, bald begleitet von dem von links zu uns stoßenden blauen Kreuz. Über eine Kreuzung. Folgende Kreuzung links (schwarzes Q auf gelbem Grund). An der 1869 gefassten Quelle der **Sächsischen Saale** 03 vorbei und weiter bergab zum Waldende. Eine Forststraße queren und am Sportplatz und am Soldatendenkmal vorbei zurück nach **Zell.**

Naturpark-Infostelle

Die Naturpark-Infostelle in Zell informiert über die Kulturlandschaft Fichtelgebirge und ihre Entstehungsgeschichte. Ein Wald-Diorama und Tierpräparate geben einen Einblick in die Tier- und Pflanzenwelt der Region. Öffnungszeiten: Mo.-Fr. 8.00-12.00, Do. 14.00-18.00 Uhr. Info: Rathaus, Bahnhofstraße 10, 95329 Zell i. Lkr. Hof, Tel. 09257-942-0 (www.markt-zell.de).

HINTERES BUCHHAUS – BURGRUINE EPPRECHTSTEIN

Auf dem Steinbruchwanderweg

4 km | 1:30 h | 160 hm | 160 hm | 191

START | Wanderparkplatz beim Hinteren Buchhaus an der Straße Kirchenlamitz – Weißenstadt.
[GPS: UTM Zone 32 x: 709.281 m y: 5.558.652 m]
CHARAKTER | Bequeme Waldwanderung zu Steinbrüchen mit Abstecher zu einer Burgruine. Panoramablick.

Beim **Wanderparkplatz Epprechstein** 01 am Waldrand oberhalb des Weilers **Hinteres Buchhaus** zeigt ein über zwei Meter hoher Granitstein eine Übersichtsskizze des Wanderweges. Unterwegs erhalten wir Einblick in Granitgewinnung, -verarbeitung und -transport. Die Strecke ist mit dem Handwerkerzeichen der Bildhauer und Steinmetze markiert.

Blick in den Lenks-Bruch.

Kartoffellehrpfad

Der Kartoffellehrpfad kreuzt beim Hinteren Buchhaus die Straße nach Kirchenlamitz. Eine Übersichtstafel auf dem Parkplatz zeigt den Verlauf. Eine 7,5 km langer Rundweg führt über Großschloppen und Raumetengrün, eine 11,5 km lange Runde bezieht außerdem Kirchenlamitz ein. Schautafeln am Wegrand vermitteln Wissenswertes rund um die Kartoffel und über die Geschichte der Ortschaften.

Geradeaus auf gekiester Forststraße in den Wald. Beim Stein mit der Auflistung aller Steinbrüche rechts auf einen Schotterweg und bergan. Der Steinbruchwanderweg quert den Nordweg Waldstein-Buchhaus und erreicht den **Luisentisch**. Er erinnert an Luise, Königin von Preußen, die 1805 mit ihrem Gemahl König Friedrich III. den Epprechtstein besuchte. Ein Abstecher führt rechts zum Querweg auf der Höhe, dort links zur nahen **Burgruine Epprechtstein** 02.
Zum Steinbruchwanderweg zurück, am Lenks-Bruch vorbei und bergab. Es folgen Albertsbruch, Schobertsbruch, Geyersbruch, Blauer Bruch und Schlossbrunnenbruch, dann eine Verladerampe an der ehemaligen Bahnstrecke Kirchenlamitz/Ost – Weißenstadt. Weiter auf dem SechsÄmter- Radweg, der auf der ehemaligen Bahntrasse verläuft, zur **Gaststätte Waldschmiede** und auf einem Waldweg zum **Ausgangspunkt** 01 zurück.

Die steinerne Landkarte des Steinbruchwanderweges..

ARZBERG – KOHLBERG – FEISNITZSPEICHER

Zuckerhut und G' steinigt

8 km | 2:30 h | 150 hm | 150 hm | 191

START | Rathaus Arzberg
[GPS: UTM Zone 33 x: 298.841 m y: 5.548.595 m]
CHARAKTER | Auf überwiegend schmalen Wegen im Waldschatten und durch Wiesengelände.

Der Siebenstern, das Wahrzeichen des Fichtelgebirges.

Von der ehemaligen Porzellanstadt Arzberg, die ihren Namen dem Erzbergbau verdankt, wandern wir auf den Kohlberg, dem als »Zuckerhut« bekannten Hausberg und zum Stausee Feisnitzspeicher, der als Kühlwasserreserve für das stillgelegte Braunkohlekraftwerk Arzberg angelegt wurde. Der Rückweg führt durch das Naturschutzgebiet G'steinigt im romantischen Röslautal.
Bei den Infotafeln beim **Rathaus Arzberg** 01 auf den Rundwanderweg Nr. 1. Über die Röslau. Hinter der Eisenbahnunterführung rechts, ca. 500 m an der Bahnstrecke entlang, dann links in die Carl-Schumann-Str. Aus dem Ort und auf den bewaldeten **Kohlberg** 02 hinauf. Die 1961 erbaute Waldenfelswarte schenkt einen guten Panoramablick.
Mit den Markierungen blauer Senkrechtbalken und Nr. 3 auf dem so genannten Diebsteig recht steil zur Klausen hinab, wie man das Gelände

um den Feisnitzspeicher nennt. Zur **Gaststätte Seeklause** 03 und weiter mit der Markierung blauer Punkt auf weißem Grund am Seeufer entlang und nach Elisenfels hinab.

Weiter mit schwarzem R auf gelbem Grund. Die Bahnstrecke unterqueren und durchs steinige Engtal der **Röslau, G`steinigt** 04 genannt.

An der Silberquelle, ein Entwässerungsstollen eines ehemaligen Eisenerzbergwerkes und an der ältesten Nagelfabrik Deutschlands (seit 1906) vorbei nach **Arzberg** 01 zurück.

Naturpark-Infostelle

Die Naturpark-Infostelle in Arzberg ist beim Schwimmbad in ehemaligen Bergwerksgebäuden untergebracht. Dort wurde in der Grube »Kleiner Johannes« bis ins 20. Jh. Eisenerz gefördert. Eine Ausstellung gibt Einblick in Bergbau und Geologie.

Geöffnet vom 19. März bis 4. Dezember von 9.00-17.00 Uhr.

GROSSER PFAHL – ENGELSDORF

Naturlehrpfad an Bayerns Geotop Nr. 1

7 km | 2:00 h | 95 hm | 95 hm | 198

START | Parkplatz Großer Pfahl (467 m) oberhalb von Viechtach an der B 85, Prackenbacher Straße, Richtung Cham
[GPS: UTM Zone 33 x: 344.150 m y: 5.438.560 m]
CHARAKTER | Durchgehend bequeme Wege

Großer Pfahl.

Der Große Pfahl oberhalb des Luftkurorts Viechtach ist eine bizarre Felsmauer aus leuchtend hellen Felsen und gilt als schönste erhaltene Partie des gesamten Pfahls. Der Rundwanderweg 9 erschließt dieses Highlight am Pfahlwanderweg; er lässt sich variieren durch zwei allerdings sehr kurze Naturlehrpfade (1 km und 2 km) zu Quarzfelsriffen und Pfahlheiden im Naturschutzgebiet Großer Pfahl sowie zu einem ehemaligen Steinbruch mit seinen Betriebsgebäuden. Auch am Rundwanderweg 9 finden sich mehrfach Tafeln der Naturlehrpfade zur Erdgeschichte und Tier- und Pflanzenwelt sowie zur Kulturgeschichte des Steinbruchbetriebs.

▶ Vom Parkplatz **Großer Pfahl** 01 führt der mit der Ziffer 9 markierte Rundwanderweg entgegen dem Uhrzeigersinn rechts herum auf die bundesstraßenabseitige Partie des Pfahlriffs. Die leuchtend hellen Felsen kontrastieren mit dem Grün des Waldes, an einigen

Stellen stehen sie ganz frei vor den so genannten Pfahlheiden. Jahrhundertelang wurden die Eichen-, Birken- und Kiefernwälder am steinreichen Pfahl als gemeinschaftliche Weideflächen genutzt. Dabei entstanden die heute unter Naturschutz stehenden Pfahlheiden. Auf diesen Offenflächen wachsen neben dem namensgebenden Heidekraut die Heide- und die Pechnelke, auch Borstgrasrasen sind zu sehen sowie unter den Tieren die Schlingnatter und die bunt schimmernde Zauneidechse sowie 18 verschiedene Ameisenarten. Das Gelände des aufgelassenen Steinbruchs erinnert von der Verzweigung Richtung Tresdorf am **Pfahl Nord** 02 daran, dass schon seit der industriellen Revolution im 19. Jh. aus dem harten Pfahlgestein Straßenschotter und Auskleidungen von Elektroschmelzöfen gewonnen wurde; heute wird Pfahlquarz als Rohstoff für die Ferrosilicium- und Silikonproduktion benutzt, nur im Naturschutzgebiet Großer Pfahl darf das Gestein noch stehenbleiben. Nach einer Weile geruhsamen Dahingehens im Wald erreicht der Rundwanderweg die aussichtsreichen Wiesen vor dem Kirchdorf Prackenbach. Hier beginnt oberhalb des Weilers **Engelsdorf** 03 der Rückweg. Auf der lichtdurchfluteten Südseite des **Pfahls** 04 führt die Markierung 9 zurück zum Ausgangspunkt, dem **Parkplatz Großer Pfahl** 01.

Der Pfahl

Der Bayerische Pfahl ist eines der 77 „nationalen Geotope“ Deutschlands, bereits 2003 kürte ihn das bayerische Umweltministerium zu „Bayerns Geotop Nr. 1“. Der Pfahl ist eine riffartig bis zu 30 m herausgewitterte Härtlingsrippe aus Quarz, die den Bayerischen Wald auf 150 km Länge durchzieht und den Vorderen vom Hinteren Wald trennt. Dieses Naturdenkmal, dessen Felsen auch zum Klettern aufgesucht werden, verläuft nahezu schnurgerade von Freyung an der Buchberger Leite zur Burgruine Weißenstein bei Regen und zum Schloss Thierlstein bei Cham.

BRENNES – KLEINER ARBERSEE – GROSSER ARBER

Schwimmende Moore und der höchste Berg des Bayerischen Waldes

13 km | 4:00 h | 538 hm | 538 hm | 198

START | Brennes (1043 m), Bushaltestelle und Parkplatz an der Straße „Brennes" auf der Passhöhe westlich von Bayerisch Eisenstein an der Straßenverzweigung Richtung Lohberg/Arberseehaus nahe des Sporthotels „Brennes" (Brennes 1) [GPS: UTM Zone 33 x: 364.600 m y: 4.444.000 m]
CHARAKTER | Überwiegend bequeme (Wald-)Wege mit vielen Aussichtsstellen, lediglich im Bereich des Kleinen Arber Fels- und Wurzelsteige

Das Arberschutzhaus auf dem Großen Arber.

Vom aussichtsreichen Brennessattel geht es zum Kleinen Arbersee mit den schwimmenden Mooren, von dort führt der Goldsteig, der Premium-Wanderweg des Bayerischen Waldes, auf den aussichtsreichen höchsten Berg des bayerisch-böhmischen Grenzgebirges.

Am aussichtsreichen **Brennessattel** 01 (1043 m) weist neben der Bushaltestelle ein Schild zum Kleinen Arbersee hinab. Wenn der mit der Markierung „LO3" bezeichnete Weg an Totenbrettern unter Fichten taucht, verschwindet der Asphalt und steinig geht es im Wald abwärts zur Rodung des Einödhofs **Mooshütte** 02. Dort mündet der Fußweg am Gasthof auf einen für den öffentlichen Verkehr gesperrten Wirtschaftsweg, der anfangs mit schönem Blick auf den Lamer Winkel und zum Osser, dann im Wald zum **Kleinen Arbersee** 03 hinaufleitet.

Hinter der gemütlichen **Gaststätte Seehäusl** übernimmt die Goldsteig-Markierung die Routenführung (zugleich „grünes Dreieck" des Europäischen Fernwanderwegs 6), zunächst auf einem Wurzel- und Felssteig, dann auf einem Wirtschaftsweg. Wenig oberhalb einer Raststelle mit einem Brunnen wechseln Goldsteig und E6 auf einen Pfad und schlängeln sich in urwüchsiger Waldumgebung aufwärts zur **Schutzhütte** 04 am Kleinen Arber (**Chamer Hütte**); hier öffnet sich der Blick zum Großen Arber, und hier vereinigen sich die Variantenstränge von Goldsteig und E6 und führen in gemeinsamer Route recht steil auf den **Großen Arber** 05. Am Arberschutzhaus bei der Bergstation der Arberbergbahn beginnt der Rückweg, markiert mit dem Zeichen „LO3". Er folgt der für den öffentlichen Verkehr gesperrten Zufahrt aussichtsreich durch Skiwiesen, kürzt eine Serpentine rechts auf dem alten Schmugglerpfad ab und mündet wieder in die Zufahrt, die vorbei an der Lamer Bergwachthütte zum Traditionsgasthof **Berghaus Sonnenfels** 06 in aussichtsreichen Sonnenwiesen hinabführt. Wer mit der Arberbergbahn zum Gipfel geschwebt ist, wendet sich hier rechts zur Talstation, während der Wanderweg „LO3" geradeaus weiterführt, in den Wald eintaucht und beim Sporthotel „Brennes" wieder den Ausgangspunkt am Brennessattel 01 erreicht.

Blick auf den Kleinen Arbersee.

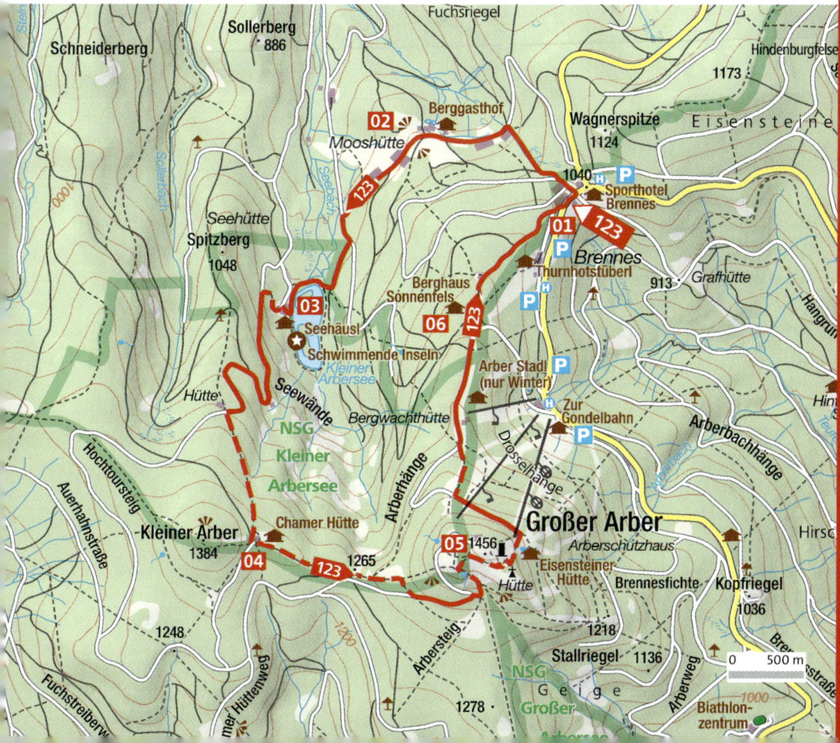

FREDENBRÜCKE – LUSEN – WALDHÄUSER

Himmelsleiter zum Blockhaupt des Lusen

12,5 km | 3:45 h | 583 hm | 583 hm | 198

START | Fredenbrücke (830 m), Wanderparkplatz und Bushaltestelle an der Zufahrtsstraße von Neuschönau in den Ortsteil Waldhäuser. Der „Lusen-Bus" fährt jede Stunde vom Nationalpark-Zentrum nach Waldhäuser und zum Lusen-Parkplatz
[GPS: UTM Zone 33 x: 386.820 m y: 5.421.680 m]
CHARAKTER | Teilweise steile Wurzelwege und grobblockiges Gelände erfordern Trittsicherheit und festes Schuhwerk.
Tipp: Die Wanderung lässt sich mit dem Lusen-Bus, der vom Lusen-Parkplatz über Waldhäuser zur Fredenbrücke zurückfährt abkürzen.
Wer am Lusen-Parkplatz (1110 m) startet, muss nur etwa 250 Höhenmeter im Anstieg bewältigen

Der Bergbach-Naturlehrpfad längs der Kleinen Ohe, die stimmungsvolle Martinsklause, die von Felsblöcken gefüllte Teufelsloch-Klamm, die steinerne „Himmelsleiter" und das Panorama auf dem Blockhaupt des Lusen zählen zu den Höhepunkten dieser abwechslungsreichen Wanderung im Nationalpark Bayerischer Wald.

Auf dem Blockhaupt des Lusen.

Am Waldparkplatz **Fredenbrücke** 01 beginnt nach Überqueren der **Kleinen Ohe**, eines Quellbachs der Ilz, ein **Bergbach-Lehrpfad**, der in artenreichem Schluchtwald dem Bach aufwärts folgt. Neben dem in Kaskaden über Blockwerk gischtenden Wildbach führt der Weg zur **Martinsklause** 02 hinauf, einem idyllisch gelegenen Schwellteich, der im 19. Jh. zum Zweck der Holztrift aufgestaut wurde; ein Rundweg führt um den fichtenumstandenen Teich, Bänke und eine Schutzhütte laden zur Rast ein.
Oberhalb der Martinsklause führt die Markierung „grünes Dreieck" steil durch das **Teufelsloch**, einen mit Granitblöcken gefüllten Schluchtabschnitt der Kleinen Ohe; unsichtbar fließt der Bach unter dem mächtigen Blockwerk dahin.
Hier mündet der Wanderweg in den Goldsteig, den Prädikatswanderweg des Bayerischen Waldes. Vom Teufelsloch führt er passagenweise auf einem Bohlensteig hinauf zur **Böhmweg-Schutzhütte** 03 (1176 m), wo er die vom Lusen-Parkplatz herüberführende Talvariante aufnimmt und in zum Teil stark borkenkäfergeschädigten bzw. weitflächig abgestorbenen Fichtenbeständen schnurgerade einer alten Waldabteilungslinie zur **Himmelsleiter** zuführt.
Die holperige Steintreppe im Wald führt steil aufwärts zum Waldsaum, wo der Schlussanstieg auf dem Gipfelblockfeld des **Lusen** 04 beginnt.
Vom Gipfelkreuz geht es steil zum **Lusenschutzhaus** 05 hinab, wo deftige Brotzeiten den Hunger stillen und zudem die Möglichkeit zur Übernachtung besteht. Vom Schutzhaus führt der bequeme Lusen-Winterweg im Wald abwärts durch die südlichen Lusenhänge; der Wald ist hier weniger geschädigt als im Gebiet von Böhmweg-Schutzhütte und Himmelsleiter, da hier mehr Buchen wachsen, zwischendurch lädt eine Sitzbank bei einem Brunnen zur Rast ein. Der Winterweg endet am **Lusenparkplatz** 06 Waldhausreibe (1111 m) bei der Bushaltestelle; dort geht es ganz kurz auf dem „Sommerweg" rechts hinauf, bis die Tal-

variante des Europäischen Fernwanderwegs 6 (Markierung grünes Dreieck) links hinab Richtung Waldhäuser abzweigt. Nach Queren der Straße führt der E6 durch eine mit Planken ausgelegte nasse Senke, steigt zum **Waldhäuserriegel** 07 (1151 m) an und erreicht kurz vor dem Gipfel eine Felskanzel, die durch einen Steig erschlossen ist und einen gemütlichen Rastpunkt bildet. Von hier leitet die Markierung grünes Dreieck in den Ort **Waldhäuser** 08 hinab, das höchstgelegene Nationalpark-Dorf, folgt mit Rachelblick der Nationalparkstraße, zweigt in einer Serpentine mit Wassertretbecken und Brunnen geradeaus auf einen Weg in den Wald ab, steigt sacht und kurz ein letztes Mal an und leitet dann auf einem Weg in prachtvollem Wald zum Ausgangspunkt an der **Fredenbrücke** 01 zurück.

Gipfelpanorama auf dem Lusen

Ein Blockfeld aus feinkörnigem Granit bedeckt den allseits steil abfallenden Gipfelkegel des Lusen und bildet die natürliche Grundlage für ein umfassendes Panorama des Bayerischen und Böhmerwaldes. Jenseits des benachbarten Rachel zeigt sich im Nordwesten als höchste Bergbastion des Waldgebirges der Arber, südostwärts schweift der Blick zum Dreisessel-Plöckenstein-Kamm und ins österreichische Mühlviertel, im Norden weitet sich auf böhmischer Seite das Maderplateau, bei Föhn zeigt sich die Kette der Alpen. Den unteren Rand des Blockfeldes säumen im Norden und Osten geschlossene Legföhrenfelder, vereinzelt kommen an Stellen, an denen sich Humus gebildet hat, Wetterfichten vor, die auf dem Blockwerk siedelnden Landkartenflechten verleihen der Lusen-Kuppe ihre gelbgrüne Farbe und dieses charakteristische gelbgrüne, kahle Blockhaupt über den Wäldern ist je nach Himmelsrichtung auch aus den Tälern zu sehen.

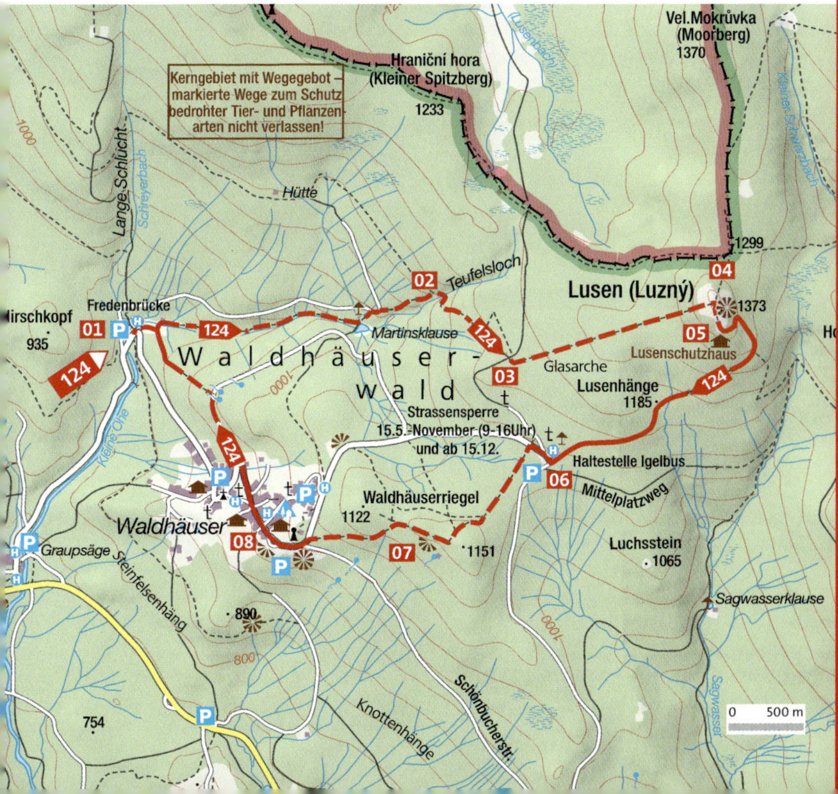

KREUZBACHKLAUSE – DREISESSELBERG

Auf dem Goldsteig zum Dreisesselhaus

6 km | 2:30 h | 400 hm ↗ | 400 hm ↘ | 198

START | Kreuzbachklause (933 m), Parkplatz an der Straße vom Haidmühler Ortsteil Frauenberg zum Dreisesselberg
[GPS: UTM Zone 33 x: 411.050 m y: 5.406.400 m]
CHARAKTER | Bequeme Wald- und Aussichtswanderung im Wechsel aus Wegen und steinigen Pfaden

Blick vom Dreisesselberg.

Von der Kreuzbachklause, einem ehemaligen Triftteich im Nordhang des Dreisesselmassivs, schwingt sich der Goldsteig hinauf zum Dreisesselberghaus, wo Hochstein und Dreisesselfels exzellente Panoramen des Bayerischen und des Böhmerwaldes bieten.

▶ Der **Parkplatz Kreuzbachklause** 01 liegt im Tal des Kreuzbachs, der durch den Nordhang des Dreisesselbergmassivs Richtung Haidmühle abfließt, dort zum Badesee Kreuzbachsee aufgestaut ist und nahe der Grenze zu Tschechien in die Kalte Moldau mündet.

Vom Parkplatz führt der Goldsteig hinauf zur nahen **Kreuzbachklause**, einem historischen Triftsee mit Kanal zum Holztriften: 1861 wurde mit dem Bau der Kreuzbachklause und dem zugehörigen Kanal das der Moldau gehörige Dreisesselwasser in den Osterbach und damit in die Ilz gebracht. Bis nach dem Ersten Weltkrieg wurde das Holz zu den Sägewerken und auf der Ilz nach Passau getriftet. Der Kanal ist heute größtenteils verfallen und der Kreuzbach fließt wieder der Moldau zu. In der Stille dieser spannungsvollen Umgebung informieren die Tafeln des **Triftsteigs Kreuzbachklause** über die einstigen Transportwege. Riesige Mengen Holz wurden ohne Fahrzeug über das Gebirge hinweg in weit entfernte Regionen transportiert. Weitere Tafeln beleuchten verschiedene Aspekte der einstigen Holztrift in den Wäldern zwischen Dreisessel und Haidel.

Von der Klause führt der Goldsteig im Frauenberger Wald aufwärts im Hang. Der Kreuzbach fächert sich oberhalb des Triftteichs in mehrere Quellbäche auf. Das Wasser wurde genau unterhalb der Vereinigung der drei Hauptquellbäche gesammelt. Bald nach Überqueren eines zweiten Quellbachs quert der Goldsteig am **Rollmannsberg**, dem der Borkenkäfer hart zugesetzt hat, die Straße von Frauenberg zum Dreisesselhaus, gewinnt nun rascher an Höhe und erreicht den **Dreisesselberg** 02 an der Wegespinne zwischen dem Hochstein und dem Dreisesselberghaus. Nach der Einkehr im **Dreisesselberghaus** und dem Panoramablick vom Dreisesselfels geht es zurück zur Wegespinne und zum **Hochstein**, der ein hervorragendes Böhmerwald-Panorama bietet. Vom Hochstein senkt sich der mit der Ziffer 10 markierte Wanderweg durch den Nordwesthang an der Straße rechts versetzt geradeaus Richtung Frauenberg. Wenig später überquert der Wanderweg zwei Quelläste des Kreuzbachs, an der nächsten Wegekreuzung geht es geradeaus, bis an der Wegekreuzung kurz oberhalb der Straße die Wegweiser rechts im Hang zurück zum Ausgangspunkt an der **Kreuzbachklause** 01 zeigen.

Kalte und Warme Moldau

Die Moldau (tschechisch: Vltava) ist die zentrale Wasserader des Böhmerwaldes und Tschechiens. Sie entspringt im Nationalpark Sumava beim Wintersportort Kvilda (deutsch: Außergefild), dem höchstgelegenen Dorf Böhmens. Tatsächlich ist Pramen Vltavy nicht die Quelle der Moldau schlechthin, sondern die Quelle der Warmen Moldau (Teplá Vltava)], während die Kalte Moldau (Studená Vltava) am Haidel bei Haidmühle in Bayern entspringt. Kalte und Warme Moldau vereinigen sich unterhalb des Stozec-Bergkegels, erst von dort an trägt der Fluss den Namen ohne Zusätze. Nach 440 km mündet die ab Prag schiffbare Moldau bei Melnik in die Elbe.

*„Kennst Di aus, woaßt, wos i moan?
A Berg is nix anders wia a mords Trum Stoan.
Aba drob'n auf'm Gipfel, des sog i allemoi,
is' vui schena wie drunt'n im Toi!"*

1992 hat der Weltmusiker Hubert von Goisern die Sehnsucht nach dem Berg in seinem „Wildschütz Räp" ironisch auf den Punkt gebracht. 200 Jahre davor, so zeigt sich etwa am Beispiel des Watzmanns, spürte man von Alpenromantik und Bergbegeisterung noch nicht viel. Als der Slowene Valentin Stanič im Jahre 1800 (oder schon 1799) zum ersten Mal seinen höchsten Punkt erklomm, waren noch viele Bewohner des Berchtesgadener Landes felsenfest davon überzeugt, dass der Berg ein strafweise versteinerter König sei und dass dort oben – mehr als zwei Kilometer über dem Königssee – der Böse haust.

Heute erhebt sich der 2713 Meter hohe Watzmann im Zentrum des Nationalparks Berchtesgaden und gilt als ein Wahrzeichen des deutschen Alpenanteils (der sich westwärts bis zum 250 Kilometer entfernten Bodensee erstreckt). Aus dem riesigen Angebot abwechslungsreicher Bergwege, die inzwischen im ganzen Berchtesgadener Land entstanden sind, finden Sie auf den folgenden Seiten jene von Schönau zum Watzmanhaus und auf den Hohen Göll, zum berühmten Malerwinkel am Königssee, auf den Hochstaufen bei Bad Reichenhall, zur Blaueishütte unter dem nördlichsten Gletscher der Alpen und auf das riesige Karstplateau des Steinernen Meeres, das wie eine menschenleere Mondlandschaft erscheint.

Allein diese Auswahl beleuchtet das Spektrum und die Vielfalt der Bayerischen Bergwelt, der etwa die Hälfte der in diesem Buch vorgestellten Touren gewidmet wurden. So finden Sie hier also auch eine gute Mischung einfacher und mittelschwerer Wanderwege rund um den Chiemsee, das fast 80 Quadratkilometer große „Bayerische Meer", und die südlich davon gelegenen Chiemgauer Alpen – vom Archäologischen Rundweg auf den Spuren der Römer am Nordufer des Sees über die berühmte Insel Herrenchiemsee, auf der König Ludwig II. ein wahres Märchenschloss errichten ließ, bis zu Top-Aussichtspunkten wie der 1699 Meter hohen Kampenwand.

König Watzmann – ein sagenumwobenes Symbol des Deutschen Alpenanteils.

Westlich des Inntals entwickelten sich der Schliersee und vor allem der Tegernsee zu Tourismusmagneten. Kein Wunder also, dass auch die Berge über ihrem Ufer begeistern – vom sanften Taubenberg über den keckfelsigen Riederstein mit seiner Gipfelkapelle bis zur Rotwand, einem der Beliebtesten unter den Münchner „Hausbergen". Der Isarwinkel südlich von Bad Tölz zählt dagegen zu den ruhigeren Gebieten Oberbayerns – vom vielbesuchten Brauneck einmal abgesehen. Südlich davon baut sich das Karwendelgebirge auf. Von seinen fünf Bergketten liegen vier schon im benachbarten Österreich, etliche seiner Highlights wie der berühmte Große Ahornboden oder das einsame Johannestal sind jedoch mit dem Auto nur über deutsches Gebiet erreichbar.

Das Tal der Isar trennt das Karwendel- vom Wettersteingebirge, das mit der Zugspitze den höchsten Gipfel Deutschlands aufweist. Exakt 2962,06 Meter befindet sich ihr goldenes Gipfekreuz über dem Meeresniveau; im Lauf der Zeit entstanden in seiner unmittelbaren Nähe nicht nur das Münchner Haus des Alpenvereins sowie die Bergstationen der Bayerischen und der Tiroler Zugspitz-Seilbahn, sondern auch ein Observatorium. Einfache Wanderwege gibt es im Gipfelbereich der Zugspitze keine; sämtliche Zustiege erfordern Bergerfahrung und Klettergewandtheit. Umso größer ist das Angebot leichter und mittelschwerer Routen in seiner Umgebung und rund um Garmisch-Partenkirchen, etwa rund um den tiefblauen Eibsee, am Kreuzeck und beim Eckbauer, durch die wilde Partnachklamm und auf den Hohen Kranzberg, zur Ruine Werdenfels oder auf den aussichtsreichen Wank.

Wer in den deutschen Alpen wandern möchte, kann auch direkt in der bayerischen Metropole München starten. Durch das Fünfseenland rund um den Ammer- und den Starnberger See, das „Blaue Land" um Murnau am Staffelsee und durch den an herrlichen Rokokokirchen so reichen Pfaffenwinkel gelangt man bis zu den Ammergauer Alpen. In diesem Gebiet gelangten das Kloster Andechs, der Säuling, der Kofel und die Doppelspitze des Ettaler Manndls bei Oberammergau zu besonderer Beliebtheit unter Wanderern.

Beim Wandern stets genug trinken!

Der westlichste Bereich des deutschen Alpenanteils und auch der „Südpol" der Bundesrepublik befinden sich im alemannisch geprägten Allgäu. Beiderseits des Illertals erheben sich dort hinter grünen Hügeln die Allgäuer Hochalpen, in denen ultrasteile Grasberge wie die Höfats und wilde Felszacken wie die Trettachspitze ins Auge springen. Einige Allgäuer Grate wurden zu berühmten Klettersteigen ausgebaut. Unterhalb davon breitet sich jedoch ein vergleichsweise „zahmes", wenngleich durchaus alpines Wanderrevier aus – vom Laufbacher Eck am seilbahnerschlossenen Nebelhorn bei Oberstdorf über das weltentlegene Bergnest Gerstruben bis zur Bärgunthütte und zur Schwarzenberghütte, wo man sich auch jenseits der österreichischen Grenze im Kleinwalsertal auf „bergnarrische" Gäste freut. Von manchen Allgäuer Gipfeln sieht man bei gutem Wetter bis zum Bodensee, der seinerseits von einem interessanten Wandergebiet umgeben ist. Namen wie „Ruine Hohenkrähen" oder „Mistbühl" werden vielleicht keine großen Erwartungen schüren, andere wie die „Lindau" oder „Wallfahrtskirche Birnau" aber ganz sicher!

MALERWINKEL-RUNDWEG • 780 m

Spazierwanderung für Genießer

3,75 km | 2:15 h | 201 hm | 201 hm | 14

START | Königssee bei Berchtesgaden, Parkplatz (604 m)
[GPS: UTM Zone 33 x: 348.900 m y: 5.272.800 m]
CHARAKTER | Leichte Rundtour mit herrlichen Aussichtspunkten

Blick zur Villa Beust. Der Rundweg führt direkt daran vorbei.

Wer sich nicht aufs Wasser traut und keinen allzu beschwerlichen Fußaufstieg machen möchte, hat dennoch Gelegenheit, einen eindrucksvollen Blick auf den Königssee zu werfen. Und er darf sich sicher sein, dass er diesen Standort mit vielen berühmten Vorfahren teilt, denn seinen Namen hat dieser Fleck nicht von ungefähr bekommen, und bei Rundgängen in Bilderausstellungen zum Thema Landschaftsmalerei wird man diesen Blickwinkel immer wieder erkennen. Und noch häufiger heutzutage auf Fotos! Der gut 3,5 km lange Malerwinkel-Rundweg ist ein bequemer Spazierweg, der ohne nennenswerten Höhenunterschied (es sind selbst mit dem Abstecher zur Rabenwand keine 200 m!) am nördlichen Ufer des Königssees verläuft.

▶ Wir starten in **Königssee** 01 vom Parkplatz aus zur Seelände, halten uns bei den Schifffahrtshäuschen links und folgen dem Schild, das uns zum viel begangenen und gut markierten Rundweg führt. Zuerst leicht ansteigend zur **Villa Beust** 02, dann eben und bei einer Verzweigung kurz rechts abwärts zum so genannten **Malerwinkel** 03. Sitzbänke laden hier zum Verweilen und Schauen ein. Der Blick über den Königssee reicht bis zur rund 4 km entfernt gelegenen Wallfahrtskirche St. Bartholomä.

Zurück und nach rechts weiter auf dem Rundweg erreichen wir leicht ansteigend bei der nächsten Linkskurve erneut einen sehr schönen und aussichtsreichen Rastplatz. Wenn wir zum höchsten Punkt des Rundwegs gelangen, weist uns ein Schild „Rabenwand“ nach rechts und ein felsiger Pfad führt uns fast eben zum Aussichtspunkt **Rabenwand** 04. Von vielen wird diese Aussichtswarte (mit Sitzbänken und Stempelstelle) als eine der schönsten

am Königssee bezeichnet; eine der am schnellsten und einfachsten zugänglichen ist sie auf jeden Fall.
Wieder zurück zum Rundweg und bequem weiter – nun stets abwärts – Richtung Dorf Königssee. Vorbei an der **Jennerbahn-Talstation** 05 beenden wir unseren gemütlichen Spaziergang am Ausgangspunkt, dem Parkplatz **Königssee**.

Der „Malerwinkel"

Eines der wohl bekanntesten deutschen Malermotive dürfte der Königssee mit der Kirche St. Bartholomä sein, und für die der Landschaftsmalerei verpflichteten Künstler war der „Malerwinkel" der obligatorische Standort. Dieses Bild musste fast jeder Maler dieses Genres einmal in seinem Leben gemalt haben. Ab 1836 lag in St. Bartholomä ein – heute leider verschollenes – „Fremdenbuch für Künstler" auf, in das sich bis zum Jahr 1849 bereits über einhundert Maler eingetragen hatten. Unter anderem widmete sich auch der eher als Schriftsteller bekannte Adalbert Stifter in Berchtesgaden mit Erfolg als Autodidakt der Landschaftsmalerei: sein im Jahre 1837 gemaltes Bild „Königssee mit Watzmann" ist in der Österreichischen Galerie in Wien zu betrachten.

HOCHSTAUFEN • 1771 m

Der leichteste Anstieg von der Padingeralm – mit anspruchsvoller Rundtour-Alternative

8,25 km | 5:30 h | 1104 hm | 1104 hm | 14

START | Bad Reichenhall, Padingeralm (667 m) nördlich des Ortes, Parkplatz [GPS: UTM Zone 33 x: 339.260 m y: 5.289.250 m]
CHARAKTER | Der Weg über die Bartlmahd hat einige steilere, im oberen Bereich auch felsige, aber unschwierig zu begehende Stellen. Der Abstieg über die „Steinernen Jäger" sollte nur von Geübten wahrgenommen werden

Die Padingeralm, ein beliebter Ausgangspunkt für den Hochstaufen.

Der Hochstaufen-Südanstieg über die Bartlmahd weist mehrere Vorzüge auf. Zum einen ist es der leichteste Weg auf den Reichenhaller Hausberg, er ist relativ früh im Jahr schneefrei und begehbar, und der Startpunkt liegt höher als bei den anderen Ausgangspunkten.

▶ Unterhalb der **Padingeralm** 01 nach links den Wegweisern folgen. Bei der ersten Weggabelung wiederum der linken Beschilderung folgen (rechts geht es zum potentiellen Abstiegsweg über die „Steinernen Jäger"). Dem Waldpfad folgend erreicht man stetig steigend nach ungefähr 2 Std. die ehemaligen (heute wieder aufgeforsteten) Wiesen und Weideflächen der **Bartlmahd** 02. Bei der Weggabelung rechts halten (links führt die Markierung zur Zwieselalm) und auf dem felsigeren Steig steiler hochsteigen zum Verbindungsgrat zwischen Hoch- und Mittelstaufen. Der Weg verläuft am Grat entlang nach rechts, auf gut markierten und leicht begehbarem Pfad, stellenweise unterhalb der sich steil aufrichtenden Gratfelsen. In eher mäßiger Steigung quert man unterhalb des Gipfels zum **Reichenhaller Haus** 03 hinüber, zuletzt nochmals über stärker ansteigende Serpentinen. Von dort gelangt man in wenigen Schritten zum aussichtsreichen **Hochstaufengipfel** 04.

Abstieg Wer sich auf dem Rückweg etwas mehr zutraut und trittsicher ist, der

kann sich – vorausgesetzt auch das Wetter ist entsprechend, denn bei Nässe ist dieser Abstieg deutlich schwieriger! – über die sog. „Steinernen Jäger" nach unten absteigen.
Der gut markierte Steig endet bei einem schönen **Aussichtspunkt** 05 rechts. Weiter links absteigend, darf man ca. 10 Min. später nicht die Abzweigung nach rechts (Schild Bad Reichenhall) übersehen, die in steilen Serpentinen durch den Wald hinabführt und uns wieder auf den Anstiegsweg und zur **Padingeralm** 01 zurückbringt.

BLAUEISHÜTTE • 1680 m

Das Tor zum nördlichsten Gletscher der Alpen

10,5 km | 4:15 h | 880 hm | 880 hm | 14

START | Ramsau, Hintersee, Parkplatz an der Staatsstraße (800 m) [GPS: UTM Zone 33 x: 339.280 m y: 5.274.720 m]
CHARAKTER | Anfangs breiter Forstweg, dann im oberen Teil recht steiler, aber gut begehbarer Bergpfad

Blick über die Blaueishütte zum Hintersee hinab.

Der Hochkalterstock ist ein imposantes Bergmassiv, das mit dem eingerahmten, leider schon sehr weit abgeschmolzenen Blaueisgletscher eine Rarität auf deutschem Boden aufweist. Die leicht zu erwandernde und sehr gut bewirtschaftete Blaueishütte ist ein idealer Stützpunkt, um sich dieses Schauspiel aus nächster Nähe anzuschauen. Zum Weiteren bietet die Blaueishütte vielfältige alpine Möglichkeiten. Wanderer, Kletterer, Eisgeher – alle finden hier etwas.

▶ Vom großen **Parkplatz** 01 überqueren wir die Straße und marschieren auf breitem Forstweg in ansteigenden Kehren nach oben. Der Weg ist gut markiert und die scharfe Abzweigung auf einen schmaleren Pfad nach links ist nicht zu übersehen. In teilweise recht steilen Kehren steigen wir nun gemächlich immer dem schattigen Weg folgend weiter auf, bis plötzlich nach einer besonders steilen Stelle vor uns die **Schärtenalm** 02 auftaucht.
Direkt neben dem Weg gelegen, lädt sie zu einer gemütlichen Pause ein. Ein kurzes Stück fast eben dahin, über eine stabile Holzbrücke hinüber, gelangen wir zur Talstation der Materialseilbahn. Hier zweigt vom breiteren Weg nach links ein schmaler Pfad ab (Schild).

In engen Serpentinen führt uns dieser gut angelegte Steig ziemlich steil nach oben. Zuerst nach links an die Felsen heran, unterhalb denen wir entlang hochsteigen. Im oberen Teil dieser bewaldeten Steilstufe halten wir uns rechts und erblicken erst im letzten Moment bevor wir sie erreichen die stattliche und schön gelegene **Blaueishütte** 03. **Abstieg** wie Aufstieg.

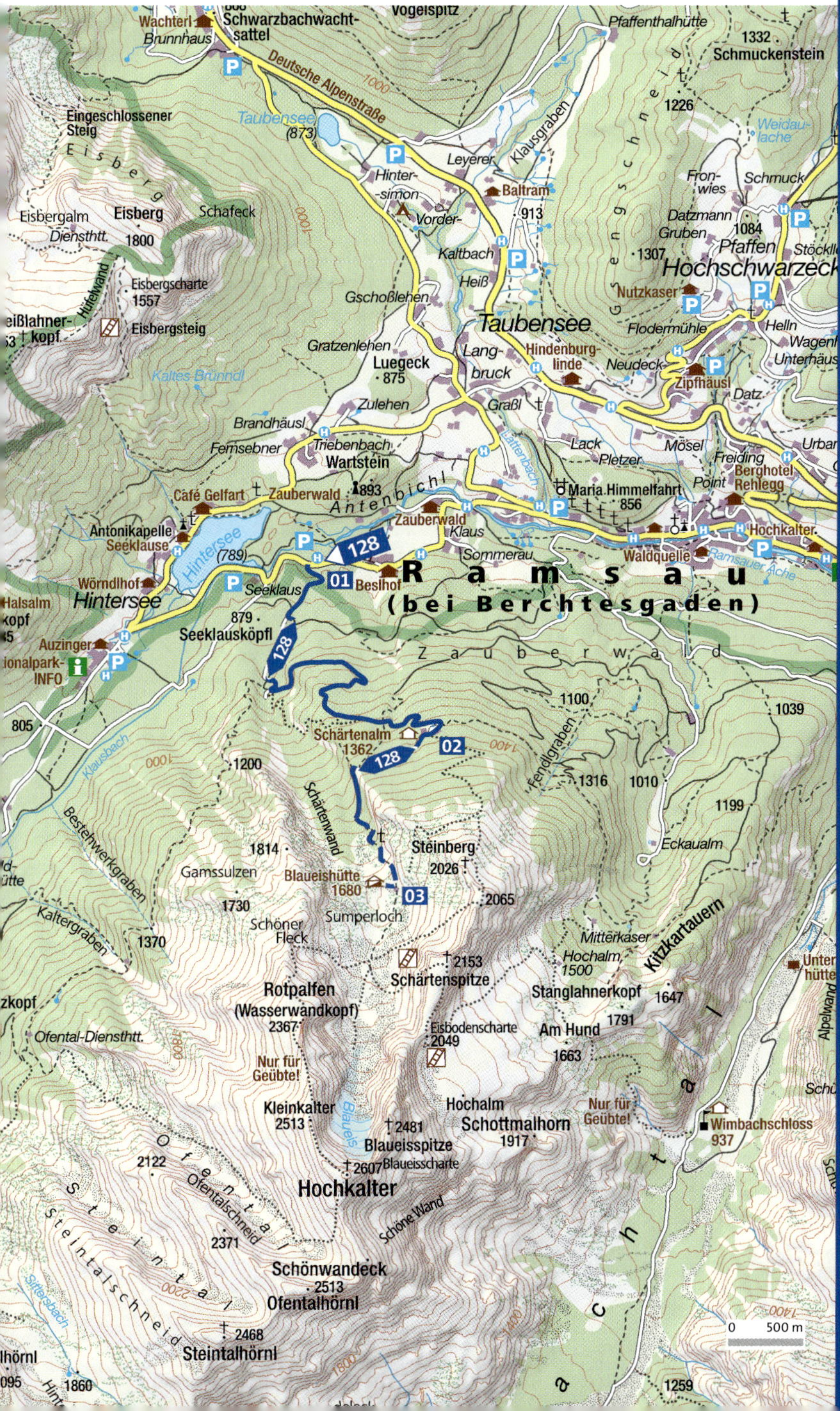

WATZMANNHAUS • 1930 m

Ein berühmter Treff- und Aussichtspunkt

15 km | 6:30 h | 1300 hm | 1300 hm | 14

START | Ramsau, Parkplatz Wimbachbrücke (650 m)
[GPS: UTM Zone 33 x: 343.950 m y: 5.274.230 m]
CHARAKTER | Unschwierige Berg- und Almpfade; der Alternativ-Abstieg über die Kührointhütte verlangt Trittsicherheit am stellenweise gesicherten Falzsteig

Das Gebirgsmassiv des Watzmanns ist wohl eines der am besten bekannten Motive der Berchtesgadener Alpen.

Der Watzmann ist das im besten Wortsinne herausragende und sicherlich wohl auch bekannteste Wahrzeichen der Berchtesgadener Berge, ein Topziel für alle Bergsteiger. Aber auch der normale Wanderer hat seine Chance, diesem Koloss nahe zu kommen, denn das Watzmannhaus am Fuße dieses imposanten Massivs ist ein relativ einfach zu erreichendes Wanderziel.

Nicht zuletzt deshalb darf man nicht davon ausgehen, dass der Hüttenanstieg zum Watzmannhaus eine einsame Angelegenheit ist. Wer übernachten will, sollte sich anmelden und sich auch rechtzeitig auf den Weg machen.

▶ Nach dem Start an der **Wimbachbrücke** 01 erleben wir gleich zu Beginn der Wanderung in der **Wimbachklamm** 02 den ersten Höhepunkt; der (gebührenpflichtige, 2 EUR) kleine Umweg lohnt sich auf jeden Fall. Anschließend wandern wir leicht ansteigend in großen Kehren auf dem markierten Weg Nr. 441 zur **Stubenalm** 03 hinauf. Der Weg führt dann weiter über die **Mitterkaseralm** 04 und jetzt zunehmend steiler werdend zur **Falzalm** 05. Über teilweise freie Hänge schlängelt sich der gut angelegte Steig deutlich steiler zum schon seit längerer Zeit sichtbaren **Watzmannhaus** 06 hoch. Das auf dem Falzköpfl platzierte

Alpenvereinshaus ist ein äußerst aussichtsreicher Logenplatz.
Abstieg: Wer nicht übernachten und auch nicht den gleichen Weg zurückgehen will, hat ab der Falzalm eine landschaftlich sehr attraktive, aber etwas längere und mehr Zeit beanspruchende Alternative: Über den anfangs felsigen und steilen **Falzsteig** (Nr. 442) – einige Drahtseilsicherungen sind im ersten Teil des Steigs angebracht –, erreichen wir zum Schluss gemütlich querend in gut 1 Std. die bestens bewirtschaftete Kührointhütte. Wenige Meter vor den Almgebäuden zweigt ein markierter Pfad links ab, quert zuerst den Fahrweg, der zur Kührointhütte führt, und verläuft dann auf diesem gemächlich abwärts führend zur herrlich gelegenen Schapbachalm. Dort folgen wir der nun sehr bequemen, teils etwas langweiligen Fahrstraße, halten uns dann aber links (in Richtung Ramsau ausgeschildert) und gelangen so wieder zur **Wimbachbrücke** 01 und zum Ausgangspunkt zurück.

KÄRLINGERHAUS • 1631 m

Aufstieg über den abwechslungsreichen Sagerecksteig

15,5 km | 7:00 h | 1232 hm | 1232 hm | 14

START | Königssee (Parkplatz), mit dem Schiff zur Anlegestelle „Salet" (604 m) [GPS: UTM Zone 33 x: 348.900 m y: 5.272.800 m]
CHARAKTER | Stellenweise steiler und schattiger Waldsteig mit Holz- und Felsstufen (Drahtseilsicherungen); bei Nässe nicht zu empfehlen

Tiefblick vom Sagerecksteig auf Salet (links) und den Obersee (rechts).

Nach der etwa 45-minütigen Bootsfahrt beginnt unsere Tour ganz gemächlich bei der Station **Salet** 01, wo wir uns auf dem mit Nr. 424 markierten Weg rechts um das See-Ende herum in Richtung Saletalm halten. Hinter dieser Einkehrstätte führt der Weg über Wiesen zuerst leicht ansteigend in den Wald hinein. Bald verengt sich der Weg und steile Kehren bringen uns rasch höher.
Die gut angelegten Serpentinen sind bei feuchten Verhältnissen etwas unangenehm, da sehr steil und stellenweise felsig. Andererseits bietet der schattige Anstieg an heißen Tagen auch Vorteile. An besonders steilen Felsstufen sind Drahtseilversicherungen angebracht. Holztreppen und in den Fels gehauene Stufen erleichtern das Hochersteigen beträchtlich.
Nach einer letzten Steilstufe und etwa 2 Std. erreicht man die **Hochfläche** 02. Leicht abwärts und das ehemalige Almgelände querend, dann steigen wir wieder leicht an und treffen auf die Abzweigung zur Wasseralm (Nr. 416).
Wir halten uns rechts, steigen kurz hoch und anschließend fast eben dahin. Der Steig führt zwischen Felsen hindurch, an einer rechts herabreichenden Felswand entlang, bis man wiederum über Holzstufen ansteigend plötzlich den **Grünsee** 03 vor sich liegen sieht. Oberhalb des herrlich gelegenen Sees, der seinem Namen entsprechend in schönstem Grünton schimmert, erreicht man an seinem nördlichen Ende einen sehr schönen Aussichtspunkt, von dem aus in wenigen Minuten der See zu erreichen ist. Außerdem lohnt sich von hier auf

schmalem Pfad rechts hoch ein Abstecher zu einer riesigen Höhle, die in einem Halbkreis ansteigend nach oben in den Berg hineinführt und einige Meter weit gut zu begehen ist (das Bild ist aus der Höhle heraus gemacht).
Oberhalb des Sees auf dem markierten Weg weiter, zuerst relativ eben, dann über eine Steilstufe in Kehren hinauf. Bald darauf folgt die zweite, die sogenannte Himmelsleiter, die in steilen Serpentinen überwunden wird. Der weitere Weg führt leicht ansteigend, dann fallend um den Fuß des links liegenden Glunkerer herum und bringt uns zum Sattel, von wo wir unter uns den Funtensee und das **Kärlingerhaus** 04 sehen. **Abstieg** wie auf dem Anstiegsweg.

Eigenwilliger Grünsee-Blick.

Üppige Vegetation am Sagerecksteig.

HERRENCHIEMSEE

Auf der Herreninsel, der größten Chiemsee-Insel

7 km | 2:10 h | 31 hm | 31 hm | 10

START | Prien/Stock (519 m) am Chiemsee, Parkplatz der Chiemseeschifffahrt [GPS: UTM Zone 33 x: 344.015 m y: 5.274.244 m]
CHARAKTER | Leichter Spaziergang auf sehr guten Sandstraßen, immer wieder Ausblicke über den See; im Süden Steilküste; leider hört man mitunter den Lärm der Autobahn

„Ottos Ruh", ein Rastplatz, der einen sehr schönen Ausblick bietet.

Wir beginnen unseren Spaziergang auf der Herreninsel am Hauptsteg der **Anlegestelle 01**, wenden uns nach links und haben gleich einen sehr schönen Blick auf die Fraueninsel, eingerahmt von Laubbäumen. Rechts über uns steht das alte Schloss mit seinen Gartenanlagen. Bald kommen wir in den Waldbereich der Insel; eine breite, sehr gute Sandstraße.
Nach kurzer Zeit passieren wir die Allee der historischen Schlossauffahrt. Bäume überdachen unseren Wanderweg, wir gehen wie in einem Tunnel. Sein Ende kündigt sich an durch die spiegelnde, glitzernde Seeoberfläche

vor uns. Wir erreichen **„Pauls Ruh"** 02 und damit einen Logenplatz für einen Blick auf die Chiemgauer Berge.

Der Rundweg biegt hier nach Westen ab und führt stetig bergauf. Schließlich wandern wir an einer Steilküste entlang. Am Ostende der Insel angekommen, betreten wir **„Ottos Ruh"** 03. Der Platz befindet sich hoch über dem Seespiegel und bietet einen schönen Ausblick auf die Südwestseite des Sees.

Anschließend folgen wir dem Weg ins Innere der Insel. Es geht etwas bergab und bald fällt uns zu unserer Rechten ein Wall auf. Auf einem Pfosten wird er als keltische **Ringwallanlage** 04 bezeichnet. Ein kurzes Stück noch durch den Wald und dann bemerken wir eine Allee. Wir haben jetzt die Anlagen des Schlossparks erreicht.

Es besteht die Möglichkeit, entlang des großen Kanals in Richtung See zu schlendern oder zum **Schloss Herrenchiemsee** 05 und dort im Café einzukehren. Setzen wir unseren Weg fort, wandern wir durch landwirtschaftlich genutztes Gelände auf das **Alte Schloss** 06 zu und schließen damit unsere Runde ab.

Wer wohnt im Königsschloss?

Im Dachstuhl des „neuen" Schlosses haben sich 15 verschiedene Arten von Fledermäusen angesiedelt. Ausführliche Informationen dazu liefert eine interessante Ausstellung. Die Fledermäuse können sogar beobachtet werden, da die installierten Kameras Bilder der Tiere liefern.

ROTTAUER MOOS

Den Kelten auf der Spur

5 km | 1:30 h | 3 hm | 3 hm | 10

START | Torfbahnhof Rottau (527 m) im Süden des Chiemsees, Parkplatz [GPS: UTM Zone 33 x: 344.015 m y: 5.274.244 m]
CHARAKTER | Spaziergang auf ebenen Kieswegen und weichen, moorigen Pfaden

Adlerblick von der Kampenwand zum See und Moor.

Wir parken am **Torfbahnhof Rottau** 01 und starten in Richtung Bernau. Der Weg führt am Bahndamm entlang. Wir überqueren ein paar Entwässerungskanäle, bis wir an einen kleinen Bach kommen. Für die Pferde führt eine Furt hinüber ans andere Ufer, für die Menschen eine **Holzbrücke** 02. Unmittelbar vor der Brücke biegen wir aber nach links in den Wald ein. Unser Pfad verläuft immer an dem oft munter plätschernden Bach entlang. Beim Gehen auf unserem Pfad spüren wir nun auch, dass wir uns auf Moorboden bewegen.

Jeder Schritt schwingt nach und oft entsteht ein leichtes Schmatzen auf dem stellenweise recht feuchten Boden. Viele feuchte, rutschige Wurzeln durchziehen unseren Weg; daher ist gutes Schuhwerk und etwas Vorsicht beim Wandern angeraten. Im Verlauf dieses Weges wurden die Reste eines Bohlenwegs aus keltischer Zeit entdeckt. Die Bohlen kann man im **Moor- und Torfmuseum** bestaunen. Man vermutet, dass dieser Weg von Bernau bis hierher führte und den Zugang zu einem keltischen **Kultplatz** ermöglichte. Wir setzen unseren Weg fort und bald kommen wir an eine Wiese, auf der sich eine **Kneippanlage** 03 befindet. Der Pfad biegt hier nach links ab. Innerhalb des Waldrandes wandern wir nun nach Osten. Zwischen den Zweigen taucht immer wieder der Ort Rottau auf.

Schließlich erreichen wir das Ende des Waldes und gehen zwischen einem Fußballplatz und einem Tennisplatz bis zu der kleinen Straße, die von Rottau zum Torfbahnhof führt. Ihr folgen wir ein Stück nach links, bis ein Wegweiser auf den Fußweg zum Torfbahnhof hinweist. Wir folgen ihm und bald kommen wir an ein mit Bohlen befestigtes Wegstück. So könnten die Wege früher auch ausgesehen haben. Dort wo unser Weg nach links abzweigt, führt ein Pfad geradeaus weiter. Mit seiner Hilfe erreichen wir einige **Moorseen** 04. Still und dunkel liegen sie vor uns und vermitteln eine geheimnisvolle Stimmung. Wir kehren um und gehen zurück zu dem Weg, den wir vorher verlassen haben; dann wandern wir zum **Torfbahnhof Rottau** 01 zurück.

Im Moor.

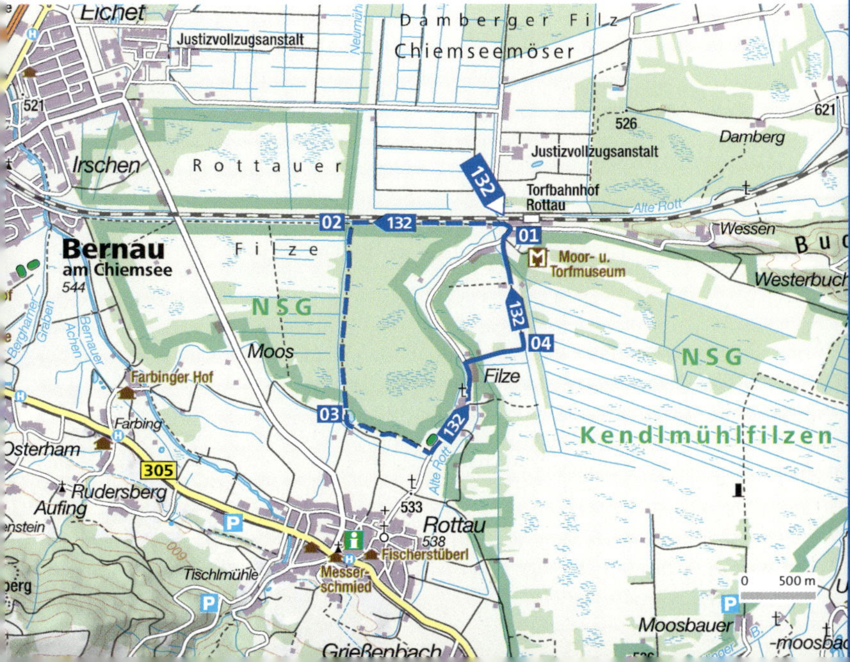

BURG – ST. COLOMAN – TENGLING

Historischer Weg mit Badesee und Alpenpanorama

8 km | 2:30 h | 85 hm | 85 hm | 16

START | Burg (500 m), Parkplatz vor der Kirche St. Mariae Himmelfahrt [GPS: UTM Zone 33 x: 329.500 m y: 5.317.700 m]
CHARAKTER | Leichte Wanderung ohne nennenswerte Anstiege, Naturpfade, Rad- und Landwirtschaftswege und asphaltierte Nebensträßchen

Die aussichtsreich gelegene St. Colomankirche.

Abseits vom Baderummel am Waginger See bietet das Nordende des Tachinger Sees einen grandiosen Mix aus historischen Sehenswürdigkeiten, herrlicher Landschaft und einem erfrischenden Bad im wärmsten See Bayerns.

Vom Parkplatz vor der Kirche **St. Mariae Himmelfahrt in Burg** 01 wandern wir dem Schild „Historischer Weg" folgend links in den Wald und biegen dann rechts auf einen schmalen Hangpfad ab. Der schattige Weg führt bergab, über einen kleinen Steg und durch verwachsenes Gelände wieder leicht bergauf. Wenn wir den Wald verlassen, wird es flach, wir passieren **Steineck** 02 und nach rechts öffnet sich ein erster herrlicher Blick hinab zum Tachinger See.
Ein schöner Höhenweg liegt vor uns, mit weiten Aussichten über den See zu den Alpengipfeln am Horizont. Vorbei an der Zenzkapelle und einem schönen Fachwerkhof in **Wimpasing** 03 biegen wir bald nach rechts ab und wandern sehr aussichtsreich direkt auf die fernen Berge und dem unter uns liegenden See zu. Vor den ersten Häusern biegen wir links ab und gehen die Graf-Toerring-Straße hinab, überqueren die Vorfahrtsstraße in **Tengling** 04, halten uns links und marschieren dann rechts haltend der Markierung folgend aus dem Ort hinaus. Der Weg schlängelt sich zwischen weiten Wiesenfeldern hindurch, immer wieder lugt der See hervor und bald hat man die **St. Colomankirche** 05 im Blick.
Die aussichtsreich gelegene Kirche ist ein schöner Rast- und ein wunderbarer Aussichtsplatz. Unten an der Vorfahrtsstraße bieten sich ein Abstecher zum **Strandbad** 06 und die Einkehr im Biergarten direkt am Wasser an. Zurück zur Straße folgen wir dem Rad-/Fußweg nach Tengling,

vorbei an der Stockhammerkapelle, der imposanten **Furthmühle** 07 und einer Kneippanlage, die einen herrlichen Aussichtspunkt mit Orientierungstafel aufzuweisen hat.

Wir wandern am Bach entlang durch den Ort zur Kirche hoch, durchqueren den Friedhof und können uns im Biergarten **„Pizzeria Primavera“** 08 stärken, bevor wir in die Turmgasse einbiegen und am Pfarrhof, dem **Amtmannhaus** – dem ältesten Gebäude des Ortes (15. Jh.) – und dem Schulhaus vorbei nach einem Rechtsschlenker links in die Igelsbachstraße einbiegen.

Die Kirche St. Mariae im Blick wandern wir an blumengeschmückten Häusern vorbei, halten uns rechts und steigen die erste Abzweigung hoch zur Kirche **St. Mariae Himmelfahrt** in **Burg** 01 zurück.

Die mächtige Kirche St. Mariae Himmelfahrt in Burg.

Das Amtmannhaus ist das älteste Haus in Tengling.

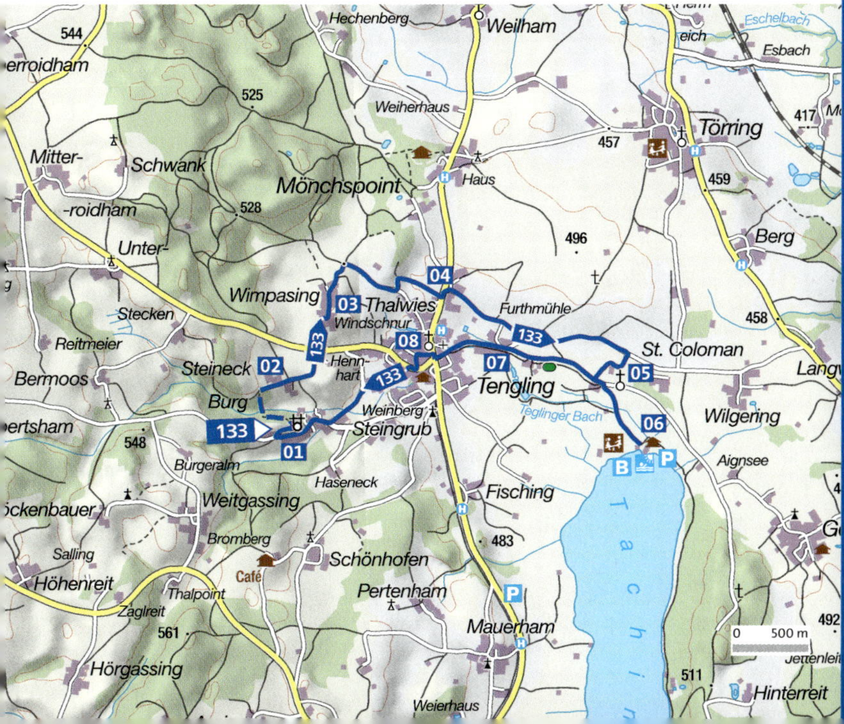

HOCHRIES • 1568 m

Leichte Abstiegswanderung als Einsteigertour

5 km | 2:00 h | 0 hm | 854 hm | 10

START | Samerberg, OT Grainbach, Bergstation Hochriesbahn (1568 m) [GPS: UTM Zone 33 x: 292.900 m y: 5.294.440 m]
CHARAKTER | Reine Abstiegswanderung auf markierten Wiesen- und Bergpfaden, teilweise etwas steiler; zwischen Hochries und Karkopf felsiger, aber gut begehbarer Steig

Hochrieshaus.

Als Seilbahn-Gipfel ist die Hochries auch bei Drachenfliegern sehr beliebt. Man kann direkt am Gipfel zusehen, wie sich die Flieger über die hölzerne Abflugschräge in die Luft hinausstürzen.

Es sind nur wenige Meter Aufstieg von der **Bergstation** 01 der Hochriesbahn zum ganzjährig bewirtschafteten und vor allem an schönen Tagen auch sehr gut besuchten Gipfelhaus und dem unweit entfernten Gipfelkreuz der Hochries, von wo wir den unschwierigen Abstieg beginnen.
Er verläuft zuerst in Richtung Westen über den felsigen Bergsteig, der den Hochriesgipfel mit dem Karkopf verbindet. Wir folgen dem Grat bis etwa die Hälfte der Wegstrecke zum Karkopf zurückgelegt ist und verlassen dann an bezeichneter Stelle den Grat nach rechts und steigen in die Einsattelung zwischen Hochries und Karkopf ab. Über die großflächigen Hänge weiter hinab zur **Seitenalm** 02. In kurzen und recht steilen Kehren geht es nun über den grasigen Bergrücken hinab zur Wimmeralm und in weiteren, stets abwärts führenden Serpentinen gelangt man zur tiefer liegenden Moseralm mit dem Gh. **Moserboden** 03. Hier verlässt man den Wiesenpfad und wandert recht gemütlich auf der Fahrstraße weiter hinab, vorbei an der **Mittelstation** 04, wo der Sessellift endet und die Kabinenbahn beginnt. Der mit Nr. 11 markierte Wanderweg verlässt kurz die Fahrstraße, verläuft rechts vom Sessellift nach unten und trifft dann wieder auf den Asphalt.
In wenigen Kehren erreichen wir schließlich die **Talstation** 05 und den Ausgangspunkt.

Hetzenbichl
Schaurain
Osterkam
Höhenmoos
Haslach
597
Riedlach
Laiming
Ginn
Stötten
Wessen
Ober-
Unter-
-acherting
Röcka
Guggenbichl
Sonnenleiten
Eichwiese
Unterapfelkam
Sisi-Straße
Achenmühle
Hofmühle
Eßbaum
Deutsche Alpenstraße
Walkerting
Sandgrub
104 Achenmühle
Wolfspoint
Loch
Holling
Daxa
Thal
Entbuch
Ziehen
Ranhart-
Ober-
Unter-
-haustätt
623
Ruckerting
Irlach
Buch
Speckbach
stetten
Oed a. Rain
Graben
Leitner am Berg
Taffenreuth
598
Entgrub
Unter-
Gasbichl
Bichl
Stätt
Fading
Staben
wildenried
Ried
Mitterbichl
Altmühl
Vordergrub
Ober-
Stadl
Anger
Eiding
Egernbach
Unter-
Lues
Bichl
Witzenthal
Tauern
Bachgraben
-eck
Wiedholz
Marchwies
Ober-
Törwang
700
Wenk
Gde. Samerberg
Ried
Geisenkam
Lochen
Weickersing
956
Grainbach
Hartbichl
Marchwiealm
Lochenalm
Schwarzen
1136
05
134
Grainbacher
Fluderbach
Nudlbichl
738
Sonnbach
Tiefbrunnen
Au
Rieder
925
Kräuterwiesenalm
Moosen
Pallaufalm
Kohlgrub
Glasenalm
Schwarzer See
Haberbach
Riesenberg
Mitterhof
04
Oberwagneralm
Stampfl
706
Käseralm
Heißnalm
Hilgen
Weyereralm
1449
Achenthal
Ebenwaldalm
1007
Hochriesbahn (nur Sommer)
Riesenhütte (derzeit ges
1346
Linden
Schöffau
03
Schwein-steig
Oberschöffau
Moseralm
Ebersberger-alm 1157
Riesenalm
1377
Spielberghöhle
Spielberg
1440
Unter-stuff
Wimmeralm
Holzerhütte
1283
Leger
Sägmühl
Hochries
Lambrechtalm
1568
01
Grozachhtt.
Seitenalm
Hochrieshütte 1568
Bergwachthtt.
Ried im Winkl
Ober-stuff
Weißenbach
Doagl-alm 980
02
Oberwiesenalm
1400
1494
Schweibern
Spatenaualm
Predigtstuh
Duftbräu
Duft
Alfred Drexel-Haus
Baumga
Sachrinnstein
1246
1496 Karkopf
Karalm 1348
1554
Klausenberg
Hohenriedalm
Bölcheralm
1088
Unterwiesenalm
1508
Klausenhütte
Bruchfeld
Steineck 1137
1514
Feichteck
1565
Zinnenberg
Schoßrin
Feichteckalm 1310
1032
Gammern-
982
Stiegelalm 944
Auerwand
Lahnalm
Klausner Wald
Jhtt. 1350
Feichtenalm
1472
Gammern Diensthtt.
wald
Wagneralm 1050
1200
Wirtsalm 1147
Schweigereralm
1008
Unterwieser Wald
1107
Schwarzrieshütte 970
923
Enzenau
Käsalm 1015
Asten
1052
Schwarzriesalm
Brandelberg 1516
Säureben Diensthtt. 966
982
0 500 m
918
Kohlstatter Bach
Fürst
Rabenegg
Brandelbergalm
1225

SPITZSTEIN • 1598 m

Stille Rundtour auf den Prientaler Aussichtsberg

9,5 km 5:00 h 1129 hm 1129 hm 10

START | Innerwald im Sachranger Tal, Wanderparkplatz direkt neben der Bundesstraße oder ca. 250 m oberhalb, Infotafel mit Übersichtskarte (720 m) [GPS: UTM Zone 33 x: 296.050 m y: 5.287.780 m]
CHARAKTER | Gute Wald- und Bergpfade, manchmal mit kehrenreichen und steileren Abschnitten

Spitzsteinhaus.

Wenige Minuten nach dem etwas oberhalb der Straße gelegenen **Wanderparkplatz** 01 halten wir uns bei der Wegverzweigung rechts und folgen der Mark. 8 in Richtung Brandelberg–Spitzstein.
Der schön angelegte breite Kiesweg führt fast gleichmäßig steil bergan, bis wir bei einem Gatter den schattigen Wald verlassen und nach rund 1:15 Std. freie Wiesenflächen erreichen. Ein paar Minuten später können wir auch schon bei der **Brandelbergalm** 02 rasten.
Erst auf Höhe der Alm öffnet sich der Blick ins Priental und zum Spitzsteingipfel. Der Weiterweg verläuft nun in sehr engen und steilen Kehren – Pfadspuren sind oft nur schwer auszumachen – hinauf zum Sattel zwischen Brandelberg und Spitzstein. Hier treffen wir auf den Weg Nr. 10, der vom Klausenberg herüberführt. Wir halten uns jetzt links und steigen über den felsigen Grat in leichtem Auf und Ab weiter Richtung Südosten, passieren zwei enge Felsstellen und gelangen zu einer weiteren Verzweigung.
(Das Warnschild „Lebensgefahr“ am rechts abzweigenden Weg sollte ernst genommen werden!)
Unser Weiterweg verläuft nach links hinab, in südlicher Richtung auf die steil abfallenden Felsen unterhalb des Spitzsteins zu. Entlang der Felswände – an denen etliche Kletterrouten eingebohrt sind – stoßen wir bald zur **Aueralm** 03. Von dort queren wir in wenigen Minuten zum **Spitzsteinhaus** 04 hinüber, wo der problemlose Südanstieg auf den **Spitzstein** 05 angegangen werden kann.
Der **Abstieg** führt zurück bis vor das Spitzsteinhaus, dann nach links zur Aueralm und unmittelbar bei der Aueralm halten wir uns rechts und folgen dem bezeichneten Weg nach Innerwald zurück zum Ausgangspunkt.

Brandelbergalm.

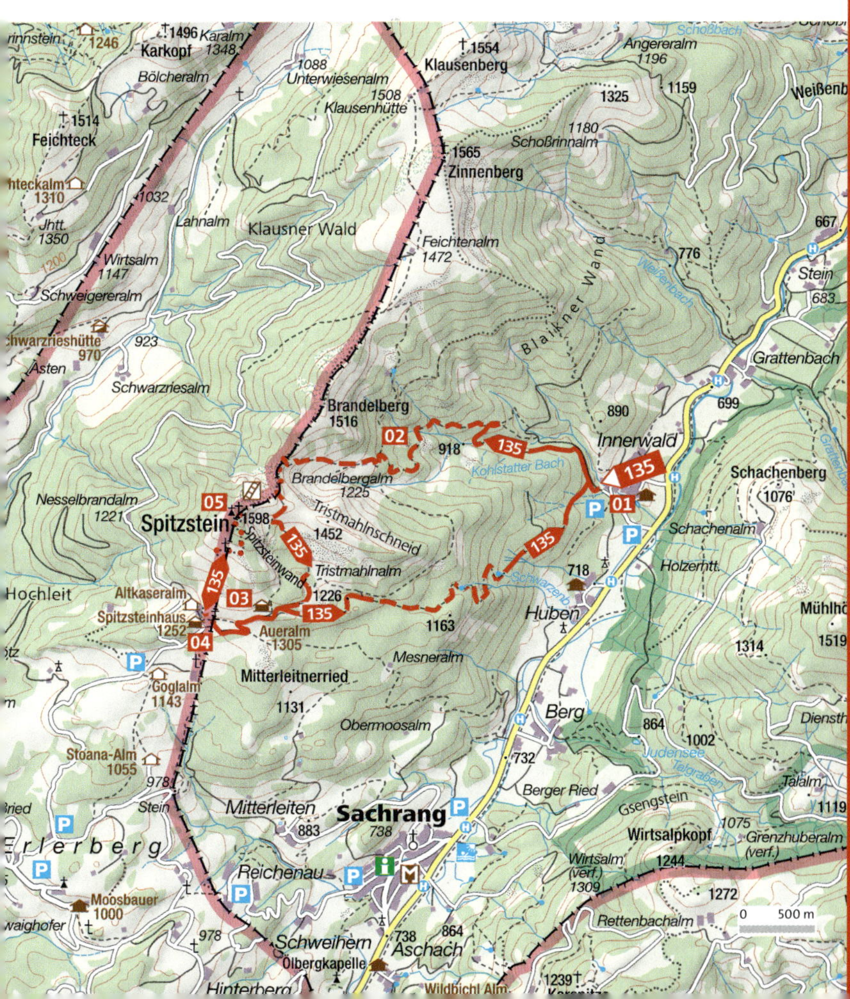

GEIGELSTEIN • 1813 m
BREITENSTEIN • 1661 m

Aussichtsreiche Zwei-Gipfel-Tour

11,75 km | 6:30 h | 1314 hm | 1314 hm | 10

START | Ettenhausen, Talstation der Geigelsteinbahn (640 m)
[GPS: UTM Zone 33 x: 303.360 m y: 5.286.710 m]
CHARAKTER | Übergang Geigelstein–Breitenstein ist steil, geröllig und verlangt an einigen felsigen Stellen die Zuhilfenahme der Hände; sonst gute Wege und Steige

Blick zur Wirtsalm und zum Anstiegsweg von der Wuhrsteinalm.

Der eineinhalbstündige Fußmarsch von der **Talstation** 01 bis zur Bergstation ist notwendig geworden, seit die Geigelsteinbahn ihren Betrieb eingestellt hat. Vorbei am **Gh. Breitenstein** 02 passieren wir kurz darauf die Bergstation und erreichen nach wenigen Minuten den Gasthof **Wuhrsteinalm** 03 und steigen relativ gemütlich auf einem breitem Almweg zur **Wirtsalm** 04 hinauf.
Hier endet der Fahrweg und der Weiterweg verzweigt sich. Wir halten uns rechts und steigen auf dem viel begangenen und gut markierten Steig steiler werdend zum Sattel zwischen Breitenstein und Geigelstein hinauf. Im Hochsommer eine durstmachende Angelegenheit, da der Anstieg stark der Sonne ausgesetzt ist. Vom Kamm weg, der schon einen ersten Tiefblick zur Priener Hütte hinab erlaubt, geht es rechts weiter und ziemlich steil hoch. Durch niederen Latschenbewuchs gelangen wir – stets dem Kamm folgend – zum Gipfel des **Geigelstein** 05, wo uns neben

der fantastischen Aussicht ein hölzernes Kreuz und eine kleine Kapelle erwarten. Man kann nun auf demselben Weg zurückgehen und bei der Wirtsalm den ausgeschilderten Anstieg zum Breitenstein wählen. Spannender ist der direkte Übergang zum Breitenstein, der zuerst recht steil in Serpentinen über Geröll nach unten zu einem Sattel führt und den Weg von der Wirtsalm kreuzt. Über ein paar Holzstufen hinunter und auf der anderen Seite des Sattels zu einem kleinen Zwischengipfel empor (kurze felsige Stellen). Dann wieder steil bergab zur Verzweigung des Weges in Richtung Priener Hütte (Schild nach rechts). Ein wiederum teilweise felsiger, stellenweise durch Wald und Latschengehölz führender Steig bringt uns dann zum großen Gipfelkreuz des **Breitenstein 06**.

Wir verlassen den freien Gipfelbereich über den nach Süden abfallenden Latschenrücken in einen grasigen Sattel hinab, schwenken nach links und folgen dem Schild „Seilbahn/Wuhrsteinalm“. Unterhalb der Wände des Breitensteins kehren wir, zuletzt auf einem markierten Naturlehrpfad, zur Wuhrsteinalm zurück und wandern an der Bergstation vorbei auf dem Fahrweg weiter abwärts zum Ausgangspunkt zurück.

Geigelsteinbahn

2013 wurde der Betrieb der Geigelsteinbahn eingestellt. Ob sich das in Zukunft wieder ändert, erfahren Sie unter info@geigelsteinbahn.com

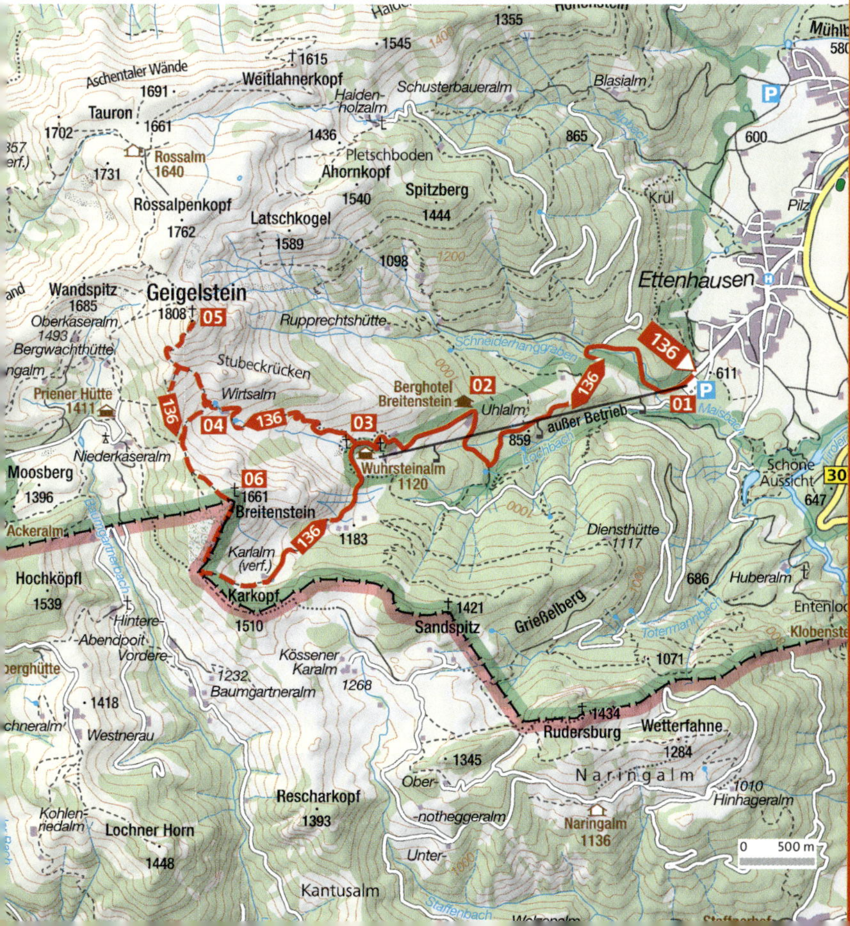

KAMPENWAND • 1669 m

Die bequeme Variante auf den Chiemgauer Hausberg

6,5 km | 3:45 h | 209 hm | 1049 hm | 10

START | Hohenaschau, Kampenwand-Seilbahn, Bergstation (1460 m)
[GPS UTM Zone 33 x: 299.600 m y: 5.293.700 m]
CHARAKTER | Der Gipfelanstieg auf die Kampenwand ist kurz, aber steil und felsig und anspruchsvoll, ansonsten schöne Wander- und Fahrwege

Nahe der Bergstation lädt die Sonnenalm zur Einkehr ein.

Sicherlich der auffälligste Berggipfel der Chiemgauer Alpen ist der gezackte Felskamm der Kampenwand, der von fast allen Seiten als leicht erkennbarer Orientierungspunkt bei der Gipfelbestimmung dient.

▶ Von der **Bergstation** 01 der Kampenwandbahn halten wir uns nach Norden und folgen den Markierungen zur Steinlingalm. Auf einem gut angelegten Wanderweg schlendern wir gemütlich den aussichtsreichen Weg hinüber. Vorbei am Turm des Staffelsteins zur Linken und der zackigen Kampenwandspitzen zur Rechten geht es ohne Schwierigkeiten fast eben zur aussichtsreichen und vielbesuchten **Steinlingalm** 02.

Nach einem kehrenreichen steilen Anstieg gelangt man zu den Felsen und folgt den Markierungen durch die sog. Kaisersäle, eine beeindruckende Felslandschaft. Über eine drahtseilgesicherte Passage und zuletzt über eine Eisenbrücke gelangt man schließlich zum riesigen Gipfelkreuz der **Kampenwand** 03. Der Abstieg zur **Steinlingalm** 02 verläuft auf dem Anstiegsweg und dann weiter auf dem Fahrweg, in Richtung **Schlechtenberger Alm** 04 und **Gorialm** 05. Dann rechts über den Reitweg am Lifthäuschen vorbei und weiter auf dem Fahrweg in vielen Kehren durch Wald und über Wiesen nach unten. Pfadspuren zeigen uns Abkürzungsmöglichkeiten über die Skipisten an, so dass man auch bei gemütlichem Abwärtswandern in weniger als 2 Std. am Parkplatz bei der **Talstation** 06 eintrifft.

Das mächtige und weithin sichtbare Kampenwand-Gipfelkreuz.

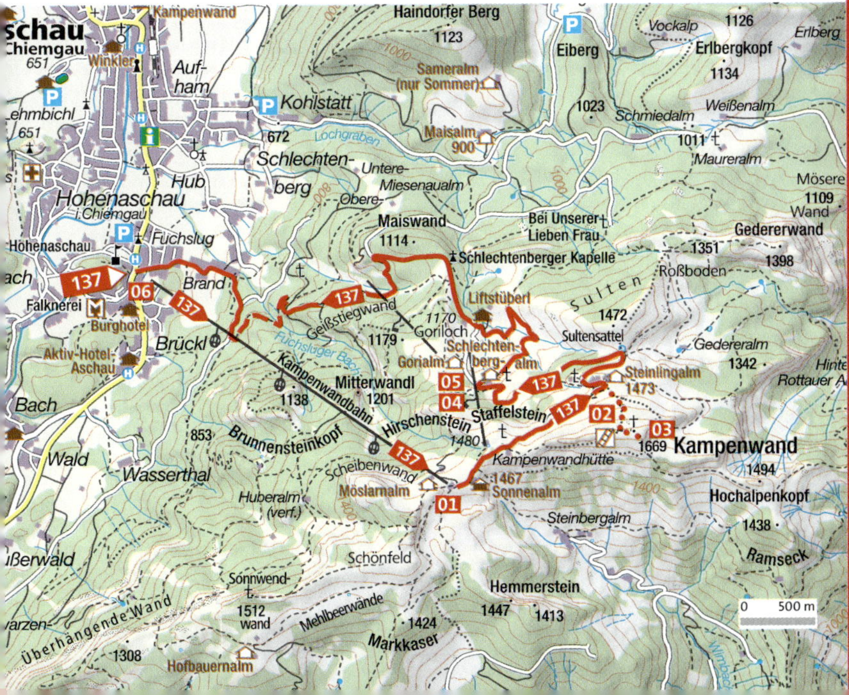

HOCHPLATTE • 1587 m

Auf dem Staffn-Rundwanderweg zur Hochplatte

12 km 6:00 h 1027 hm 1027 hm 10

START | Marquartstein, Hochplatten-Sesselbahn, Talstation (560 m)
[GPS: UTM Zone 33 x: 307.800 m y: 5.292.950 m]
CHARAKTER | Problemlose Wanderpfade bzw. breite Wirtschaftswege, nur beim Gipfelanstieg zur Hochplatte etwas steiler

Hochplattenbahn, Talstation.

Die Nordseite der Hochplatte zeigt einen sanften Rücken; über ihn verläuft auch der einfache Gipfelweg. Der Staffn-Rundwanderweg lässt sich hervorragend mit dem unschwierigen Anstieg auf den Hochplattengipfel verbinden. Nutzt man außerdem die Sesselbahn, kann man sich noch zusätzlich Auf- oder Abstiegszeit sparen.

▶ Vom Parkplatz der **Talstation** 01 der Hochplattenbahn auf schattigem Fahrweg (Mark. 48) in gut einer Stunde zur Bergstation und zum Gasthaus **Staffnalm** 02. Bei der Alm wieder links hinab zum **Staffn-Rundweg** (48). Bei der Verzweigung Hochplatte/Rundweg halten wir uns rechts und folgen noch ein Stück dem Rundweg, bis links ein Schild zur Hochplatte und zur Piesenhauser Hochalm weist.
Wir steigen auf jetzt schmalem und steilerem Pfad bergan, vorerst schattig im Wald, erreichen einen grasigen Sattel, bleiben auf dem Pfad, der uns links hoch und dann am Kamm entlang Richtung Kampenwand, die wir vor uns sehen, führt. Nachdem der Pfad aus dem Wald hinausleitet, gelangen wir zur Verzweigung Kampenwand/Hochplatte, in der Nähe des Grassauer Hauses (Sichtkontakt zur Piesenhauser Hochalm).
Wir halten uns scharf links und steigen Richtung Hochplatte an – wunderschöne Ausblicke zum Chiemsee. Bei einem Sattel wenden wir uns nach rechts und über niederen Latschenwuchs gelangen wir in einer halben Stunde teilweise recht steil zum Gipfel der **Hochplatte** 03.
Zum Sattel zurück und dann auf dem Fahrweg in Serpentinen hinab, an der **Hochplattenalm** 04 vorbei und zurück zur **Staffnalm** 02. Beim Abstieg können wir uns ein paar Abkürzungen (nach einem Marterl rechts des Abstiegsweges) zunutze machen.

Vor uns liegt die Staffn-Alm.

HOCHGERN • 1744 m

Gipfeltour mit Abstecher zur Schnappenkirche

11,25 km | 6:00 h | 1249 hm | 1249 hm | 10

START | Staudach, Wanderparkplatz (580 m)
[GPS: UTM Zone 33 x: 311.600 m y: 5.294.370 m]
CHARAKTER | Der erste Teil zur Schnappenkirche ist steil, ebenso der Anstieg nach der Staudacher Alm zum Hochgernsattel, sonst angenehme Wirtschafswege und gute Wanderpfade

Der wunderbare Schlussanstieg auf den Hochgern.

Der Hochgern ist ein berühmter Aussichtsberg und bietet dem Wanderer von allen Seiten gute, aber doch sehr unterschiedliche Zugangsmöglichkeiten. Den Aufstieg von Norden über die Schnappenkirche halte ich für einen der schönsten und auch abwechslungsreichsten Anstiege in den Chiemgauer Bergen. Ein klassisch angelegter Bergpfad am Anfang, ein wunderschöner Chiemseeblick an der Schnappenkirche, ein sehr bequemer Waldweg zur Staudacher Alm, ein kurzer schweißtreibender Steilanstieg auf den Hochgernsattel und dann der aussichtsreiche Gipfel mit Miniaturkapelle und Gipfelkreuz (und nicht zuletzt ist das Hochgernhaus nur ca. 30 Min. entfernt) – mehr kann man von einer Bergwanderung kaum verlangen.

▶ Bereits am **Wanderparkplatz** 01 ist der Weg gut ausgeschildert. Zuerst bleiben wir auf dem Fahrweg, passieren links das Staudachdenkmal und zweigen bei der nächsten Wegteilung nach rechts, Richtung Schnappenkirche, ab. Wir folgen stets der Ausschilderung und bald beginnt ein hervorragend angelegter Steig, der uns steil, aber schattig zur **Schnappenkirche** 02 hochbringt.

Oberhalb der Kirche weist uns ein Schild den Weiterweg Richtung Hochgern und Staudacher Alm. Zuerst wenig ansteigend, dann einem langen, leicht fallenden und bequemen Waldweg folgend, stoßen wir auf den Fahrweg zur **Staudacher Alm** 03, den wir nach rechts aufnehmen. Wenige Minuten später stehen wir vor dem bewirtschafteten Almgebäude. Über das flache Almgelände wandern wir in östlicher Richtung zum Talschluss, wo wir unterhalb der vor uns aufragenden Felsen den Steilabsatz erreichen, über den in engen Kehren der weitere Anstieg verläuft.

Im Hochsommer wird hier mancher Schweißtropfen vergossen, nach Regenfällen kann diese Passage schmierig und unangenehm sein.

Der Steilaufstieg endet in einem Sattel, der wiederum einen herrlichen Ausblick zum Chiemsee vermittelt. Wir folgen weiter der Beschilderung nach links (rechts geht der Weg zum Hochgernhaus ab). Über den Rücken des Hochgern auf gut sichtbaren weiten Kehren ansteigend erreicht man etwa 30 Min. später den **Hochgerngipfel** 04 mit der kleinen Gipfelkapelle.

Beim **Abstieg** nehmen wir von der **Staudacher Alm** entweder den Fahrweg oder zunächst den Abkürzungsweg mit der Mark. ST4. Dann folgen wir dem Fahrweg bis zur Wegteilung nach einer Brücke (bei der Stempelstelle Brixental). Wir halten uns links und gelangen über einen herrlichen und schattigen Wanderweg mit Wasserfallstellen und Brücken entlang des Baches zu einer weiteren Wegteilung. Das Schild „Staudach-Parkplatz“ bringt uns wieder auf den Anstiegsweg, und am Staudachdenkmal vorbei erreichen wir kurz darauf wieder den Parkplatz.

Am Hochgerngipfelkreuz.

FALKENSTEIN-UMRUNDUNG

Bequemer Seen-Spaziergang

6,5 km | 2:15 h | 62 hm | 62 hm | 14

START | Weißbach, Gasthof Zwing, Parkplatz (740 m)
[GPS: UTM Zone 33 x: 331.480 m y: 5.289.970 m]
CHARAKTER | Fast ebener, breiter und gut markierter Rundwanderweg, der auch kinderwagentauglich ist

Am Falkensee.

Vor dem Gasthof **Zwing** 01 orientieren wir uns auf der großen Wandertafel nochmals über unsere Tour, überqueren dann die Alpenstraße und halten uns am Waldrand nach rechts.
Wir passieren die nach rechts führende Abzweigung zum Gletschergarten und folgen dem gut markierten und fast ebenen Weg (Nr. 11) uns stets links haltend und umrunden so den frei aufragenden Falkenstein. Rechts begleiten uns die hoch aufragenden Felswände der westlichsten Ausläufer der Staufengruppe.
Der Rundweg führt durch schattigen Nadelwald zum reizvollen **Falkensee** 02 und wenige Minuten später zur Abzweigung (Reiter-Verbotsschild links) zum etwas abseits gelegenen vermoorten **Krottensee,** der über einen wurzeligen Pfad erreichbar ist.
Wieder zurück auf dem Hauptweg Nr. 11 schwenken wir nach links und wandern auf die östlichen Häuser von Inzell, beim Ortsteil **Kreuzfeld** 03, zu.
Wir folgen kurz der Fahrstraße und halten uns dann wiederum links in Richtung Wald und Eisstadion. An der bekannten und ihrer wuchtigen Größe wegen nicht zu übersehenden Inzeller Winterwettkampfstätte und dem **Zwingsee** 04 (Bad) vorbei stoßen wir leicht ansteigend auf den ausgeschilderten breiten Soleleitungsweg, der uns parallel zur Alpenstraße zum Gasthof Zwing und zum Ausgangspunkt zurückbringt.

Gletschergarten

Den Besuch des gut 1 km entfernten Gletschergartens können wir am Anfang oder am Ende der Tour einplanen. Hier sind nicht nur eiszeitliche Gletscherspuren, sondern auch die Leistungen früher Technik zu bewundern, denn stolz beschreibt die Infotafel die hier bis 1958 in Betrieb gehaltene Soleleitung als „Erste Pipeline der Welt". Für den Abstecher benötigen wir hin und zurück ca. 1 Std.

Gletscherschliffe sind Relikte aus der letzten Eiszeit.

TAUBENBERG • 896 m

Ein erster Blick auf die Voralpen

8 km | 2:30 h | 200 hm ↗ | 200 hm ↘ | 8

START | Oberwarngau (726 m), Parkplatz beim Kindergarten [GPS: UTM Zone 32 x: 703.950 m y: 5.301.140 m]
CHARAKTER | Überwiegend schattige Wanderung, wenig anstrengend, Wegabschnitt vom Taubenberghaus zur Kapelle Nüchternbrunn oft feucht; alle Wege bestens ausgeschildert

Der Aussichtsturm auf dem Taubenberg.

Der waldige Buckel des Taubenbergs, der sich hinter Holzkirchen vor den ersten „richtigen" Alpengipfeln erhebt, ist ein beliebtes Ausflugsziel. Im Gasthof Taubenberg treffen sich Wanderer, Biker und Ausflügler, genießen alle (neben der Brotzeit) das bemerkenswerte Alpenpanorama. Das reicht immerhin von der Zugspitze bis tief in die Chiemgauer Alpen. Besonders schön präsentieren sich die Tegernseer und Schlierseer Berge; Blickfang im Südosten ist der Wendelstein mit seinem Stachel.

▶ Vom **Parkplatz** **01** (730 m) kurz zurück Richtung Ortsmitte, dann links (Wegweiser) durch die Linden- und die Austraße sanft steigend am Dorfbach entlang. Bei einer Wasserfassung, an der man links vorbeigeht, endet der Asphaltbelag.

Weiter im Wald bergan, nur kurz etwas steiler, zum Kulminationspunkt des **Taubenbergs** **02** (896 m). Nun flach auf einer breiten Forstpiste zu dem mächtigen Aussichtsturm. Der aus Tuffstein errichtete, 30 Meter hohe Bau stammt aus dem Jahr 1911; den Eingang schmückt eine Darstellung des Münchner Kindls.
Wenig weiter, bei der winzigen Kapelle St. Christoph, stößt man auf die Taubenbergstraße. Hier wird der Blick nach Süden auf die Voralpenketten frei. Auf der Sandstraße leicht bergab zum **Gasthaus Taubenberg** **03** (824 m). Hier scharf links und auf bequemem Weg, mehrere Gräben querend, durch die steilen Nordhänge zum kleinen Bauensemble des Wallfahrtsorts **Nüchternbrunn** **04** (802 m). Auf dem Kreuzweg über den Bergrücken und im Wald hinunter nach **Osterwarngau** **05** (715 m). Durch den Ort zur Hauptstraße, der man nur kurz bis zur Manhartkapelle folgt. Dahinter links und auf einem breiten Feldweg zurück zum **Parkplatz** **01** in Oberwarngau.

HIRSCHBERG • 1670 m

Ein Klassiker – das ganze Jahr über

13 km | 4:45 h | 920 hm | 920 hm | 8

START | Scharling (765 m), Dörfchen zwischen Rottach-Egern und Kreuth; Parkplatz an der nördlichen Hauptstraße
[GPS: UTM Zone 32 x: 706.260 m y: 5.282.860 m]
CHARAKTER | Beliebte Gipfeltour, Anstieg zur Hirschlacke auf Forststraße (im Winter Rodelstrecke). Großes Panorama vom Gipfel

Am Sommerweg zum Hirschberghaus: Blick zum Tegernsee.

Sein markantes Gipfeltrapez ist bereits während der Anreise aus der Münchner Gegend kaum zu übersehen, denn um immerhin fast einen Kilometer überragt der Hirschberg den Spiegel des Tegernsees. Das verspricht eine stimmungsvolle Aussicht mit Tiefblicken auf das neun Quadratkilometer große Gewässer. Vor dem Panorama stehen allerdings drei Wanderstunden im Aufwärtsgang.

Denn mit einer Seilbahn wie drüben am Wallberg kann der Hirschberg nicht aufwarten, dafür steht eine halbe Stunde unter dem Gipfel das bewirtschaftete Hirschberghaus. Da sollen allerdings schon öfters Gipfelanwärter nach der zweiten Halben hängen geblieben sein …

▶ Vom **Parkplatz** 01 (765 m) in Scharling zwischen den Häusern des Ortsteils Leiten hindurch und auf der Forststraße bei angenehmer Steigung bergan. Im Bereich der Holzpointalm (1121 m) kommt man kurz aus dem Wald heraus. Die Straße erreicht in mehreren ausholenden Schleifen an der **Hirschlacke** 02 (1335 m) die Kammhöhe; der alte Almweg (Hinweis) peilt den markanten Wegpunkt direkter, allerdings auch deutlich steiler an.

Wenig oberhalb der Hirschlacke (Materialseilbahn) gabelt sich der Weg; rechts leitet der Sommerweg direkt zum **Hirschberghaus** 03 (1511 m), während der Winterweg in zahlreichen kurzen Kehren über den verstrauchten nordseitigen Hang den kleinen Gipfel des Kratzers (1545 m) im Rücken der Berghütte anpeilt.

Man hat nun Sichtverbindung mit dem Gipfelziel; auch der letzte Abschnitt des Aufstiegs ist gut einzusehen. Er leitet in einem weiten Rechtsbogen – vorbei an der Einmündung des Kreuther Weges

– hinüber zum lang gestreckten Kammrücken des **Hirschbergs** 04 (1670 m) und über ihn zum großen Kreuz.
Zurück zur erwähnten Verzweigung, dann spitzwinklig rechts hinunter zur **Rauheckalm** 05 (1480 m) und auf einem Fahrweg über ein paar Serpentinen weiter bergab in den Gschwendgraben. An der Verzweigung unweit der Gründhütte (1195 m) links zum Holzablageplatz. Hier endet die Forstpiste; ein schmaler und steiler Weg zieht über die Skipistenschneise hinab ins Tal.
Bei den Häusern von **Point** 06 (769 m) links und auf dem Rauheckweg zurück zum **Parkplatz** 01.

Auf der Rauheckalm – Was für eine herrliche Sommerfrische!

ROSSSTEIN • 1698 m

Zwei Felszacken und ein gastliches Haus

13,25 km 5:15 h 870 hm 870 hm 8

START | Parkplatz (830 m) am Eingang ins Schwarzenbachtal, Anfahrt vom Tegernse über Kreuth und die Achenpassstraße
[GPS: UTM Zone 32 x 703.850 m: y: 5.277.950 m]
CHARAKTER | Abwechslungsreiche Runde mit gesicherten Passagen in der Südflanke des Roßsteins. Tolle Aussicht vom Gipfel, einmalig die Lage der Tegernseer Hütte.
Hinweis: Wer sich den Mini-Klettersteig nicht zutraut, nimmt besser den nördlich um den Roßstein herumführenden Altweiberweg: etwas weiter, aber unschwierig und gut markiert

Gesicherte Passage an der Südflanke des Roßsteins.

Die Frage nach der am schönsten gelegenen Hütte im Mangfallgebirge ist ganz rasch beantwortet: natürlich die Tegernseer! Am Rand eines senkrechten Abbruchs schmiegt sie sich an die Gipfelfelsen des Buchsteins, und von der Terrasse reicht der Blick über den im Sonnenlicht glitzernden Spiegel des Achensees bis zu den Zillertaler Dreitausendern. Wen wundert's da, dass die beiden „Zwillinge" Roß- und Buchstein mit dem gastlichen Haus dazwischen regen Besuch verzeichnen?

▶ Vom **Parkplatz** 01 (830 m) nahe der Achenpassroute führt eine Straße sanft ansteigend ins Tal des Schwarzenbachs. Nach etwa einem halben Kilometer (Wegweiser) verlässt man sie und wechselt auf die linke Talseite. Der ordentliche Fußweg mündet am Rand der **Schwarzentennalm** 02 (1014 m) in die Zufahrt zur Buchsteinhütte (1271 m). Sie gewinnt in ein paar weiten Schleifen, die sich auf dem steileren Fußweg abkürzen lassen, an Höhe.
In einer Rechtskurve kurz vor der Hütte (5 Min. Umweg) geht man geradeaus. Auf steinigem Weg geht's hinein in die Talmulde unter dem Buchstein. Es folgen steile 300 Höhenmeter, zuletzt in kurzen Kehren zwischen Latschengestrüpp hinauf zur **Tegernseer Hütte** 03 (1650 m). Hier spaziert man über die Terrasse und folgt dann dem breiten, aber recht steinigen Grat zum Gipfelkreuz des **Roßsteins** 04 (1698 m). Das Panorama reicht vom Großglockner bis zur Zugspitze und schließt viele Erhebungen der Bayerischen Voralpen ein. Nur gerade einen Steinwurf entfernt ragt der felsige Buchstein über der Tegernseer Hütte auf.
Felsen auch am Abstieg. Er führt von der Tegernseer Hütte in die Südflanke des Roßsteins. Fest verankerte Drahtseile helfen hinunter ins Flache. Links ragt die Roßsteinnadel, ein beliebter Kletterzacken, in den Himmel. Unter dem Grasbuckel des Sonnbergs hindurch spaziert man hinüber zum **Sonnberg-alm-Hochleger** 05 (1490 m), einem einladenden Rastplatz. Dann geht's an der licht bewaldeten Südflanke schräg ab-

wärts zum Niederleger (1144 m). Etwas tiefer quert man den (meist trockenen) Alpelgraben; zuletzt steigt der Pfad in vielen kurzen Kehren ab zur **Achenpassstraße 06** (860 m). Hier kurz rechts, dann über die Weißach und auf dem schönen Talweg mit dem Wasser zurück zum **Parkplatz 01**.

Kleiner Kletterspaß am Buchstein

Ist man schon mal oben auf der Tegernseer Hütte, lockt natürlich auch der Gipfel des Buchsteins (1701 m). Ein Blick in die Rinne, die direkt über dem Hausdach ansetzt, macht allerdings unmissverständlich klar, dass da geklettert werden muss – also kein Terrain für Rotsockler! Für erfahrene Berggänger sind die 30 steilen Höhenmeter allerdings kein ernstes Hindernis (Schwierigkeitsgrad I–II), zumal der Fels mit einer fast verschwenderischen Fülle an Tritten und Griffen aufwartet. Die sind allerdings ziemlich abgetreten und deshalb bei Nässe gefährlich rutschig. Also Vorsicht!

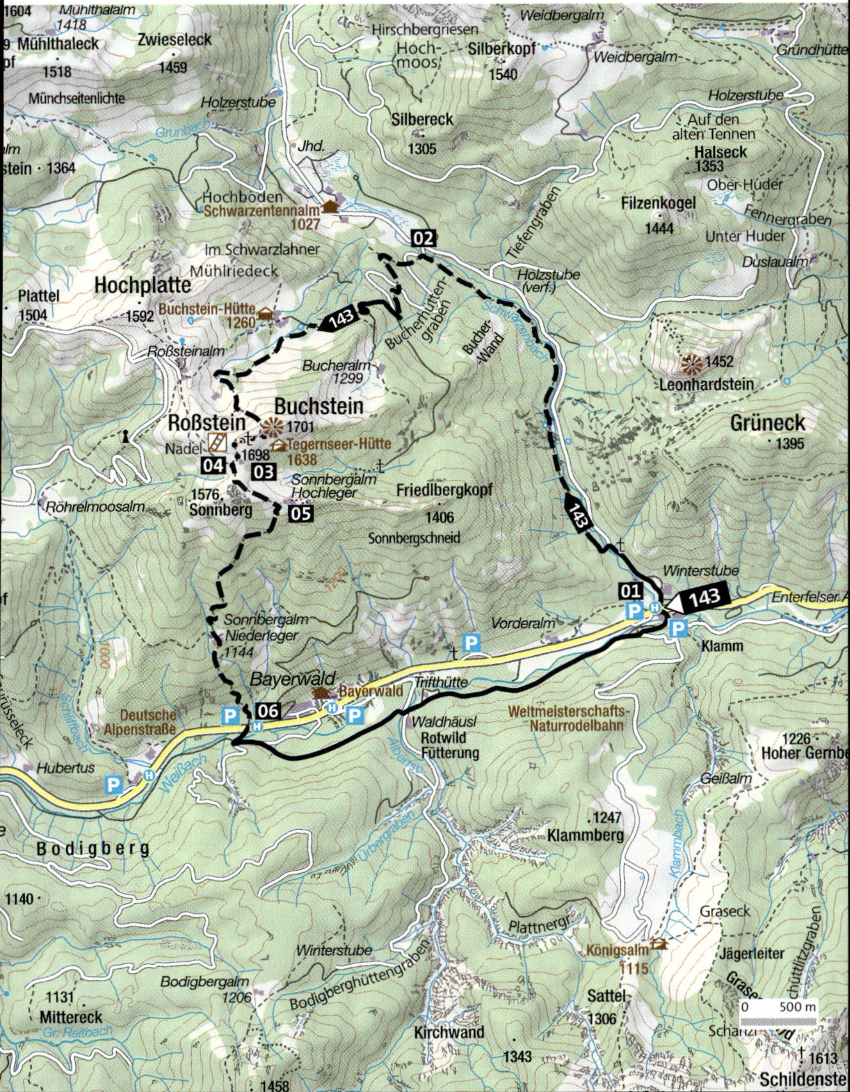

KÖNIGSALM • 1114 m

Des Königs Alm

9,75 km | 3:00 h | 340 hm | 340 hm | 8

START | Parkplatz (800 m) an der Achenpassstraße bei der Abzweigung des Fahrweges nach Siebenhütten
[GPS: UTM Zone 32 x: 705.460 m y: 5.277.980 m]
CHARAKTER | Gemütliche Wanderung auf ordentlichen, nur mäßig steilen Alm- und Forstwegen

Rast auf der Königsalm.

Dass Max I. Joseph, König von Bayern, gerne das höfische Zeremoniell mit gesunder Landluft vertauschte, ist in jedem Schulbuch nachzulesen. Besonders gern soll er sich in den Tegernseer Bergen aufgehalten haben, wo er u. a. das Wildbad Kreuth erbauen ließ und die Alm unter dem Platteneck aus klösterlichem Besitz erwarb. Auf Geheiß des Monarchen wurde neben der Almhütte von 1723 das sogenannte Kavaliershaus im Stil eines Schweizer Chalets errichtet: unten Käserei, oben Salon mit Blick auf Roß- und Buchstein. Die Alm bekam zu Zeiten der Wittelsbacher öfters prominenten Besuch. So soll Österreichs Kaiserin Sisi hier gewesen sein, zu Fuß, im Gegensatz zur russischen Zarin Alexandra, die sich in einer Sänfte auf die Alm tragen ließ.

Vom **Parkplatz** 01 (800 m) zunächst über die Weißach, dann vorbei am Schießstand zur Abzweigung des Königsalmweges (Schilder). Er steigt diagonal über den bewaldeten Nordhang des Gernberges an und führt dann hoch über dem wilden Graben des Klammbachs zur **Geißalm** 02 (1112 m). Hier endet die Steigung; in sanftem Auf und Ab nähert sich der Pfad dem Bach und quert ihn dann nach rechts zur **Königsalm** 03 (1115 m). Auffallend die Almhütte; sie ist 46 Meter (!) lang und fußt auf einem Sockel aus Bruchsteinen. Der Bau stammt aus dem Jahr 1723, wurde um die Mitte des 19. Jahrhunderts vergrößert und steht heute unter Denkmalschutz. Der Abstiegsweg kürzt zunächst eine weit ausholende Schleife der Almstraße ab. Dann wandert man mit der Sandpiste hinab zur Weißach. Hier begegnen einem öfters Bergradler.

Im Winter ist die Strecke eine beliebte Rodelbahn, auf der 1984 sogar die Weltmeisterschaft ausgetragen wurde. Vor der Brücke über den Wildbach rechts und auf bequemem Weg flach zurück zum **Parkplatz 01**.

NEUREUTH • 1264 m

Der schönste Ausguck über dem Tegernsee

7 km | 2:30 h | 510 hm | 510 hm | 8

START | Bahnhof Tegernsee (760 m), Parkplätze in unmittelbarer Nähe
[GPS: UTM Zone 32 x: 706.790 m y: 5.288.220 m]
CHARAKTER | Überwiegend schattiger Anstieg auf schönem Weg zur sonnigen Aussicht. Beliebte Halbtageswanderung

Einkehr mit schöner Aussicht: die Neureuth.

Keine Frage, unter den Aussichtspunkten rund um den Tegernsee gebührt der Neureuth die Krone: Schöner zeigt sich der See von keiner anderen Stelle aus; überraschend weit ist der äußere Berghorizont, vom Wetterstein über das Karwendel und den Großvenediger bis zum Watzmann reichend. Viel näher sind die zahlreichen Wandergipfel des Mangfallgebirges: Ziele für mehr als nur einen Bergsommer!

Vom **Bahnhof Tegernsee** 01 (760 m) folgt man zunächst dem Tegernseer Höhenweg, der kurz ansteigt, dann unter dem markanten, doppeltürmigen Bau des Hotels Tegernsee (ehemals Bayern) hindurch läuft. An einer signalisierten Verzweigung (Schilder) verlässt man ihn nach rechts, um gut hundert Meter weiter nochmals spitzwinklig rechts abzubiegen. Der Bayernweg gewinnt in Serpentinen zügig an Höhe; Aussicht gibt's dabei keine, und der hässliche Fichtenstangenwald ist auch keine Augenweide. Höher am Hang verzweigt sich der Weg mehrfach; man folgt den Hinweisen „Neureuth – Bayernweg". Weiter im Zickzack bergan bis zur Einmündung des Westerhofweges (Unterstand). Anschließend geht's flacher an dem Bergrücken entlang, bis man – endlich! – hinaustritt auf offenes Gelände. Da zeigt sich auch schon das Wanderziel, nur noch ein paar Minuten weit. Dann ist der **Berggasthof Neureuth** 02 (1264 m) erreicht, darf man sich auf der Terrasse niederlassen und den phänomenalen Ausblick genießen. Eine schmucke Panoramatafel gibt den Bergrücken, Zacken und Spitzen ihre Namen und Höhenkoten.
Beim Abstieg geht's zunächst auf dem Hinweg zurück, erst noch mit Aussicht (Bänke), bald wieder im Wald. An der

ersten beschilderten Verzweigung nimmt man den links abgehenden Westerhofweg, der in ein paar weiten Schleifen bei angenehmem Gefälle hinabzieht. An den beiden ersten Weggabelungen hält man sich jeweils links, an der nächsten rechts. Über die drei Treppenwege – den oberen, mittleren und unteren – geht's direkt hinunter zum **Bahnhof Tegernsee** 01.

RIEDERSTEIN • 1207 m

Blickfang über dem Tegernsee

5 km | 2:00 h | 430 hm | 430 hm | 8

START | Parkplatz am Süßbach (ca. 780 m), Anfahrt von Rottach-Egern durch die Riedersteinstraße
[GPS: UTM Zone 32 x: 708.700 m y: 5.286.000 m]
CHARAKTER | Beliebte Wanderung am Tegernsee, Fahrweg zum Galaun teilweise sehr steil, längere Treppen am Aufstieg zum Riederstein

Blick von der Kapelle am Riederstein auf den Tegernsee.

Wer zwischen Bad Wiessee und Rottach-Egern unterwegs ist, kann die Kapelle hoch am Riederstein nicht übersehen. Sie krönt einen steil abfallenden Kalkfelsen im lang gestreckten Westgrat der Baumgartenschneid und schaut dabei weit übers Tegernseer Land. Natürlich ist das Kirchlein ein beliebtes Wanderziel, auch deshalb, weil am Fuß des Riedersteins eine gastliche Einkehr steht.

▶ Vom **Parkplatz** 01 wandert man auf dem anfangs sehr steilen Güterweg (im Winter beliebte Rodelstrecke) im Wald hinauf zum **Gasthaus Riederstein am Galaun** 02 (1070 m). Knapp vor dem Haus rechts (Schilder) und angenehm schattig auf dem Stationenweg (viele Stufen) bergan. Dabei kommt man an einer kleinen Grotte vorbei, in der beim Bau des Weges die Gebeine eines 1861 verschwundenen Wilderers aus St. Quirin gefunden wurden (Gedenktafel). Am Grat links und zuletzt steil zum Kirchlein am **Riederstein** 03 (1207 m) mit Bank und bezauberndem Tiefblick auf den Tegernsee und ins Tal der Weißach. Der kleine neugotische Bau stammt aus dem 19. Jahrhundert.

Für den Abstieg bietet sich alternativ der etwas tiefer am Südhang des Riedersteins verlaufende Weg an: von der Kapelle hinab zur Einmündung des Stationenweges, hier geradeaus bis in eine kleine Senke, wo man den zur Baumgartenschneid weiterführenden Pfad nach rechts verlässt (Schilder). Im Wald hinunter zum **Gasthaus Riederstein am Galaun** 02 und auf dem Anstiegsweg zurück zum **Parkplatz** 01 am Süßbach.

RUND UM DEN SCHLIERSEE

Das kleine Pendant zum Tegernsee

9,25 km | 3:00 h | 270 hm | 270 hm | 8

START | Schliersee (784 m), Ferienort am unteren Ende des Sees mit Bahnverbindung nach München
[GPS: UTM Zone 32 x: 714.380 m y: 5.290.890 m]
CHARAKTER | Ausgedehnter Spaziergang, im Orts- und Uferbereich komfortable Wege, Auf- und Abstieg über die Ruine Hohenwaldeck teilweise etwas steil

Der Schliersee mit dem Inselchen Wörth.

Im Gegensatz zum Tegernsee weist der wesentlich kleinere Schliersee (777 m) größere naturbelassene Uferbereiche auf; die Überbauung konzentriert sich auf den Ortsbereich von Schliersee. Einen besonders schönen Blick auf das Gewässer mit seinem Inselchen genießt man von der Burg Hohenwaldeck. Die um 1200 errichtete Anlage wurde bereits im 15. Jahrhundert wieder aufgegeben; heute stehen von der einst wehrhaften Feste bloß noch ein paar Mauerreste.

▶ Vom **Bahnhof Schliersee** 01 spaziert man – vorbei an der Pfarrkirche St. Sixtus – zur Seestraße und mit ihr zum Seehotel Schlierseer Hof. An ihm vorbei, über die Straße (Wegweiser) und sanft ansteigend zur Mündung des Leitnergrabens. Über den Bach und im Wald bergan zu einem asphaltierten Sträßchen. Man folgt ihm zum Gehöft **Oberleiten** 02 (890 m), biegt aber noch vor dem schön gelegenen Hof bei einem Zaun rechts ab und wandert mit freier Sicht auf den See, sein Inselchen und die Berge in leichtem Anstieg hinüber zum Leitner Bichl.

Nun im Zickzack im Wald bergan zu einem Holzablageplatz, dann flach unter den Leitner Nasen hindurch und zuletzt kurz bergab zur **Ruine Hohenwaldeck** 03 (1002 m), die auf einem felsigen Geländesporn sitzt. Vom Kreuz (Bank) genießt man einen bezaubernden Blick über den See.

Im Rücken der Burganlage geht's im Wald hinunter (Naturlehrpfad) nach **Fischhausen** 04 (780 m) zur Neuhauser Straße. Auf der B 307 kurz rechts, dann über die

Straße und auf dem bequemen Uferweg um das obere Ende des Schliersees herum. Weiter parallel zur Bahnlinie am Westufer (schöne Badeplätze, Baumerlebnisweg) entlang, vorbei am Camping und über den Moränenriegel des Freudenbergs. Dahinter rechts zum Abfluss der Schlierach, über den Bach und an der Vitalwelt vorbei zurück zum **Bahnhof Schliersee** 01.

Ein schöner Aussichtspunkt: bei der Ruine Hohenwaldeck.

Der Schliersee

Zwischen überwiegend bewaldeten Mittelgebirgshöhen liegt der gut zwei Quadratkilometer große und maximal 40,5 Meter tiefe Schliersee. Seine Entstehung verdankt er einem eiszeitlichen Gletscher, der das Seebecken aushobelte und im Bereich des Ortes Schliersee Endmoränen zurückließ. Mitten im See liegt das malerische Inselchen Wörth (Restaurant), ein beliebtes Ausflugsziel. Sein Besuch lässt sich bestens mit einer Schifffahrt auf dem Schliersee verbinden; Abfahrt bei der Vitalwelt in Schliersee.

SPITZINGSEE

Spazieren vor einem Halbrund schöner (Wander-)Gipfel

10 km 2:45 h 150 hm 150 hm 8

START | Hotelsiedung am Ostufer des Spitzingsees; Parkplätze und Bushalt (1090 m)
[GPS: UTM Zone 32 x: 716.850 m y: 5.282.770 m]
CHARAKTER | Gemütliche Runde ohne nennenswerte Steigungen, komfortable Wege, teilweise auch Asphalt

Im Spitzingsee spiegelt sich der Brecherspitz.

Eigentlich liegt der Spitzingsee (1084 m) ja auf der „falschen" Seite des Mangfallgebirges, denn die Rote Valepp, die später zur Valepp, dann zur Grundache und schließlich zur Brandenberger Ache mutiert, entwässert nicht nach Norden, sondern zum Inn. Der Spitzingsattel (1127 m), über den die Straßenzufahrt geht, bildet die Wasserscheide zu Mangfall und Isar. Im Sommer ist das Spitzinggebiet ein beliebtes Wanderrevier, im Winter wird hier fleißig gewedelt. So viel Tourismus hinterlässt natürlich Spuren, keine Frage, trotzdem behauptet sich die Natur hier recht gut: ein lohnender Spaziergang für kurze Tage, natürlich mit zahlreichen Einkehrmöglichkeiten.
Die Wanderung folgt teilweise dem Neuhauser Bockerlbahnweg; Schautafeln informieren über die Waldbahn, die 1919–1922 in Betrieb war (siehe Kasten).

▶ Die Runde beginnt bei der Hotelsiedlung **Spitzingsee** 01 (1090 m) und führt auf dem komfortablen Seeweg gegen den Uhrzeigersinn um das knapp einen Kilometer lange und maximal 16 Meter tiefe Gewässer herum. Zunächst hat man den Brecherspitz (1683 m) vor sich, nach der ersten Richtungsänderung das Stümpfling-Skigebiet. Am Westufer ist dann der Jägerkamp (1746 m), flankiert von den Wilden Fräulein, ein Blickfang. Der Seeweg endet am **Abfluss des Spitzingsees** 02 (1086 m); hier fädelt man ein in den Roßkopfweg, der eine Straße ist, zunächst sogar mit Asphaltbelag. Sie führt südwärts in das offene Gelände der weitläufigen Valeppalm, setzt sich an ihrem Westrand fort und steuert schließlich nach zwei markanten Richtungsänderungen das **Blecksteinhaus** 03 (1022 m) an. Dahinter fällt das Tal steil ab; das Wasser der Roten Valepp wird hier aufgestaut, um 60 Meter tiefer eine Turbine anzutreiben. Vor fast hundert Jahren befand sich an gleicher Stelle der knapp 200

Meter lange Blecksteinaufzug der Bockerlbahn. Die schwer beladenen Waggons wurden mittels einer Lokomobile (stationäre Dampflok) über die 30 Prozent steile Rampe hochgezogen. Die Bockerlbahn endete einen Kilometer weiter talabwärts bei der **Waitzinger Alm Winterstube** 04 (940 m). An diesem Wendepunkt der Runde überquert man die Rote Valepp und folgt dem Asphaltsträßchen talaufwärts Richtung Spitzing. Empfehlenswert: ein kleiner Abstecher zur **Albert-Link-Hütte** 05 (1050 m) mit Hofladen und sagenhaftem Kaiserschmarrn. Zuletzt nochmals kurz aufwärts nach **Spitzing** 01.

Weiter Blick zur Valeppalm.

Die Neuhauser Bockerlbahn

Lange bevor die Spitzingstraße erbaut wurde, bestand zwischen Neuhaus und der Waitzinger Alm unterhalb des Spitzingsees eine Bahnlinie der besonderen Art. Sie diente allerdings nicht dem Tourismus, sondern wurde nach verheerenden Stürmen, denen im Januar 1919 mehr als eine Viertelmillion Festmeter Holz zum Opfer fielen, zum Abtransport des Holzes erbaut. Zwölf Kilometer lang war die Strecke insgesamt, Aufzüge und sogenannte Bremsberge halfen, die beträchtlichen Höhenunterschiede zu überwinden, zahlreiche Brücken und mehrere Verladebahnhöfe wurden errichtet. Rund 1.500 Arbeiter waren zeitweise beschäftigt, und jede Woche wurden etwa 2.000 Festmeter abtransportiert. Später verfiel die Anlage, heute erinnern bloß noch ein paar erhalten gebliebene Reste an die Bockerlbahn.

SPITZING – BRECHERSPITZ • 1683 m

Ein Klassiker im Mangfallgebirge

9 km | 3:00 h | 560 hm | 560 hm | 8

START | Spitzingsattel (1127 m), Scheitelhöhe der Spitzingstraße, 5 km von Neuhaus
[GPS: UTM Zone 32 x: 716.680 m y: 5.283.940 m]
CHARAKTER | Recht kurze, aber sehr beliebte Gipfeltour, erste Weghälfte auf einer breiten Sandstraße, leicht felsig das Finale (Drahtseile)

Der Brecherspitz mit der Unteren und der Oberen Firstalm.

Man kann den Brecherspitz auch von „halber Höhe" aus angehen, also nicht unten in Neuhaus, sondern oben am Spitzingsattel starten. In weniger als zwei Stunden ist man dann oben am Gipfel, der bei schönem Wetter ein stimmungsvolles Panorama bietet, das weit übers Mangfallgebirge hinausreicht, nach Südosten bis zum neunzig Kilometer entfernten Großglockner. Im Südwesten hat man die Parade der Karwendelgipfel, weiter rechts ragt die Zugspitze in den Himmel. Bezaubernd auch der Tiefblick zum Schliersee mit seinem Inselchen, dahinter Hausham, leicht zu erkennen mit seinen beiden hohen Bergwerksschloten. Nach dem faszinierenden Blick in die Ferne lassen sich dann viele zu einem Blick ins Bierglas verführen; wandern macht durstig, und auf der Oberen Firstalm hilft man da gerne.

▶ Direkt am **Spitzingsattel** 01 (1127 m) zweigt die Straße zur Oberen Firstalm ab. Sie leitet bei angenehmer Steigung durch die Südflanke des Brecherspitzes hinauf in das Almrevier. Knapp vor der **Oberen Firstalm** 02 (1370 m) weist ein Schild rechts zum Brecherspitz. Wenige Schritte weiter beginnt der eigentliche Gipfelanstieg. Er leitet aus der Mulde des Freudenreichsattels (1371 m) in Kehren mit zunehmend freierer Sicht hinauf zum lang gestreckten Gipfelgrat. Eine kurze Felspassage ist mit Drahtseilen entschärft; zuletzt geht's über Schrofen hinauf zum Kreuz auf dem Gipfel des **Brecherspitz** 03 (1683 m).

Der Abstieg erfolgt auf dem gleichen Weg, natürlich mit dem kleinen Abstecher zur Oberen Firstalm. Alternativ kann man aber auch über den Nordgrat des Brecherspitzes nach Neuhaus absteigen.

TAUBENSTEIN – ROTWAND • 1884 m

Höchster Gipfel am Spitzingsee

10,5 km | 3:15 h | 270 hm | 790 hm | 8

START | Bergstation der Taubensteinbahn (1613 m), Talstation am Spitzingsee (1090 m)
[GPS: UTM Zone 32 x: 719.240 m y: 5.282.620 m]
CHARAKTER | Wenig anstrengende, sehr beliebte Höhen-, Gipfel und Hüttenwanderung auf ordentlichen Wegen. Abstieg auf einer Sandstraße (im Winter Rodelstrecke); von der Rotwand berühmtes Panorama

Am Weg zum Gipfel der Rotwand.

Unter den Gipfeln rund um den Spitzingsee ist die Rotwand top – kein anderer ist höher, und das zieht die Bergfreunde natürlich in Scharen an. Dass man sich mit der Seilbahn sogar bis an den Felsfuß des Taubensteins hinauftragen lassen kann, mindert die Attraktivität der Tour auch nicht, und dann ist da noch das gastliche Haus eine Viertelstunde unter dem Gipfel, mit Terrasse und Prachtblick bis zum Alpenhauptkamm.

▶ Von der **Bergstation** 01 (1613 m) der Gondelbahn über ein paar Wegschleifen an den schroffen Felsklotz des Taubensteins (1692 m), dann links um ihn herum (Abstecher 5 Minuten) und weiter bergan gegen den lang gestreckten, grasigen Rücken des Lämpersbergs. Der Weg schneidet seine Westflanke und läuft dann schräg hinaus zum Westgrat des Rotwandstocks. Hier biegt man links in den Hangsteig ein, der unter den Gratfelsen verläuft und in den vom Rotwandhaus heraufkommenden, komfortablen Weg mündet. Er leitet über eine Linkskehre an den Gipfel heran, wo sich eine ganz kurze Felsstufe aufbaut. Die **Rotwand** 02 (1884 m), doch ein Kletterberg? Dann steht man oben beim großen Kreuz und schaut ins weite Rund. Eine Tafel erläutert das bemerkenswerte Panorama. Der Abstieg führt über den

Südhang hinunter zum stattlichen **Rotwandhaus** 03 (1737 m), das auf eine lange Geschichte zurückblickt und erst kürzlich (2011) gründlich saniert wurde. Weiter auf dem Versorgungsweg der Hütte bei nur mäßigem Gefälle, den sonnseitigen Hang schneidend, abwärts zur schön gelegenen Wildfeldalm (1607 m). Wenig tiefer verschwindet die Sandstraße im Wald; eine weit ausholende Schleife lässt sich auf einem Fußweg abkürzen. Weitgehend ohne Aussicht wandert man talwärts; unter dem Schwarzenkopf (1464 m) mündet der Fahrweg in die vom Spitzingsee heraufkommende Asphaltstraße. Zuletzt am Seeufer entlang zur **Talstation** 04 (1090 m) der Taubensteinbahn.

Gern und viel besucht: das Rotwandhaus.

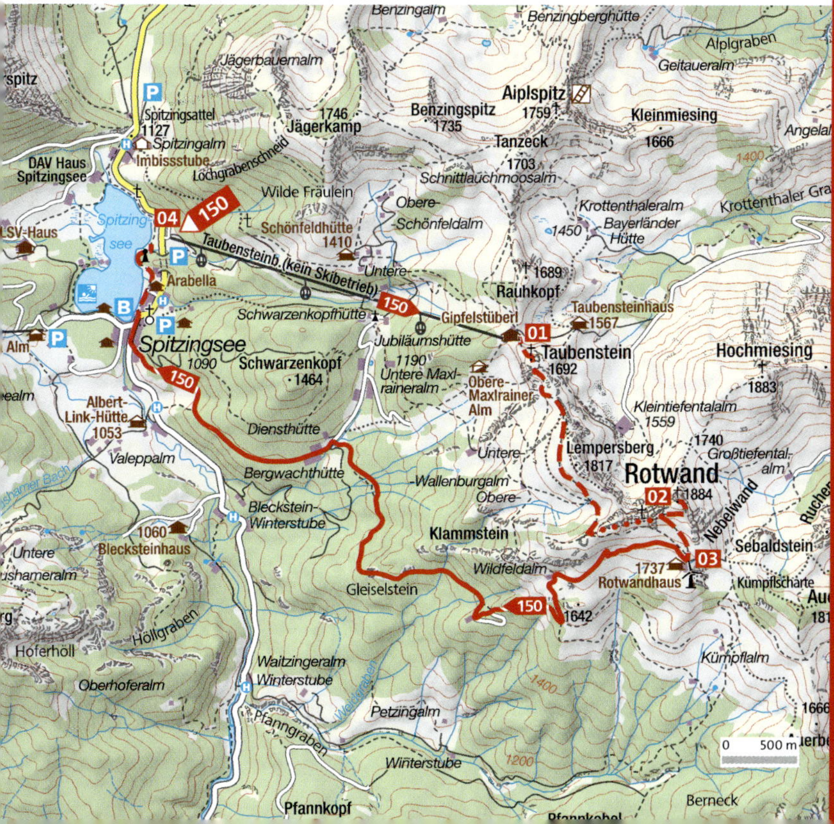

ISAR-RUNDE

Kultur & Natur light

7 km | 2:00 h | 70 hm | 70 hm | 182

START | Wackersberg (748 m) südwestlich von Bad Tölz, viel Parkraum am südlichen unteren Ortsende
[GPS: UTM Zone 32 x: 690.930 m y: 5.289.830 m]
CHARAKTER | Die leichte Runde von der Wackersberger Wiesenhochfläche über den Isartaler Hangwald zur Isarau ist sehr abwechslungsreich und führt teils auf dem Bad Tölzer „Geokulturlehrpfad", teils auf einem Waldlehrpfad am Wildfluss der Isar und einem Gefallenenmal vorbei

Keine Naturerscheinung, sondern Landschaftskunst waren diese Pyramiden an der Isar.

Der Baumeister nannte sich Karl-Heinz, saß etwas schüchtern abseits und bat per aufgestellter Sammelbüchse freundlich um eine Spende für sein Werk: In Reih und Glied standen seine regional berühmten, übermannshohen Steinkegel auf einer Kiesbank neben der Isar.
Die zerstörte sie regelmäßig jedes Jahr beim Frühjahrs- und Sommerhochwasser, und seit Karl-Heinz Sisyphus nicht mehr da ist und keiner sie wieder aufbaut, sind die Steinkegel verschwunden. Übrig sind einige niedrige Haufen am bewachsenen Rand... Erste Attraktion ist noch die grünlich-frische Isar selbst mit ihren Kiesbänken und ihrer Au aus Weiden-Buschwald. Zweite Attraktion der Runde bleibt das Spielhahnjäger-Denkmal mit einer besseren Aussicht über Bad Tölz als vom Kalvarienberg. Es ist nicht etwa ein Ehrenmal für die berühmten Isarwinkler Wilderer, sondern ein Mahnmal für die im Zweiten Weltkrieg in Russland Gefallenen einer Gebirgsjägerdivision.

▶ Hinter dem letzten Haus von **Wackersberg** 01 geht es links kurz auf einen Fahrweg (Schild Biburg) und dann halbrechts (südostwärts) über ein Wiesenpfädchen zu einer Bank am Rand des bewaldeten Isarhangs (Infotafel des „Geokulturlehrpfads"). Diesen auf steilem Weg hinab nach Bibermühle und rechts neben einer viel befahrenen Straße südwärts, bis links der „Isarweg" abzweigt.
Ost- und nordostwärts auf einem mäandrierenden Kiesweg durch Auwald und -busch zu einer weiteren In-

fotafel und rechts von dieser auf einem Stichweg zu einer Kiesbank der **Isar** **02** (Baden möglich, aber Strömung beachten!). Zurück zur Infotafel und auf dem Kiesweg nordwärts an der Isar entlang talaus nach **Bad Tölz** **03**. Hier ein Stück auf dem Bürgersteig bis unter die Brücke der Südumfahrung, dahinter einige Meter links auf einer Teerstraße hinauf (Schild Wackersdorf), links unter der Brücke zurück und zwischen Häusern auf einem Teerweg steil südwestwärts durch Wald hinauf. Nach Stufen an einer Verzweigung entweder kurz rechts, südwestwärts auf einem Weg weiter zu einer Straße und links auf dem Radweg neben dieser zwischen Wiesen südwärts nach Wackersberg; oder nach links auf dem Waldlehrpfad mit einem Abstecher zum **Spielhahnjäger-Denkmal** **04** (mit bester Aussicht über Bad Tölz) unterhalb der Hangkante auf dem Spielhahnjägerweg südwärts, bis rechts ein Fahrweg zum Ortseingang von Wackersberg abgeht. Südwärts durch den Ort abwärts zum **Ausgangspunkt** **01**.

BLOMBERGHAUS • 1203 m

Die Tölzer Kur-Tour

8 km | 3:00 h | 493 hm | 493 hm | 182

START | Westlich von Bad Tölz zum großen Parkplatz beidseitig der Straße an der Talstation des Blomberg-Sessellifts (710 m)
[GPS: UTM Zone 32 x: 688.610 m y: 5.291.330 m]
CHARAKTER | Die relativ steile, beliebte nordseitige Waldtour auf einem guten Fahrweg endet am bewirteten Blomberghaus mit Sicht auf die Benediktenwand und über das hintere Isartal. Bei dieser Bergtour sind ausnahmsweise weder besondere Ausrüstung noch besonderes Können nötig

Das beliebte Blomberghaus am Blomberg.

Diese Wanderung kann man das ganze Jahr über unternehmen. Im Winter empfiehlt es sich allerdings, über den deutlich längeren Abstiegsweg aufzusteigen, sonst kann man auf dem Eis ausrutschen oder von einem Schlittenfahrer über den Haufen gerodelt werden. Das oben in der Sonne wartende Blomberghaus ist außer in der kurzen Zwischensaison am Übergang vom Herbst in den Winter stets bewirtschaftet. Der laut Karte höchste Punkt des Blombergs im Wald hinterm Blomberghaus ist unzugänglich, da er von der Bundeswehr mit einer Richtfunkstation belegt ist. Zu dieser wurde der hier als Abstieg vorgeschlagene Fahrweg hinaufgelegt, der zu einer beliebten Mountainbike-Strecke geworden ist. Zudem gibt es seit wenigen Jahren zwischen den Bäumen am Blomberghaus aufgespannt, einen weitläufigen „Klettergarten“, sprich Hochseilgarten mit Drahtseilrutschen, Balancierbrücken und was sonst noch so dazugehört.

Von der **Talstation** 01 südwestwärts auf dem „heilklimatischen“ Wanderweg im Wald kurz aufwärts zu einer Verzweigung (der rechte Weg mit Rodel-Verbotsschild wird besser im Abstieg und im Winter genommen). Den gut beschilderten linken Fahrweg nehmen und insgesamt südwärts an den je nach Kondition er- oder entmutigenden Höhenmeter-Schildern sowie Kinderattraktionen wie Holz-Klangspiel, Baumstamm-Weg oder Bäume-Raten („Entdecker-Pfad“) vorbei zügig hinauf zur **Blombergbahn-Mittelstation** 02 (950 m).

Hier können die Roller-Bobs für die kurz darunter beginnende Sommerrodelbahn ausgeliehen werden. An einem Brünnlein und an mit Baumstämmen für die winterlichen Schlittenfahrer gesicherten Serpentinen sowie einem (noch) freien Borkenkäferschlag vorbei geht es mit abschließender westwärts ansteigender Querung zu einem Sattel (hier links aufwärts zur Bergstation der Blombergbahn und dem eigentlichen Blomberg-Wiesengipfel) und geradeaus über freie Almwiesen in wenigen Minuten zum **Blomberghaus** **03**.

Abstieg: Nach der Einkehr auf dem Fahrweg südwestwärts unterhalb des Blomberg-Waldgipfels (1248 m) flach weiter und hinter dem Wegabzweig zum Zwiesel in Nordostrichtung gemächlich abwärts. Nach einer langen Ostquerung können Aspiranten der Sommerrodelbahn an einer Linkskehre rechts auf einem kurzen **Verbindungs-Karrenweg** **04** zum Aufstiegs-Fahrweg hinüberwechseln. Wer nicht rodeln will, wandert auf der langen Forststraße weiter hinab zum **Ausgangspunkt** **01**.

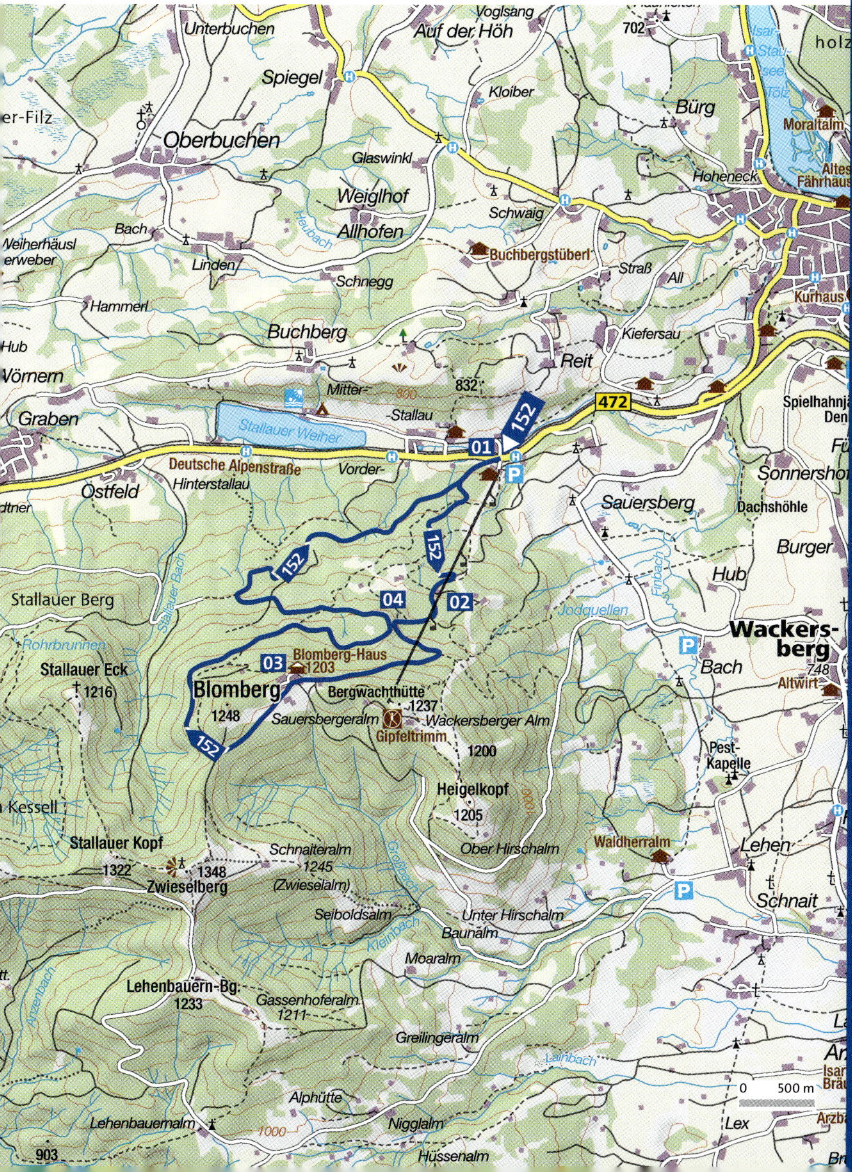

BRAUNECK-RUNDE • 1555 m

Der Sonnenbalkon des Isarwinkels

10 km | 4:30 h | 865 hm | 865 hm | 182

START | In Lenggries über die Isar, links nach Wegscheid und dort rechts die zweite Straße hoch zu den Kotalmlift-Parkplätzen an der Draxlalm (720 m) [GPS: UTM Zone 32 x: 692.650 m y: 5.281.950 m]
CHARAKTER | Die fast problemlose süd- bis ostseitige Tour führt über die Wald- und Wiesenhänge der Almenzone unterhalb des Brauneckkamms und lädt besonders im Frühsommer und Herbst zum Flanieren ein (freier Alpenblick)

Pferdeweide an der Stiealm auf der beliebten Sonnenseite des Braunecks.

Nichts für heiße Tage ist der zügige Aufstieg zu den sonnseitigen Almwiesen und -hütten im Skigebiet des Brauneck – es sei denn, man kehrt den Faulpelz heraus und fährt wie die meisten Touristen mit der Gondel hoch. Belohnt wird man so oder so mit einer prachtvollen Sicht auf Karwendel und Wetterstein.
Obwohl die Runde überwiegend teils beschilderten Fahrwegen folgt, sind Straßenschuhe wegen einiger glitschiger Passagen nicht empfehlenswert. Bis zur Kotalm folgt der Aufstieg übrigens einer beliebten Trainingsstrecke für Hardcore-Mountainbiker.

▶ Von der **Draxlalm** 01 geht es links (westwärts) auf einem Karrenweg flach über Wiesen aufwärts, anschließend leitet uns ein Fahrweg rechts durch Wald erst an einem Bach, dann in Kehren relativ steil hinauf zu den Wiesen im Liftgebiet. Oberhalb der Kotalm queren wir nach links und folgen einem Wanderweg hinauf zu einem Sattel (zum Schluss matschig). Dahinter nordwestwärts in Wald queren, nun nordwärts etwas glitschig hinauf zu einer Piste mit Wiese, auf dieser kurz links, dann rechts zu einer Schulter unterhalb der Bergstation der Brauneckbahn, die wir über eine Eisentreppe erreichen. Von hier erst einige Meter links auf dem Panoramaweg, dann scharf rechts zum bewirtschafteten **Brauneck-Gipfelhaus** 02 (1540 m) und hinauf zum Gipfel des **Brauneck** 03 (1555 m). Zunächst geht es westwärts auf dem Kamm (Höhenweg) Richtung Schrödelstein, vor diesem gehen wir jedoch links hinab zum Panoramaweg

(Fahrweg) und wandern auf diesem südwestwärts hinab zur bewirteten **Quengeralm** 04. Nun in westlicher Richtung erreichen wir über die Schulter an der Latschenkopfhütte die bewirtschaftete **Stiealm** 05 (1520 m). Wer den höchsten Gipfel des Brauneckkamms noch mitnehmen will, erreicht den Latschenkopf (1712 m) von hier westwärts auf anfangs gutem Weg am linken Rand des Idealhangs steil hinauf und schließlich auf einem etwas felsigen Pfad rechts hinauf (mit Abstieg 50 Min. mehr). **Abstieg:** Wir gehen zurück zur Quengeralm, nehmen rechts den Fahrweg und wandern an der Bayernhütte und der Finstermünzalm (beide bewirtet) vorbei in Südostrichtung abwärts zum Wald. Weiter geht es zur Lichtung der Filzalm und ostwärts hinab zu flachen Wiesen. Beim Schild „Brauneck-Bahn" biegen wir links auf einen Wiesenpfad ab und erreichen nach Passieren einiger Zaundurchlässe den **Parkplatz** 01.

SCHAFREUTER • 2101 m

Alter Weg auf markanten Berg

11,5 km 6:15 h 1246 hm 1246 hm 182

START | Durch das Isartal zur Staumauer und rechts über den Sylvensteinsee nach Vorderriß. Im Rißtal bis zum Parkplatz nach der Oswaldhütte linksseitig hinter einer Garage (855 m)
[GPS: UTM Zone 32 x: 683.970 m y: 5.265.730 m]
CHARAKTER | Nach schattigem, west- bis nordseitigem Aufstieg wandert man über einen langen, freien Nordwestkamm zum sonnigen, südseitigen Abstieg in lichtem Wald. Am Gipfel Trittsicherheit und Schwindelfreiheit nötig

Die Tölzer Hütte unterm Schafreuter.

Der im Winter beliebte Skitourenberg ist auch im Sommer eines der bekanntesten Bergziele des Rißtals. Der alte, im Sommer ideal schattige Aufstieg von der Oswaldhütte (wenige Meter dahinter beginnt der neue Fahrweg zur Moosenalm) wird heutzutage nur mehr wenig begangen und ist passagenweise recht steinig. Dafür entschädigen die herrliche Karwendelsicht vom langen Gipfelkamm und der skurrile Wald aus Steinmännern beim Abstieg zur Tölzer Hütte.

Vom **Parkplatz** 01 geht es auf steinigem Weg (Schild Tölzer Hütte) ostwärts über einen mehr oder weniger freien Rücken hinauf unter einen kleinen Abbruch, dem man links in den Wald ausweicht. Nun rechtshaltend aufwärts, über eine Lichtung hinauf zu einem Durchlass und kurz rechts über ein Bachbett. Wir gehen immer südlich von dessen Mulde ostwärts auf stellenweise ausgewaschenem Weg durch lichten Wald hinauf, zum Schluss rechtshaltend zu einem flachen **Kamm** 02. Südostwärts am Endparkplatz des neuen Fahrwegs vorbei auf Pfadspuren mit Viehtritten über die Wiesen der Moosenalm kaum ansteigend durch Mulden aufwärts zu einem Sattel unterm Kälbereck (oder vom Parkplatz links zur Moosenalm, dort rechts zum Sattel). Kurz rechts queren (Weg zur Tölzer Hütte), dann links ab (Schild Scharfreiter) und relativ steil und etwas glitschig zwischen Latschen hinauf zum nordostseitig abbrechenden Nordwestrücken des Schafreuter. Auf diesem immer nahe der Kante südostwärts, bald über Wiesen hinauf zu einem Buckel, rechts um diesen herum und etwas ausgesetzt zum Gipfel des **Schafreuter** 03 (2101 m).
Abstieg: Durch eine felsige Rinne in der Südflanke des Bergs hinab (Problemstelle mit Drahtseilen), nordostwärts zu einem Steinmänner-Wald auf einem gratartigen Rücken queren und immer etwas rechtsseitig auf einem felsigen Weg zwischen Latschen hinab zur **Tölzer Hütte** 04 (1835 m).
A) Rechts auf einem Weg (führt weiter zum Aufstiegsweg) unter die Materialseilbahn, hier links steil abwärts Richtung Parkplatz und rechts eines Tälchens hinab. B) Auf einem Pfad in Links-Rechts-Zacken durch Wiesen ab-

wärts und erst linkshaltend (südwärts), dann auf saniertem Weg westwärts hinab, bis man rechts durch eine Mulde zum Weg nördlich des Tälchens quert.

Hier gehen wir auf gutem Weg in Westrichtung hinab und folgen südwestwärts einem Rücken hinunter zum „**Leckbach-Parkplatz**“ 05 (920 m; Schild an der Straße). Auf der Straße ein Stück nordwärts talaus und an einer Rechtskurve links kurz auf einem Pfad hinab zu einer Brücke über den Rißbach.

An dessen Westufer wandern wir auf einem Fahrweg weiter talaus und gelangen – abschließend wieder auf der Straße – zum **Ausgangspunkt** 01.

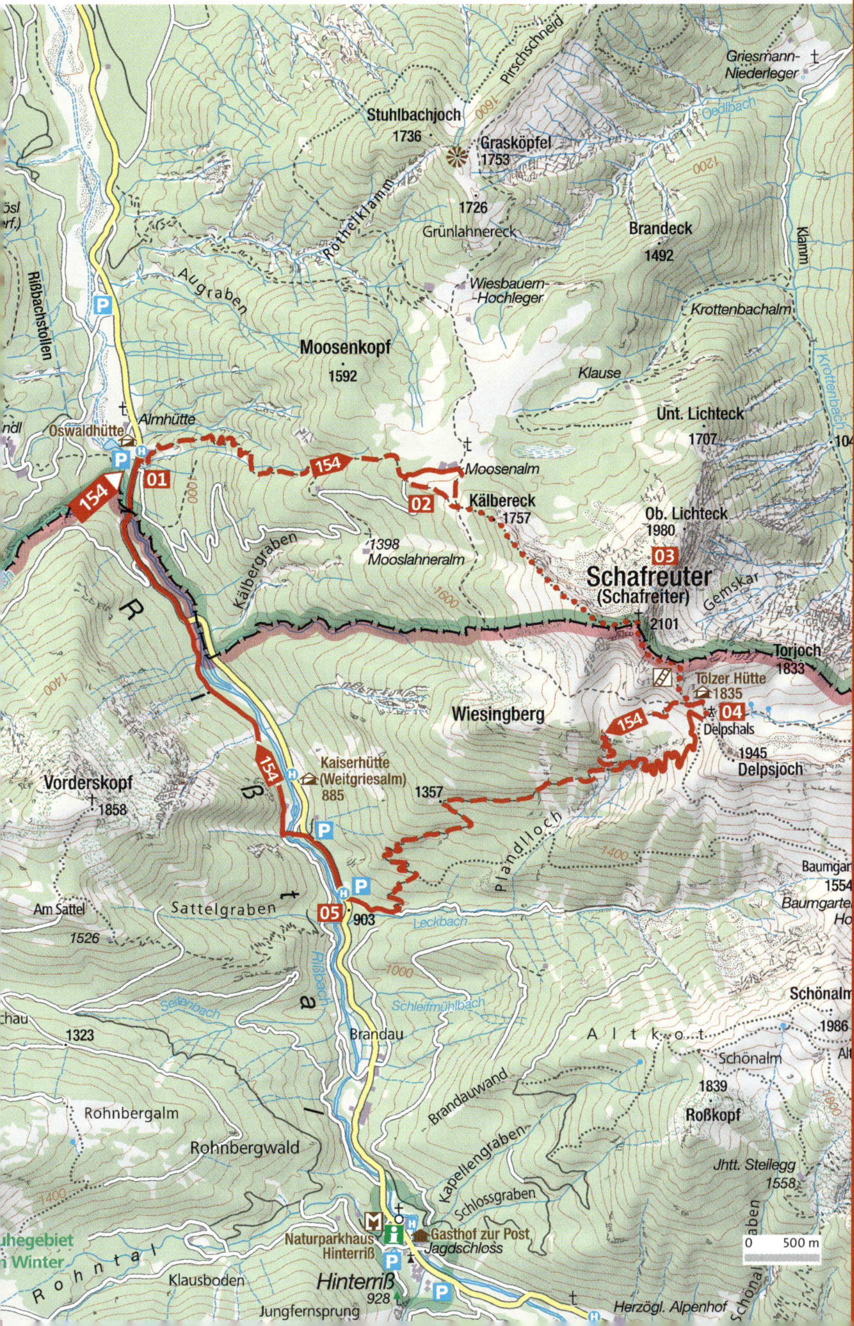

SIMETSBERG • 1840 m

Aussichtskopf über dem Walchensee

10 km | 5:00 h | 1010 hm | 1010 hm | 6

START | Auf der B11 Richtung Mittenwald hinterm Walchensee an Einsiedl und der Mautstraße Richtung Jachenau vorbei zu einem kleinen Rechtsabzweig (Schild „Obernach") und über ein Brückerl zu einem großen Parkplatz (810 m) [GPS: UTM Zone 32 x: 672.830 m y: 5.270.960 m]
CHARAKTER | Die leichte, aber relativ lange, überwiegend ostseitige Wanderung auf breiten Fahrwegen und bei Nässe (also meistens) schlüpfrigen Waldwegen kulminiert in einem wunderschönen Wiesenhang. Trittsicherheit erforderlich

Im Herbst ist die Sicht auf den Walchensee prächtig und der Weg trocken.

Die leichte, aber langgezogene Wanderroute führt größtenteils durch Wald und anfangs auf Fahrwegen zu einem knapp 300 Höhenmeter langen, sich immer steiler in den Himmel schwingenden, freien Wiesenhang mit einer Fülle von seltenen Blumen. Im Frühsommer lassen sich hier mit dem Edelweiß verwandte Katzenpfötchen und viele Orchideenarten wie Kohlröschen, Wohlriechende Händelwurz und Kugelknabenkraut finden. Den Aussichtskopf hoch überm Walchensee schirmt zwar das Hauptmassiv des Estergebirges nach Süden ab; aber der Blick über die tiefblauen Fluten des Walchensees zu den grüngrau gescheckten Fels- und Schrofenflanken des Karwendels ist auch nicht zu verachten…

▶ Vom **Parkplatz** 01 auf einem Forstweg nach Nordwesten hinauf, kurz flach dahin, links ab auf einen Fahrweg und in einer Rechts-Links-Schleife nordwärts hinauf zu einem Forstwegsknoten (910 m). Hier links auf einen langen, ansteigenden Forstweg, den man südwestwärts verfolgt, bis rechts ein **Wanderweg** 02 Richtung Simetsberg abzweigt (1040 m, verborgenes Schild; bis hierher mit MTB möglich, aber anstrengend). Nach Rechtsquerung durch Wald zügig aufwärts zu einem Rücken, diesem folgend auf einem mäßigen Pfad über einen Kahlschlag nordwestwärts hinauf in den Wald, nach Kreuzung eines Fahrwegs auf einem anfangs gewundenen Karrenweg weiter und linkshaltend (westwärts) ansteigend in einen Graben queren. Durch diesen steil teils matschig, teils steinig hinauf zur nicht bewirteteten **Simetsberg-Diensthütte** 03 (1600 m). Über freie Wiesenhänge auf einem lehmigen Pfad westwärts und zum Schluss zunehmend steil nordwärts über den Abschlusshang zwischen Latschen zum **Gipfel** 04 (1840 m). Abstieg über die Aufstiegsroute zum **Ausgangspunkt** 01.

JOCHBERG • 1569 m

Überlaufen und doch lohnend

7 km · 4:00 h · 765 hm · 765 hm · 7

START | Von Kochel Richtung Mittenwald zum Kesselbergpass; Parkplätze vor und hinter der Passhöhe (850 m)
[GPS: UTM Zone 32 x: 676.500 m y: 5.276.790 m]
CHARAKTER | Die westseitige Tour auf den beliebten Aussichtsberg zieht zügig, oben mit Blick übers Alpenvorland, zum Gipfel. Sie wird das ganze Jahr über begangen, erfordert aber wegen schlechter Passagen etwas Trittsicherheit

Der Jochberggipfel vor der Alpspitze des Wettersteingebirges.

Durch die große Beliebtheit dieser Spritztour der Münchner und Oberländer kann es an Herbstwochenenden zu ernsthaften Parkplatz-Problemen kommen. Der direkt „hochpfeifende", oben aussichts- und blumenreiche Anstieg direkt überm Alpenvorland und dem Kochelsee führt auf keinen rundlichen „Mugel" aus Voralpen-Flysch, sondern einen echt alpinen Kalkberg: Bei der Auffahrt über den Kesselberg kann man ausgiebig die schroffe Nordwand des Jochbergs bestaunen, an den oberen Aussichtspunkten des Aufstiegsrückens den Blick über die Schrofenflanke hinab zum tiefblauen Kochelsee und hinüber zu den Seen des Alpenvorlands, an klaren Tagen bis München. Am Gipfel wartet dann die weite Fernsicht über den Isarwinkel mit Karwendel bis in die Hohen Tauern und zur Zugspitze im Wettersteingebirge. Nachmittags bereiten sich Gleitschirmflieger nach Heraufschleppen der schweren Ausrüstung auf den Start vor.

Vom **Parkplatz** 01 knapp südlich der Passhöhe östlich der Straße einige Treppen empor (Schild Jochberg etwas verdeckt) und auf dem anfangs stark ausgewaschenen, stellenweise wurzeligen Weg ostwärts durch Wald und über einen Wiesenhang in Serpentinen hinauf zu einem **Brunnen** 02 (Tränke und Rasthocker der Gleitschirmflieger, 1280 m). Rechts erst eine steinige Rampe im lichten Wald aufwärts, dann links auf einen Rücken und den Abzweig zur Jocher Alm ignorierend über diesen nordostwärts mit Einblicken in die Nordflanke hinauf zu einem Durchgang. Durch diesen einige Meter über Almwiesen Richtung Jocher Alm, links hinter einem weiteren Durchgang auf einem Pfad hinauf serpentinieren zum Nebengipfel und auf dem freien Kamm hinüber zum bekreuzten **Jochberg** 03 (1565 m).
Abstieg: Zurück zum Durchgang und südostwärts hinabqueren zur **Jocher Alm** 04 (1381 m; an Wochenenden Jausenangebot auf ausgebauter Terrasse). Auf dem folgenden Fahrweg durch Wald südwestwärts abwärts bis zu einer Kehre und einige Meter dahinter rechts ab auf den Weg Richtung Walchensee – Sachenbach (1323 m, Schild). Auf steinigem Weg einen Fahrweg zweimal kreuzend hinab zu diesem (1180 m). Auf dem schott-

rigen Fahrweg erst flach, dann zügig hinab zu einem abkürzenden Wegabschnitt. Insgesamt südwärts wieder auf dem Fahrweg abwärts und nach einer Kehre hinab zum Linksabzweig nach Sachenbach.

A) Auf dem Fahrweg in weiter Kehre weiter hinab zum Sträßchen am **Walchensee** (805 m; links zu Badestrand).

B) Südostwärts einen Pfad anfangs steil abwärts queren, dann auf steinigem Karrenweg durch ein Tälchen und über Wiesen hinab zum Weiler **Sachenbach** 05 (805 m; Jausenstation, Strand). Am Walchensee nordwestwärts auf einem Teerweg zur Kesselbergstraße promenieren und auf dieser zwei Serpentinen linksseitig über steilen Waldweg und Parkplatz-Weg abkürzend hinauf zum **Ausgangspunkt** 01.

KREUZECK UND KREUZJOCH • 1719 m

Am Rande des Wettersteins

13,5 km | 5:00 h | 1090 hm | 1090 hm | 5

START | Garmisch-Partenkirchen Parkplatz Kreuzeck- /Osterfelderbahn (761 m) [GPS: UTM Zone 32 x: 655.428 m y: 5.259.805 m]
CHARAKTER | Grundsätzlich ist die Rundwanderung einfach, doch besteht auf den stellenweise extrem steilen Fahrwegen – vor allem beim Abstieg – erhebliche Rutschgefahr. Stöcke sind hilfreich. Die letzten Meter zum Kreuzjochgipfel sind etwas ausgesetzt und verlangen Trittsicherheit und Schwindelfreiheit. Bei Vereisung kann es unter den beiden Quellen am Waldeck-Jägersteig gefährlich werden (Grödel!)

Wenn noch Schnee liegt, wirken Alpspitze, Zugspitze und Waxenstein besonders markant.

Die Rundwanderung über Kreuzjoch und Kreuzeck lohnt sich vor allem wegen der großartigen Blicke ins Herz des Wettersteingebirges. Und die gibt es im Wesentlichen vom Gipfelkamm. Die langen Nordhänge beim Aufstieg sind weniger attraktiv, weil man sich im Wesentlichen auf Fahrwegen im Skipistengebiet aufhält. Nur der Jägersteig Waldeck, den man beim Abstieg meistert, ist landschaftlich ansprechend.

▶ Vom **Bahnhof** 01 geht man auf einem Fahrweg über die Gleise der Zugspitzbahn und dann auf einem Fahrweg nach Süden hinauf. Er dreht hinter dem obersten Wohnhaus ein wenig links ab und wird im Wald enorm steil. In Schlangenlinien geht es auf dem Fahrweg, über die Skipiste und unter den Kabeln der Kreuzeckbahn hinauf. Nach mühsamem, langem und steilem Anstieg stößt man zu einer sehr breiten **Straße** 02 und folgt ihr nach rechts, um etwa 150 m weiter vorne nach links auf die Skipiste abzubiegen.
Die Anstiegsroute führt an einem Betongebäude vorbei, in dem sich das Management der Wasserversorgung für die Schneekanonen befindet. Weiter oben kommt man am Wasserbecken für die Beschneiungsanlagen vorbei und trifft wieder auf eine **breite Straße** 03. Auf ihr nach Osten, bis nach etwa 300 m ein beschilderter **Wanderweg** 04 abzweigt.
Der gute Serpentinenweg steigt durch den Wald an und erreicht abermals eine Skipiste, über die er als breiter Schotterweg bis zur **Tröglhütte** 05 führt (private Selbstversorgerhütte der Alpenvereinssektion München).
Bei der Hütte knickt die Aufstiegsroute rechts ab, quert die Piste und führt in den Wald hinein. Dann verzweigt sich der Weg. Wir halten uns dort **links** 06 und nehmen die schmälere Wegspur. Sie steigt zur **Kreuzalm** 07 an, erreicht

aber kurz vor der Bergwirtschaft noch eine Straße. Von der idyllisch gelegenen Kreuzalm gehen wir auf einer Pisten- und Wegrampe nach Osten hinauf, in einem Steilaufschwung durch zwei Kehren, und unter die Kreuzjochbahn.

Nach einem Rechtsschwenk erreicht man die Bergstation der Seilbahn. Von dort steigt auf ein paar Minuten eine schmale, unmarkierte Trittspur über einen nach links enorm abbrechenden Grat zum Gipfelkreuz und zum höchsten Punkt auf dem **Kreuzjoch** 08 an.

Vom Kreuzjoch folgen wir bis zur **Kreuzalm** 07 der Aufstiegsroute, gehen dann gegen Südwesten auf breitem Fahrweg weiter und bei der Verzweigung unter dem Kreuzeck nach rechts. Ein paar Minuten später ist das **Kreuzeck** 09 erreicht. Der Gipfel ist gekrönt vom Kreuzeckhaus und einer mächtigen Seilbahnstation. Neben den Gebäuden und Antennenanlagen ist sogar noch für ein bescheidenes Gipfelkreuz Platz geblieben.

Vom Kreuzeck auf der Stichstraße zum Querweg hinunter, auf ihm rechts halten und in eine Senke hinab. Dort nach rechts abzweigen und zur Talstation der **Lengenfelderbahn** 10. Unmittelbar vor der Skiliftstation zweigt man links ab und folgt dem schönen, mäßig steil abfallenden Waldeck-Jägersteig in vielen Kehren an zwei **Quellen** 11 vorbei und erreicht eine Forststraße. Auf sie rechts einbiegen, ein längeres Stück gering bergauf, bei der Einmündung einer breiteren Straße geradeaus weiter und relativ eben bis zur Aufstiegsroute, der man bis zum **Ausgangspunkt** 01 folgt.

Alpspitze und Kreuzjoch.

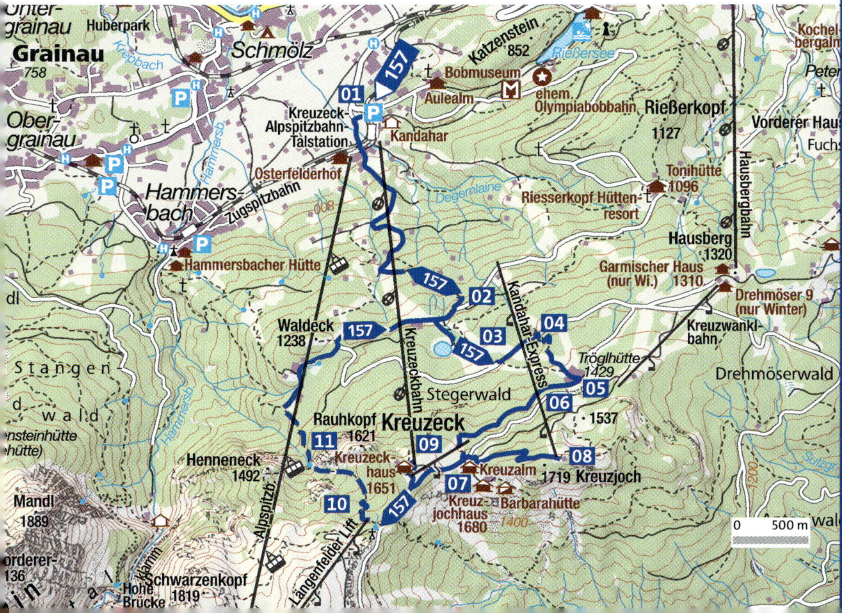

HOHER KRANZBERG • 1391 m

Zum Barfußweg bei St. Anton am Kranzberg

10,7 km 3:00 h 500 hm 500 hm 6

START | Schloss Kranzbach an der Mautstraße von Klais nach Elmau (995 m) [GPS: UTM Zone 32 x: 667.071 m y: 5.259.951 m]
CHARAKTER | Leichte Wanderung, auf der mit Schwierigkeiten normalerweise nicht zu rechnen ist

Einmaliger Ausblick vom Hohen Kranzberg über den Wildensee bis zum Estergebirge, zum Jochberg und rechts zur Soierngruppe.

Der Waldaufstieg zum Kranzberg von Norden her ist kurz, einfach und führt nur über einen bescheidenen Höhenunterschied. Erst in Gipfelnähe öffnen sich freie Ausblicke. Der Abstieg über den Wildensee dagegen ist von landschaftlichen Höhepunkten geprägt, bevor er wieder in den Wald eintaucht.

Von der Fahrwegabzweigung in der Nähe des **Schlosses Kranzbach** 01 geht man auf dem Sträßchen in den Wald hinein.
Anfangs steigt die Forststraße kaum an und führt neben dem Kreidenbach nach Süden dahin. Hinter einer Linkskurve schwingt sich die Straße aber steil auf, beschreibt anschließend eine Rechtskurve und dreht dann links ab, wo nach rechts ein breiter **Kiesweg** 02 abzweigt. Wir folgen ihm und queren in einem Rechtsbogen eine Bachschlucht mit einem kleinen Wasserfall. Dann geht es im Wesentlichen nach Südosten hinauf.
Nicht weit unter dem Gipfel zweigt nach rechts ein **schmaler Bergweg** 03 ab. Wir biegen dort ein und folgen ihm anfangs eben durch den Wald, dann kurz bergauf und erreichen auf der **Hochbrücke** 04 einen Querweg. Auf ihm nach links einbiegen und in mehrmaligem Auf und Ab durch schönen Mischwald, auf Stegen über zwei Bäche und in freie Wiesenhänge.
Die letzten fünf Minuten des Aufstiegs führen über eine breite Promenade direkt zur Unterstandshütte auf dem **Gipfel** 05 hinauf.
Vom Gipfel gehen wir auf breitem Weg zum **Kranzberghaus** 06 hinunter, drehen dort links ab und folgen einem Fahrweg zu einer Verzweigung. Bei ihr scharf links abbiegen und dem Wegweiser nach St. Anton folgen. In einem Steilstück kann man den etwas unbequemen Fahrweg nach rechts auf einem **Fußweg** 07 verlassen. Dabei kommt man an einem Unterstand vorbei und gleich darauf wieder

zur schmalen Straße. Beim Messfeld des Lawinenwarndienstes, direkt unter den Seilbahnkabeln, stößt man auf den **Barfußweg** 08. Wer mag, zieht die Stiefel aus und folgt dem beschilderten Weg nach links. Einige Hinweistafeln erläutern die besonderen Wegabschnitte. Im weiteren Verlauf dreht der Barfußweg hinter dem Skilift nach rechts ab und führt in den Wald hinein. Im Wald zweigen wir dann an beschilderter Stelle nach **links** 09 ab, um dem Bergweg zu folgen, der zur Wirtschaft Wildensee ausgewiesen ist.

Dabei kommt man wieder aus dem Wald heraus und in der Nähe eines **Unterstands** 10 auf ein Sträßchen. Man folgt ihm nach links zur Verzweigung, direkt vor der **Berggaststätte** 11. Dort rechts weiter, am malerischen Wildensee vorbei und dem Fahrweg eben nach Nordwesten in den militärischen Bereich folgen.

Im Militärgebiet gehen wir in längerem Gegenanstieg am Rande einer Asphaltstraße weiter und erreichen ein paar Wendeschlaufen und eine Absperrschranke. Hinter der Schranke kommt man auf eine Forststraße (Grieserweg). Auf ihr nach links weiter und mit ein paar Gegenanstiegen bis zum Aufstiegsweg, dem man zum **Ausgangspunkt** 01 zurück folgt.

In einem Liegestuhl auf dem Hohen Kranzberg.

KRAMERSPITZ • 1985 m

Die große Kramerrunde

17,4 km 7:15 h 1480 hm 1480 hm 5

START | Garmisch-Partenkirchen, Friedhof in der Brauhausstraße (696 m) [GPS: UTM Zone 32 x: 657.000 m y: 5.262.913 m]
CHARAKTER | An einigen Stellen bei Auf- und Abstieg braucht man Trittsicherheit und Schwindelfreiheit. Wegen der Länge der Tour und des beachtlichen Höhenunterschieds sind einwandfreie Kondition und Ausdauer notwendig

Blick vom Kramergipfel zum Kramerkreuz.

Der Kramerspitz zählt zu den beliebtesten Bergen rund um die Zugspitze.
Wie so oft, gilt auch hier: Die schönsten Ausblicke auf die berühmten Gipfelhäupter hat man von den weniger stattlichen Nebengipfeln, und so zählt der Kramer zu den besten Aussichtswarten, hinüber zu Deutschlands höchstem Gipfel und dem anschließenden, zerklüfteten Wettersteinkamm.

▶ Es gibt mehrere Ausgangspunkte. Hier ist der beim Friedhof in Garmisch, an der **Brauhausstraße** 01 vorgeschlagen. Von ihm geht man auf der Brauhausstraße nach Südwesten, am Eingang zur Bayernhalle vorbei und auf einem schmalen Asphaltsträßchen zur Verzweigung über der Kriegerkapelle hinauf. Bei der Verzweigung dem Fahrweg folgen, der nach Norden ansteigt und in etlichen Kehren zur malerisch gelegenen **Bergwirtschaft St. Martin** 02 ansteigt. Man kann kurz vor der Wirtschaft rechts abzweigen oder hinter dem Biergarten rechts herum ansteigen und einem Bergweg in sehr moderater Steigung ohne besondere Anstrengung in Kehren folgen. Kurz vor der Felsenkanzel führt er an einer Felsenwand entlang und dann findet man links des Weges eine brillante Aussichtswarte: die **Felsenkanzel** 03.
Anschließend steigt der Weg weiterhin sehr angenehm an, beschreibt wieder etliche Kurven und **verzweigt sich** 04 schließlich.
Wer geradeaus weitergeht, kommt auf den Königsstand, ebenfalls ein lohnendes Ziel. Zum Kramer geht es links herum. Dann ist es allerdings mit der Gemütlichkeit vorbei, denn der Weg wird schmal, steil und mühsam und hin und wieder verlangt er auch ein Zupacken. Bald geht es sogar in einem felsigen Abschnitt ans **Drahtseil** 05, was aber nicht besonders schwierig ist.
Schließlich erreicht man eine breite **Grathöhe** 06. Auf ihr nach links weiter und die schroffen Gipfel vor Augen, zu einem freien **Rücken** 07 hinauf, von dem man besonders schöne Ausblicke hat. Von diesem Rücken fällt der Weg knapp 50 Höhenmeter durch eine steile, schotterige Felsenrinne ab. Das ist nicht besonders schön zu gehen, doch bald kommt man in einer Senke an, aus der der Bergpfad wieder deutlich ansteigt. Anschließend muss man eine lange, karge Bergflanke überwinden. Wenn dort Schnee liegt, kann die Sache gefährlich werden. Hinter dieser tristen Etappe kommt man wieder auf grünen Grasboden und eine Rippe, über die man

nach Süden auf das Gipfelkreuz zugeht. Allerdings sind die letzten Meter zum Kramerkreuz hinauf nochmals etwas schrofig.
Vom Kramerkreuz kann man in eine kleine, felsige Einsattelung hinuntergehen und über einen kurzen Felsengrat, ein wenig luftig, aber nicht schwierig, zum **höchsten Punkt** 08 hinauf.
Vom Kramer gehen wir auf einem kiesigen Bergweg nach Westen hinunter, dabei mehrmals ans Drahtseil und schließlich auf einen landschaftlich prächtigen, aussichtsreichen und sehr einfachen Bergweg.
Dieser führt lange in der gleichen Richtung dahin und fällt schließlich zur **Stepbergalm** 09 ab. Während der Almzeit und an Schönwetter-Wochenenden im Oktober kann man dort einkehren. Bei der beliebten Stepbergalm biegt der Abstiegsweg scharf links ab und führt in mehrmaligem Auf und Ab nach Südosten. Dabei gewinnt man nochmals an Höhe, bevor der Pfad relativ steil nach Süden abfällt. Nach einem Linksbogen wird es wieder etwas flacher und schließlich erreicht man den **militärischen Bereich** 10. Dort links abbiegen, auf schmalem Weg über die Dürerlaine und auf die breite Promenade des **Kramerplateauwegs** 11. Auf ihm nach Nordosten gemütlich dahin, bis man bei der Kriegerkapelle die Aufstiegsroute wieder erreicht. Ihr folgt man zum **Ausgangspunkt** 01.

Kriegerkapelle am Kramerplateauweg.

Die Felsenkanzel.

KÖNIGSSTAND • 1453 m

Am Maurersteig

9,1 km 3:30 h 680 hm 680 hm 5

START | Garmisch-Partenkirchen, Pflegersee (846 m)
[GPS: UTM Zone 32 x: 656.849 m y: 5.265.030 m]
CHARAKTER | Für den Aufstieg auf dem luftigen Maurersteig braucht man Trittsicherheit und etwas Schwindelfreiheit. Keinesfalls darf man dort aufsteigen, wenn Schnee liegt. Die restliche Rundwanderung ist sehr einfach

Die Bergwirtschaft St. Martin am Grasberg beim Abstieg vom Königsstand.

Ein ungewöhnlicher, aber sehr aussichtsreicher und spannender Aufstieg auf dem Maurersteig, ein gemütlicher Rastplatz auf einem schönen Aussichtspunkt und ein langer, wenig aufregender Abstieg auf dem Kramersteig kennzeichnen diese schöne Rundwanderung.

▶ Zuerst folgt man der breiten Promenade des Kellerleitensteigs vom **Pflegersee** 01 durch den Wald nach Süden, bis unmittelbar vor einem Bachsteg auf der Höhe von etwa 900 m nach rechts der unbezeichnete **Maurersteig** 02 abzweigt. Auf ihm geht man in Kehren durch den Wald hinauf und erreicht auf der Höhe von rund 1000 m eine **Grotte** 03, in der eine frische Quelle entspringt. Bald darauf wird der Weg ziemlich steil, und schlängelt sich bis kurz vor einen markanten Felsenüberhang, ehe er rechts abdreht und weiterhin steil zwischen der Schwarzen Wand und den Seleswänden nach Nordwesten ansteigt. Auf ein paar Meter können wir auf der Höhe von 1145 m sogar eine Seilsicherung in Anspruch nehmen, und dann flacht der Anstieg spürbar ab. Er steigt nun in lichtem, aussichtsreichem Kiefernwald an.
Unmittelbar vor dem bewaldeten, wenig markanten Gipfel des Königsstands zweigt nach rechts eine Wegspur ab, die nach ein paar Metern zu einem schönen Rastplatz auf einer prächtigen **Aussichtskanzel (Königsstand)** 04 führt. Dort ist das Ziel der Tour erreicht, denn der Weiterweg zum **höchsten Punkt** 05, der nur ein paar Meter höher, aber mitten

im Wald liegt, lohnt sich nicht. Vom Königsstand gehen wir auf einem Bergpfad nach Westen weiter und folgen dem Wegweiser nach Garmisch. Dabei geht es durch einen Linksbogen und hinter einem Flachstück etwas bergauf. Dann folgt man dem schönen Weg ein längeres Stück eben dahin, bis der **Kramersteig** 06 erreicht wird. Auf ihn schräg links einbiegen und zur **Felsenkanzel** 07 hinab.

Anschließend dem breiten Bergweg weiter folgen, bis er knapp über der **Bergwirtschaft St. Martin am Grasberg** 08 auf einen Fahrweg stößt. Auf ihm nach links und etwa 100 m weiter vorne wieder links auf ein schmales Sträßchen einbiegen.

Nun in Kehren relativ steil nach Norden hinunter und an beschilderter Stelle links auf den **Kellerleitensteig** 09 abzweigen, der nach Norden wieder zum **Pflegersee** 01 hinausführt.

Der Königsstand über dem Pflegersee.

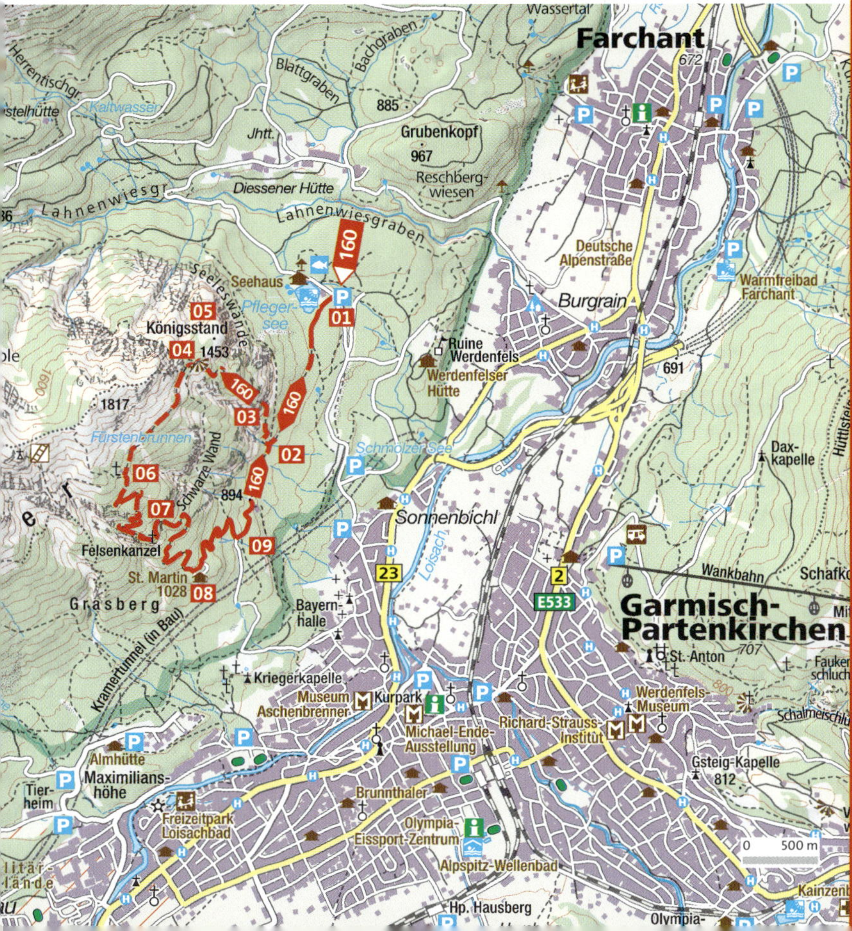

FARCHANT – GARMISCH • 768 m

Auf dem Loisachuferweg und dem Philosophenweg

9,3 km | 2:45 h | 240 hm | 240 hm | 5

START | Farchant, Bahnhof (672 m)
[GPS: UTM Zone 32 x: 659.172 m y: 5.266.262 m]
CHARAKTER | Sehr leichter Spaziergang mit geringen Steigungen

Blick vom Loisachuferweg über die Loisach auf Alpspitze und Zugspitze.

Im schönen Werdenfelser Land, zwischen Farchant und Garmisch-Partenkirchen, gibt es gleich mehrere bestens ausgebaute Spazierwege, die sich zu einer schönen Wanderung verbinden lassen, sodass sich fast eine Rundtour ergibt. Nur ein relativ kurzes Stück der bequemen Promenaden geht man bei Hin- und Rückweg auf derselben Strecke.
Während der gesamten Wanderung hat man beste Ausblicke, vornehmlich auf das wilde Wettersteingebirge mit den dominanten Gipfeln Alpspitze und Zugspitze.

▶ Vom Bahnhof in **Farchant** 01 quert man am Bahnübergang die Gleise und folgt der Mühldörflstraße nach Osten. Dann geht es über die Loisach und dahinter, beim Kraftwerk, nach rechts in die Esterbergstraße. Etwas weiter vorne zweigt an beschilderter Stelle der **Loisachuferweg** 02 ab. Dort nach rechts einbiegen, gleich dahinter wieder links und der Loisach entlang, bis hinter dem Parkplatz des Freibads der Weg nach links ansteigt und nach rechts am **Warmfreibad** 03 vorbeiführt.
Anschließend rechts weiter und auf dem Loisachuferweg dahin, bis ein Weidegatter und ein **Weiderost** 04 erreicht werden. Dort dem Wegweiser scharf nach links zum Philosophenweg folgen, bis wir auf diesen am **Schweinsbichl** 05 rechts einbiegen können.
Die bestens ausgebaute Promenade führt nun mit brillanter Aussicht zur Zugspitze nach Süden weiter und nach einem Weidegatter in den Wald hinein, der sich aber bald wieder lichtet.
Hinter einem **Unterstand** 06 dreht der Weg etwas ansteigend rechts ab. Damit es etwas spannender wird, hinter der Kurve nach links auf einen unbezeichneten, anfangs groben **Schotterweg** 07 abzweigen und auf ihm zu einer Aussichtsterrasse ansteigen. Beim Panoramaplatz dreht die Route links ab und führt auf einem Kiessträßchen

zum höchsten Punkt der Wanderung. Gleich darauf kommt man zu einer Fahrwegeinmündung, hält sich schräg rechts und stößt auf die Asphaltstraße in der Nähe der Wankbahn. Auf ihr nach rechts zum **Schützenhaus** **08** hinunter. Direkt bei der Bushaltestelle zweigen wir rechts ab und stoßen wieder auf den Philosophenweg.

Auf dem guten Wanderweg nun nach Norden zurück, zum Hinweg und diesem bis zur Verzweigung am **Schweinsbichl** **05** folgen. Bei ihr geradeaus weiter, ein längeres Wegstück aufwärts, dann bergab, durch ein Weidegatter und wieder durch ein Waldstück.

Bei der folgenden Verzweigung kann man nach links zum Warmfreibad hinuntergehen und auf dem Hinweg den Ausgangspunkt wieder erreichen. Wer geradeaus weitergeht, kommt unter dem Skilift Riedhang durch und erreicht den Ortsrand von Farchant.

Wer sich die Beine noch weiter vertreten möchte, geht bei dieser Verzweigung nach rechts, ein paar Meter auf einem Asphaltweg und dann nach links, am Rastplatz **Ried** **09** (mit Brunnen) vorbei und auf den Walderlebnispfad.

Beim Unterstand unmittelbar vor dem **Kuhfluchtgraben** **10** zweigt der Rückweg links ab, führt zum Wanderparkplatz in **Mühldörfl** **11** hinunter und durch Farchant zum **Ausgangspunkt** **01** zurück.

Im Kuhfluchtwald.

WANK • 1780 m

Auf die Garmischer Aussichtsloge

12,5 km 5:00 h 1040 hm 1040 hm 5

START | Schlattan-Höfle (910 m)
[GPS: UTM Zone 32 x: 662.323 m y: 5.261.842 m]
CHARAKTER | Mit Schwierigkeiten ist normalerweise nicht zu rechnen

Zu Füßen des Wanks breitet sich Garmisch-Partenkirchen aus und darüber erheben sich die Zugspitze und die Ammergauer Alpen.

Der Wank ist ein brillanter Aussichtsberg, vor allem auf das Wettersteingebirge mit der alles überragenden Zugspitze.

Vom Parkplatz unter der Straßenabsperrung bei **Schlattan** 01 gehen wir auf steilem Fahrweg zum **Gschwandtnerbauer** 02 hinauf und sind schon bei der ersten Einkehrmöglichkeit angekommen. Gleich hinter dem Wirtshaus biegt man links ab und kommt in den Wald hinein. Der gute Wanderweg steigt gegen Norden an, führt an einer tiefen Klamm mit schönen Einblicken vorbei und gabelt sich beim **Kotierungspunkt 1384 m** 03. Dort drehen wir links ab und wandern gemütlich durch den schattigen Mischwald nach Westen hinauf, bis der Bergweg nach Nordwesten schwenkt und freie Wiesen erreicht werden. Die breite, aussichtsreiche Gipfelpromenade bringt uns nun zur Bergstation der Wankbahn. Von ihr gehen wir auf breitem Kiesweg zum **Wankhaus** 04 und zum **Gipfelkreuz** 05 hinauf.
Am einfachsten und schnellsten ist es, mit der Seilbahn abzufahren. Auch recht flott ist der Abstieg entlang der Aufstiegsroute.
Die Route zum **Ameisberg** 06 und über den Eckenberg zur Esterbergalm hinab und durch den **Kaltwassergraben** 07 wieder nach Süden zur Anstiegsroute hinauf ist dagegen deutlich länger, aber auch besonders schön.
Wer die Wanderkarte genau studiert, kann noch viele Varianten finden, die aber zum Teil nicht wieder zum Ausgangspunkt zurückführen.

Rabenkopf
1107
Deutsche Alpenstraße
E533
Schwedenschanze
Neue Schanze
Kreuzstein
1009
Kareck
2046
Klamm
Schafalm-Diensthütte
Henneneck
Wald- und Wildschongebiet
Henneneck
(i. Winter Betreten verboten)
Bischof
2033
Ursprung
Niederer Fricken
1682
Jägersteig
Kuhflucht
Kuhfluchtgraben
Hoher Fricken
1940
Bischof West
Frickenhöhle
Kuhfluchtwasserfall
Ochsenberg
1694
Wasserwart-Diensthütte
Farchanter Alm
1272
Warmfreibad Farchant
Wald- und Wildschongebiet
Esterberg Nord
Frauenmahd
Predigtstuhl
Esterberg
Esterbergalm
1264
691
Zunderkopf
1611
Ameisberg
Kaltwassergraben
Hüttlsteig
1749
Ameisberg
1724
Dax-kapelle
1662
Rotenkopf
1682
Observatorium
1780
Wankhaus
1774
Sonnenalm
Häuslboden-Diensthütte
Wank
162
1688
Roßwank
Wank Süd
Wankbahn
Schafkopf
Mittelstation
Geißsteig
Fuchssteig
Garmisch-Partenkirchen
St. Anton
707
Schwarzbodensteig
Faukenschlucht
Eckenhütte
Tannenhütte
937
Schalmeischlucht
Hacker-Pschorr-Brücke
Gschwandtner Bauer
Gschwandt
Unterreidlach
Steinbichel
1026
Gsteig-Kapelle
812
Schlattan
Höfle
910
Kreidewerk
Schweizer Bartl
Kaltenbrunn
916
Vogelschutzwarte
Pfeifferalm
Anzlesau
Biathlonstadion
Kainzenbad
Olympia-Skistadion
In der Kuchl
Kankerbach
Halbau
Rappenschrofen
1057
Wamberg
996
Wiedau
906
Schönau
Wamberg
Im Tal
Gudiberg
Wamberger Hütte
1055
Eselberg
Eckbauerbahn
1304
Wamberg
Maierhütte
Partnach
Wildenau
Partnachklamm
Eckbauerkreuz
1222
Hanneslabauer
Partnachklamm
Vordergraseck
1237
Eckbauer
Brunstwank-Diensthütte
Kaiserschmarrn-Alm
Partnachalm
983
Wettersteinalm
Hintergraseck
Streichla
Mittergraseck
Hintergraseck
Ferchenbach
dzt. gesperrt
797
dzt. gesperrt
0
500 m
Stegreif
1184
Stellwagelskopf
1288
Kaltenbachquelle

STEGEN – BREITBRUNN • 601 m

Zwischen Ammersee und Wörthsee

13,3 km | 4:30 h | 220 hm | 220 hm | 180

START | Stegen, Fischerwirt (530 m)
[GPS: UTM Zone 32 x: 658.810 m y: 5.327.069 m]
CHARAKTER | Interessante, unschwierige Rundwanderung mit längeren Waldetappen bis Breitbrunn und einem großartigen Seeuferweg zurück nach Stegen

Blick von Breitbrunn über den Ammersee nach Schondorf.

Vom **Fischerwirt in Stegen 01** geht es erst einmal auf der Landsberger Straße nach Südosten am Badegelände entlang. Man folgt dem Seeuferweg, bis nach links die Bergstraße abzweigt. Auf ihr ziemlich steil nach Osten hinauf, bei der Kreuzung auf der Scheitelstrecke schräg links abbiegen, in einem Rechtsbogen auf der Schornstraße zum Sportzentrum hinab und weiter zur Staatsstraße 2067. Diese queren wir beim Supermarkt und folgen der Straße „Obere Mühle", von der wir hinter der Brücke rechts abbiegen. Wir wählen den linken der beiden Kieswege, der auf einem Hang ansteigt. Man kommt an einem kleinen Waldweiher vorbei und hält sich bei der Einmündung auf freiem Feld rechts. Dann geht es auf einem Steg über den kristallklaren Inninger Bach, in den Wald hinein und zu einem Sträßchen. Dieses queren wir schräg rechts und folgen einem Wurzelweg nach links zum Kühberg. Bei der folgenden Kreuzung auf einem flachen Wegstück geradeaus weiter und auf einem Forststräßchen nach Süden dahin. Auf dem **Kühberg 02** geht es am Waldrand entlang zur Staatsstraße 2070. Wir biegen unmittelbar vor der Straße links ab und gehen auf der Wallerstraße gegen Osten bis zum südlichen Ortsrand von **Bachern 03**.
Bei der Bushaltestelle biegt man links ab, folgt nur kurz der Asphaltstraße und geht dann scharf nach rechts in die Aitelstraße. Vom Straßenende auf einem Waldweg zum Erholungsgebiet am **Wörthsee 04** weiter. Nun der Länge nach durch das Badegelände,

in den Wiesen nach rechts auf einen Kiesweg einbiegen und beim Parkplatz zur Autostraße hinaus. Diese vorsichtig queren, in den Wald hinein und auf einer Forststraße bis zur Einmündung am Waldrand. Dort muss man scharf rechts abbiegen, im Schlagenhofer Buchet zur Verzweigung neben der Wasserfassung und dort die rechte Fahrspur wählen, die sogleich zu einem großen Holzplatz führt. Dort biegt man links ein, folgt der langen Fahrspur über den Jaudesberg und kommt durch eine Rechtskurve nach **Breitbrunn** **05** hinab.

Im Ort auf der Jaudesbergstraße bis zur Münchner Straße. Auf sie links einbiegen, etwas abwärts und nach rechts auf den Franz-Utz-Weg, den man aber gleich wieder verlässt, um nach rechts auf einen Fuß- und Radweg einzubiegen. Anschließend hält man sich links auf die Seeleite, von der man bei der Seglervereinigung Breitbrunn nach links in Richtung Fußweg nach Buch abbiegt. Am Ammerseeufer rechts halten, um auf einem schmalen, stellenweise sehr nassen, aber abwechslungsreichen Wanderweg nach Osten, am **Campingplatz** **06** vorbei, weiterzugehen. Hinter Buch wird der Weg noch enger und dann muss man an beschilderter Stelle das Ufer verlassen. Es geht ein wenig nach rechts hinauf und dann nach links auf schönem **Wanderweg** **07** in mehrmaligem Auf und Ab und über etliche Stege bis **Stegen** **01** zurück.

MÜHLTAL – REISMÜHL • 640 m

Am Schlossberg

6,9 km | 1:45 h | 80 hm | 80 hm | 180

START | Parkplatz an St. 2063 im Mühltal, nördlich Leutstetten (592 m)
[GPS: UTM Zone 32 x: 676.690 m y: 5.323.403 m]
CHARAKTER | Einfache Waldwanderung

Im Mühltal.

Vom **Wanderparkplatz** 01 geht man auf der Brücke über die Würm und folgt dem breiten Weg nach links. Bei der folgenden Weggabelung nach rechts und dem breiten Weg durch den Wald ein wenig aufwärts folgen. Hinter der Kiesgrube geht es durch einen geringen Rechtsbogen. Wir bleiben auf dem Sträßchen, bis am Waldrand ein großes Kreuzungssystem erreicht wird. Dort schräg nach links abbiegen und einer breiten Forststraße nach Norden folgen.

Bei der nächsten Abzweigung geradeaus und bei der folgenden Kreuzung schräg links weiter, ins Hallerholz hinein.

Bei der nächsten Wegverzweigung muss man scharf links herum und beim folgenden Wegedreieck wieder nach rechts, auf eine lange, ziemlich gerade Forststraße. Schließlich beschreibt sie einen kaum merklichen Linksbogen und stößt zu einer Einmündung. Dort rechts und sofort darauf die linke Straßenvariante wählen. Diese führt durch das Obere Taxet und bei **Reismühl** 02 aus dem Wald heraus.

Kurz vor der Würm stoßen wir auf ein Asphaltsträßchen. Auf diesem nach links und durch den malerischen Talgrund neben der Würm zum **Ausgangspunkt** 01 zurück.

Baumschwämme an der Würm im Mühltal.

Forst
Hubertushütte
565
Stockdorf
553
Brauerei Biergarten
567
Kringel
570
Angerholz
572
Grubmühl
554
Würm
Gauting
564
Forst
577
Kasten
enried
580
580
Forsthaus Kasten
566
Schloss Fußberg
Forestella
Zentralkrankenhaus
580
Preysingsa
565
585
Keltenschanze
Haller
Buchendorf
592
Sommerbad Gauting
564
594
Reismühl
02
taatsforst
606
Königs-wiesen
164
604
Unter-
537
Kasparskreut
Ullrichs-kapelle
Schlossberg
Leutstetter Geräumt
Dillis-Geräumt
brunn
164
01
164
638
631
Mühlthal
647
Ruine Karlsburg
626
Schlossgaststätte
Schönberg
LEUTSTETTEN
Schwaige
661
592
Schwaigwald
Rieden
639
Petersbrunn
Einbettl
Sonnenberg
661
Unterschorn
illberg
Leutstettener
Moos
DAV-Kletteranlage Starnberg
NSG
585
WANGEN
Tierheim
Villa Rustica
Wildmoos
598
652
652
Goldsee
Galgensee
Leutstettener
Truhensee
Holzeder
STARNBERG
587
Heimatshausen
0
500 m
Moos
Würm
Percha
634
Fercha
640

HERRSCHING – WARTAWEIL • 622 m

Badeausflug am Ammersee nach Ramsee

11,6 km | 3:00 h | 150 hm | 150 hm | 180

START | Bahnhof Herrsching (538 m)
[GPS: UTM Zone 32 x: 661.917 m y: 5.318.350 m]
CHARAKTER | Einfache Wanderung ohne besondere Schwierigkeiten

Schloss Mühlfeld am Ammersee.

Auf dem Höhenberg, wie der lange Waldrücken östlich des Ammersees und südlich von Herrsching heißt, gab es mal eine Ortschaft mit dem Namen Ramsee. Sie ist 1860 von der Karte verschwunden, und heute ranken sich gar schaurige Geschichten um den Untergang des Dorfes. Fakt ist, dass die Bauern nach der Säkularisation schlichtweg kein Geld mehr hatten, um den Ort am Leben zu erhalten, weshalb er an den Staat verkauft worden ist, der ihn mitsamt der Nikolauskirche abreißen ließ, um die Gegend wieder aufzuforsten. An der Stelle wo einst Ramsee stand gibt es heute einen Gedenkstein, das Ramseedenkmal, und das wollen wir im Rahmen eines Badeausflugs besuchen.

▶ Vom **Bahnhof in Herrsching** 01 folgt man der breiten Straße nach Süden gering hinab, biegt nach rechts in die Straße „Am Landungssteg" ein und folgt ihr bis zum See. Am Ufer rund 300 m nach links weiter. Der folgende Durchgang ist blockiert, weshalb man nach links zur Bushaltestelle hinauf und dann nach rechts auf dem Fuß- und Radweg neben der Autostraße weiter muss. Anschließend kommt man am schmucken **Schloss Mühlfeld** 02 vorbei. Bald danach zweigt links neben der Autostraße ein nach Ramsee beschilderter Fahrweg ab. Er steigt im Wald lange auf den Höhenberg an, bis bei den Wegverzweigungen nach links ein kurzer Pfad zum **Ramseedenkmal** 03 abbiegt.
Der Weiterweg führt auf dem Fahrweg über den höchsten Punkt der Wanderung in Richtung Aidenried weiter. Bei der nächsten **Kreuzung** 04 hält man sich rechts und folgt der Radwegbeschilderung nach Wartaweil. Nach längerem Abstieg wird in der Nähe eines **Parkplatzes** 05 ein Asphaltweg erreicht, auf dem man kurz nach links hinabgeht, bis nach rechts der beschilderte Weg zum Erholungsgebiet einbiegt. Er bringt uns in einer Unterführung unter der Autostraße durch

und zum beliebten **Badestrand** 06 am Ammersee.
Nach dem erfrischenden Bad im See folgt man dem Uferweg nach Norden, geht an der Weißen Säule vorbei, bis zur Unterbrechung des **Uferwegs** 07. Bei ihr scharf rechts abbiegen, zum Fuß- und Radweg hinauf, wo der Hinweg wieder erreicht wird, auf dem man zum Bahnhof zurückwandert.

Blick vom Ammersee-Ostufer über den See nach Dießen.

STARNBERG – LEONI • 609 m

Wo unser König auf mysteriöse Art und Weise ums Leben kam

7,1 km 2:00 h 40 hm 40 hm 180

START | Bahnhof Starnberg (587 m)
[GPS: UTM Zone 32 x: 674.839 m y: 5.318.519 m]
CHARAKTER | Einfache Wanderung mit vielen Badegelegenheiten und einer schönen Rückfahrt mit dem Schiff

Starnberg.

Auf der Südseite des **Bahnhofs Starnberg** **01** verlässt man den S-Bahn-Bereich bei den Schiffsanlegestellen und folgt dem Uferweg zwischen Bahnstrecke und Seeufer nach links. Beim Wegweiser muss man nach rechts auf den **Nepomukweg** **02** einbiegen, dem man nun dem See entlang folgt, um das Bad „Wasserpark“ links herumgeht und auf der beweglichen Nepomukbrücke die Würm quert.

Bald darauf geht es neben den Bootswerften nochmals über eine bewegliche Treppenbrücke und dann nach rechts auf weite Liegewiesen direkt am See.

Dann spaziert man lange auf dem Uferweg bis **Kempfenhausen** **03**, biegt links ab, um zwischen blickdichten Gärten ein wenig anzusteigen und kommt nach einer Rechtskehre allmählich wieder zum See hinunter. Im weiteren Verlauf wird eine asphaltierte Seestraße erreicht, der wir weiter nach Süden durch das Promi-Viertel bis **Berg** **04** folgen. Im Ort gehen wir am Haus des ehemaligen königlichen Leibfischers Lidl vorbei, in einem Linksbogen die Wittelsbacherstraße hinauf und dann nach rechts weiter, bis an beschilderter Stelle ein Waldweg in den Schlosspark einmündet. Bei der Verzweigung müssen wir uns rechts halten und geradewegs zur **Votivkapelle** **05** gehen.

Nach dem Besuch der Todesstelle König Ludwigs II. und der Gedenkkapelle folgen wir dem breiten Kiesweg ein wenig abwärts und kommen auf Parkweg und Assenbucher Straße zum Seehotel in Leoni. Direkt vor dem Hotel befindet sich der **Landungssteg Leoni** **06** für das **Linienschiff**. Dort ist die Tour zu Ende.

Um den **Ausgangspunkt** **01** in Starnberg wieder zu erreichen, kann man mit dem Schiff fahren oder die gleiche Strecke zurück wählen.

Landungssteg in Starnberg.

RUND UM SEEWIESEN • 723 m

Stille Runde zwischen Starnberger und Ammersee

12,4 km | 3:00 h | 200 hm | 200 hm | 180

START | Parkplatz bzw. Bushaltestelle Seewiesen (680 m)
[GPS: UTM Zone 32 x: 666.686 m y: 5.316.517 m]
CHARAKTER | Beschauliche Rundwanderung in der ruhigen Gegend zwischen Pöcking, Andechs und Machtlfing. Die Wege sind meist nicht markiert, weshalb man eine gute Orientierungsgabe braucht.
Am besten wäre es, ein Mountainbike zu nehmen, das man im Wald zwischendurch aber schieben muss

Nördlich von Machtlfing.

Vom **Parkplatz Seewiesen** 01 folgt man neben der Kreisstraße dem Fuß- und Radweg zur Bushaltestelle und zweigt links auf ein Sträßchen ab, das zum Forschungsinstitut der Max-Planck-Gesellschaft führt. Bei der ersten Wegverzweigung halten wir uns rechts und kommen hinter den Institutsgebäuden auf eine schmale Forststraße, die sich bald in mehrere Äste aufteilt. Wir wählen die zweite Straße von links, eine schmale und nasse Fahrspur, die westlich des Eßsees nach Süden führt und zu einer Kiesstraße stößt. Dieser folgen wir nach links und kommen an den Rand einer großen Waldwiese.
Wieder erreicht man eine Kreuzung, wo man sich abermals links hält, um dem nach Pöcking und Aschering beschilderten Radweg zu folgen. Ein längeres Stück steigt die Straße nach Südosten an, und gleich hinter der Scheitelstrecke gehen wir bei der Verzweigung rechts, um weiterhin sehr gering anzusteigen. Bevor die Straße wieder abfällt, zweigt auf der höchsten Stelle nach links eine schmale Fahrspur ab, in die wir einbiegen, um ihr nach Süden hinauf zu folgen.
Allmählich wird es spannend, denn die Fahrspur wird wohl schon länger nicht mehr genützt und ist auf kurzen Strecken zugewachsen und kaum zu erkennen. Im dichteren Wald ist sie aber wieder gut zu sehen.
Schließlich kommt man aus dem Wald heraus und in einsamer, aber schöner Voralpenlandschaft auf freies Feld. Bei der folgenden Einmündung geht es nach rechts weiter und bei der nächsten, noch vor Machtlfing, wieder links, um auf einem Asphaltweg gering, aber stetig bis zum höchsten Punkt der Wanderung auf 723 m Höhe anzusteigen. In einem weiten Linksschwenk fällt der

Weg im Wald ab, durch einen scharfen Rechtsschwenk und dann führt er ein wenig auf und ab. Nach einem weiteren Rechtsbogen müssen wir bis zur Höhe von 709 m aufsteigen, und dann geht es gering abfallend weiter.
Beim **Fraulahof** 02 muss man nach rechts auf einen Asphaltweg einbiegen und kommt zum Wegkreuz, das an der Stelle der ehemaligen Wallfahrtskapelle Heilig Kreuz mit dem wundertätigen Kruzifix von Traubing stand.
Noch vor dem Ortseingang von Traubing und vor der Autostraße biegt man scharf links auf ein Feldsträßchen ein, das im Wesentlichen unter der Hochspannungsleitung nach Norden verläuft. Hinter einer Rechtskehre kommt man zu Rastplatz und Wegkreuz **Birkenholz** 03 neben dem Ascheringer Bach. Von dort unter der Stromleitung durch, durch einen Linksbogen und nach **Aschering** 04. Am Ortsanfang rechts halten, zur Sebastianskirche und links abbiegend auf der St.-Sebastian-Straße bis zum Andechser Weg. Auf ihn wieder links einbiegen und gleich darauf nach rechts in den Friedinger Weg. Er führt aus dem Ort hinaus, steigt zu einer Anhöhe an und knickt rund 100 m vor dem Waldrand links ab. Dort gehen wir geradeaus zum Waldsaum weiter, wo wir links einbiegen und in ausholendem Rechtsbogen bis zur Verzweigung aufsteigen. Bei ihr halten wir uns links und gehen sofort in einem weiteren Rechtsbogen nach Norden hinab.
Man darf es nicht übersehen, in einer Rechtskurve der Forststraße nach links auf einen kurzen Waldweg einzubiegen, der schon nach ein paar Meter zu einer großen Wiese führt. Am Waldrand links abbiegen und zu undeutlichen Fahrspuren, die im Zickzack über den Ballon-Startplatz zum **Ausgangspunkt** 01 zurückführen.

BERNRIEDER PARK • 631 m

Rundtour am Starnberger See

10,5 km | 2:45 h | 60 hm | 60 hm | 180

START | Bahnhof Bernried (631 m)
[GPS: UTM Zone 32 x: 670.792 m y: 5.303.419 m]
CHARAKTER | Schöne Rundtour durch den Bernrieder Park mit Badegelegenheit im Starnberger See

Pferdekutsche im Bernrieder Park.

Auf der Bahnhofstraße geht man vom **Bahnhof Bernried** 01 zuerst nach Nordosten hinab, biegt nach rechts in die Straße „Am Grundweiher" ein und schwenkt mit einer Straßenkurve links herum, um unmittelbar vor dem Feuerwehrhaus nach **rechts** in den Stiftungspark der Wilhelmina-Bush-Woods-Stiftung hineinzugehen.

Nun geht es geradeaus durch den Park, bei der **Verzweigung rechts** 02 und lange in der gleichen Richtung bis auf einen Wiesenweg. Hinter ihm kommt man wieder auf einen breiten Kiesweg und folgt ihm weiterhin nach Süden. Nach links zweigt ein Fußweg ab, wir aber bleiben auf dem Sträßchen, das zur Staatsstraße 2063 führt. Auf ihr kurz bis Seeseiten nach links, und unmittelbar vor dem **Gasthof-Café Seeseiten** 03 zweigt ein Weg zum **Freizeitgelände Seeseiten** 04 ab. Man kommt an der Kapelle vorbei, und wer mag, kann nach rechts auf ein Bad zum See hinuntergehen.

Ein schöner Wanderweg biegt unmittelbar hinter der Kapelle nach links ab, quert auf einem Steg einen Bach und führt über freie Wiesen, Schilf und Buschwerk am Schloss vorbei und schließlich in schattigen Wald hinein. Wieder kommt man auf ein Sträßchen, geht bei der Verzweigung rechts und bei der nächsten Verzweigung am Rand einer großen Lichtung abermals rechts. Nun folgt man dem Wegweiser nach Bernried zum Ufer hinab, geht ans Seeufer heran und an etlichen kleinen, aber feinen Badeplätzen vorbei.

In einer Steigungsstrecke zweigt nach rechts ein **Weg** 05 ab, auf dem wir nach Bernried und zur östlichen Klostermauer am Seeufer hinuntergehen. Am Mauerende nach links hinauf, zur Pfarrkirche **St. Martin** 06 und links haltend bis zum Feuerwehrhaus, wo der Hinweg wieder erreicht wird, dem man bis zum **Bahnhof** 01 folgt.

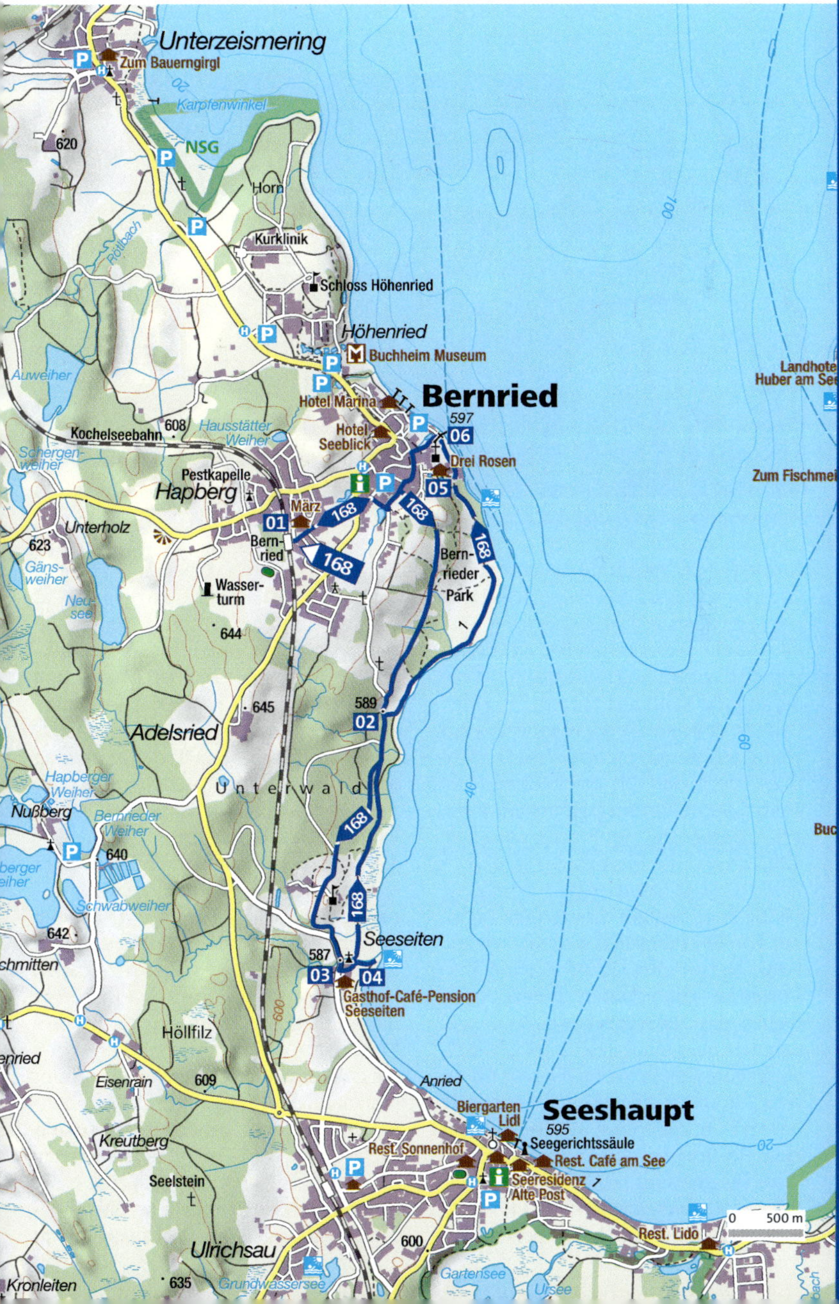

SEESHAUPT – EICHENDORF • 666 m

Durch das Naturschutzgebiet Frechensee

11,9 km | 3:30 h | 170 hm | 170 hm | 180

START | Bahnhof Seeshaupt (600 m)
[GPS: UTM Zone 32 x: 671.190 m y: 5.299.136 m]
CHARAKTER | Leichte Rundwanderung ohne größeren Höhenunterschied

Wegweiser zur Schlossgaststätte Hohenberg.

Nordwestlich des Naturschutzgebiets Osterseen gibt es das kleine Schutzgebiet Frechensee. Der eiszeitliche See, der immer mehr verlandet, ist ausgesprochen schön und als Ziel einer Wanderung von Seeshaupt aus fast zu nahe. Deshalb dehnen wir die Wanderung ein wenig aus, gehen zur Schlossgaststätte Hohenberg und bis nach Eichendorf weiter. Beim Rückweg gehen wir dann am anderen Ufer des Frechensees entlang.

Die Tour beginnt direkt beim Bahnhof von **Seeshaupt** 01, von wo wir anfangs neben den Gleisen zum Bahnübergang nach Süden gehen, nach rechts die Bahnstrecke queren und dahinter links auf den Unteren Flurweg einbiegen. Bei der Verzweigung hinter dem **Parkplatz** 02 müssen wir schräg links weiter und folgen dem Wegweiser zum Grundwassersee, der uns in den Wald hineinbringt.
Bei der Abzweigung geht es auf dem Fahrweg nach rechts, am **Parkplatz** vorbei und in einem Linksbogen am **Grundwassersee** 03 entlang (Badegelegenheit). Hinter einer Kiesgrube muss man unmittelbar vor dem Waldrand **links abbiegen** 04, durch eine Mulde und an der Kiesgrube in einem Linksbogen entlang. Bei der Verzweigung im Wald scharf links halten, und in einer gering abfallenden Strecke verzweigt sich der Weg. Wir gehen nach links und kommen in das Naturschutzgebiet hinein.
Am Ufer des **Frechensees** 05 verzweigt sich der Weg wieder, wo man schräg rechts weitergeht. Nach kurzer Steigung erreicht man eine Kiesstraße, der man nach rechts folgt und zu einer breiten Forststraße kommt, wo man abbiegt und am Weiler **Ellmann** 06 vorbeikommt.
Bei der beschilderten Verzweigung folgt man dann dem Wegweiser nach Hohenberg nach rechts, geht am Hof Ellmann Nr. 2 vorbei und auf einem Hohlweg durch den Wald hinauf. Kurz vor der **Scheitelstrecke Hohenberg** 07 muss man wieder nach rechts abzweigen und

später die wenig befahrene Autostraße WM10 queren. Dann erreicht man **Hohenberg** 08 mit der **Schlossgaststätte**. Vor der Wirtschaft biegen wir links ab, gehen auf einem Kiessträßchen nach Südwesten weiter, meiden aber die Privatstraße, die zum Schloss auf dem Buckelsberg ansteigt, sondern gehen nach links auf die Kreisstraße. An ihrem Rand müssen wir nun bis zur **Kreuzung** 09 weiter und biegen nach Eichendorf links ab. Hinter **Eichendorf** 10 führt das Sträßchen wieder in den Wald hinein, dreht links ab und bringt uns am Einödhof **Tradfranz** 11 vorbei. In der gleichen Richtung weitergehend erreicht man eine Straßengabelung, wo wir uns links halten. Nach einer längeren Etappe durch ein bewaldetes Tal endet die Straße. Dort nach links und nach **Ellmann** 06, wo der Hinweg erreicht wird.
Wir gehen aber nicht auf dem gleichen Weg zurück, sondern biegen bei der ersten Abzweigung rechts ab, kommen im weiteren Verlauf an einem interessanten **Toteiskessel** 12 vorbei, zum Ostufer des **Frechensees** 13 und neben der Bahnstrecke bis an den südlichen Ortsrand von Seeshaupt. Von dort auf dem Hinweg zum **Bahnhof** 01 zurück.

Wintersonne am Frechensee.

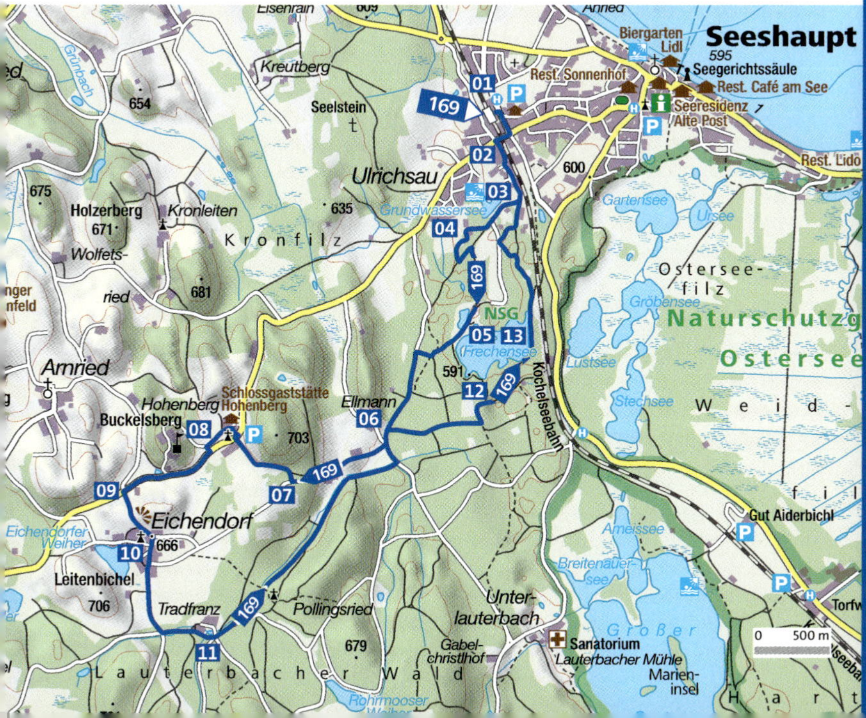

EITZENBERG – FAISTENBERG • 645 m

Um den Euracher Filz

9 km | 2:45 h | 170 hm | 170 hm | 180

START | Parkplatz am Eitzenberger Weiher (620 m)
[GPS: UTM Zone 32 x: 677.178 m y: 5.295.048 m]
CHARAKTER | Leichte, ab dem Hennenbühl sehr aussichtsreiche Rundwanderung

Alpenblick vom Hennenbühl bei Faistenberg.

Die Eitzenberger Weiher bestehen aus dem Holzweiher, dem Alten Weiher und dem Neuen Weiher. Am Alten Weiher gibt es ein schönes Naturbad, der Holzweiher ist ein reiner Fischweiher, und der Neue Weiher ist schwer zugänglich, streckenweise sogar massiv eingezäunt.
Die hier vorgestellte Rundwanderung verläuft anfangs in der Nähe der Autobahn auf Forstwegen durch relativ dichten Hochwald, dann durch ein Moos und ab dem Hennenbühl durch eine weitgehend freie Voralpenlandschaft mit schönem Alpenblick.

▶ Vom Parkplatz über dem **Alten Weiher** 01 folgt man dem Asphaltsträßchen nach Norden zum Badegelände hinab und geht zwischen Altem und Neuem Weiher durch. Bei der ersten Abzweigung halten wir uns links, folgen einem Kiessträßchen zunächst nach Westen, dann in einem Rechtsbogen bis kurz vor die Autobahnbrücke. Dort muss man rechts abbiegen und wieder nach Norden weitergehen. Beim **Wendeplatz** 02 endet die Forststraße. Von dort führt ein Fußweg geradeaus in den Wald hinein. Nach knapp 50 m zweigt nach rechts ein leicht zu übersehender Waldweg ab. Er führt ein wenig durchs Unterholz, quert einen Bach und schwenkt etwas nach rechts ab. Der folgende, nasse Waldboden lässt sich am besten bewältigen, wenn der Boden gefroren ist. Nach knapp 300 m auf dem Sumpfweg erreicht man eine Kiesstraße, der man geradeaus nach Nordosten folgt. Schließlich stößt man zu einer Forststraßeneinmündung, hält sich dort links und gleich darauf, in der Kurve, wieder links. Im weiteren Verlauf geht es wieder in die Nähe der Autobahn und zu einer Verzweigung neben einer

Unterführung. Dort rechts abbiegen. Unmittelbar nach einer deutlich ausgeprägten Steigungsstrecke zweigt nach **rechts** ein **Traktorweg** 03 in dichten Wald ab. Auf ihm nach Osten bis zum **Waldrand** 04 weiter. Am Waldrand links halten und anfangs im Zickzack, dann auf einem Feldweg über den Hennenbühl nach **Faistenberg** 05 hinauf.

Gleich am Ortseingang von Faistenberg zweigt nach rechts der Fußweg nach Promberg ab. Auf ihm mit schöner Aussicht an der Kapelle vorbei und bis zum **Punkt 612 m** 06 am Waldrand hinunter. Dann durch lichten Wald und am Rande der ausgedehnten Sumpfwiesen des Kohlfilzes nach Südosten dahin, bis eine schmale Asphaltstraße erreicht wird. Auf sie biegen wir rechts ein, gehen noch ein wenig abwärts und dann in ausholendem Linksbogen nach **Promberg** 07 hinauf. Am Rande von Promberg steht die Ausflugsgaststätte Hoisl-Bräu, wo man – mit schönen Ausblicken – gut einkehren kann.

Der weitere Rundweg fällt von Promberg nach Süden ab, steigt nach **Oberhof** 08 auf und dreht im Ort rechts ab. Dann kommt man zu einem schönen, aussichtsreichen **Rastplatz** 09 und im weiteren Verlauf am Seminarzentrum Zist vorbei, bis man, auf dem Sträßchen immer geradeaus wieder den Hinweg erreicht, dem man – mit kurzem Abstecher zum Ufer des Neuen Weihers – bis zum **Ausgangspunkt** 01 folgt.

Am Eitzenberger Weiher.

MOOSWEG • 631 m

Im Loisachmoor

10 km | 3:00 h | 20 hm | 20 hm | 182

START | Parkplatz beim Kloster in Benediktbeuern (631 m)
[GPS: UTM Zone 32 x: 680.092 m y: 5.286.745 m]
CHARAKTER | Sehr einfache Rundwanderung mit Attraktionen auf den Themenwegen direkt neben der Route

Auf einem Floß am Hochmoorweg bei Benediktbeuern.

Klosterkirche St. Benedikt in Benediktbeuern.

Vom großen **Parkplatz beim Kloster Benediktbeuern** 01 folgt man dem Moosweg anfangs nach Westen, dann nach Nordwesten und biegt an beschilderter Stelle nach rechts auf den **Klangweg** 02 ein. Dort kann man verschiedene Möglichkeiten Klänge zu erzeugen ausprobieren.

Nach dem kurzen Abstecher erreicht man wieder den Moosweg und geht auf ihm zur Moosmühle, wo der Weg kurz im Zickzack weiterführt. Hinter der Moosmühle geht es dann ein längeres Stück nach Westen weiter, bis nach rechts der **Hochmoorweg** 03 abzweigt. Er führt ins Moos hinein. Vorsicht! Damit man nicht in eines der Moorlöcher fällt, muss man unbedingt auf der Route bleiben. Auch die ist spannend, denn sie verläuft anfangs am Geländer auf Baumstämmen, dann auf Knüppelpfaden und mittels eines Floßes am Seilzug ca. 50 m weit durch einen Tümpel. Nach dem **Hochmoorweg** 03 erreicht man wieder den Moosweg, biegt links ab und geht neben der Loisach lange nach Süden weiter. Schließlich **zweigt** neben dem Lainbach nach links der **Moosweg 1a ab** 04 und führt nach Nordosten über freies Feld zum **Bahngleis** 05.

Noch vor der Bahnstrecke links abzweigen und neben den Schienen nach **Benediktbeuern** 01 zurück. Dort kann man nach links einen kurzen Abstecher zur alten Fraunhofer Glashütte machen und dann nach Norden zum Klosterbräustüberl am Ende der Wanderung gehen, wo dieser Spaziergang endet.

PENZBERG
596
Christkönigskirche
Kompostieranlage
Murnsee
Bhf. Penzberg
Edenhofer Filz
Kapelle der 7-Tags-Adventisten
Alte Schanze
Unterholz
Rain
Riederer Weiher
640
Edenhof
600
Schönmühl
Schögger
Am Rain
St. Johannisrain
Sägemühle
Loisachfilze
Loisach
Kochelseebahn
Erlfilze
Pfundweiher
Steinbach
472
Urthal
Urthalerhof
Hoffilze
Bichl
623
03
Sternbrunnen
Hofstätt
NSG
Angerfilze
Moosmühle
02
171
Fichtsee
Sindelsbach-filz
01
Sommerkeller
Benediktbeuern
631
Mühlbach
Kloster Benediktbeuern
Klosterbräustüberl
Herzogstand
Häusern
Spatzenpointweiher
Friedenseiche
Jägerstuben
Gschwend
Pechlern
05
Waldschänke
Alpenwarmbad
Lainbach
Ried
630
Mühlgraben
04
Rettensee
Enzenbach
Deutsche Alpenstr.
Pfisterberg
700
Brunnenbach
Pessenbach
Goethe-Reiseroute von 1786
Rieder Vorberg
1036
Pessenbach
Ötzschlössl
1073
Ort
619
Jägerwirt
823
Dachsenberg
1067
Rohrsee
11
Kreuzgraben
Schwarzenb
1233
Bettelbrunnen
Orterer Wald
790
Am Wurf
782
Kohlleitenalm
Kochel am See
605
Mayrhof
Kalmbach
Falterschrofen
Lusenköpfel
1299
1089
Zwieselschrofen
Orterer Alm
0 500 m

PREMER FILZ • 823 m

Auf dem Moorlehrpfad

9,8 km | 3:15 h | 160 hm | 160 hm | 179

START | Wanderparkplatz Moorlehrpfad Prem (735 m)
[GPS: UTM Zone 32 x: 635.323 m y: 5.282.963 m]
CHARAKTER | Leichte Rundwanderung durch ein interessantes Moorgebiet und eine weitgehend aussichtsreiche, freie Landschaft

Alter Torfstich im Premer Filz.

Im ehemaligen Torfstich des Premer Filzes wurde ein schöner, informativer Moorlehrpfad angelegt, der nicht nur die Schönheiten des Pfaffenwinkels vermittelt, sondern auch interessante Informationen über den Lebensraum Moor gewährt.

Vom **Wanderparkplatz** 01 an der Röthenbachstraße in Prem geht man kurz nach Osten und biegt dann nach links auf den Moorlehrpfad ein. Gleich darauf geht es auf einem Damm über den Röthenbach, durch das ehemalige Moorbad und auf einem Steg über den Bach. Am Rand der Wohnbebauung stößt man schließlich auf ein Sträßchen, dem man nach Osten folgt. Auf freiem Feld geht es anschließend durch eine Linkskurve und in den Wald hinein.
Beim folgenden Steg biegen wir rechts ab, gehen auf eine kleine, bewaldete Anhöhe und dann auf schmalem Pfad nach Norden in abgebautes Torfstichgelände hinein. Bei der Infotafel rechts abbiegen und im schönen Moorbereich nach Osten länger dahin. Der Moorpfad **knickt links ab** 02, verläuft noch durch einen prächtigen Filzbereich und bringt uns immer mehr in den Wald hinein. Anschließend stoßen wir auf eine **Forststraße** 03, halten uns rechts und gehen in leichtem Rechtsbogen durch den Premer Filzgraben weiter. Hinter dem Waldrand dreht der Fahrweg in einer weiten Wiese rechts ab und führt im Wesentlichen nach Süden zum Punkt 755 m, unmittelbar vor dem Eichelbach. Dort **biegen wir links ab** 04 und folgen dem Fahrweg ansteigend bis **Unterried** 05. Unmittelbar am Ortseingang geht es dann rechts weiter, und noch vor der Kapelle im Ort nach links und bis zu einer Straßenkreuzung weiter. Bei der Kreu-

zung geradeaus und gegen Südwesten nach **Sauwald** 06 und in das Truppenübungsgelände hinein. Durch dieses auf einem asphaltierten Sträßchen weiter, bis am Waldrand nach rechts ein grober Fahrweg abzweigt. Er führt durch den Wald dahin und mündet in eine freie Wiese, wo er endet. Wir gehen quer über die Wiese, erreichen wieder eine Fahrspur, die sich zu einer Asphaltstraße weitet, und nach Prem abfällt.

Der Rest der Rundwanderung führt von Süden nach Norden durch Prem und zum **Ausgangspunkt** 01 zurück.

Rohrkolben im Premer Filz.

Alpenblick vom Premer Moorlehrpfad.

BRANDERSCHROFEN • 1879 m

Auf dem Gelben-Wand-Steig zum Tegelberg

10,8 km 5:15 h 1060 hm 1060 hm 4

START | Schwangau, Talstation Tegelbergbahn (821 m)
[GPS: UTM Zone 32 x: 632.043 m y: 5.269.907 m]
CHARAKTER | Lange und anspruchsvolle Bergtour, die Trittsicherheit und Schwindelfreiheit verlangt

Das Tegelberghaus mit den Tannheimer Bergen.

Die Wanderung auf den Tegelberg und zu seinem Gipfel, dem Branderschrofen, kann trotz Seilbahnerschließung zu einem tief greifenden Erlebnis werden. Die Aussicht ins Ostallgäu, auf die Tannheimer und Ammergauer Berge bis hinaus in die Lechtaler Alpen ist schlichtweg überwältigend.

▶ Vom **Parkplatz** 01 der Tegelbergbahn auf einer Asphaltstraße neben der Sommerrodelbahn moderat ansteigend hinauf. Am oberen Rand der Rutschbahn dreht die Straße ein wenig links ab und im weiteren Verlauf schwingt sie sich ziemlich steil auf. Schließlich erreicht man das Ende des asphaltierten Fahrwegs, wo sich der Weg dreiteilt. Wir halten uns **rechts** 02 und folgen den Wegweisern zum Gelben-Wand-Steig. An beschilderter Stelle verlassen wir den breiten, steilen Kiesweg nach **rechts** 03, queren einen Graben und gehen auf steilem Treppenweg in felsdurchsetztem Bergwald hinauf. Unter dem Torkopf quert der Anstieg eine mit Sturzblöcken gefüllte, wilde Reiße, steigt im Wald in Kehren an und quert die Reisse weiter oben noch einmal. Anschließend beginnt die **Steiganlage** 04 im Felsgelände. Man steigt nun entlang von Drahtseilen durch steile, aber nicht sehr anspruchsvolle Felshänge an und erreicht bei einer nach links fast senkrecht ansteigenden Leiter den **Tegelbergsteig** 05. Dieser anspruchsvolle Klettersteig ist etwas für Spezialisten. Wir bleiben also auf dem

Vom Tegelberg zeigen sich Schwansee, Weißensee, Hopfensee, Forggensee und Bannwaldsee.

Gelben-Wand-Steig, der noch lange ansteigt, bis er schließlich in den Wald hinein und zu einem **Querweg** **06** führt, der von Hohenschwangau heraufkommt. Dort nach links weiter und zu einer Verzweigung. Bei ihr rechts halten und neben der Skipiste zur Bergstation der Tegelbergbahn und dem **Tegelberghaus** **07** hinauf. An der Sonnenterrasse vorbei, und direkt zum Eingang. Bei ihm rechts abdrehen, am Startplatz der Paragleiter und Drachenflieger vorbei und dem Pfad zum Branderschrofen folgen. Er wird relativ steil und steigt über den felsigen Gipfelgrat am Drahtseil bis zum Gipfelkreuz auf dem **Branderschrofen** **08** an.

Bis zur Verzweigung unter dem Tegelberghaus steigt man in jedem Fall entlang der Aufstiegsroute ab. Bei der Verzweigung rechts halten, anfangs steil und mühsam hinunter, die Skipiste queren und auf dem Weg bis zu einer Kiesstraße kurz vor der Rohrkopfhütte. Auf ihr ein paar Meter zur **Rohrkopfhütte** **09** weiter und unmittelbar vor der Wirtschaft nach links auf einen guten Waldweg einbiegen. Auf ihm steil und in vielen Kehren durch kühlen Wald zur **Verzweigung** **10** unter der Hornburg hinunter. Dort links halten, zur Aufstiegsroute hinab und auf dieser zum **Parkplatz** **01** zurück.

Am Fuß des Tegelbergs steht die Kirche St. Coloman – und dahinter erheben sich die Tannheimer Berge.

SÄULING • 2047 m

Der klassische Anstieg

12,5 km | 6:30 h | 1240 hm | 1240 hm | 4

START | Pflach, Parkplatz des Säulinghauses (927 m)
[GPS: UTM Zone 32 x: 630.132 m y: 5.264.036 m]
CHARAKTER | Über dem Säulinghaus gibt es eine wenig aufregende Steiganlage; Trittsicherheit und Schwindelfreiheit sind erforderlich

Spannende Gipfelregion des Säulings – hinter dem Lechtal erhebt sich die Gruppe der Tannheimer Berge.

Der Doppelgipfel des Säulings bildet zusammen mit seinem Trabanten, dem Pilgerschrofen, den westlichsten Eckpfeiler der Ammergauer Alpen. Und so ein markanter Berg gewährt natürlich großartige Ausblicke. Die Schau, hinaus ins weite Lechtal, auf Reutte, rundum in die Ammergauer Alpen, mit der Zugspitze im Hintergrund, aber auch hinaus zum Forggensee, dem die beiden königlichen Schlösser Hohenschwangau und Neuschwanstein vorgelagert sind, stellt ein Glanzlicht der schönen Wanderung dar. Einen weiteren Pluspunkt bildet das schmucke Säulinghaus, wo es sich angenehm einkehren lässt.

▶ Vom **Wanderparkplatz** 01 folgt man der schmalen Asphaltstraße, bis auf der rechten Seite der beschilderte und markierte Bergweg zum Säuling abzweigt. Er steigt durch den Wald auf, berührt einige Fahrwege und stößt schließlich zum **Säulinghaus** 02.

Hinter dem Haus geht man aus dem Wald heraus, und der Anstieg wird ziemlich steil, im weiteren Verlauf auch felsig. Solide Eisenketten erleichtern diesen Steilaufstieg, auf dem man kraftvoll über die Felsen kraxelt und schließlich die grüne Grathöhe erreicht. Dort rechts halten, über einen breiten Rücken und wieder in Schrofenhänge hinein, über die man vorsichtig bis zum **Gipfelkreuz** 03 aufsteigt. Der in 5 Minuten erreichbare Ostgipfel ist einen Meter höher, und er kann auf einer Trittspur mit einer ausgesetzten Stelle gut erreicht werden.

Beim Abstieg folgt man bis zur Fahrstraße noch deutlich unter dem Säulinghaus, der Aufstiegsroute. Dort kann man sich links

halten und dem Fahrweg folgend zum **Pflacher Älpele** 04 und zur Scharrhütte weitergehen. Beim Wendeplatz neben den Hütten hält man sich rechts und geht zu den Almhütten hinunter, wo die dort etwas schlecht zu sehende Abstiegsroute nach links zu einem Bachgraben abfällt.
Wir queren den Bach, halten uns rechts und gehen nun auf einem langen, schmalen Bergpfad in zermürbendem Auf und Ab über etliche Bäche, bis schließlich kurz unter der Dürrenbergalpe ein breiter Weg erreicht wird. Von dort kann man nach links in einer Viertelstunde zur Jausenstation **Dürrenbergalpe** 05 hinaufgehen.
Der Abstieg aber führt rechts herum und an der **Falzkopfhütte** 06 vorbei. Dann fällt er lange durch den Wald ab, tangiert mehrmals eine extrem breite Forststraße, bis schließlich kurz vor dem Ausgangspunkt wieder die Aufstiegsroute erreicht ist. Auf ihr zum **Wanderparkplatz** 01 zurück.

Tiefblick vom Säuling auf das Schloss Neuschwanstein.

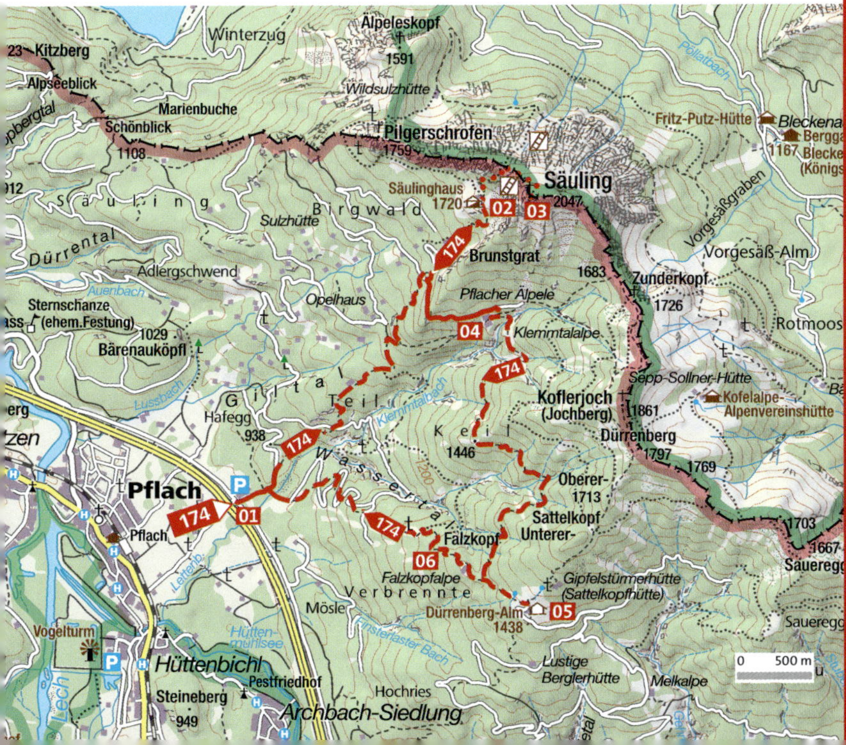

HOCHBLASSE • 1989 m

Durchs Roggenbachtal hinauf, durchs Köllebachtal hinab

12,5 km | 5:15 h | 910 hm | 910 hm | 5

START | Ammerwaldalm (1102 m)
[GPS: UTM Zone 32 x: 639.899 m y: 5.265.993 m]
CHARAKTER | Der letzte Aufschwung zum Gipfel in weitgehend weglosem Schrofengelände setzt Trittsicherheit und Schwindelfreiheit voraus; der Rest der Wanderung ist nicht schwierig

Gipfelabstieg von der Hochblasse.

Lange Tour auf einen wenig besuchten Nachbargipfel der Hochplatte. Bis auf den mühsamen Aufstieg von der Roggentalgabel zum Roggentalsattel ist die Wanderung landschaftlich eindrucksvoll.

▶ Vom Parkplatz bei der **Ammerwaldalm** 01 auf einem Fahrweg in den Wald hinein. Bei der Abzweigung nach rechts in Richtung Hochplatte weiter und an der Stelle, an der der Fahrweg wieder rechts abdreht geradeaus in das Roggenbachtal hinein. Man folgt dem **Weg** 02 das Tal hinauf, zweigt auf einen Stufenweg links ab, steigt über eine kurze Leiter zum Bach hinab und quert ihn. Dann auf der linken Talseite lange steilen Hängen entlang, ziemlich weit oben wieder auf die rechte Talseite und zur beschilderten **Roggentalgabel** 03 hinauf. In der Roggentalgabel links halten und auf einem relativ guten Berg-

Blick aus dem Roggentalsattel auf die Tannheimer Berge, den Säuling, den Straußberg und zur Krähe.

weg das karge Tal zwischen Hochplatte und Hochblasse hinauf.
Kurz unter dem Roggentalsattel zweigt an markierter Stelle nach rechts ein **Steig 04** in den Weitalpsattel ab. Dort halten wir uns links und folgen dem Bergweg in Kehren bis in den **Roggentalsattel 05**. Im Sattel verlassen wir die markierten Wege nach links und gehen auf undeutlichen Trittspuren über einen etwas „luftigen" Schrofengrat, zwischendurch auch kurz im Wiesengelände bis zum gemütlichen Gipfel der **Hochblasse 06** hinauf.
Vom Gipfelkreuz über den weiten Wiesenhang in großem Bogen anfangs nach Süden, dann nach Westen zu der unmarkierten Wegspur, die über einen aussichtsreichen Latschenrücken bis in das **Köllebachtal 07** abfällt. Im Tal über das Ochsenängerle auf gutem Bergweg, weiter, der sich bald zu einer **Fahrspur 08** weitet und in der Nähe der **Jägerhütte 09** in ein Sträßchen mündet. Auf ihm nach links und in geringem Gegenanstieg zum Schützensteig, der in vielen Kehren bis zu einem Fahrweg abfällt. Diesem folgt man kurz nach rechts und erreicht den Parkplatz des **Hotels Ammerwald 10**. Dort nach links auf die Fahrstraße, an deren Rand man bis zur **Ammerwaldalm 01** zurückgeht.

Die Wegverzweigung im Roggentalsattel, hinten die Krähe.

Blick aus dem Roggental zur Hochblasse.

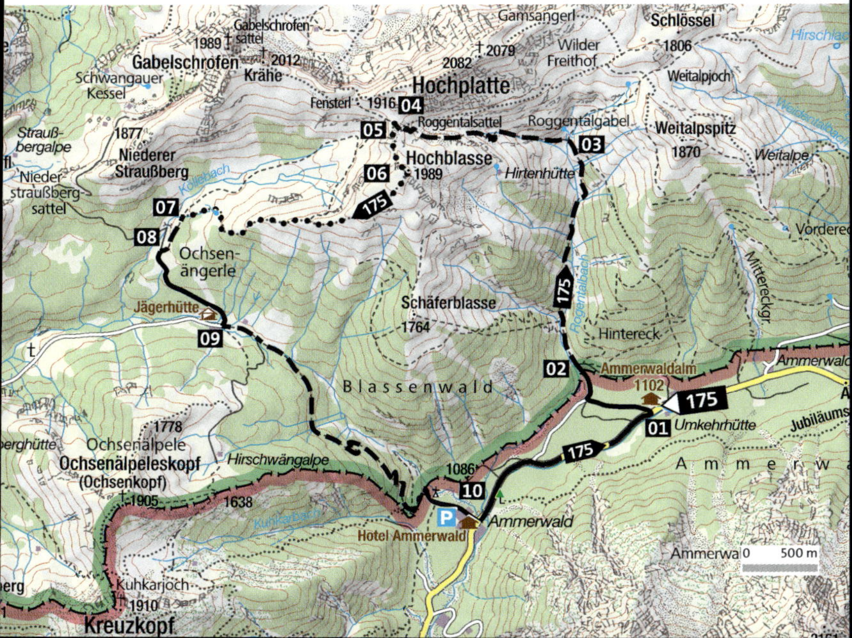

WEITALPSPITZ • 1870 m

Ruhige Wanderung im Ammerwald

6,6 km | 3:00 h | 770 hm | 700 hm | 4

START | Abzweigung des Hinterbergwegs nahe Ammerwaldalm (1102 m) [GPS: UTM Zone 32 x: 640.714 m y: 5.266.225 m]
CHARAKTER | An zwei sehr kurzen Stellen am Gipfelgrat sind Trittsicherheit und Schwindelfreiheit vorteilhaft; der Rest ist einfach

Abstieg vom Weitalpspitz.

Ein besonderer Modeberg ist der Weitalpspitz nie geworden – und doch ist die Tour zu diesem wenig bekannten Gipfelchen recht schön. Oberhalb der Waldgrenze wird sie sogar sehr aussichtsreich.

Es gibt nur ein paar Parkmöglichkeiten bei der Abzweigung des **Hinterbergwegs** 01. Zuerst folgt man dem Fahrweg gegen Nordosten durch den Wald hinauf, und bei der ersten Abzweigung, die zur Ammerwaldhütte führt, hält man sich rechts. Bei der nächsten Verzweigung geht es geradeaus weiter. Dann knickt der **Fahrweg scharf links** 02 ab. 30 m weiter oben zweigt rechts ein schmaler Bergpfad ab (roter Pfeil), der sich im dichten Wald gegen Nordwesten über das Vordereck den Berg hinaufwindet. Oberhalb ca. 1500 m lichtet sich der Wald, und schließlich kommt man zur kleinen Jagdhütte bei der verfallenen **Weitalpe** 03. Neben ihr schwenkt die Route ein wenig nach links und steigt auf dem mit Latschen bewachsenen Gipfelrücken steil auf der linken Seite des Grats gegen Nordwesten an. Zweimal muss man kurz nach rechts ausweichen (Vorsicht, Steilhang!) und erreicht schließlich das kleine **Gipfelkreuz** 04. Zurück geht es entlang der Aufstiegsroute.

Das Gipfelkreuz auf dem Weitalpspitz.

Blick zu den Geierköpfen.

Abstiegsalternative ins Roggental

Man könnte vom Gipfel auch vorsichtig nach Norden ins Weitalpjoch absteigen, dort links abdrehen und durch das Roggental nach Süden hinuntergehen. Dieser Rückweg führt neben der Straße, an der Ammerwaldalm vorbei und zum Ausgangspunkt zurück.

SCHELLSCHLICHT • 2053 m

Klassiker in den Ammergauer Alpen

11,6 km 5:45 h 1260 hm 1260 hm 5

START | Griesen (830 m)
[GPS: UTM Zone 32 x: 646.212 m y: 5.260.082 m]
CHARAKTER | Diese anspruchsvolle Tour eignet sich nur für durchtrainierte und erfahrene Bergsteiger. Ausgesetzte Abschnitte verlangen Trittsicherheit und Schwindelfreiheit. Vor allem der feine Grieß ist nicht jedermanns Sache. Die Abstiegsroute ist anspruchsvoller als der vorgestellte Aufstieg

Auf dem Schellschlichtgipfel.

Die Schellschlicht bildet den höchsten Punkt eines ausgedehnten hufeisenförmigen Bergrunds, das sich nordwestlich von Griesen in den Ammergauer Himmel erhebt. Auf der gesamten Rundtour sorgt der Berg für Kurzweil, denn an landschaftlichen Höhepunkten hat er ein reichhaltiges Programm.

▶ Die Bergtour beginnt neben der Kapelle in **Griesen 01**, von wo man einem Sträßchen neben dem breiten Grieß der Naidernach nach Nordwesten folgt. Nach einer knappen Viertelstunde Gehzeit zweigt nach rechts die beschilderte Route zur Schellschlicht ab. Sie schnürt sich im Wald zu einem Pfad zusammen und führt auf einem Rücken östlich der Schellaine nach Norden hinauf. Bei der beschilderten Routenverzweigung dreht man links ab, und bald darauf steht man auf einer schmalen Stahlbrücke, die über die tief eingeschnittene **Schellklamm 02** führt.

Hinter der Brücke geht es im dichten Wald stramm gegen Nordwesten bergauf, an einem Fahrweg vorbei, bis kurz unter einer Forsthütte freie Wiesenhänge erreicht werden. Und schon erleben wir wieder einen Trumpf: die großartige Aussicht am Schelleck, einem idealen Rastplatz vor der **Schellalm 03**.

Über einen langen, kräftig ansteigenden Rücken geht man in lichtem Wald gegen Nordwesten weiter zu einem kurzen Klettersteig.

Ein stabiles Drahtseil und kräftige Eisenklammern vereinfachen den Aufstieg über einen steilen Felsen, und gleich darauf stehen wir auf dem **Hohen Brand 04**.

Der schmale Steig verläuft nun auf der linken Seite des Grats und verzweigt sich in der Nähe eines Gratsattels. Zur Schellschlicht folgen wir dem Gratweg im Latschenbuschwerk gegen Norden, nun auf der östlichen Gratseite und erreichen das Brandjoch.

Vom zweiten Vorgipfel verläuft der Pfad etwas auf und ab, steigt aber dann kräftig zum Gipfel an, und die letzten Meter unter dem höchsten Punkt muss man ein wenig über schroffe Felsen kraxeln, was aber nicht besonders schwierig ist. Dann ist der **Gipfel 05** erreicht.

Wer sich noch etwas mehr alpine Herausforderungen zutraut, als sie beim Aufstieg zu meistern waren, geht vom Gipfel auf einer Trittspur über feinen Grieß steil und ausgesetzt gegen Osten hinab. Zwischendurch sind glatte Felsen zu queren, die in gewaltigen Steilreissen abbrechen. Dort ist entsprechende Vorsicht kein Luxus. Schließlich schwenkt die Abstiegsroute zur Südseite des Grats und mündet nach kurzem Gegenanstieg ins **Sunkeneck** **06**.

Aus dieser Scharte dreht man rechts ab, geht in unzähligen Kehren nach Süden hinunter, quert einen wilden Graben und kommt kurz wieder ans Drahtseil. Nach einem moderaten Gegenanstieg führt die restliche Abstiegsroute durch den Wald hinunter und erreicht kurz unter der Klamm den Anstiegsweg.

Auf ihm geht es wieder nach **Griesen** **01** zurück.

Blick vom Schelleck zur Zugspitze.

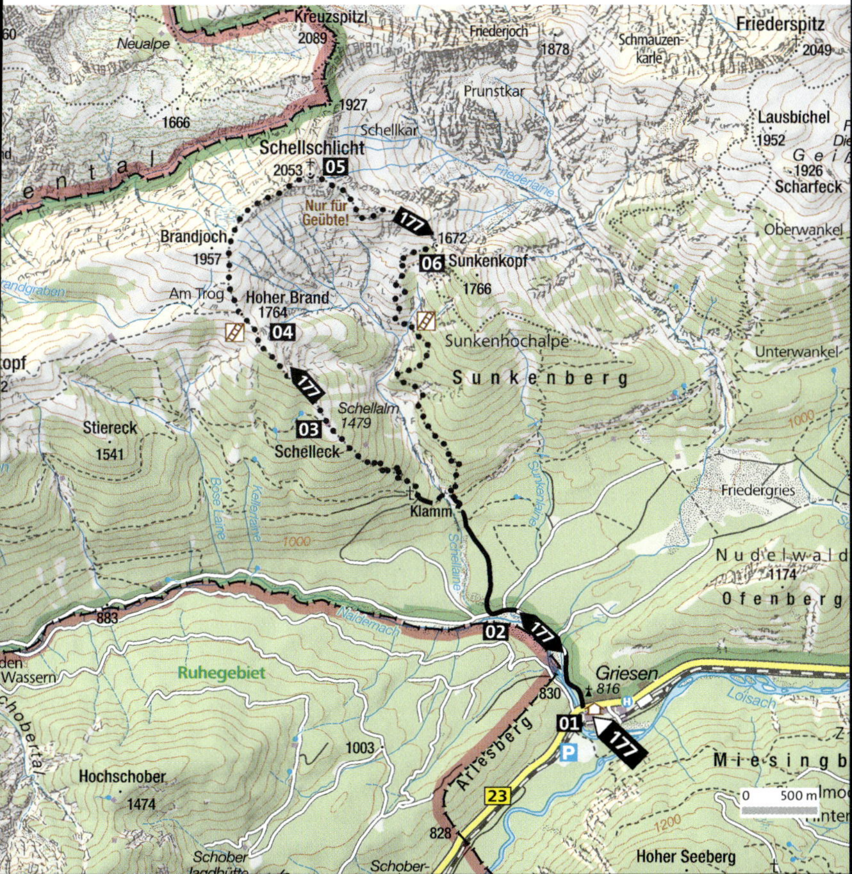

FRIEDERSPITZ UND FRIEDER • 2050 m

Auf dem Prinzregentensteig

16,8 km | 7:15 h | 1410 hm | 1410 hm | 5

START | Parkplatz bei der Ochsenhütte am Schwarzenbach (803 m) [GPS: UTM Zone 32 x: 648.901 m y: 5.260.913 m]
CHARAKTER | Landschaftlich eindrucksvolle Wanderung. Beim Aufstieg ist etwas Schwindelfreiheit von Vorteil

Am Prinzregentensteig.

Blick zur Sunkenspitze.

Friederspitz und Frieder fallen auf. Doch nicht nur die Gipfel ziehen die Blicke bis aus den Allgäuer Alpen auf den Berg, es sind die etwas eigenartig ausgefallenen Latschenbänder, die auf dem, ansonsten mit Gras bewachsenen Gipfel parallel zum weiten Gipfelkamm verlaufen. Sie stammen noch aus der Zeit, als Prinzregent Luitpold dort oben auf der Pirsch war.

▶ Vom **Parkplatz** 01 auf einem Fahrweg gegen Westen und diesen nach einer Viertelstunde Gehzeit nach links verlassen. Auf schmalem Fahrweg nach Nordwesten und links haltend in das **Friedergries** 02, das wir am nördlichen Rand queren und zum Bach bei der Friederlaine. Noch vor dem Bach, bei einem auffallenden Felsenblock rechts in den Wald und auf dem Prinzregentensteig steil hinauf. Der gute **Pfad** 03 gabelt sich in ca. 1220 m Höhe. Das darf man nicht übersehen. Wir gehen dort links und weit über der eindrucksvollen Friederlaine fast eben über viele Bach- und Lawinenreissen weiter. Nachdem die Route ein paarmal am Drahtseil entlanggeführt hat, dreht sie nach Nordosten ab und steigt in Kehren forsch an. Unter dem Lausbichel verlässt man den Wald, kommt auf einen ausgedehnten Wiesenhang und gleich darauf muss man nach links ins Latschenbuschwerk hinein.
Dann geht es am Lausbichel vorbei und über freie, aussichtsreiche Hänge zum **Friederspitz** 04 hinauf.
Vom Friederspitz kann man rund 80 Höhenmeter absteigen und den zweiten Gipfel, den **Frieder** 05 besiegen. Man muss anschließend wieder zum **Friederspitz** 04 hinauf, deshalb überlegen

viele Wanderer, ob sie diesen Abstecher ausfallen lassen. Vom Friederspitz über Wiesenhänge und durch Gebüsch nach Osten zur **Friederalpe** 06 hinab, dort rechts abbiegen und gegen Süden. Im weiteren Verlauf dreht der Abstiegsweg links ab und fällt in Kehren gegen Osten zum **Fahrweg** 07 ab, der in der Nähe der Rotmoosalm erreicht wird. Auf ihm nach Süden zum **Parkplatz** 01 zurück.

HINTERES HÖRNLE • 1546 m

Über alle drei Hörnlegipfel

12,6 km 4:30 h 860 hm 860 hm 5

START | Unterammergau, Kappel (842 m)
[GPS: UTM Zone 32 x: 652.711 m y: 5.276.672 m]
CHARAKTER | Leichte, aber etwas lange Rundwanderung auf Fahrwegen und guten Pfaden

Die Kappelkirche bei Unterammergau.

Bis zum Hinteren Hörnle ist die Wanderung sehr beliebt. Auf dem Abstiegsweg über den Stierkopf geht es etwas ruhiger zu.

Vom **Parkplatz** 01 kurz unter der Kappelkirche folgt man dem Fahrweg nach Nordosten hinauf und biegt nach der Kreuzung an beschilderter Stelle auf den neuen Hörnleweg links ab, der kurz vor einem Bachgraben gegen Norden abzweigt. Der breite Wanderweg fällt ein paar Meter ab und schlängelt sich dann durch lichten Laubwald dahin. Auf einem Steg nach rechts über einen Bachgraben, und etwas aufwärts.
Gleich darauf stößt er auf eine Asphaltstraße. Dieser nach rechts hinauf folgen, nochmals über eine Brücke und geradeaus über einen weiten, gering geneigten Wiesenhang dahin. Auf einem Feldsträßchen geht es nun am Fuße des Hörnles in leichten Kurven an einigen Heustadeln vorbei. Dann stößt man auf eine Straßenkreuzung, wo man rechts abbiegt, um einem Asphaltweg hinauf zu folgen. Er steigt in ausholenden Kehren zuerst gegen Nordosten und dreht dann nach Südosten und bei klarem Wetter öffnen sich eindrucksvolle Ausblicke über Kappel und Unterammergau auf die Ammergauer Alpen.
Am Ende des Sträßchens stößt man auf eine ziemlich steile Schlepperspur. Sie führt allmählich in den Wald hinein und in eine schöne Lichtung. Gleich dahinter geht es auf schmalem Wurzelweg anfangs moderat, dann ziemlich steil durchs Unterholz weiter.
Auf der Höhe von 1220 Meter wird ein deutlich flacherer Holzziehweg erreicht. Auf ihm der Länge nach über einen Waldrücken, eine Forststraße querend geradeaus weiter und auf eine freie aussichtsreiche Wiesenkuppe, von der sich die Hörnlehütte und das Vordere Hörnle zeigen.
Hinter der Wiesenkuppe die Forststraße noch einmal queren, und wieder in den

Das Mittlere und das Vordere Hörnle vom Hinteren Hörnle aus gesehen.

Wald hinein. Auf steilen, breiten Wurzelwegen aus dem Wald heraus und über einen kurzen Wiesenhang zur **Hörnlehütte** 02, von der ein breiter Schotterweg gegen Osten führt und dann links abbiegt. Auf Trittspuren kommt man über einen stark ansteigenden Wiesenhang bis zum Gipfelkreuz auf dem **Vorderen Hörnle** 03.

Vom ersten Gipfelziel auf einem Wiesenrücken gegen Südosten in einen Sattel hinab und dann durch eine breite Lichtung geradewegs zum Gipfel des **Mittleren Hörnles** 04 hinauf.

Der Weiterweg fällt vom zweiten Gipfel nach Südosten zur **Hörnlealm** 05 ab und stößt auf einen breiten Schotterweg. Man folgt ihm in geringer Steigung nach Osten, bis sich der Weg verzweigt. Von dort auf steilen Trittspuren direkt zum Gipfel des **Hinteren Hörnles** 06 ansteigen.

Der Abstieg führt vom Hinteren Hörnle nach Süden in eine Senke hinab und steigt zum **Stierkopf** 07 an. Vom vierten Gipfel auf einem Wiesenrücken ein wenig links haltend zu einem Wanderpfad und auf ihm in den Wald hinab. Im Wald verzweigt sich der Weg. Dort rechts halten und bis zur Wegkreuzung **„Drei Marken“** 08 hinunter.

Bei den Drei Marken rechts abbiegen und auf einem Forststräßchen gering ansteigend weiter. Nach einer links herum abfallenden Kurve stößt man auf einen Holzziehweg. Man folgt ihm nach links, über dem Diezenmoosgraben nach Südwesten zu einer breiten Forststraße hinab. Auf ihr nur ein paar Meter nach links, dann dem Wegweiser nach Unterammergau folgend rechts abbiegen und sehr steil zu einem schönen Bergpfad hinunter. Er führt im steilen Hang hoch über der Engen Laine nach Westen hinaus und erreicht hinter einer Bachquerung einen Fahrweg. Auf ihm in der gleichen Richtung weiter und auf den Unterammergauer Mahdwiesenweg, dem man bis kurz vor Unterammergau folgt. An beschilderter Stelle nach rechts auf einen Asphaltweg **einbiegen** 09, der zum **Parkplatz** 01 zurückführt.

ROSENGARTEN • 1423 m

Zu den alten Ammergauer Wetzsteinbrüchen

7,3 km 3:15 h 710 hm 710 hm 5

START | Pürschling-Parkplatz (880 m)
[GPS: UTM Zone 32 x: 652.149 m y: 5.274.955 m]
CHARAKTER | Die Rundwanderung verläuft zum Teil auf unmarkierten Pfaden oder ohne Weg und verlangt deshalb gute Orientierungsgabe. Ein GPS-Gerät kann gute Dienste leisten

Auf dem Schartenköpfl.

Besondere Attraktionen auf dieser Rundtour sind die Schleifmühlenklamm und die alten Wetzsteinbrüche am Rande der Aufstiegsstrecke.

▶ Vom **Pürschling-Parkplatz** 01 nach links zur ersten beschilderten Abzweigung und dort dem Wegweiser in die **Schleifmühlenklamm** 02 folgen. Am Ende des Fahrwegs beginnt ein kurzweiliger Klammsteig, der über einige Brücken führt, mehrmals auf und ab verläuft und dann gegen Süden neben rauschenden Wasserfällen entlang der Schleifmühlenlaine ansteigt.
Hinter dem Klammende erreicht man wieder einen Fahrweg und folgt ihm nur knapp 50 Meter weit, um nach rechts über eine Brücke und geradeaus in den Wald hineinzugehen. Ein alter, nicht markierter Pfad steigt gegen Westen an. Schon nach ein paar Minuten verzweigt er sich. Wir halten uns rechts, gehen über einen Bach und nach einem Rechtsknick im steilen Wald hinauf. Bei der Wegkreuzung, unmittelbar vor einem Bachgraben muss man sich links halten und in Kehren ansteigen, bis der **erste Wetzsteinbruch** 03 erreicht ist. Anschließend führt der Pfad an einer Reihe von Steinbrüchen vorbei und erreicht eine alte Werkshütte, die rechts oben auf einem Absatz steht. Von der **Hütte** 04 geht man schräg links auf einer Trittspur über einen steilen Abraumhang und kommt in den Wald hinein. Der Pfad verliert sich bald und weglos geht es nun durch steilen Hochwald gegen Nordwesten zur Hangkante hinauf, über die man zuletzt ein wenig links zum **Schartenköpfl** 05 hinaufgeht.
Vom ersten Gipfelziel über einen breiten Waldrücken nach Süden etwas berg-

ab und ohne Weg zum ausgedehnten **Rosengartengipfel** 06 hinauf. Auch der Abstieg verläuft anfangs ohne Weg. Er führt nach Südwesten in die Senke kurz vor dem Bremeneck hinab. Wir gehen nun über Wiesenhänge zu einer Schlepperspur im Graben hinab. Die Fahrspur führt in den Wald hinein, wird immer steiler und erreicht schließlich in der Nähe der **Kurztallaine** 07 eine Kiesstraße, auf der wir den **Pürschling-Parkplatz** 01 wieder erreichen.

Schleifmühle in Unterammergau.

Schleifmühlenmuseum am Ausgangspunkt der Wanderung

Ein kleines, sehenswertes Schleifmühlenmuseum ist in Nebenräumen des Gasthauses Schleifmühle eingerichtet.

181

KOFEL • 1342 m

Am Oberammergauer Hausberg

8,3 km · 4:00 h · 560 hm ↗ · 560 hm ↘ · 5

START | Parkplatz in der Eugen-Papst-Str. beim Hotel Böld (839 m) [GPS: UTM Zone 32 x: 655.205 m y: 5.273.341 m]
CHARAKTER | Beliebte und kurze Wanderung mit etwas schärferer Gipfeleinlage, auf der man am Drahtseil geht und die auch vielen Kindern Spaß macht; Trittsicherheit und Schwindelfreiheit sind erforderlich

Panoramablick vom Kofel über Unter- und Oberammergau mit Hörnle und Aufacker.

Nähert man sich von Ettal dem Passionsspielort Oberammergau, ist der scharfe Felsenzahn, der hinter dem Weidmoos in den Himmel ragt, kaum zu übersehen. Erstaunlicherweise kann man dem Kofel trotz seines grimmigen Aussehens aufs Haupt steigen. Sehr weit ist es auch nicht hinauf, und die Höhendifferenz, die man überwinden muss, hält sich ebenfalls in Grenzen. Deshalb darf man sich beim Rückweg schon einen etwas ausholenden Schlenker genehmigen, wie er sich über die Kolbenalm anbietet.

▶ In **Unterammergau 01** gehen wir zuerst einmal auf der Brücke über die Ammer und gleich nach links auf den Malensteinweg. Dort bummeln wir gemütlich auf dem Fußweg zwischen der Fahrstraße und der Ammer gegen Süden zur B 23, unterqueren die Bundesstraße und gehen hinter dem Friedhof nach rechts zu einem kleinen Parkplatz und zum Steig auf den Döttenbühl. Wir biegen dort rechts ab und gehen über Weidewiesen gegen Westen bergwärts, bis das Weglein in den Wald hineinführt. In unzähligen Kehren schlängelt sich der schmale Pfad durch den Wald hinauf, führt durch eine **Schotterreisse 02** und verzweigt sich neben einem **Unterstand 03**, der wie ein Bushäuschen aussieht. Bei ihm steigen wir ein Stück nach Norden weiter auf und kommen an den markanten Gipfelfelsen heran.
Jetzt wird es etwas spannender, denn die Route steigt nun rund 100 Höhenmeter steil durch Felsengelände an. Aber sie ist mit soliden Sicherungseinrichtungen versehen, und deshalb braucht sich niemand zu fürchten. Entspannt und zufrieden lässt man sich am großen Gipfelkreuz nach zünftiger Felsenkraxelei

Glockenblume beim Gipfelanstieg auf den Kofel.

zu bequemer Rast nieder. Wer den letzten Felsenaufschwung überhaupt nicht mag, kann auf ein schmales Weglein links abbiegen und zur **Unterstandshütte 04** hinübergehen. Von dort führt ein schmaler Steig steil zum Gipfelkreuz auf dem **Kofel 05** hinauf. Wer es eilig hat, folgt der Aufstiegsroute ins Tal zurück. Doch sind die Wege so kurz, dass man sich einen etwas längeren Rückweg schon gönnen darf. Bis zur Wegverzweigung geht es allerdings in jedem Fall am Aufstiegsweg entlang. Dabei nimmt man die bisweilen längeren Wartezeiten bei Gegenverkehr in Kauf. Es ist halt nicht jeder mit den Gegebenheiten der Bergwelt so gut vertraut ...

Blick vom Gipfelanstieg auf den Kofel über das Weidmoos auf das Estergebirge.

Im Kofelsattel drehen wir rechts ab und gehen unter Rappenköpfen und Brunnberg ziemlich eben im Wald gegen Westen weiter, bis wir wieder eine **Routenkreuzung 06** bei einem Unterstand erreichen. Dort hält man sich rechts, steigt nach Nordosten im Wald ab, und in der Nähe der **Kolbenalm 07** zu einer Fahrstraße. Von dort gehen wir neben dem Skilift nach **Unterammergau 01** zurück.

Riesiges Gipfelkreuz auf dem Kofel.

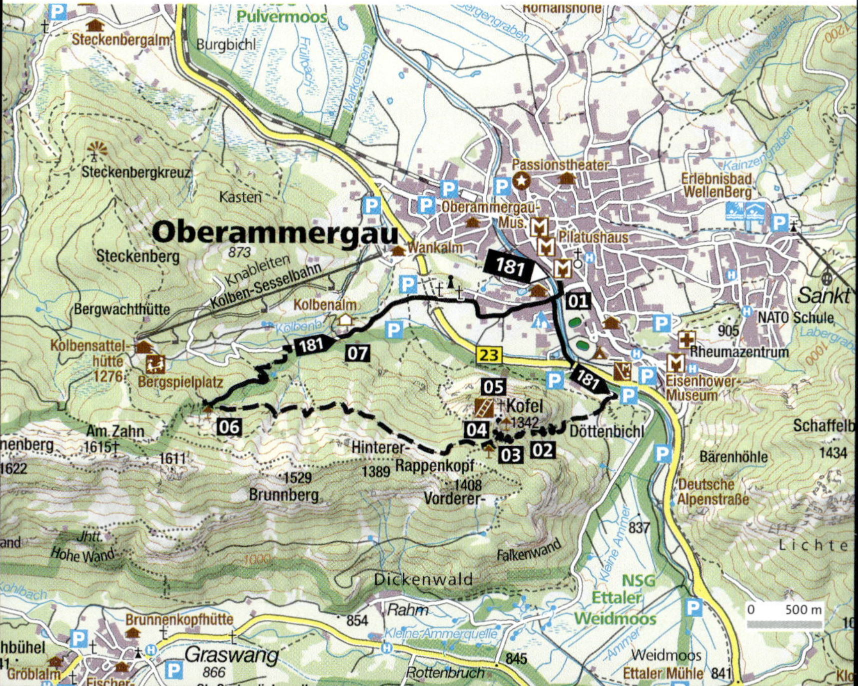

ETTALER MANNDL • 1633 m

Auf dem Manndlweg

5,7 km 3:00 h 760 hm 760 hm 5

START | Ettal (877 m)
[GPS: UTM Zone 32 x: 657.679 m y: 5.270.295 m]
CHARAKTER | Wenig schwieriger Klettersteig für sportliche Alpinisten; gute Kondition, Trittsicherheit und Schwindelfreiheit sind notwendig

Am Klettersteig auf das Ettaler Manndl.

Man kann mit der Seilbahn von Oberammergau zum Laberjoch auffahren und gemütlich in kaum einer halben Stunde zum Gipfelfuß des Ettaler Manndls hinüberspazieren.
Wanderer mit etwas mehr Ehrgeiz kommen zu Fuß aus dem Tal, also von Ettal herauf. Dieser Anstieg führt überwiegend durch dichten Wald und gibt kaum Ausblicke frei. Erst am markanten Doppelgipfel (das Ettaler Manndl hat nämlich auch ein Weibl) öffnet sich ein staunenswertes Panorama.

▶ Von **Ettal** 01 neben der östlichen Klostermauer am Manndlweg zum Parkplatz und dann am breiten, markierten Manndlweg anfangs eben nach Nordosten. Später steigt der Bergweg deutlich an und führt durch eine tief eingeschnittene Bachschlucht zur Tiefental-Diensthütte. Von ihr in Kehren nach Norden weiter und zum Wanderweg, der vom Laberjoch herüberkommt. Von dort ist es nicht mehr weit zum steilen Gipfelfelsen des Ettaler Manndls. Nach links zweigt der vorbildlich ausgebaute Klettersteig ab, der sich in atemberaubender Ausgesetztheit bis kurz vor das Ettaler Weibl hinaufschlängelt. Von dort durch eine kurze, felsige Senke und zum **Gipfelkreuz** 02 hinauf.
Normalerweise steigt man entlang der Aufstiegsroute ab. Möglich ist es auch, unter dem Klettersteig auf einem Wanderweg zum Soilesee weiterzugehen und an der Soilealm vorbei nach Norden, später Westen nach Oberammergau hinauszuwandern. Nur wer es ganz bequem will, schaukelt mit der Seilbahn vom Laber nach Oberammergau hinab.

Der Gipfel des Ettaler Manndls.

BÄRENKOPF • 1476 m

Wandern bergab

10 km | 3:30 h | 81 hm | 777 hm | 3

START | Immenstadt, Bahnhof, Parkplatz (728 m)
[GPS: UTM Zone 33 x: 591.400 m y: 5.268.029 m]
CHARAKTER | Kaum nennenswerte Anstiege, längerer Steilabstieg. Meist gut bezeichnete Pfade und Steige, kurz auf Alpweg, Sträßchen, Pfadspur und weglosem Abschnitt

Gedenkkreuz am Fuß des Bärenkopfs.

Bevor die Bergwanderung beginnt, spazieren wir kurz vom Bahnhof in **Immenstadt** 01 Richtung Stadtmitte, über die Fußgänger-Bahnüberführung in die Adolph-Probst-Straße, geradeaus zur Gottesackerkapelle, passieren die Schranke der Anliegerstraße, queren mittels der holzgedeckten Sepp-Gammel-Brücke den Steigbach und gelangen so auf dem Wanderweg zur **Mittagbahn-Talstation** 02. Die Gondel bringt uns in zwei Sektionen zur **Bergstation-Gaststätte** 03. Im Nu geht's auf dem mit „Bärenköpfle" beschilderten Pfad zum **Mittagberg** (auch Mittag) hinauf. Die Ausschau nach Norden wird leider durch Fichten behindert. Dafür grüßen über dem Illertal die Allgäuer Hochalpen. Auf dem locker bewaldeten Kamm bummeln wir zu einem Nagelfluhfelsen mit dem Gedenkkreuz des Gebirgstrachten- und des Heimatvereins Blaichach. Im Westen reckt sich die Felsnase des Steinebergs empor. Von der kleinen Schulter am Bärenkopf weitet sich der Blickwinkel ins Bregenzerwaldgebirge. Die letzten Meter zum **Bärenkopf** 04 mit leider wieder eingeschränkter Aussicht gewinnt man weglos über einen kleinen Weidehang.
Zurück am Gedenkkreuz nehmen wir den Pfad durch eine Mulde und einen Waldstreifen hinunter zur **Alpe Oberberg** 05, wo die Möglichkeit einer Sennerei-Besichtigung mit Käseprobe besteht. Nun folgen wir dem flachen Alpweg auf den Grünten zu und zweigen gleich in der ersten Kurve auf den Steig Richtung Ettensberg ab. Über Lichtungen steigen wir zunehmend steiler an einer kleinen Hütte vorbei. Beim Unterstand mit dem leicht übertriebenen Namen Hotel Poldi benützt unser Kurs talwärts kurz ein stilles Sträßchen. Nach der Bild-Kapelle (auch Sühnekapelle) passiert der Pfad Richtung Altmummen am Ortsbeginn von **Ettensberg** Schmidelers Kapelle. Wir schlendern über Pferdeweiden und auf flacher Wiesenspur nach **Altmummen** 06. Zu den nahen Häusern von Neumummen führt uns wieder ein Pfad. Mit einem kleinen Treppen-Gegenanstieg geht es zum Ortsteil Riederalp, bevor uns ein Anliegersträßchen zur Mittagbahn und zurück zum Ausgangsort nach **Immenstadt** 01 bringt.

Lochwiesen
AKAMS
Gnaden-
berg
Seifen
Luitharz
872
Hirsch
St.Otmar
806
GIESSEN
Haslach-
mühle
Bräunlings
718
Flecken
St. Leonhard
Auf der Hölle
OBEREINHARZ
779
846
Sennerei
NSG
UNTEREINHARZ
STEIN
im Allgäu
720
835
St.Mauritius
Steinmühle
HUB
Ruine
Hugofels
Alpe
Rothenfels
757
Dachseck
Ruine
Laubenberg-Stein
Oberau
Greggenh
Alpsee
Skytrail
Rothenfels
Ruine Rothenfels
Unterzollbrücke
308
766
781
Kl. Alpsee
LSG
Egg
Ruine Rauhlaubenberg
308
Schanzhäusl
Kunert-
werke
Ölbergkapelle
Kreis-
krankenhaus
Hofmühle
Rauhen-
zeller
Seen
Freizeitzentrum
183
Stadtschloss
RAUHENZELL
Großmoos
St.Nikolaus
IMMENSTADT
i. Allgäu
728
01
Hörmannsh.
Auwald-
Sportzentrum
St.Otmar
Schloss
Rauhenzell
183
02
Kanzel
Horn
19
Neumummen
308
Am Hörnl
183
Wasserskilift Allgäu
Leprosen-
kap.
Hochried
Altmummen
Hölzerne
Kapelle
Untere
Rasthaus am
Mittag
Riederalp
06
790
Hofen
Tannenhof
1095
Teufelsloch
Schwanden
791
Tanne
Schattenberg
Dreikönigskapelle
Lourdeskap.
183
Mittagalpe
Schwandalpe
Ettensberg
Jhtt.
761
St.Wendelin
Schießstä
Kegelhaus
969
Ornach
Jagdhütte
Alphütte
183
03
1451
Alpe
Schwanden
Blaichach
733
Mittagberg
Alpe Derb
183
Alpe Oberberg
Schleifalpe
Kühberg
05
Seifrieds-
berg
04
Rabennest
Bärenkopf
1476
Käser
Reute
ICO-adventures
Outdoorzentrum
Vordere
Krumbachalpe
Halden
Bihlerdorf
Grathöflealpe
Rieder
Dürrehornalpe
Gunzesried
889
Sennerei
Goldenes
Kreuz
Oberzoll-
brücke
Unterkirchealpe
926
Hoch-A
Winkelwiesenalpe
Wildschutz-
gebiet
Im
Winkel
Im Loch
Hüttenberger Eck
1007
1124
Rauhenberg
Rauhenbergalpe
Kuckucksnest
Illersee
(Sonthofer See)
Vorderer
1068
Klausebuckel-
hütte
Hüttenberg
Iller-
siedlung
Berghaus
Blässe
Otto-
Hellmann-
Hütte
Hüttenberg
Bergbauernsennerei
Bergwirt
Nagelfluhhaus
Hirsch
Rehmahd-
moos
Birkenbichlhütte
Bettenried
Westerhofen
740
Allgäuer
Berghof
Disc Golf Allgäu
Eggalpe
Wiesholztobel
Geißrückenalpe
Alpenvereinshütte
Obereggalpe
0 500 m
Hochbichlhütte
Sonneckhütten
Jhtt.
Wittelsbacher

SAMSTENBERG • 1513 m

Individualismus am Westrand des Allgäus

8,75 km | 4:00 h | 469 hm | 469 hm | 3

START | Balderschwang, Bushaltestelle im Ortsbereich Schlipfhalden, bei den Alpchalets (Parkplatz) am westlichen Dorfende (1044 m)
[GPS: UTM Zone 32 x: 3581.300 m y: 5.256.849 m]
CHARAKTER | Mitunter steiler Aufstieg zur Stillbergalpe. Zum Teil bezeichnete Pfade und Pfadspuren, kurze Abschnitte auf Steig, Alp- und Ziehwegen. Orientierungssinn erforderlich, Grenzübertritt

Die Weideböden der Samstenbergalp.

Als Startpunkt für die höchst einsame Unternehmung bieten sich die Alpchalets am Dorfende von **Balderschwang** 01 an. Gleich danach lenkt an der Pension Theresienhof das Schild „Höhenweg" auf eine nach kurzem Aufschwung, in Dorfrichtung führende Pfadspur. Bei einem Bauernhof gehen wir Richtung „Girenkopf".

Der zwischen Waldflecken ansteigende Ziehweg heizt ordentlich ein. An der Gabelung unterhalb der Klösterlealpe achten wir auf den Richtungsweiser und schlendern auf einem Pfad ein Stück am Waldhang entlang. Ab der folgenden Verzweigung windet sich ein Steig rechts empor zur **Stillbergalpe** 02. Die Blickspanne vom Riedberger Horn über die Hochalpen und Gottesackerwände zum Bregenzerwaldgebirge verlangt nach einer Pause.

Der Alpweg Richtung Spicherhaldealp leitet mit einer Kehre zur Kammhöhe unter dem zugewachsenen Stillberg. Dessen nur wenige Meter hoher Zwillings-Gipfelfelsen südlich der Wegkuppe ist – man will es kaum glauben – nur in anspruchsvoller Kletterei des gehobenen II. Grades zu überlisten. Wir verzichten auf diese Eskapade und folgen gleich in westlicher Richtung, erst auf einer Fahr-, wenig später auf einer Pfadspur, zwischen Fichtengruppen dem Kamm. Mit kleinem Gegenanstieg erreicht man den **Samstenberg** 03, eine unscheinbare Weidekuppe.

Nach kaum nennenswertem Abstieg behindern ein paar Bäume das Vorwärtskommen. Hier sind die nördlichen Steilabbrüche im Auge zu behalten. Anschließend steigt man leicht rechts des Kammes über einen Weidezaun und bleibt nach einem Aufschwung erneut der Höhe treu. Der folgenden Felspartie weicht man südseitig aus und übersteigt danach einen weiteren Zaun. Nun geht's wieder bequem durch eine kleine Grasmulde bergab, über die Grenze nach Vorarlberg. Rot-weiße Markierungspflöcke leiten über Weidehänge zur **Hochleckachalpe** 04. Zwei Ziehwegkehren und ein mitunter undeutlicher Pfad durch einen Waldstreifen am Hang entlang bringen uns zur **Samstenbergalpe** 05. Wieder auf bayerischer Seite stoßen wir nach unwesentlichem Gegenanstieg hinter der **Doserlochalpe** 06 auf den bekannten Kurs nach **Balderschwang** 01.

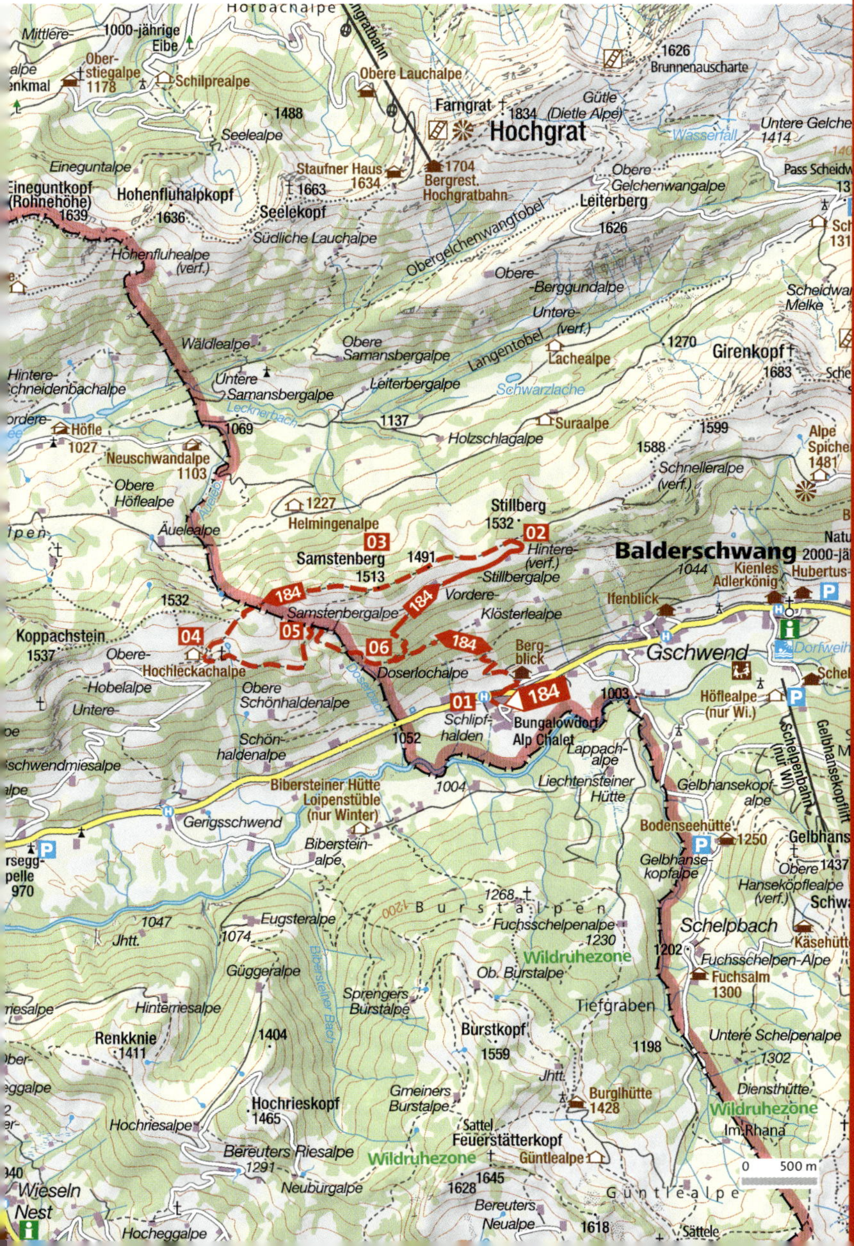

BERGGASTHOF KRANZEGG • 1080 m

Lachsalven auf dem Witz-Wanderweg

5,25 km | 1:75 h | 278 hm | 278 hm | 3

START | Rettenberg/Kranzegg, Bushaltestelle am westlichen Ortsrand (862 m); Parkplatz am Grüntenlift, außerhalb des Dorfes
[GPS: UTM Zone 32 x: 3599.397 m y: 5.271.008 m]
CHARAKTER | Kurzer, mäßig steiler Aufstieg. Gut bezeichnete Steige und Pfade, kurz Feldweg und Pfadspuren, zuletzt Alpweg

Im Rettenberger Filialort Kranzegg startet der Witz-Wanderweg.

Auf den meisten Wanderwegen werden bekanntlich nur wenige Muskelpartien trainiert. Ganz anders auf vorliegendem kleinen Ausflug. Nein, nicht die Oberarme sind gemeint. Die Skistöcke kann man angesichts der recht einfachen Routenführung getrost zu Hause lassen. Heute geht es ausnahmsweise mal um Muskelstränge, die im arbeitsreichen Alltagsleben ohnehin von der Kümmernis bedroht sind: die Lachmuskeln. Unzählige Bild- und Texttafeln erheitern den lesefreudigen Geher auf „Oberallgäus lustigem Wanderweg“ am laufenden Band.

▶ Wir benützen in **Kranzegg** 01 vom westlichen Dorfrand den Gehsteig zum Alpengasthof Kreuz. Dort nehmen wir den Fußgängerweg an einem Bach bergauf und lassen uns vom Täfelchen „Oberallgäus lustiger Wanderweg“ den Kurs zeigen. Die unterhaltsame Runde folgt in der ersten Kurve dem mit „Haus Kranzegg“ beschilderten, mäßig steilen Tobelweg, einem spannenden Waldsteig. An der nächsten Gabelung quert der Witzkurs den Wildbach und passiert einen kleinen Wasserfall. Auf einem Forstweg kreuzen wir einen Quellarm dieses Bachlaufs und gelangen auf einem Pfad unter dem Hochbehälter vorbei zum **Berggasthof Kranzegg** 02, der zu einer gemütlichen Einkehr verlockt.

Bei der anschließenden Privathütte weist das Schild „Alpe Kammeregg“ auf eine kurze Weidespur, die unter zwei Skiliften hindurch zur Schwarzalp leitet. Dort kreuzt die Witzroute ein Alpsträßchen. An der darauffolgenden Ruhebank genießt man einen hübschen Ausblick vom Hauchenberg über den langen Rottachberg – dahinter grüßt der Blenderturm – zum Rottachsee. Ein kaum mehr steigender

Feldweg hält nun auf den Grünten zu und bringt uns zur betagten **Geißalp** 03, dem höchsten Punkt der Tour. Nun zeigen sich auch Mittag, Steineberg und Immenstädter Horn. Ein kleines Stück später verläuft ein Pfad über Weidehänge bergab Richtung Kranzegg. Bald nimmt uns ein geteerter Alpweg auf, der talwärts nochmals unter den beiden Skiliften hindurch führt. Zuletzt geht's an der hölzernen Asante-Christus-Kapelle und dem Berghof Deubele vorbei nach **Kranzegg** 01.

LAUFBACHER ECK • 2178 m

Höhenweg der Extraklasse

11,5 km | 4:00 h | 401 hm | 401 hm | 3

START | Oberstdorf, Bushaltestelle an der Nebelhornbahn, Parkplatz (820 m) [GPS: UTM Zone 33 x: 344.015 m y: 5.274.244 m]
CHARAKTER | Kurzer, steiler Schlussaufstieg. Gut bezeichneter, abschnittsweise etwas ausgesetzter Pfad mit einer gesicherten Stelle, anfangs Alpweg. Vorsicht bei Nässe!

Der Kleine Seekopf über dem Laufbacheckweg, rechts die Höfats.

Der Laufbacheckweg in schwindelnder Höhe über dem Oytal zählt gewiss nicht zu den Geheimtipps unter den Oberstdorfer Touren. Doch welcher Höhenweg könnte die mannigfaltigen Charakterzüge der Allgäuer Gipfelwelt anschaulicher vor Augen führen, die Faszination der Hochalpen unwiderstehlicher auf den Präsentierteller zaubern, den Farbenreigen der alpinen Flora betörender offenbaren als diese unvergessliche Panoramaroute?

Selbst Geologie-Banausen dürften hier Lust verspüren, einzutauchen in das große Abenteuer der Erdgeschichte, mehr zu erfahren über das Werden und Vergehen.

▶ Die beiden Sektionen der Nebelhornbahn transportieren uns von Oberstdorf im Nu zur **Station Höfatsblick** 01 mit Marktrestaurant und dem Edmund-Probst-Haus gleich nebenan. Das Schild „Laufbacher Eck“ lenkt auf den aus dem Seealptal hochkletternden Alpweg.

An der Gabelung bei der nahen Gaisalp entscheidet man sich links für den Geologischen Lehr- und Wanderpfad. Der Ziehweg quert einen Quellarm des Faltenbachs und steigt unter dem Miniaturgipfel des Zeigers ein kleinwenig an zu einer schwach ausgeprägten Einsattelung. Dort verlassen wir den ins Oytal führenden Weg und schwenken auf den wieder flachen, abermals zum Laufbacher Eck ausgeschilderten Pfad ab. Graziös besticht direkt vor uns die dreigipflige Höfats.

Man passiert den nächsten Sattel und genießt über die abschüssigen Grasflanken am Großen Seekopf den Tiefblick zum Seealpsee. Zum Schwärmen reißen die Rassegestalten des Allgäuer Hauptkamms hin. Am Kleinen Seekopf entlang steigt der manchmal ein wenig ausgesetzte Höhenweg sanft und folgt danach eine Zeitlang dem Gratverlauf. Ostseitig öffnet sich der Talschluss des Obertalbachs.

Unter den Schrofenabbrüchen des Schochens (Drahtseilsicherung) schlagen wir Kurs Ost ein. Fast 1000 m tiefer, Ameisen gleich, die Wanderer im Oytal. Der elegante Rädlergrat schwingt sich zum Himmelhorn empor, daneben der gnomenhafte Schneck.

Noch am Lachenkopf vorbei in einen weiteren Sattel, dann schließt sich in Kehren der steile Schlussaufstieg an. Vom Laufbacher-Eck-Sattel sind's nur noch wenige Minuten auf den Graskopf **Laufbacher Eck** 02 mit krönendem Hochvogelblick.

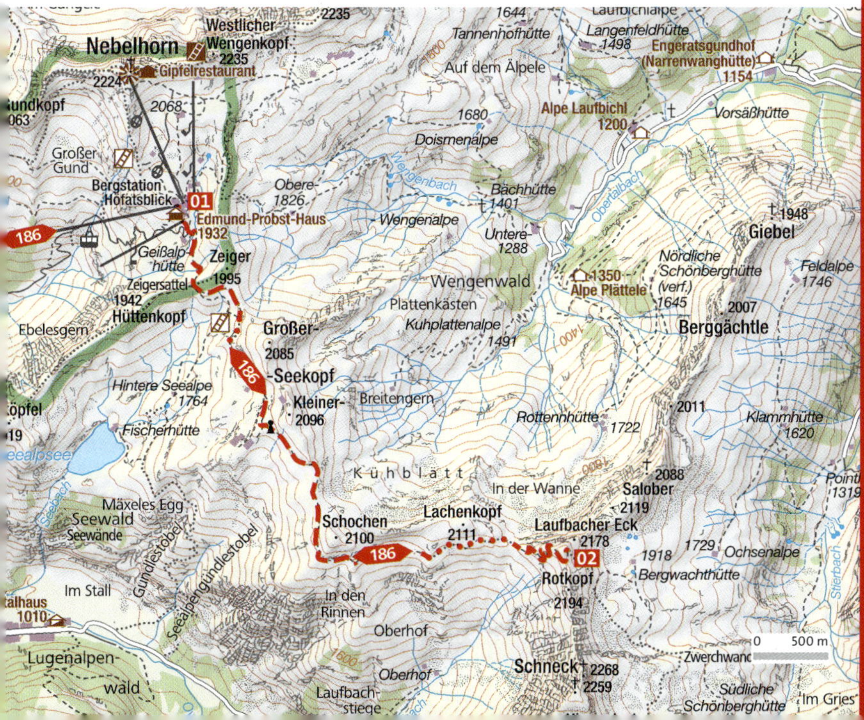

GERSTRUBEN • 1145 m

Moorweiher und Hölltobel

15 km | 4:15 h | 332 hm | 332 hm | 3

START | Oberstdorf, Bahnhof, Parkplatz ein Stück dahinter (813 m)
[GPS: UTM Zone 33 x: 344.015 m y: 5.274.244 m]
CHARAKTER | Der steile Hölltobelaufstieg verlangt etwas Trittsicherheit. Gut bezeichnete Wander- und Wirtschaftswege, Steige und kurze Anliegersträßchen

Im faszinierenden Moorweiher spiegelt sich das Gaisalphorn.

Wir treffen uns zu dem romantischen Trettachtal-Ausflug am Bahnhof in **Oberstdorf** 01, spazieren hinein ins Dorf und folgen bei der Raiffeisenbank der Nebelhornstraße zur Nebelhornbahn. An der Mühlenbrücke beginnt ein Wanderweg, der über der Trettach, anfangs teilweise auf Holzstegen, an einem abdrängenden Mischwaldhang leicht zum Moorbad ansteigt. Ein Wäldchen säumt nun den Moorlehrpfad Richtung Christlessee zum idyllischen **Moorweiher** 02. Die komfortable Route mündet später in ein Anliegersträßchen. An der Gabelung nach dem Golfplatz zweigt man auf einen Wirtschaftsweg ab und gelangt über die Zwingbrücke nach **Dietersberg** 03 in der Talsenke der Trettach. Dort lenkt am Ortsende das Täfelchen „Gasthof Gerstruben" auf einen in Kehren angelegten, steilen und teilweise feuchten Klammsteig. Der ein wenig Trittsicherheit erfordernde Hölltobel begeistert mit schäumenden Wasserfällen und einer äußerst artenreichen Mischwaldflora. Ein paarmal legt sich ein Seitenbach quer.
Auf einem Anliegersträßchen trifft man im kleinen Museumsdorf **Gerstruben** 04 im Dietersbachtal ein.
Nach einer willkommenen Einkehr im Wirtshaus der einstmals größeren Alpsiedlung mit Blick zur rassigen Höfats wählen wir dann den Steig über eine Bergwiese ins Tal hinunter zum Dietersbach, wo uns ein Steg hinüber zum alten Stadel des früheren Anwesens **Raut** 05 am Fuß der Kegelköpfe trägt. Ein Waldabstieg leitet nun in einer Serpentine weiter hinunter nach **Gottenried**. Und nach der Dietersbachbrücke schließt sich in Dietersberg 03 die eindrucksvolle Teilrunde. Der bekannte Weg bringt uns zurück nach **Oberstdorf** 01.

Schönhaldenkopf
Langenwang
840
Rubi
788
Rubihorn
Jägersberg
"ALEX"
Gaisalp-
kapelle
Untere Richteralpe
Entschen
Gaisalpbach
Gaisalptal
Unterer
Gaisalpsee
Rubihorn
1952
Niedereck
1769
Oberer
Gaisalpsee
1953
Gaisalphorn
1981
Am Geißfuß
Geißfuß
Hof
Illerursprung
Explorer Hotel
Camping
Oberstdorf
Innerer
Kehrgraben
Müll-
deponie
Kurhotel
Allgäuer
Bergbad
855
Stillach
Trettach
Dummels-
moos
Boxler
(Kutschfahrten)
Käshüs
Breitenberg
Dummelsmoos-
brücke
Cafe
Breitenberg
Hafnerlesloh
Roßbichl
1466
Halde
Gaisalptobel
Geißfußtobel
Walser-
brücke
187
Oberstdorf
01
Schlechtenbr.
Tannhof
Traube
Mohren
Mittelstat.
Seealpe
Nebelhornbahn
Faltenbachtobel
Faltenbach
Seealpe
1280
Rennrodelbahn
Im
Schlechten
Villa Jauss
Kurhaus
Kristalltherme
Schattenberg-
Schanze
Oybele-
Halle
Erdinger Arena
Kühberg
Bergschau-Info/-Zentr.
Schattenberg
Schäfhof
1798
1845
1919
1800
Vogelsgern
Möser-
brücke
Kienberg
Oberstdorf
813
901
Moorbad
St.Loretto
Moorweiher
Dienersberg
901
02
Jäger-
stand
Kuhberg
Schörganger
Ochsengern
Ziegelbachbrücke
Unterer
Renksteg
Kinderheim
187
Gruben
876
Gruben
Oybach
Diensthütte
Ziegelbachhütte
933
Freiberghöhe
Seeblick
Freiberg
984
Am
Ried
Strandcafé
Bergschau-Info
Freibergsee
Zimmeroy-
brücke
Rollerbahn
Gündle
1563
1748
Riffenkopf
Hahnenkopf
1735
Heini Klopfer
Skiflugschanze
Schloss-
wies
Burgstall
Zwingbrücke
Dietersberg
03
Älpelekopf
1614
Gerstrubner Älpele
(verf.)
1801
1722
Wannenkopf
Hochleite
1185
Bergschau-Info
Sepp-Weiler
187
Riefenkopf
04
Gerstruben
1145
Schwand
Himmelschrofenalpe
(verf.)
Stunden-
stein
187
Gottenried
Gerstruben
Raut
Histor.Klopfsäge
05
Gerstruben
1216
1673
Christlessee
Himmelschrofen
1791
Wild-
fütterung
Christlessee
187
Ringang
1022
Waldhotel am
Christlessee
Pechholz
St. Wendelinkapelle
Vordere Ringersgundalpe
(verf.)
1776
Klupper
Kegelköpfe
1959
Gibelalpe
Hintere Ringersgundalpe
(verf.)
953
Untere Gibelmähder
Obere Gibelmähder
Fell-
horn
Faistenoy
Kesselgrat
Taxiverbindung Oberstdorf-
Spielmannsau
Anatswald
Vorderer
Wildgundkopf
Spielmannsau
Spielmannsau
Bubenebene
Traufbach
Im Lüss
1935
Brandrücken
stündl. Busverbindung
(saisonal)
1004
Oberau-Alpe
Vordere
Traufbergalpe
0
500 m
Hinterer
Wildgundkopf
Traufberg
1604
1028

HOCHLEITE UND FREIBERGSEE

Mit Hilfe der Söllereck-Gondel vom Berg ins Tal

7,75 km | 2:45 h | 162 hm | 527 hm | 3

START | Oberstdorf/Kornau, Bushaltestelle (Parkplatz) bei der Söllereckbahn, an der B 19 ins Kleinwalsertal (980 m)
[GPS: UTM Zone 33 x: 344.015 m y: 5.274.244 m]
CHARAKTER | Unbedeutende Anstiege, mitunter steiler Abstieg zur Alp Huberles Schwand. Teilweise bezeichnete Pfade und Steige sowie Wander-, Alp- und Fahrwege

Bei Spaziergängern, Wanderern und Badegästen gleichermaßen beliebt: der waldumschlossene Freibergsee über dem Stillachtal.

Rasch gelangt man von der Bushaltestelle bei der Söllereckbahn im Ortsteil **Kornau** hinauf zur Talstation. Die Gondel bringt einen zum **Gasthaus Schönblick** 01, dem Startpunkt der kurzweiligen Wanderung.
Richtung Freibergsee geht es auf einem Spazierweg leicht steigend zum nahen Berghaus Am Söller und weiter auf einem Waldwanderweg. Ein langer Holzsteg trägt uns trockenen Fußes über eine Feuchtwiese, zumindest bis zum nächsten Wegweiser. Dort quert links ein unbezeichneter Pfad vollends das **Hühnermoos** 02. Im Zickzack einen zunehmend steileren Waldhang bergab steigend, ist darauf zu achten, dass man den mitunter undeutlichen Steig nicht verliert. Wer gepflegte Wege vorzieht, wählt besser den beschilderten Kurs über Schwand.
An der Alp Huberles Schwand, auch Ottos Hütte genannt, liegen plötzlich drei parallele Oberstdorfer Bergketten vor uns mit Nebelhorn, Schneck und Höfats. Von der bescheidenen Bergweide leitet ein flacher Ziehweg durch ein Waldstück und unter dem Felsriegel des Schartenkopfs vorbei zu einem weiteren kleinen Weidegebiet mit einer Privathütte. An der folgenden Einmündung in einen Alpweg weist das Schild bergab zum **Berggasthaus Hochleite** 03.
Auf dem erneut zum **Freibergsee** 04 beschilderten Pfad queren wir nochmals mittels eines Holzstegs eine Feuchtwiese. Dann schimmert, während wir in Windungen teilweise über Holzstufen durch den schönen Bergwald talwärts spazieren, bereits das ersehnte Badegewässer durchs Geäst. Zuletzt erreichen wir auf einem Fahrweg das Strand-Café am malerischen Freibergsee. Wir gehen ein kurzes Stück zurück, bis der Edmund-Probst-Weg Richtung Söllereckbahn abzweigt. Der mit vielen ausführlichen Tafeln als Naturlehrpfad angelegte, anfangs flache, später leicht steigende Wanderweg leitet an einem Felsaufschluss vorbei und kreuzt mehrere kleine Bachtobel und Lichtungen.
Bald nach dem Naturfreunde-Ferienheim Freibergsee taucht das **Alpengasthaus Bergkristall** 05 auf. Auf einem Anliegersträßchen ist es jetzt nicht mehr weit zur Söllereckbahn in **Kornau** 06.

Schwarzenberg
Sturmannshöhle Kiosk
Sturmannshöhle
Heidrucken
1340
Hirschsprung
1164
Im Ried
989 Hermannstein
Schönhaldenkopf
Langenwang
771
Jägersberg
Hof
Kreben
Rubihorn
Ochsenberg
1179
Felsendom
Kapf
Illerursprung
Explorer Hotel
Camping Oberstdorf
Auf der Nase
Greith
Wasach
Jehlefelsen
Schwande
Schatthalde
Friedens-linde
Dorf
Bergruh
Tiefenbach bei Oberstdorf
887
Kurhotel Allgäuer Bergbad
Müll-deponie
855
Falkenbergalpe
Loch-wiesen
Räppele
Jauchen
Geißberg
1372
Bachtel
Winkel
Ebnath
Stillach
Weidach
Walser-brücke
Reine
Reute
Hotel Oberstdorf
Schlechtenbr.
Oberstdorf
Ferlewang
Oib
Hüttenbühl
Maustelle
Sanat.
Stillachhaus
Tannhof
Traube
Mohren
Büchele
Kornauer Stuben
Kornau
914
Im Schlechten
Villa Jauss
Hoch-statt
Kajak-Einstieg
Waldesruh
Kurhaus
Breitachklamm (Bergschau-Zentr.)
Mittwänden
Kristalltherme
Möser-brücke
1050
Sesselalpe
Sessel
06
188
Seeweg
Oberstdorf
813
Karatsbichl
901
Dornachalpe
Heimspitze
977
19
NSG
Ochsen-moos
St.Loretto
Moorweiher
1282
Engenkopf
Bergkristall
05
Zwingsteg
Kasse 2
Söllereckbahn
Ziegelbachbrücke
Unterer Renksteg
Kinderheim
Alpe Hinter der Enge
188
188
Naturfreundehaus Freibergsee
Ziegelbachhütte
910
Walserschanz
991
Hinterenge
Höllwieslift
933
Freiberghöhe
Seeblick
Ochsenhöfle
1288
Huberles Schwand
04
Freiberg
984
Söllis Kugelrennen
Schönblick
1345
01
Schartenkopf
1278
Strandcafé
Bergschau-Info
Am Ried
201
02
188
Zimmeroy-brücke
Freibergsee
Schrattenwangalpe
1402
1445
1422
Sattelkopf
Rollerbahn
Söllerhaus
Hochleite
1185
Hochleite
Heini Klopfer Skiflugschanze
Schlosswies
Wald
1039
Bergschau-Info
Walser Äpele
Söllereck
1706
03
Sepp-Weiler
Amansalpe
1344
Hochleite
Schwand
Himmelschrofenalpe (verf.)
Söllerälpe
1522
Schwand
Stunden-stein
1673
Wild-fütterung
Himmelschrofen
1791
1925
Ringang
Söllerkopf
1940
NSG
1022
St. Wendelinkapelle
Schlappoldkopf
1968
Schlappoldalpe
1358
Schlappoldbach
Laiter
1776
Ebene
Schlappold-höfle
NSG
Schlappoldsee
Fellhorn
2038
Restaurant Fellhorn
1780
Fellhornbahn I
Fell-horn
Faistenoy
Fellh.-Gipfelb.
1967
Fellhornbahn II
Untere Bierenwangalpe
1548
Vordere Wildgundkopf
Bergwachthütte
NSG
Winterbetrieb
Dienstshütte
1269
Anatswald
1935
Kanzelwandhaus (Naturfreundehaus)
Stollen
Obere Bierenwangalpe
1737
Winterbetrieb
Möseralpe
Brand
0 500 m
stündl. Busverbindung (saisonal)
Jagdhaus

SCHWARZENBERGHÜTTE • 1380 m

Spaziergang zum Wahrzeichen des Kleinwalsertals

7,5 km | 2:15 h | 350 hm ↗ | 350 hm ↘ | 3

START | Hinterstein/Hubertuskapelle (Gemeinde Bad Hindelang), Bushaltestelle (1030 m); zu erreichen mit dem Bus auf einem Anliegersträßchen ab dem Hinterdorf von Hinterstein
[GPS: UTM Zone 32 x: 469.250 m y: 5.568.750 m]
CHARAKTER | Mäßig steiler Aufstieg. Steig und Alpwege überwiegend beschildert

Herbstliches Ahornleuchten.

Diese entspannende Rundwanderung im romantischen Talschluss des Hintersteiner Tals, dem einstigen Jagdrevier des Prinzregenten Luitpold, kann je nach Belieben verlängert werden: entweder über die Käseralp zum hoch gelegenen Engeratsgundsee oder aber sogar auf den Großen und Kleinen Daumen.

▶ Gleich hinter der **Hubertuskapelle** 01 tragen uns – über dem Giebelhaus den eleganten Grasspitz des Giebels im Visier – zwei Brücken über den Erzbach und die junge Ostrach. Danach weist uns die Beschilderung zur **Schwarzenberghütte** 02 auf einen wenig anstrengenden Steig. Unter dem schrofigen, kaum bestiegenen Hengst wandern wir in zwei weiten Schleifen durch lockeren Bergwald, im Untergattern genannt. Auf einer beweideten Bergschulter, dem Unteren Schwarzenberg, begrüßt uns die bewirtschaftete Schwarzenberghütte der AV-Sektion Illertissen. Man heißt es dort oben zu Recht auch im Paradies. Während einer behaglichen Hüttenbrotzeit vor dem niedrigen Holzdoppelbau kann man in aller Seelenruhe die recht alpine Gipfelkulisse des Prinz-Luitpold-Hauses hoch über dem romantischen Bärgündele mit den beiden Unikaten Fuchskarspitze und Hochvogel bestaunen.
Jenseits des Gündlesbacheinschnitts züngelt im Osten die Laufbichelkirche wie eine Grasflamme empor zum doppelgipfligen Großen Daumen.
Den anfangs gemächlichen Alpwegabstieg über bunte Weideböden säumen viele alte, knorrige Ahornbäume. Bald tauchen die wenigen, teilweise ausgewaschenen und nur von Allrad-

fahrzeugen zu meisternden Kehren wieder im Wald unter. Kurz vor dem Engeratsgundhof mündet unsere Route im Obertal in den weiter talwärts führenden, geteerten Alpweg zum **Giebelhaus 03** mit benachbarter Diensthütte. Kurz hinter dem stattlichen Berggasthaus überschreiten wir erst den Obertalbach, dann den Bärgündelesbach. Beide Quellbäche verbinden sich hier zur Ostrach. Eine flache Naturfahrbahn leitet uns zum Schluss unter dem Roßkopf, den über einen Wasserfall niederstürzenden Säubach querend, durchs hinterste Hintersteiner Tal auswärts zur **Hubertuskapelle 01**.

STUIBEN • 1749 m

Peppige Steilhänge und Grate

9,5 km | 4:30 h | 819 hm | 819 hm | 3

START | Gunzesried/Säge (Gemeinde Blaichach), Bushaltestelle (930 m); Parkplatz am Ortseingang
[GPS: UTM Zone 32 x: 469.250 m y: 5.568.750 m]
CHARAKTER | Ab der Ornachalpe anstrengender Aufstieg; der ausgesetzte, drahtseilgesicherte Gipfelabstieg erfordert Trittsicherheit.
Meist gut bezeichnete Pfade und Steige, anfangs Alpsträßchen, kurze Pfadspur; Vorsicht bei Nässe

Nebelschwaden verhüllen den spannenden Ostabstieg vom Stuiben zur Alpsiedlung Wiesach.

Der Auftakt zu der mit allerhand neckischen Einlagen gewürzten Gipfelüberschreitung verläuft verdächtig harmlos.
Von der Bushaltestelle im Ortsteil **Säge** 01 spazieren wir auf dem anfangs steigenden Alpsträßchen ins Aubachtal hinein, zur Rechten Sedererstuiben und Stuiben. Wir passieren die Sennalp Gerstenbrändle und lassen uns nach unwesentlichem Höhenverlust an der Alphütte Vorsäß I vom Schild „Alpe Ornach" den weiteren Kurs zeigen. Es folgt eine kurze Weidespur, dann trägt uns eine Brücke über den Aubach. Ein kräfteschonender Pfad zieht sich an der Schönebuchhütte vorbei durch den Bergwald. In engem Zickzack steigen wir empor zur **Ornachalpe** 02.
Knorrige Ahorne und später teilweise orange gefärbte Nagelfluhriegel säumen den schweißtreibenden Steig über die licht bewaldete Südflanke Richtung Stuiben. In der Alpwanne unter dem Sederer können wir endlich für eine kleine Weile aufatmen.
An der verfallenen Rothenalp ist eine Felsmarkierung zu beachten. Das einheizende Engagement über nun steilste Weidehänge wird jedoch durch das herrliche Panorama der Hochalpenkette von der Daumengruppe bis zum Ifen belohnt. Zuletzt strebt man auf einem gut angelegten Höhenweg unmittelbar neben dem Kamm dem **Stuiben** 03 entgegen. Erhebend ist der schöne Tiefblick über die nordseitigen Abbrüche zu dem reizvollen Feuchtgebiet bei der Gundalp. Nach einem anspruchsvollen Steilabstieg über einen recht ausgesetzten Felsgrat mit langem Drahtseil beachte man nördlich des Grates die Markierung.
Der obere Steig ist etwas schwieriger. Die nächste schmale, flache Gratrippe in dieser fesselnden Nagelfluh-Kleinlandschaft ist wiederum mit einem Drahtseil entschärft. Schließlich bringt uns eine Holztreppe hinauf zu einem Sattel.
Richtung Gunzesrieder Tal geht's nochmals steil hinunter in die winzige Al-

pwanne am Fuß der Rauhen Schlucht. Auf einem Alpsteig an Felssturzblöcken vorbei steigend, verdichtet sich der Wald zusehends. Von der kleinen Alpsiedlung **Wiesach** 04 bringt uns ein Pfad zurück zum Ortsteil **Säge** 01.

TIEFENBERGER MOOS

Im vielgestaltigen Illertal

10,75 km | 2:45 h | 63 hm | 63 hm | 3

START | Sonthofen, Bahnhof, Parkplatz (743 m)
[GPS: UTM Zone 32 x: 469.250 m y: 5.568.750 m]
CHARAKTER | Mäßiger Anstieg. Gut beschilderte Wirtschafts-, Wald- und Wanderwege, Pfade und ganz kurze Straßenabschnitte

Tiefenberger Moos mit Sonthofner Hörnern.

Wir starten zu der Erholungsrunde am Bahnhof in **Sonthofen** 01 auf der Bahnhofstraße, schwenken rechts in die Moltkestraße ein und achten auf den Richtungszeiger „Stadtteil Rieden". Vor der Bushaltestelle geht es durch eine Fußgänger-Unterführung.

Anschließend spazieren wir über den Illersteg und folgen links dem Ufer-Wanderweg. Wenig später ist der Stadtteil **Sigishofen** 02 erreicht.

Am Dorfeingang wählen wir links die Straße Richtung Schweineberg. Nach dem Ortsende folgt man kurz dem Fußgängerweg neben der B 19, bis ein Wirtschaftsweg in den Krebsbachtobel leitet. Dort verschmälert sich der Kurs in einen nur mäßig steigenden Waldwanderweg. Ab der Verzweigung am Tobelende ist es nicht mehr weit zum **Sport- und Kurhotel Sonnenalp** 03. Der Fußgängerweg neben der nach Muderbolz führenden Straße hält nun auf die Sonthofner Hörner zu. Nicht lange, dann lenkt das Wandertäfelchen auf den reizvollen Pfad ins **Tiefenberger Moos** 04.

Auf zwei Eisenstegen wird ein winziger Moorbach überschritten. Am bewaldeten Rand des Feuchtgebietes lässt sich die eigenwillige Ausstrahlung dieses urigen Fleckens in vollen Zügen genießen. Wo wir auf einen querlaufenden Wanderweg stoßen, lohnt es sich, diesem Richtung Dietrichs bis zur Tafel „Vom Gletscher zum Moos" durchs teilweise offene Hochmoor zu folgen. Zurück auf der Hauptroute geht's auf einem Feldweg Richtung Fischen. Bei Tiefenberg folgt man mit Rubihornblick rechts einem ruhigen Sträßchen. An einem Wald-

eck ist auf die Beschilderung „Weiler“ zu achten. Anfangs wieder auf einem Feldweg, wenig später auf einem Wanderweg, schlendert man durch Wald und über Lichtungen zum Ofterschwanger Ortsteil **Tiefenberg** 05.
Das Schild „Sigishofen“ weist in ein Anliegersträßchen. Im weiteren Verlauf wandern wir auf einem Wirtschaftsweg bergab zur vorsichtigen Querung der Bundesstraße. Der Auwald am Illeruferweg bietet einen recht beschaulichen Ausklang zurück zu unserem Ausgangspunkt in **Sonthofen** 01

Die Iller nahe Sonthofen.

RANGISWANDER HORN • 1616 m

Bequemer Ausflug in die Hörnergruppe

8,5 km | 4:00 h | 768 hm | 768 hm | 3

START | Ofterschwang/Sigiswang, Bushaltestelle bei der Kapelle (848 m); Parkmöglichkeit am Straßenrand
[GPS: UTM Zone 32 x: 469.250 m y: 5.568.750 m]
CHARAKTER | Langer meist mittelsteiler Aufstieg. Überwiegend beschilderte Alpwege und Pfade

Sonthofner Talkessel mit Grünten von der Sigiswanger Hornalp.

Das Rangiswanger Horn, der dritte Gipfel des Sonthofner Hörnerkamms, zeichnet sich durch eine umfassende Rundschau aus. Besonders einprägsam offenbaren sich von dem bis obenhin begrünten Bergziel die großen Allgäuer Felsgestalten um Oberstdorf. Eine weitere Auszeichnung dieser komfortablen Bergwanderung ist der nahezu ständige Rückblick ins prächtige Illertal. Unternehmungslustige, die nicht auf demselben Weg ins Tal zurückkehren möchten, können nach dem Gipfelabstieg auch den Panoramaweg am Sigiswanger Horn vorbei zur Fahnengehrenalp und die Route über die Buchenschwandalp nach Ofterschwang in Erwägung ziehen.

▶ Wir folgen in **Sigiswang** 01 bei der Kapelle der nach Ofterschwang steigenden Kreisstraße und kurz darauf dem abzweigenden, geteerten Alpweg. In spürbaren Kehren wandern wir mit herrlichen Talblicken Richtung Kahlrückenalpe. Gleich nach der ein Stück abseits gelegenen Schwinggundalp erreicht man das Evangelische Freizeitheim **Kahlrückenalpe** 02. Der nun schmälere Weg führt durch ein kleines Waldstück

und, an Steigung zulegend, über Weidehänge zur **Gschwendalp** 03. Wir passieren daraufhin ein Naturstein-Rastplätzchen und treffen wenig später bei der **Sigiswanger Hornalp** 04 ein.
Auf einem breit ausgetretenen Pfad bummeln wir jetzt gemütlich unter unserem Gipfelziel vorbei, südwestlich über Alpböden hinauf in die schwache Einsenkung auf dem zum Weiherkopf führenden Kamm. Von dort sind es nur noch ein paar Minuten zum **Rangiswanger Horn** 05. Über dem Oberstdorfer Talkessel setzen sich so manche der Allgäuer Rang-und-Namen-Gipfel in Szene: das Nebelhorn, der Große und Kleine Wilde, die Höfats, der Große Krottenkopf, Trettachspitze und Mädelegabel.

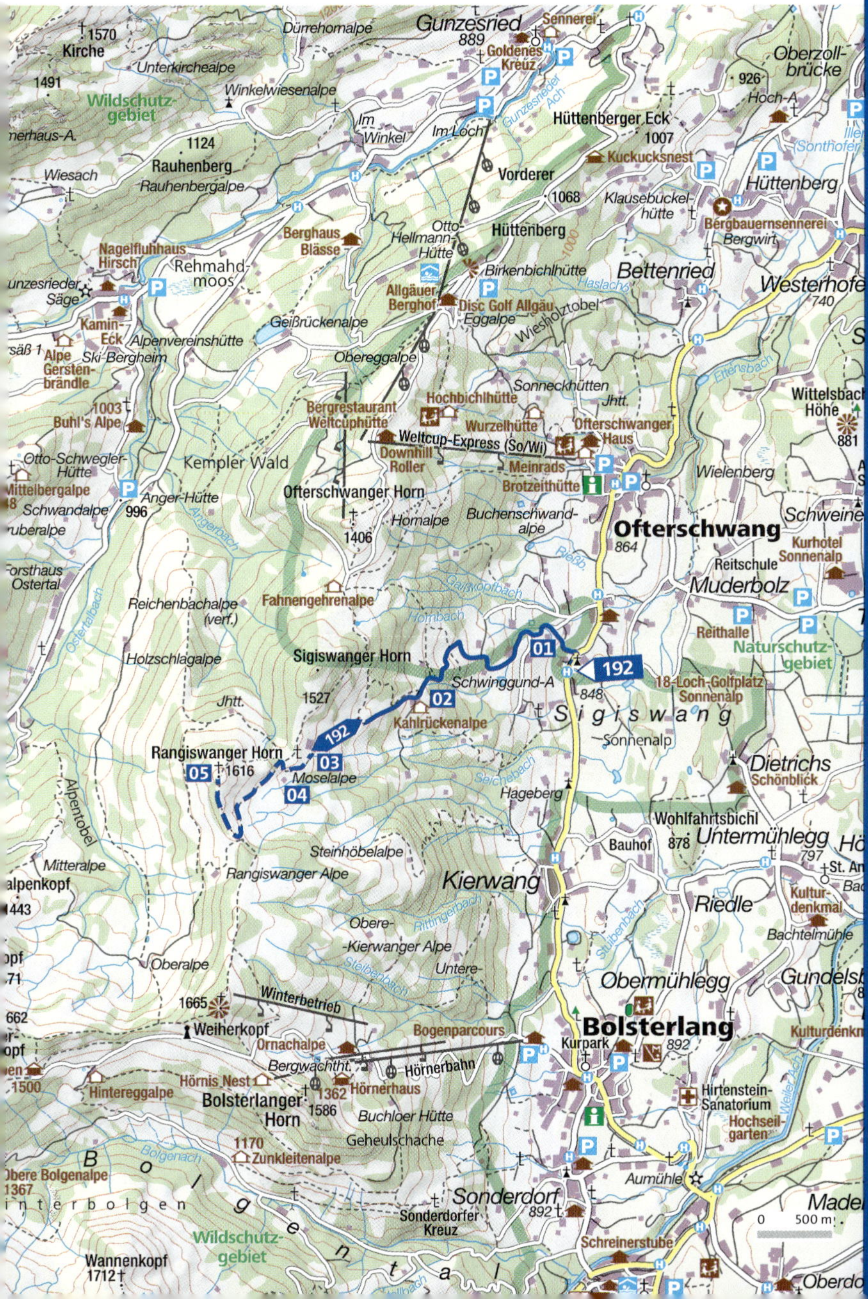

SIPLINGERKOPF • 1746 m

Anregende Überschreitung mit Rätikonblick

9,5 km | 3:30 h | 702 hm | 702 hm | 3

START | Balderschwang, Bushaltestelle beim Schullandheim, Parkplatz (1044 m) [GPS: UTM Zone 32 x: 469.250 m y: 5.568.750 m]
CHARAKTER | Der steile, gelegentlich auch felsige und ein wenig ausgesetzte Gipfelübergang mit schmierigen Stellen im Abstieg verlangt Trittsicherheit. Meist bezeichnete Alpwege und Steige. Vorsicht bei Nässe! Etwas Orientierungssinn ist vorteilhaft

Am spannenden Ostabstieg vom Siplingerkopf.

Der Siplingerkopf ist wegen seiner ostseitig bizarren Nagelfluhformationen die eigenwilligste Erscheinung über dem Balderschwanger Tal.

Vom Schullandheim in **Balderschwang** 01 führt ein Fußgängerweg taleinwärts Richtung Siplingerkopf. Kurz danach richten wir uns nach demselben Schild. Ein asphaltierter Alpweg führt mit Säntisblick an einer 2000-jährigen Eibe vorbei. Hinter dem Talschluss erkennt man Trettachspitze und Mädelegabel.Wir passieren die **Obere Socheralpe** 02, wandern zwischen Fichtengruppen hindurch und erreichen über eine Wegschleife die **Obere Balderschwanger Alpe** 03. Im Süden bestechen die markanten Gottesackerwände. Eine Serpentine steigt jetzt zu einem Absatz, wo der Wegweiser „Siplingerkopf" auf einen meist unmarkierten Steig zeigt. Rechts eines Bächleins findet man wieder eine Beschilderung. Unter dem Gratkopf vorbei geht es durch lockeren Wald hinauf zum Gipfelansatz. Über steile und teilweise luftige, Trittsicherheit erfordernde Geländerippen, auf denen ab und an der nackte Fels zutage tritt, gewinnt man den **Siplingerkopf** 04, den Höhepunkt des Oberallgäuer Rundwanderwegs. Sogar Verwall und Rätikon bereichern das Panorama. Der Ostabstieg folgt anfangs einem schmalen

Grasrücken. Dann wechselt der spärlich bezeichnete Fernwanderkurs in eine vielgestaltige, mit wenigen Fichten bestockte Schrofenflanke, die abschüssige Passagen mit erdigen Stellen beinhaltet. Nach einer kaum brauchbaren Drahtseilsicherung gelangt man in den Sattel vor dem Tennenmooskopf. Nächste Station ist die **Obere Wilhelminealpe** 05, die man über Alpweiden auf einem gemütlichen Pfad erreicht. Im Bereich der Waldgrenze schlendern wir nun auf einem Alpweg hinunter zur asphaltierten Aufstiegsroute, die uns über die Obere Socheralpe nach Balderschwang 01 bringt.

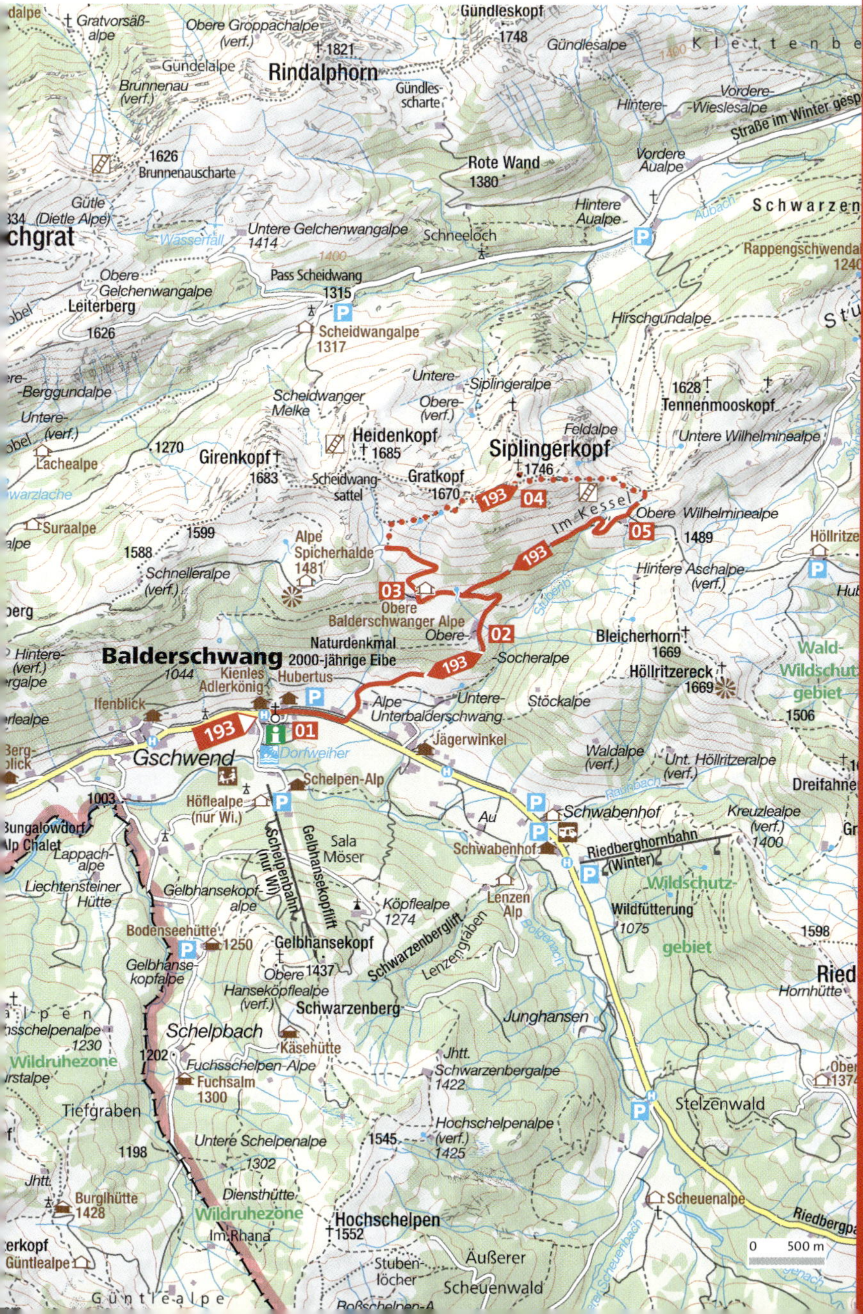

GROSSER HIRSCHBERG • 1644 m
SPIESER • 1651 m

Traum-Blickfänge am Südrand der Voralpen

9,5 km · 4:15 h · 692 hm · 692 hm · 3

START | Unterjoch/Obergschwend (Gemeinde Bad Hindelang), Bushaltestelle, Parkplatz (1050 m)
[GPS: UTM Zone 32 x: 469.250 m y: 5.568.750 m]
CHARAKTER | Meistens nur mäßig anstrengender Aufstieg, kurzer steiler Spieser-Abstieg. Teilweise bezeichnete Pfade und gelegentlich feuchte Steige, kleiner wegloser Abschnitt. Etwas Orientierungssinn angenehm

Auf dem Europäischen Fernwanderweg E 4 zum Großen Hirschberg.

An der Bushaltestelle in **Obergschwend** 01 zeigt uns der Wegweiser „Spieser" den Auftakt zu dieser sehr kurzweiligen Zweigipfeltour.

Vom Gasthof „Am Buchl" leitet uns ein Fußweg über die Weißenbachbrücke. Dann spazieren wir auf einem Wiesenpfad recht gemütlich am rechten Schlepplift bergan. Bald verfolgen wir eine deutlich steilere Skiabfahrt. Der Sorgschrofen und die eleganten Felsgipfel des Tannheimer Tals rücken zunehmend in unser Blickfeld. Nach einem wieder flacheren Abschnitt über Weiden betreten wir auf einem mitunter felsdurchsetzten Steig die locker bewaldete Hochwanne zwischen Jochschrofen und Hirschberg.

Feuchte Stellen sind zum Teil mit Baumscheiben besser begehbar gemacht. Zwischen den letzten Fichten und Buchen, Eschen und Ahorn breitet sich Strauchwerk aus. Über karge Alpweiden erreichen wir schließlich den **Steinpasssattel** 02.

Auf dem Pfad Richtung Spieser über einen kleinen Rücken und den eher gemächlichen Südhang des Hirschbergs ansteigend, weitet sich das Blicksegment zur Zugspitze und über den Hochvogel und die Daumengruppe bis zu den Walsertaler Bergen.

Von der unscheinbaren Einsattelung am Spieser gewinnt man in Kürze über einen bequemen Höhenrücken weglos den Gipfelrundling mit Namen **Großer Hirschberg** 03.

Zurück an der Einsattelung wandern wir auf kurzem Steig ebenfalls ohne Anstrengung an einer Fichtenreihe hinauf zum wenige Meter höheren **Spieser** 04.

Nun setzt anfangs in südwestlicher Richtung über harmlose Felsstufen der steile Abstieg über den Nordwestrücken an. Der teilweise mit Latschen gekleidete Berg zeigt hier seine schroffe Seite. Von der Verzweigung auf einem Weideboden zieht sich ein Pfad auf gleichbleibender Höhe um den Spieser herum zur **Hirschalpe** 05.

Kurz vor der beliebten Einkehr bietet sich ein prachtvoller Tiefblick auf den Hintersteiner Talkessel. Zwischen zwei Waldflecken müssen wir noch einen kleinen Gegenanstieg bewältigen, dann nehmen wir auf dem **Steinpasssattel** 02 den bekannten Kurs nach **Obergschwend** 01 auf.

Untere Bichleralpe
1290
Obere Bichleralpe
Häbsbich
Bremenloch
Wertacher Starzlach
Im Gschröf
1244
Fallenberghütte
1123
Sattelgschwand
Köllealpe
Pfeiffermühle
976
Gerenköpfle
1504
Geißrücken
1220
In der Metz
Hengstberg
Im Sybelle
Metzwald
Kälberhütte
1576
Roßalpe
1585
Starzlachberg
Riederberg
1146
Langengschwand
Alpe Schnitzlertal
1440
Am Satz
Untergschwend
Stuhlbach
Bergwacht-hütte
Stegeleshöfle
1695
Jhtt.
Wertacher Hörnle
Hörnlesee
Wertach
1684
Kessel
Bärenzipfel
Unterjoch
1013
Brentenalpe
Am Edelsberg
Im Brenten
Buchelalpe 1241
Hotzenberg
1233
Jhtt.
194
01
Wald
Obergschwend
Sonnenhanglift
Holzenbauer
Weißenbach
Roßkopf
1596
Heisenlochalpe
Unterm Heigele
Krummenbacher Berg
Schlierberg
Im weißen Grund
Untere-
Boaleskopf
1569
03
Spieser
1651
Hirschberg
1644
310
Untere Schwandalpe
Obere Schwandalpe
1175
Oberjoch-pass
1543
Ornach
04
Karl-Hüller-Hütte
Deutsche Alpenstraße
Am Schedler
02
Jochschrofen
1625
Sohlalpe
Klankhütte
05
Hirschalpe
1493
Wildgehege
308
Alpe im Hofle
Kematsriedalpe
Kiosk
Am Wiedhag
Grenzwiesbahn
Hirschberg
1500
1479
Kräherkopf
Oberjoch
Erlebnissennerei
Höfleaipe
Kellerwand
Hirschbachtobel
Kinderhotel
Moorbad
Oberjoch
Steinköpfle
Ifenblick
Meckatzer Sportalp
1076
Hochpaßhaus
Speichersee
Wiedhagbahn
Luitpoldhöhe
Cafe Polite
940
Kanzelhütte
Untere Ochsenalpe
Mattlihaus
1252
Gundalpe
1707
Bad Hindelang
Markt
820
Wildbachtobel
Gsendalpe
Ochsenbergalpe
Iselerbahn
Wiedhagalpe
1441
Jochpass
1852
1881
Jugendbildungsstätte
Kurhs.
Bad Oberdorf
Speichersee
308
Obere Ochsenalpe
1907
Prinz-Luitpold-Schwefel-Mineralbad
1463
Kühgundkopf
Palmenberg
Iseler Platz-Hütte
Alte Schmiede
Kurhotel
819
Schanzpark
Kneippanlage
Iseler
1800
Schleierfall
1600
1862
1876
Nordpol
Obere Mühle
Schaukäserei
Heimatmuseum
Hammerschmiede
In den Vöglern
1811
Hornbahn
Alpenrosenköpfle
1235
1004
Achsel
1111
Auf den Schlägen
Hornalpe
1225
Ostrach
Schrattenberg
1534
Zipfelsalpe
Bruck
Melk Jhtt.
Dresenberg
Zum Oberen Horn
1320
Ostrachwellen
Bei den Brunnen
Café Horn
Zipfelschrofen
0
500 m
Hornwiesen
E.-Werk
Hornkapelle
Zipfelsbach-Wasserfall

195

RUINE HOHENKRÄHEN UND RUINE MÄGDEBERG

Zu zwei Vulkanen des „Hegauer Kegelspiels“

6,5 km | 2:10 h | 463 hm | 463 hm | 11/1

START | Gebührenfreier Wanderparkplatz Hohenkrähen (452 m) [GPS: UTM Zone 32 x: 486.831 m y: 5.294.042 m]
CHARAKTER | Am Anfang ein steiler Waldpfad, sonst breite Wirtschaftswege und zum Ende hin relativ viel Teerstraße

Weit reicht der Blick über die Felder zum Katzenbuckel (rechts mit Kreuz) und zum bewaldeten Mägdeberg (links).

Die abwechslungsreiche Wanderung führt zu gleich zwei der neun mit einer Burg gekrönten Hegauer Vulkankegel, dem Hohenkrähen und dem Mägedeberg.

Gestartet wird am hervorragend ausgeschilderten **Wanderparkplatz Hohenkrähen** 01 unterhalb der Burgruine Hohenkrähen. Eine Unterführung leitet zum Radweg, dem wir für wenige Meter nach links folgen, um sogleich den gelben Schildern des Wegweisers „Unterm Hohenkrähen“ folgend nach rechts abzubiegen. Vom Fahrweg zweigt wenige Meter später ein schmaler Waldweg nach rechts ab, der sehr steil durch Gestrüpp bergauf führt. Im Sommer nicht wirklich ein Vergnügen, kämpft man doch unterwegs gegen Bremsen und sonstige Plagegeister an. Der Pfad endet schließlich an einer **Lichtung** 02, an der man nach rechts zur schon sichtbaren Burgruine abbiegt.
Eine große Infotafel informiert über die Entstehungsgeschichte der Burg Hohenkrähen. Durch einen Torbogen gelangen wir zu zwei gelb gestrichenen Gebäuden, die im Privatbesitz der Pfadfinderschaft Grauer Reiter sind. Nun wird es fast ein bisschen alpin, denn oberhalb des linken Gebäudes führt die weitere Aufstiegsroute nun ein kurzes Stück über blanken Fels, ist aber hervorragend durch Seile versichert und daher problemlos zu überwinden. Die **Ruine Hohenkrähen** 03 selbst ist stärker eingewachsen als beispielsweise die Hohentwieler Festung, bietet aber immer noch einen schönen Ausblick hinunter nach Schlatt und hinüber zu den Vulkankegeln Hohentwiel und Mägdeberg.
Wieder bei den Pfadfindergebäuden, verlässt man die Burg durch den Torbogen und wandert geradeaus über die **Lichtung** 02 auf den Wegweiser zu, der die Richtung zur rund 2 km entfernt liegenden Ruine Mägdeberg weist. Kurz geht es durch ein Wäldchen und vorbei an ein paar Obstbäumen, dann erreicht man einen **landwirtschaftlichen Feldweg** 04, der zwischen sanft gewellten Feldern zum schon gut zu sehenden Mägdeberg führt. Den kleinen Abstecher auf den von einem Kreuz gekrönten **Katzenbuckel** 05 rechts des Weges sollte man sich wegen des Überblicks nicht entgehen lassen. Eine Gedenktafel erinnert an einen Verstorbenen, dem zu Ehren das Kreuz errichtet wurde.
Wieder auf dem Fahrweg geht es bergab zur **Kreuzung Mägdeberger Hof** 06 unweit des Bauernhofes. Hier biegen wir nach links zum Mägdeberg ab. Eine Teerstraße führt zum Parkplatz mit Infotafeln zur Burggeschichte. Durch den Wald leitet ein schmaler Pfad die restlichen Meter hinauf zur **Burgruine Mägdeberg** 07. Auch hier ist der Blick nicht

mehr so frei, wie er sicher zu Zeiten der intakten Burg einmal war. Zurück am Parkplatz gibt es nun zwei Varianten: Entweder wandert man auf dem Hinweg zurück zum Wanderparkplatz oder aber folgt der Teerstraße vom Parkplatz aus talwärts.

Wir entscheiden uns für die zweite Variante und wandern die Zufahrtsstraße hinunter, bis wir auf den **Radweg** 08 stoßen, dem wir rechts Richtung Hohenkrähen folgen.

Einmal abgesehen davon, dass man den kompletten Rückweg auf einer Teerstraße und parallel zur Bundesstraße wandert, ist der Weg vorbei an Obstplantagen und Feldern durchaus reizvoll und bietet nochmals eine andere Perspektive auf den markanten Vulkankegel. Mit dem Erreichen der Unterführung schließt sich der Kreis und man ist zurück auf dem **Wanderparkplatz** 01.

Beim Abstieg von der Ruine ist das Ziel Mägdeberg schon zu sehen.

Hohenkrähen

Rund 200 m überragt der Vulkankegel des Hohenkrähen seine Umgebung. Auf dem Kegel befindet sich die Burgruine Hohenkrähen, von deren Mauern aus man eine tolle Aussicht auf Hohentwiel, Mägdeberg und den westlichen Teil des Bodensees genießt.

Ende des 12. Jh. wurde die Höhenburg errichtet, im Dreißigjährigen Krieg niedergebrannt und ist seitdem eine Ruine. Botanisch interessant ist der alte Lindenbestand an den Hängen, in denen eine der größten Siebenschläferpopulationen Deutschlands lebt.

RUND UM DEN MINDELSEE

Naturidyll bei Radolfzell

13 km | 3:30 h | 110 hm | 110 hm | 11/1

START | Markelfingen, Bahnhof mit Parkplatz (398 m)
[GPS: UTM Zone 32 x: 500.128 m y: 5.287.398 m]
CHARAKTER | Kleine Steigungen. Meist gut bezeichnete Forst-, Wirtschafts- und Wanderwege, kurze verkehrsfreie Sträßchen

Genusswandern durch stimmungsvolles Mischgehölz.

Einer Sage nach „putzen" zentnerschwere Riesenwelse die Tiefen des von der Würmeiszeit in einem Gletscherzungenbecken zurückgelassenen Mindelsees auf dem Bodanrück. Tatsache ist, dass der von teilweise steilen Ufern eingefasste See einmal mehr als doppelt so lang war wie heute.
Dank des Schutzgebietes und der verkehrsfreien Lage konnte sich in den verschiedenen Lebensräumen eine spezielle Pflanzen- und Tierwelt mit beispielsweise rund 180 Vogelarten, 400 Schmetterlings- und 600 Käferarten erhalten. Selbst für Fußgänger sind aber nur das Südufer und die Nordwestbucht erreichbar.

Beim Bahnhof in **Markelfingen** 01 richten wir uns nach dem Wegweiser „Mindelsee" und nehmen an der Ampelkreuzung die Oberdorfstraße. Am Mühlbach entlang schlendern wir unter der Bundesstraßenbrücke hindurch. Nach kurzem Straßenstück bringt uns ein mit dem Zeichen des Bodensee-Rundwanderwegs markierter Forstweg zum Mindelsee. Der schöne Mischwald zieht sich bis ans Ufer des lang gezogenen Gewässers. Auf einem Wanderweg leitet der Weg durch das Niedermoor-Verlandungsgebiet im Osten, bevor man nach der **Querung des Krebsbaches** 02 auf einem Wirtschaftsweg über einen Wiesenhang mit Hangquellmoor zum **Hirtenhof** 03 kommt.

Von einem Anliegersträßchen schwenken wir wenig später auf den mit rot-weißer Raute bezeichneten Wolfsgrundweg ab, einen nochmals leicht steigenden Forstweg. Bald nach dem höchsten Punkt öffnet sich der Wald. Am Horizont grüßen die markanten Hegauberge. Der nun abfallende Wirtschaftsweg wechselt an einer Kreuzung geradeaus in einen undeutlicher werdenden Feldweg. In **Möggingen** 04 erfährt der Wanderer in einer Ausstellung des Naturschutzzentrums in der früheren Mögginger Mühle mehr über das Schutzgebiet Mindelsee. Nach der Kirche folgt man der Mindelseestraße. Der anfangs geteerte Wirtschaftsweg führt ins ausgedehnte **Mindelsee-Ried** 05, wo ein kleiner **Abstecher** zu einem herrlich abgelegenen **Badeplatz** führt.

Für das Finale nach **Markelfingen** 01 wählen wir die stillere Route über die Leimäcker, was noch einen klitzekleinen Gegenanstieg kostet.

MARIENSCHLUCHT UND RUINE KARGEGG

Schaurige Wege über blaugrünen Fluten

9,5 km | 3:00 h | 80 hm | 80 hm | 11/1

START | Wallhausen (Stadt Konstanz), Bushaltestelle am Hafen. Parkplatz (400 m)
[GPS: UTM Zone 32 x: 510.086 m y: 5.288.237 m]
CHARAKTER | Längerer Steilaufstieg. Bestens bezeichnete Wander- und Forstwege sowie Pfade. Vorsicht bei Nässe!

Tiefblick von der Ruine Kargegg auf den Überlinger See.

Zwei der faszinierendsten Wegabschnitte am Bodensee erschließen zwischen Wallhausen und Langenrain sowohl den Fuß des wild zertalten Nordabfalls am Bodanrück wie auch die mitunter abschüssige Hangkante. Verbunden sind die beiden erlebnisreichen Wege durch die überwältigende, von stark erodierenden Sturzwassern ausgespülte Marienschlucht.

Wir nehmen am **Hafen in Wallhausen** 01 die Promenade entlang den Hafenanlagen und folgen dem Symbol des See-Rundwanderwegs Richtung Nordwesten. Am Ortsende geht es durch ein Drehkreuz auf den schattigen und meist flachen Uferpfad Richtung Marienschlucht.

Begleitet wird der Weg vom Konzert des ständigen Wellengangs.

Der See fällt in diesem Bereich mit seiner gefährlichen Strömung extrem steil ab. Bei Niedrigwasser ragt der Felsturm Teufelstisch aus den Fluten. Jenseits des hier grünblau leuchtenden Wasserarms zeigt sich Überlingen mit seinen Sandsteinklippen.

An einem felsigen Überhang queren wir einen größeren Bachgraben und kommen bald danach zum meist gut besuchten Kiosk an der Öffnung der **Marienschlucht** 02, wo sich auch eine Anlegestelle befindet.

Der Wanderweg führt nun über eine lange Holztreppenanlage die fast alpin anmutende und sich unglaublich verengende Bachkerbe hinauf. Dabei muss man sich zwischen drallen und bis zu 20 m hohen, von Moosen und Flechten überzogenen Molasse-Sandsteinbäuchen mit nahen Eibenbeständen hindurchzwängen.

Ab dem Turmrest der **Ruine Kargegg** 03, in der noch immer der Geist des ehemaligen Burgfräuleins spuken soll, steigt der Höhenweg Richtung Wallhausen nur noch ein kurzes Stück an. Der an der Hangkante entlang führende Pfad ist im Rutschungsbereich eines abgründigen Tobels durch Holzstege entschärft und mit der rot-weißen Raute markiert. Zwischendurch in einen Forstweg wechselnd, überrascht der Weg mit traumhaften Seeblicken. Nach dem Überschreiten eines Baches bei einer kleinen Hütte kreuzt man einen Hauptweg und quert anschließend zwei weitere kleine Bachläufe.

Es folgt ein sanfter Forstweganstieg, dessen höchster Punkt ungefähr beim rechts abzweigenden **Wanderweg** 04 **nach Rohnhausen** erreicht ist, dann haben wir es nicht mehr weit hinunter zum **Hafen von Wallhausen** 01.

Erdrutsche

2015 ereigneten sich zwei schwere Erdrutsche, die zur Schließung der Marienschlucht führten. Vor einem Besuch empfiehlt es sich, sich nach dem aktuellen Stand der Dinge zu erkundigen.

WALLFAHRTSKIRCHE BIRNAU

Im Delta der Seefelder Aach

10,5 km | 2:45 h | 55 hm | 55 hm | 11/1

START | Oberuhldingen, Bahnhof mit Parkplatz (410 m) [GPS: UTM Zone 32 x: 518.629 m y: 5.287.094 m]
CHARAKTER | Kleine Steigung. Vorbildlich beschilderte Fußgänger- und Forstwege sowie Anliegersträßchen

Die Wallfahrtskirche Birnau.

Die Wallfahrtskirche Birnau ist eine bekannte Barockkirche an der Westroute der Oberschwäbischen Barockstraße. Baumeister war der Vorarlberger Peter Thumb.

▶ Am **Bahnhof von Oberuhldingen** 01 beginnt unsere gemütliche Wanderung zur Wallfahrtskirche Birnau. Das Schild „Pfahlbaumuseum" leitet durchs Dorf und ein Fußgängerweg zum Freibad in Unteruhldingen.
Nebenan zeigt das älteste **Archäologische Freilichtmuseum** 02 **Süddeutschlands** die größte Pfahlbauten-Rekonstruktion Europas.
Wir gehen zurück, bis der mit dem Symbol des Bodensee-Rundwegs ausgewiesene Aachweg abzweigt. Die ganz in der Nähe mündende Seefelder Aach hat im Laufe der Zeit das Aach-Delta aufgeschüttet. Entstanden sind Schilfröhrichte und Pfeifengraswiesen, Trockenrasen und Hochstaudenriede – ein Refugium zahlreicher Wasservögel. Über die Aachbrücke und durch prächtigen Auwald kommen wir nach **Seefelden** 03.
Man passiert die Kirche und hat auf einem Anliegersträßchen nach Obermaurach das Seeufer als Begleiter. Auf einer ansteigenden Straße ist es nicht mehr weit zur **Wallfahrtskirche Birnau** 04. Die von Rebhängen umgebene ehemalige Klosterkirche St. Marien, ein barockes Kleinod, beschert eine ausgezeichnete Schau über den lang gezogenen Überlinger See und über Obermaurach zur Uhldinger Bucht.
Auf dem Wanderweg Richtung Nellenfurt gelangt man jetzt durch eine enge Röhre der B 31 zum Hofgut und Restaurant Birnau, dem Oberhof. Ein Forstweg führt über eine Waldkuppe in die Senke des Nellenflurbachs. Dort lohnt der seerosengeschmückte **Obere Nellenfurter Weiher** 05 wegen des romantischen Farbenspiels einen kleinen Abstecher ans Gegenufer.
Danach schwenkt man Richtung Oberuhldingen ab und bummelt am unteren Nellenfurter Weiher und durch ein Wiesentälchen am Kaltenbrunnweiher vorbei sanft talwärts nach **Oberuhldingen** 01.

Zwischen den rekonstruierten Häusern des Pfahlbaumuseums spitzelt in der Mitte die Wallfahrtskirche Birnau hindurch.

Pfahlbaumuseum Unteruhldingen/Bodensee

Seit 2011 zählen die Pfahlbauten am Bodensee zum UNESCO-Weltkulturerbe „Prähistorische Pfahlbauten rund um die Alpen". Neben den vier Dorfanlagen aus der Stein- und Bronzezeit sind im Ausstellungsgebäude des Pfahlbaumuseums und Forschungsinstitutes Unteruhldingen viele Originalfunde ausgestellt. Spektakulär ist das **Archaeorama**, das Besucher auf einen virtuellen Tauchgang mit den Taucharchäologen mitnimmt. Auf einem Rundgang durch das lebendig gestaltete **Freilichtmuseum** geben altersgerechte Führungen Einblicke in das Leben der Menschen in früheren Zeiten. Verblüffend echt wirken die Figuren des Künstlers Gerry Embleton: Pfahlbauern, Handwerker, Krieger, Schamanen, Priesterinnen, Haustiere … Die Bauten der Jungsteinzeit gehen auf das 4. bis 3. vorchristliche Jahrtausend zurück, jene aus der Spätbronzezeit auf die Urnenfelderkultur des 11. bis 9. Jh. v. Chr.
Öffnungszeiten: April – Sept. tägl. 9–18.30 Uhr, Okt. tägl. 9–17 Uhr, im Winter eingeschränkte Öffnungszeiten (siehe Homepage).
www.pfahlbauten.de

WEINKUNDEWEG NACH HAGNAU

Den Puls des Schwäbischen Meers spüren

10 km | 2:30 h | 60 hm | 60 hm | 11/1

START | Meersburg, Bushaltestelle am alten Kino (444 m); Parkplatz nebenan in der Schützenstraße
[GPS: UTM Zone 32 x: 520.49 m y: 5.282.427 m]
CHARAKTER | Bestens beschilderte Wirtschaftswege und Uferpromenaden mit kaum spürbaren Anstiegen

Über der Unterstadt thront die Meersburg.

Die badische Kleinstadt zählt zu den Hauptsehenswürdigkeiten am Bodenseenordufer. Unvermittelt steigt die Unterstadt vom Wasser auf. Wahrzeichen sind die trutzige Burg und daneben das barocke Schloss. Verschachtelt und verwinkelt türmt sich die an den Sonnenhang gebaute Oberstadt, in deren Gassen man noch heute einen Hauch Mittelalter verspürt.

▶ Das Schild „Höhenweg Hagnau über Wetterkreuz" verweist am **Obertor in Meersburg** 01 auf den Bodensee-Rundwanderweg. Nach dem Staatsweingut Meersburg vermittelt der meist flache Meersburger Weinkundeweg (ein geteerter Wirtschaftsweg) Wissenswertes über den Weinbau und natürlich auch über die verschiedenen hier angebauten Rebsorten. Dieser Abschnitt unseres Weges erschließt einen der faszinierendsten Bereiche des Nordufers. Am **Wetterkreuz** 02 mit der vergoldeten Figur des Christusbrunnens erwartet uns ein prächtiges Rastplätzchen. Die Panoramatafel erklärt die Bergwelt rund um den Bodensee. Weiter geht es durch die von der Sonne verwöhnten Weinberge über dem Bodensee. Die **Kriegsgräberstätte Lerchenberg** 03 überwältigt abermals mit einem traumhaften Ausblick. Hier möchte man zum Dichten anfangen! Wir bleiben im weiteren Verlauf auf dem geteerten Weg, dem HW 9, bis die Tafel auf einen Wanderweg lenkt. In einem Waldtobel überschreiten wir auf einem Fußgängersteg ein leise plätscherndes Bächlein, dann leiten Holzschwellen nach **Hagnau** 04. Ein Schild weist zur Schiffslände.

Der zurückführende Weinkundeweg folgt nun der stillen Uferpromenade, vorbei am **Gut Haltnau** 05. Paradiesische Badeplätze verleiten im Sommer immer wieder zu Pausen. Nach den Yachthäfen „Meersburger Yachtclub" und „Waschplätzle" treffen wir wieder in **Meersburg** 01 ein.

Roggenbreite
474
Im Bremgarten
In der Kürze
Hallendorf
Reiterstüble
Grasbeuren
428
Außerber
Vesperstube Busch
494
Jägerhof
Gebhards-
weiler
raktormuseum
odensee
413
Ahausen
419
SCHIGGENDORF
Unter-
mühle
Aach
Hintere
546
Riedelsberg
434
Schützenhaus
BAITEN-
HAUSEN
Lichtenberg
572
Schlossberg
Pension Deifel
Daisendorf
497
Dorfkrug
Pizzeria Capri
Neuweiher
519
Dittenhausen
Haslach
31
E54
461
Wannenberg
Stehlins-
weiler
440
Ergeten
RIEDETS-
WEILER
Unterhof
Oberhof
Breitenbach
01
199
399
Siechen-
weiher
460
Försterhaus
Auf dem
Roggele
33
Droste-Mus.
Neues Schl.
Burg Meersburg
199
02
MEERSBURG
Therme
Stetten
470
Grüne Straße
Weing
Yachthafen
"Waschplätzle"
Obstgut Faust
03
Harlachen
05
Am See
473
"Meersburger Yachtclub"
Haldenho
Frenkenbach
400
199
Das Kleine
Museum
Hagnau
a. Bodensee
04
Hagnauer Mus.
Immenstaad
200
Yachth
Katamaran-Direktverbindung Konstanz-Friedrichshafen
200
0
500 m

VON LINDAU NACH WASSERBURG

Alte Villen und charaktervolle Prachtgärten

17,8 km | 4:45 h | 10 hm | 10 hm | 11/2

START | Lindau, Bahnhof (400 m); Parkplatz an der Nordwestecke der Insel [GPS: UTM Zone 32 x: 551.127 m y: 5.266.1625 m]
CHARAKTER | Gut beschilderte, steigungsfreie Fußgängerwege, kurze Abschnitte auf Wirtschaftsweg und Sträßchen

Die Lindauer Hafeneinfahrt.

Das von den Wellen des Sees umspülte Wasserburg liegt auf einer malerischen Halbinsel und ist einer der Hauptanziehungspunkte am Bodensee. Das uralte „Wazzarburuc“, bereits 794 urkundlich als Besitz des St. Gallener Klosters erwähnt, lag früher auf einer Insel und war vom Festland nur über eine Zugbrücke erreichbar.

Erste Anlaufstelle vom **Bahnhof Lindau** 01 auf der Uferpromenade ist der nahe Leuchtturm. Am Maximilian-Denkmal und Pulverturm vorbei schlendern wir zum Seeparkplatz. Nach dem Bahnübergang folgen wir Richtung Wasserburg auf dem Damm dem Bodensee-Rundweg an den Gleisen entlang zum Festland. Das interessante, auf Pfählen stehende Gebäude des alten Aeschacher Bades passierend kommen wir auf einem Fußgängerweg nach **Bad Schachen** 02.
Dort entfernt sich die Wanderroute nun vom See. Bei der Villa Tannhof im Ortsteil Degelstein beachten wir das Rundwegsymbol und tauchen dann im Lindenhofpark in eine völlig andere Welt ein. Der prachtvolle alte Baumbestand nimmt uns sofort gefangen. Unter manchen fremdländischen Arten überrascht insbesondere ein gigantischer Mammutbaum. Wieder am Ufer spazieren wir zwischendurch auf einem Anliegersträßchen über den Ort **Reutenen** 03 ins schöne **Wasserburg** 04, dem Geburtsort des Schriftstellers Martin Walser. Vom Bad geht es dann auf einem schmalen Weg an einer Mauer entlang zum unverwechselbaren Hafenambiente mit Anlegestelle, einer schmucken Zwiebel-

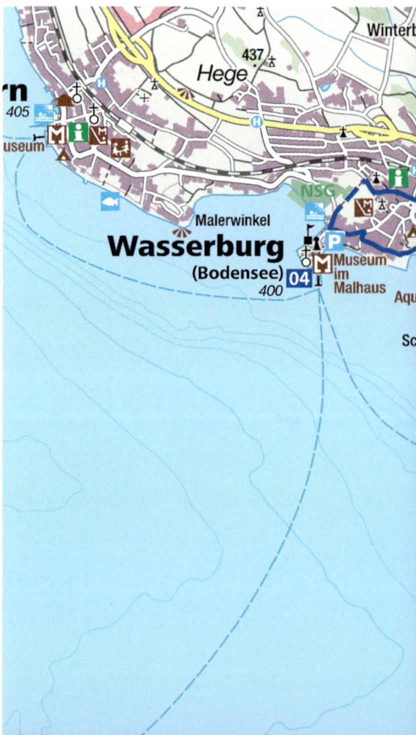

turmkirche, dem Museum im Malhaus und dem Schloss (heute das Schloss-Hotel Wasserburg). Beim Restaurant Hegestrand 3 verlässt man den Bodensee-Rundweg auf dem Moosweg, einem an der Evangelischen Kirche vorbei führenden Fußweg. Bei einer Bäckerei hält man sich links und in der Dorfmitte Richtung Bodolz. Ab dem Ortsende leitet ein Wirtschaftsweg an der Bahn durch eine Obstanlage, den Pfänder vor Augen, zum **Naturschutzgebiet Bichlweiher** 05. Auf einem verkehrsarmen Sträßchen treffen wir schließlich wieder in **Reutenen** 06 ein und stoßen dann in Degelstein beim Lindenhofpark auf die bekannte Route über **Bad Schachen** 02 zurück nach **Lindau** 01.

Wasserburg – eine der Hauptattraktionen am Bodensee.

PRAKTISCHE HINWEISE

DIE BESTE ZEIT FÜR WANDERUNGEN

In vielen Gebieten Deutschlands – vor allem im Norden und in den niedrig gelegenen Regionen der Mittelgebirge – kann man meist das ganze Jahr über wandern. Die schönste Jahreszeit ist vom Frühsommer bis zum Spätherbst; manche Wege lassen sich jedoch sogar im Winter bei geringer Schneelage begehen. In den höheren Bereichen der Mittelgebirge und im Alpenraum beschränkt sich die Wandersaison meist auf die schneefreie Zeit.

ANREISE

Bei Wanderungen sollten Sie Urlaub vom Auto machen. Auch die motorisierte Zufahrt zu Freizeitaktivitäten treibt die CO2-Bilanz in die Höhe. Umweltfreundliche (und stressfreie) Mobilität bieten Bahn und Bus.
http://fahrplan.bahnen-und-busse.de
www.bahn.de
www.busbud.com
www.flixbus.de

WANDERAUSRÜSTUNG

Abgesehen von talnahen Wanderungen auf Asphalt- oder Schotterstraßen bzw. auf breiten Waldwegen ohne größere Steigungen benötigen Sie Wander- bzw. Bergschuhe mit Profilgummisohle. Gegen unangenehme Auswirkungen schlechten Wetters schützt wind- und regendichte, aber möglichst atmungsaktive Wanderkleidung. Reservewäsche zum Wechseln und eine kleine Notfallapotheke sollten ebenfalls im Rucksack sein. Wieviel Proviant Sie einpacken – das richtet sich nach der Anzahl an vorhandenen Einkehrmöglichkeiten am Weg. Das grassierende Wirtshaussterben legt die Mitnahme einer kleinen Notration oder einiger Energieriegeln nahe. Auf jeden Fall sollten Sie genug zu Trinken mitnehmen. Teleskopstöcke sind vor allem beim Bergabgehen hilfreich, Wanderschuh-Spikes (Grödel) bei Vereisung oder rutschigem Schnee im Herbst und Winter.

Was Sie unbedingt dabeihaben sollten, ist eine Wanderkarte mindestens im Maßstab 1:50.000. Trotz der meist guten Beschilderung von Wanderwegen bietet eine Karte ungleich mehr wichtige Informationen – von der Anfahrtsstrecke über Einkehrmöglichkeiten bis zu kurlturellen Besonderheiten. Spätestens im Gewirr unmarkierter Pfade weiß man die Dienste der Kartografie hoch zu schätzen!
KOMPASS bietet topaktuelle Wanderkarten über alle Regionen Deutschlands – und eine praktische Touren-App mit integriertem Live-Tracking.
www.kompass.de

GEFAHREN BEIM WANDERN

► Im felsigen und (hoch-)alpinen Gelände ist stets auf die Gefahr durch Steinschlag zu achten.

► In Berggebieten können Sie bis in den Frühsommer hinein auf steile Schneefelder oder Firnrinnen stoßen – speziell bei Vereisung besteht dann akute Absturz- und damit Lebensgefahr!

► In den letzten Jahren kam es – Stichwort Klimawandel – leider immer öfter zu schweren, oft ganz plötzlich auftretenden Unwettern und Stürmen, die natürlich auch für Wanderer erhebliche Gefahren bergen (Blitzschlag, umstürzende Bäume, Hochwasser auch in kleinen Bächen). Planen Sie Ihre Touren daher nur bei sicherer Witterungslage und achten Sie unterwegs stets auf die Wetterentwicklung.

► Durch Unwetterschäden, Forstarbeit oder Baumaßnahmen können einzelne Wegabschnitte zeitweise und auch kurzfristig nur erschwert oder gar nicht passierbar sein.

► Kühe auf Weiden oder Almwiesen sind oft neugierig, aber nur selten gefährlich. Durch die Mutterkuhhaltung entwickeln sie jedoch einen ausgeprägten Trieb, ihre Kälber zu schützen. Bewegen Sie sich auf Kuhweiden also ruhig, halten Sie mindestens 20 m Distanz zu den Tieren und streicheln Sie keinesfalls Kälber! Bei Drohgebärden (Scharren, Stampfen) langsam rückwärts weggehen (nicht den Rücken zuwenden). Hunde an die Leine, sie dürfen Kühe nicht verbellen oder gar jagen. Bei einem Angriff muss man sie unbedingt von der Leine lassen.

Mit der ganzen Familie kreuz und quer durch Deutschlands Wanderparadiese.

WETTERVORHERSAGE

Deutscher Wetterdienst
www.dwd.de
Wetter im Internet
www.wetteronline.de
www.wetter24.de
https://wetter.tagesschau.de/deutschland
www.wetter.com
http://wetter.tv/deutschland

Alpenwetter
www.alpenverein.de/DAV-Services/Bergwetter

NOTRUF

Über die kostenlose Telefonnummer 112 erreichen Sie in ganz Deutschland automatisch die nächstgelegene Rettungsleitstelle und können dort Unfälle, medizinische Notfälle oder Feuer melden – und zwar sowohl aus dem Fest- als auch aus jedem Mobilfunknetz. Wenn Sie die 112 wählen, ist für die Rettungskräfte sehr wichtig, dass Sie den Unfall knapp und präzise beschreiben. Dabei können Ihnen die sogenannten W-Fragen helfen:

- Wo ist der Notfall/Unfall passiert?
- Was ist geschehen?
- Wie viele Verletzte gibt es?
- Welche Art der Verletzung?
- Warten Sie auf Rückfragen!

ALPINES NOTSIGNAL

Innerhalb einer Minute 6 x rufen, pfeifen, blinken oder winken; dazwischen eine Minute Pause. Antwort: 3 Zeichen pro Minute.

TOURISTISCHE INFORMATIONEN

Deutschen Zentrale für Tourismus
Beethovenstraße 69
D-60325 Frankfurt/Main
Tel. +49 69 974640
www.germany.travel

Tourismus-Agentur Schleswig-Holstein
Wall 55
D-24103 Kiel
Tel. +49 431 600 58-3
www.sh-tourismus.de

Hamburg Tourismus
Wexstraße 7
D-20355 Hamburg
Tel. +49 40 30051701
www.hamburg-tourism.de

Bremer Touristik Zentrale
Findorffstr. 105
D-28215 Bremen
Tel. +49 421 3080010
www.bremen-tourismus.de

Tourismus Marketing Niedersachsen
Essener Str. 1
D-30173 Hannover
Tel. +49 511 2704880
www.reiseland-niedersachsen.de

Tourismusverband Mecklenburg-Vorpommern
Konrad-Zuse-Str. 2
D-18057 Rostock
Tel. +49 381 4030500
www.auf-nach-mv.de

Berlin Tourismus & Kongress
Am Karlsbad 11
D-10785 Berlin
Tel. +49 30 25002333
www.visitberlin.de

Tourismus-Marketing Brandenburg
Am Neuen Markt 1
D-14467 Potsdam
Tel. +49 331298730
www.reiseland-brandenburg.de

Marketinggesellschaft Sachsen-Anhalt
Am Alten Theater 6
D-39104 Magdeburg
Tel. +49 391 5689988
www.sachsen-anhalt-tourismus.de

Tourismus Marketing Sachsen
Bautzner Straße 45/47
D-01099 Dresden
Tel. +49 351 491700
www.sachsen-tourismus.de

Tourismus Nordrhein Westfalen
Völklinger Str. 4
D-40219 Düsseldorf
Tel. +49 211 91320500
www.nrw-tourismus.de

Rheinland-Pfalz Tourismus
Löhrstraße 103-105
D-56068 Koblenz
Tel. +49 261 91520-0
www.gastlandschaften.de

Tourismus Zentrale Saarland
Franz-Josef-Röder-Str. 17
D-66119 Saarbrücken
Tel. +49 681 927200
www.urlaub.saarland

Hessen Tourismus- und Kongressmarketing
Konradinerallee 9
D-65189 Wiesbaden
Tel. +49 611 950178191
www.hessen-tourismus.de

Tourist Information Thüringen
Willy-Brandt-Platz 1
D-99084 Erfurt
Tel. +49 361 37420
www.thueringen-entdecken.de

Tourismus Baden-Württemberg
Esslinger Str. 8
D-70182 Stuttgart
Tel. +49 711 238580
www.tourismus-bw.de

Bayern Tourismus
Arabellastraße 17
D-81925 München
Tel. +49 89 212397-0
www.bayern.by

WANDER- UND UMWELTORGANISATIONEN

Deutscher Alpenverein
Bundesgeschäftsstelle
Von-Kahr-Str. 2-4
D-80997 München
Tel. +49 89 140030
www.alpenverein.de

NaturFreunde Deutschlands
Warschauer Str. 58a/59a
D-10243 Berlin
Tel. +49 30 29773260
www.naturfreunde.de

Deutscher Wanderverband
Kleine Rosenstr. 1-3
D-34117 Kassel
Tel. +49 561 938730
www.wanderverband.de

Bund für Umwelt und Naturschutz Deutschland e.V. (BUND)
Bundesgeschäftsstelle
Kaiserin-Augusta-Allee 5
D-10553 Berlin
Tel. +49 30 27586469
www.bund.net

Naturschutzbund Deutschland e.V. (NABU)
Charitéstraße 3
D-10117 Berlin
Tel. +49 30 2849840
www.nabu.de

World Wide Fund For Nature (WWF) Deutschland
Reinhardtstr. 18
D-10117 Berlin
Tel. +49 30 3117770
www.wwf.de

Internationale Alpenschutzkommission CIPRA Deutschland
Am Rindermarkt 3-4
D-80331 München
Tel. +49 89 23239840
www.cipra.org

Mountain Wilderness Deutschland e.V.
Waldstr. 31a
D-82237 Wörthsee-Steinebach
Tel. +49 8153 889795
www.mountainwilderness.de

Verband Deutscher Naturparke e.V.
Holbeinstr. 12
D-53175 Bonn
Tel. +49 228 9212860
www.naturparke.de

Nationalparke in Deutschland
(in Klammern das Jahr der Ausweisung)

Bayerischer Wald (1970)
Berchtesgaden (1978)
Eifel (2004)
Hainich (1997)
Hamburgisches Wattenmeer (1990)
Harz (1990/1994)
Hunsrück-Hochwald (2015)
Jasmund (1990)
Kellerwald-Edersee (2004)
Müritz (1990)
Niedersächsisches Wattenmeer (1986)
Sächsische Schweiz (1990)
Schleswig-Holsteinisches Wattenmeer (1985)
Schwarzwald (2014)
Unteres Odertal (1995)
Vorpommersche Boddenlandschaft (1990)

Schneifelwanderung am Schwarzen Mann.

Die Kriegerkapelle am Kramerplateauweg

UNSERE AUTORINNEN UND AUTOREN

Lisa Aigner
Sylvia und Thilo Behla
Wolfgang Benz
Julia Bihar
Norbert Forsch
Monika Göbl
Siegfried Garnweidner
Hans Jürgen Gorges
Elke Haan
Klaus und Falco J. Harnach
Eugen E. Hüsler
Christine Jacobi
Ines Klima
Raphaela Moczynski
Hans Naumann
Bernhard Pollmann
Christian Schneeweiß
Werner Sippel
Maria Strobl
Astrid Sturm
Walter Theil
Kay Tschersich
Jürgen Wachowski
Andrea Walder

357.385,71 Quadratkilometer ist die Bundesrepublik Deutschland groß. Auf dieser riesigen Fläche zwischen Schleswig-Holstein und den Bayerischen Alpen besteht ein Wanderwegenetz mit einer Gesamtlänge von rund 190.000 Kilometern. Keine Frage also, dass eine Präsentation der schönsten Wanderrouten Deutschlands nur im Teamwork möglich ist. KOMPASS arbeitet seit vielen Jahren mit hervorragenden Expertinnen und Experten aus dem Outdoorbereich zusammen. Ohne ihr Wissen und ihre Erfahrung wäre die Realisierung des vorliegenden Werkes nicht möglich gewesen!

NOCH VIEL MEHR WANDERUNGEN

Deutschland hat ein riesiges Angebot an wunderschönen Wandertouren – da sind diese 200, von uns ausgewählten Touren natürlich nur ein winziger Ausschnitt. Wer weiter wandern möchte, findet in der bewährten Reihe der KOMPASS-Wanderführer unzählige weitere Anregungen.

Weiten Landschaften im Norden

In den KOMPASS-Wanderführern und Aktiv Guides über Gebiete im Norden finden sich zahlreiche Touren, bei denen man Meeresluft und Hauptstadtluft schnuppern kann. Etwa in diesen Bänden: WF 5014 Küstenwandern am Wattenmeer (siehe Tour 7-12), WF 5100 Hannover (siehe Tour 14-16), WF 5003 Rügen (siehe Tour 19-22) oder WF 5031 Berlin-Brandenburg (siehe Tour 26-32).

Tolle Wanderziele in Deutschlands Mitte

Wenn Sie gern in sanften und waldreichen Mittelgebirgslandschaften wandern, dann seinen Ihnen folgende Bände ans Herz gelegt: WF 5240 Harz (siehe Tour 33-37), WF 5263 Sächsische und Böhmische Schweiz (siehe Tour 41-46), WF Ruhrgebiet (siehe Tour 47-53), WF 5106 Naturpark Teutoburger Wald (siehe Tour 54-56), WF 5218 Bergisches Land (siehe Tour 57-59), WF 5310 Sauerland (siehe Tour 60-63), WF 5209 Eifel (siehe Tour 64-66), WF 5230 Mosel mit Moselsteig (siehe Tour 67-69), WF 5254 Saarland (siehe Tour 70-73), WF 5219 Hunsrück (siehe Tour74-76), WF 5225 Nordpfälzer Bergland (siehe Tour 77-79), WF 5235 Taunus (siehe Tour 80-83), WF 5237 Spessart (siehe Tour 84-87), WF 5320 Rhön (siehe Tour 88-92), WF 5251 Odenwald (siehe Tour 93-95), WF 5271 Heidelberg (siehe Tour 96-97), WF 5229 Pfälzerwald und Deutsche Weinstraße (siehe Tour 98-100), WF 5300 Naturpark Schwäbisch-Fränkischer Wald (siehe Tour 101-103), WF 5410 Schwarzwald Nord (siehe Tour 104-107), WF 5411 Schwarzwald Süd (siehe Tour 108-111), WF 5408 Schwäbische Alb (siehe Tour 112-114), WF 5400 Fränkische Schweiz (siehe Tour 115-117), WF 1059 Fichtelgebirge (siehe Tour 118-121) und WF 5445 Bayerischer Wald (siehe Tour 122-125).

Gebirgiger Süden mit vielen Seen

Auch im Alpenvorland und in den deutschen Alpen bietet KOMPASS unzählige Tourenvorschläge in folgenden Bänden: WF 5438 Berchtesgadener Land (siehe Tour 126-130), WF 5449 Chiemsee (siehe Tour 131-133), WF 5436 Chiemgauer Alpen (siehe Tour 134-140), WF 5443 Tegernsee, Schliersee (siehe Tour 141-150), WF 5430 Isarwinkel (siehe Tour 151-156), WF 5429 Zugspitze (siehe Tour 157-162), WF 5433 Pfaffenwinkel und Fünfseenland (siehe Tour 163-172) und WF 5425 Ammergauer Alpen (siehe Tour 173-182), der WF 5423 Allgäuer Voralpen (siehe Tour 183-185), WF 5421 Allgäu (siehe Tour 186-194) und WF 5606 Bodensee (siehe Tour 195-200).

REGISTER

IMPRESSUM

© KOMPASS-Karten, A-6020 Innsbruck (23.01)
1. Auflage 2023 Verlagsnummer 1600 ISBN 978-3-99121-901-9

Textbeiträge und Fotos:

Lisa Aigner
Sylvia und Thilo Behla
Wolfgang Benz
Julia Bihar
Norbert Forsch
Monika Göbl
Siegfried Garnweidner
Hans Jürgen Gorges
Elke Haan
Klaus† und Falco J. Harnach
Eugen E. Hüsler
Christine Jacobi
Ines Klima
Raphaela Moczynski
Hans Naumann
OÖ Tourismus
Bernhard Pollmann†
Christian Schneeweiß
Werner Sippel
Maria Strobl
Astrid Sturm
Walter Theil
Kay Tschersich
Jürgen Wachowski
Andrea Walder
KOMPASS-Redaktion, Wolfgang Heitzmann
S. 20/21: © Fotolia/ Adobe Creative Cloud
S. 138: © Franz-Josef Lendeckel/pixelio.de
S. 140: © EvilSemmy/pixelio.de
S. 141: © Paul Marx/pixelio.de
S. 142: © Thomas Max Müller/pixelio.de
S. 160: © Benjamin Vetter/pixelio.de
S. 454/455: © Richard Woehrl, www.fotolia.de

Titelbild: Wanderausflug (© NDABCREATIVITY - stock.adobe.com)

Grafische Herstellung und Kartenausschnitte: © KOMPASS-Karten GmbH

Alle Angaben und Routenbeschreibungen wurden nach bestem Wissen gemäß unserer derzeitigen Informationslage gemacht. Die Wanderungen wurden sehr sorgfältig ausgewählt und beschrieben, Schwierigkeiten werden im Text kurz angegeben. Es können jedoch Änderungen an Wegen und im aktuellen Naturzustand eintreten. Wanderer und alle Kartenbenützer müssen darauf achten, dass aufgrund ständiger Veränderungen die Wegzustände bezüglich Begehbarkeit sich nicht mit den Angaben in der Karte decken müssen. Bei der großen Fülle des bearbeiteten Materials sind daher vereinzelte Fehler und Unstimmigkeiten nicht vermeidbar. Die Verwendung dieses Führers erfolgt ausschließlich auf eigenes Risiko und auf eigene Gefahr, somit eigenverantwortlich. Eine Haftung für etwaige Unfälle oder Schäden jeder Art wird daher nicht übernommen. Für Berichtigungen und Verbesserungsvorschläge ist die Redaktion stets dankbar. Korrekturhinweise bitte an folgende Anschrift:

KOMPASS-Karten GmbH
Karl-Kapferer-Straße 5, A-6020 Innsbruck
www.kompass.de/service/kontakt